立教新座中学校

〈収録内容〉

2024 年度 ……………………第 1 回（算・理・社・国）
第 2 回（算・理・社・国）

2023 年度 ……………………第 1 回（算・理・社・国）
第 2 回（算・理・社・国）

2022 年度 ……………………第 1 回（算・理・社・国）
第 2 回（算・理・社・国）

2021 年度 ……………………第 1 回（算・理・社・国）

2020 年度 ……………………第 1 回（算・理・社・国）

※第 1 回国語の大問二は、問題に使用された作品の著作権者が二次使用の許可を出していないため、問題を掲載しておりません。

2019 年度 ……………………第 1 回（算・理・社・国）

平成 30 年度 ……………………第 1 回（算・理・社・国）

便利な DL コンテンツは右の QR コードから

国語の問題は紙面に掲載

⇒ 

※データのダウンロードは 2025 年 3 月末日まで。
※データへのアクセスには、右記のパスワードの入力が必要となります。 ⇒ 569481

〈合格最低点〉

	第 1 回	第 2 回
2024年度	183点	196点
2023年度	161点	158点
2022年度	164点	178点
2021年度	159点	199点
2020年度	154点	165点
2019年度	159点	162点
2018年度	156点	170点

本書の特長

実戦力がつく入試過去問題集

▶ 問題 …………… 実際の入試問題を見やすく再編集。
▶ 解答用紙 …… 実戦対応仕様で収録。
▶ 解答解説 …… 詳しくわかりやすい解説には、難易度の目安がわかる「基本・重要・やや難」の分類マークつき（下記参照）。各科末尾には合格へと導く「ワンポイントアドバイス」を配置。採点に便利な配点つき。

入試に役立つ分類マーク 

基本 確実な得点源！
受験生の90%以上が正解できるような基礎的、かつ平易な問題。
何度もくり返して学習し、ケアレスミスも防げるようにしておこう。

重要 受験生なら何としても正解したい！
入試では典型的な問題で、長年にわたり、多くの学校でよく出題される問題。
各単元の内容理解を深めるのにも役立てよう。

やや難 これが解ければ合格に近づく！
受験生にとっては、かなり手ごたえのある問題。
合格者の正解率が低い場合もあるので、あきらめずにじっくりと取り組んでみよう。

合格への対策、実力錬成のための内容が充実

▶ 各科目の出題傾向の分析、合否を分けた問題の確認で、入試対策を強化！
▶ その他、学校紹介、過去問の効果的な使い方など、学習意欲を高める要素が満載！

解答用紙ダウンロード	解答用紙はプリントアウトしてご利用いただけます。弊社ＨＰの商品詳細ページよりダウンロードしてください。トビラのＱＲコードからアクセス可。
famima PRINT	原本とほぼ同じサイズの解答用紙は、全国のファミリーマートに設置しているマルチコピー機のファミマプリントで購入いただけます。※一部の店舗で取り扱いがない場合がございます。詳細はファミマプリント（http://fp.famima.com/）をご確認ください。
UD FONT	見やすく読みまちがえにくいユニバーサルデザインフォントを採用しています。

立教新座中学校

生徒数　633名
〒352-8523
埼玉県新座市北野1-2-25
☎048-471-2323
東武東上線志木駅　徒歩15分・バス
武蔵野線新座駅　徒歩25分・バス

県内外で人気の難関校
８割が立教大へ推薦入学する
キリスト教系の学校

URL	https://niiza.rikkyo.ac.jp/

キリスト教に基づく人間形成

1874（明治７）年、米国聖公会の宣教師ウィリアムズ主教が「立教学校」を創設したのが立教学院の始まりである。

キャンパスにあるチャペル「聖パウロ礼拝堂」では、日々の礼拝のほか、様々な活動が行われている。

質の高い学校生活を実現する最高の環境

豊かな緑に包まれた10万㎡に及ぶ広大な敷地には、様々な特別教室を擁する校舎や体育館、400mトラックを備えた全天候型フィールド、50m×10コースの屋内温水プールをはじめ、器械体操場や剣道場、柔道場、人工芝のサッカーグラウンドなどの多彩な運動施設が点在している。また蔵書17万５千冊を誇る図書館があり、DVDなどの視聴覚資料も用意されている。

豊富な選択科目外国語教育にも重点

中学では、基礎学力養成を目的としたバランスのよいカリキュラム編成のもと、語学教育を特に重視し、全学年を通してネイティブスピーカーによる授業を行うなど、グローバルな視野を育成する。

高校では、分野別選択（理社）や英語の指向別選択などが取り入れられ、特に３年次にはドイツ・スペイン・フランス・イタリア・アラビア語など９つの外国語講座をはじめ、多種多彩な90講座の自由選択科目が設けられるなど、テーマを選んで学ぶという姿勢を重視している。２年次より他大学進学クラスを設置し、他大学受験にも対応。

校外研修旅行は中学では「日本の自然と文化に触れる」をテーマとした５コースの中から希望のコースに参加。高校は平和学習をテーマに、九州、沖縄、中国・四国の３コースがある。

チャペルと本館校舎

多彩な行事・クラブ活動充実の国際交流プログラム

生徒の自治組織・生徒会、学友会活動も活発で、中学には文化部10部、体育部15部、高校には文化部18部、体育部22部とクラブ数も多い。広大なキャンパス内に各クラブ専用の活動場所が確保され、それぞれ熱心な活動を行っている。

国際交流プログラムは中学３年生対象のアメリカサマーキャンプ、高校生対象の英国サマースクール、３ヶ国３校からの留学生受け入れなどが長年行われている。また、中学生は立教英国学院（イギリス）に、高校生はアメリカで１年間、イギリスで４ヶ月間、現地の生徒と共に学ぶ派遣留学制度や、大学付属校であるメリットを生かし、高校３年生の２月からの１ヶ月のギャップイヤー留学がある（海外研修旅行は希望者のみ）。ほかにも、教科が企画する海外研修があり、理科（フィンランドでのオーロラ観測）、宗教科（ポーランド）で研修を予定している。

充実した立教大推薦制度

高校３年間の成績と卒業研究論文等を総合して推薦要件を満たした生徒は、立教大学への推薦入学が認められる。他の大学を受験する場合、この推薦制度は辞退しなければならない。

全天候型フィールドでの運動会

2023年３月卒業生の立教大学進学部の学部内訳は、文学部26名、異文化コミュニケーション学部12名、経済学部60名、経営学部36名、理学部９名、社会学部42名、法学部42名、観光学部13名、現代心理学部８名、スポーツウェルネス学部３名となっている。他大学では、東京大、東京工業大、一橋大、横浜国立大、東京都立大、慶應義塾大、早稲田大、上智大、東京慈恵医科大、東京理科大などに合格している。その他、慶応義塾大、国際基督教大、東京理科大、早稲田大、北里大、埼玉医科大など約40校に指定校推薦枠もある。

学校からのメッセージ

立教新座は、生徒自身の「やってみたい」気持ちに応え、育てる自由な校風が特長です。多様な仲間たちと、広大なキャンパス、充実した環境の中で、自身の興味関心がどこにあるかを見つけて伸ばし、世界の人々と共に生きる力を備えたグローバルリーダーへと育ってほしいと願っています。

2024年度入試要項

試験日　1/25（帰国生・一般第1回）
2/3（一般第2回）

試験科目　国・算＋面接（帰国生）
国・算・理・社（一般）

2024年度	募集定員	受験者数	合格者数	競争率
第１回	約100	1680	742	2.3
第２回	約40	213	41	5.2

過去問の効果的な使い方

① **はじめに**　ここでは，受験生のみなさんが，ご家庭で過去問を利用される場合の，一般的な活用法を説明していきます。もし，塾に通われていたり，家庭教師の指導のもとで学習されていたりする場合は，その先生方の指示にしたがって，過去問を活用してください。その理由は，通常，塾のカリキュラムや家庭教師の指導計画の中に過去問学習が含まれており，どの時期から，どのように過去問を活用するのか，という具体的な方法がそれぞれの場合で異なるからです。

② **目的**　言うまでもなく，志望校の入学試験に合格することが，過去問学習の第一の目的です。そのためには，それぞれの志望校の入試問題について，どのようなレベルのどのような分野の問題が何問，出題されているのかを確認し，近年の出題傾向を探り，合格点を得るための試行錯誤をして，各校の入学試験について自分なりの感触を得ることが必要になります。過去問学習は，このための重要な過程であり，合格に向けて，新たに実力を養成していく機会なのです。

③ **開始時期**　過去問との取り組みは，通常，全分野の学習が一通り終了した時期，すなわち6年生の7月から8月にかけて始まります。しかし，各分野の基本が身についていない場合や，反対に短期間で過去問学習をこなせるだけの実力がある場合は，9月以降が過去問学習の開始時期になります。

④ **活用法**　各年度の入試問題を全問マスターしよう，と思う必要はありません。完璧を目標にすると挫折しやすいものです。できるかぎり多くの問題を解けるにこしたことはありませんが，それよりも重要なのは，現実に各志望校に合格するために，どの問題が解けなければいけないか，どの問題は解けなくてもよいか，という眼力を養うことです。

算数

どの問題を解き，どの問題は解けなくてもよいのかを見極めるには相当の実力が必要になりますし，この段階にいきなり到達するのは容易ではないので，この前段階の一般的な過去問学習法，活用法を2つの場合に分けて説明します。

☆偏差値がほぼ55以上ある場合

掲載順の通り，新しい年度から順に年度ごとに3年度分以上，解いていきます。

ポイント1…問題集に直接書き込んで解くのではなく，各問題の計算法や解き方を，明快にわかるように意識してノートに書き記す。

ポイント2…答えの正誤を点検し，解けなかった問題に印をつける。特に，解説の 基本 重要 がついている問題で解けなかった問題をよく復習する。

ポイント3…1回目にできなかった問題を解き直す。同様に，2回目，3回目，…と解けなければいけない問題を解き直す。

ポイント4…難問を解く必要はなく，基本をおろそかにしないこと。

☆偏差値が50前後かそれ以下の場合

ポイント1～4以外に，志望校の出題内容で「計算問題・一行問題」の比重が大きい場合，これらの問題をまず優先してマスターするとか，例えば，大問2までをマスターしてしまうとよいでしょう。

理科

理科は1から順番に解くことにほとんど意味はありません。理科は，性格の違う4つの分野が合わさった科目です。また，同じ分野でも単なる知識問題なのか，あるいは実験や観察の考察問題なのかによってもかかる時間がずいぶんちがいます。記述，計算，描図など，出題形式もさまざまです。ですから，解く順番の上手，下手で，10点以上の差がつくこともあります。

過去問を解き始める時も，はじめに1回分の試験問題の全体を見通して，解く順番を決めましょう。得意分野から解くのもよいでしょう。短時間で解けそうな問題を見つけて手をつけるのも効果的です。くれぐれも，難問に時間を取られすぎないように，わからない問題はスキップして，早めに全体を解き終えることを意識しましょう。

社会

社会は1から順番に解いていってかまいません。ただし，時間のかかりそうな，「地形図の読み取り」，「統計の読み取り」，「計算が必要な問題」，「字数の多い論述問題」などは後回しにするのが賢明です。また，3分野（地理・歴史・政治）の中で極端に得意，不得意がある受験生は，得意分野から手をつけるべきです。

過去問を解くときは，試験時間を有効に活用できるよう，時間は常に意識しなければなりません。ただし，時間に追われて雑にならないようにする注意が必要です。“誤っているもの” を選ぶ設問なのに “正しいもの” を選んでしまった，“すべて選びなさい” という設問なのに一つしか選ばなかったなどが致命的なミスになってしまいます。問題文の “正しいもの”，“誤っているもの”，“一つ選び”，“すべて選び” などに下線を引いて，一つ一つ確認しながら問題を解くとよいでしょう。

過去問を解き終わったら，自己採点し，受験生自身でふり返りをしましょう。できなかった問題については，なぜできなかったのかについての分析が必要です。例えば，「知識が必要な問題」ができなかったのか，「問題文や資料から判断する問題」ができなかったのかで，これから取り組むべきことも大きく異なってくるはずです。また，正解できた問題も，「勘で解いた」，「確信が持てない」といったときはふり返りが必要です。問題集の解説を読んでも納得がいかないときは，塾の先生などに質問をして，理解するようにしましょう。

国語

過去問に取り組む一番の目的は，志望校の傾向をつかみ，本番でどのように入試問題と向かい合うべきか考えることです。素材文の傾向，設問の傾向，問題数の傾向など，十分に研究していきましょう。

取り組む際は，まず解答用紙を確認しましょう。漢字や語句問題の量，記述問題の種類や量などが，解答用紙を見て，わかります。次に，ページをめくり，問題用紙全体を確認しましょう。どのような問題配列になっているのか，問題の難度はどの程度か，などを確認して，どの問題から取り組むべきかを判断するとよいでしょう。

一般的に「漢字」→「語句問題」→「読解問題」という形で取り組むと，効率よく時間を使うことができます。

また，解答用紙は，必ず，実際の大きさのものを使用しましょう。字数指定のない記述問題などは，解答欄の大きさから，書く量を考えていきましょう。

算数　出題傾向の分析と合格への対策

●出題傾向と内容

近年の出題数は，大問5～6題で〔1〕が小問群，〔2〕以降が大問という問題構成である。出題範囲は広く，各分野からまんべんなく問題が出されている。特に重点がおかれているのは，「数の性質」，「立体図形」，「平面図形」，「面積」，「体積」，「割合と比」，「和と差」，「図形や点の移動」などの文章題や図形の問題である。

全体的によく練られた標準レベル以上の問題が多く集められており，やや難しい問題もいくつか含まれている。試験時間が50分しかないので，標準レベルの問題に時間がかかっていると高得点は難しい。確実な基礎力を身につけ，応用問題に慣れておこう。

学習のポイント

標準問題をしっかりとこなしておこう。また，問題を複数の視点から考えてみることで，柔軟な思考力も養っておきたい。

●2025年度の予想と対策

来年度も，同じような難度になると考えられる。そのため，まず基礎をしっかり固め，基本的な問題で解法に迷うことがないようにしよう。また，弱点分野が大問となって出題されると，合否に大きく影響するので，苦手分野は集中的に学習，反復し，克服しておくことが大切である。

基礎が身についたら，応用問題にも挑戦しよう。過去問レベルの問題を反復練習するのが効果的である。「数列・規則性」，「場合の数」など型どおりでない出題が増えてきているので日頃から論理的に考える習慣をつけておこう。また，問題の難易をみきわめて，問題を選択する力も養おう。

▼年度別出題内容分類表

※　よく出ている順に☆，◎，○の３段階で示してあります。

出題内容			2022年		2023年		2024年	
			1回	2回	1回	2回	1回	2回
数と計算		四則計算	○	○	○	○	○	○
		概数・単位の換算		◎	○			○
		数の性質	☆	☆	☆		○	☆
		演算記号						
図形		平面図形	☆	☆	☆	☆	☆	☆
		立体図形	☆	☆	◎	☆	☆	☆
		面積	☆	☆	☆	☆	☆	☆
		体積と容積	☆	☆	◎	☆	◎	◎
		縮図と拡大図	◎	◎	○	☆	☆	○
		図形や点の移動	◎	☆	☆	○	○	○
速さ		三公式と比		☆		☆		☆
	文章題	旅人算						○
		流水算						
		通過算・時計算				☆		☆
割合		割合と比	☆	☆	☆	☆	☆	☆
	文章題	相当算・還元算				○		○
		倍数算						
		分配算						
		仕事算・ニュートン算	☆		○			
文字と式							◎	
2量の関係(比例・反比例)								
統計・表とグラフ						☆		
場合の数・確からしさ			☆		○		☆	
数列・規則性				☆				☆
論理・推理・集合						☆	○	
その他の文章題		和差・平均算		◎			◎	
		つるかめ・過不足・差集め算			○	○	○	
		消去・年令算	○	◎	○		◎	○
		植木・方陣算						

立教新座中学校

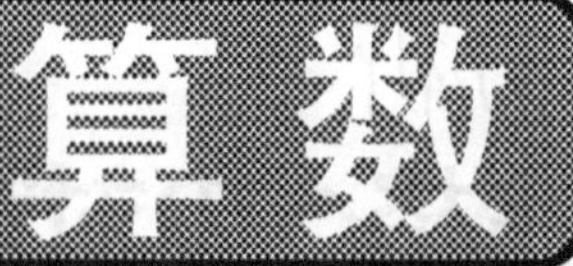

算数 ――グラフで見る最近３ヶ年の傾向――

最近３ヶ年に出題されたすべての問題を内容別に分類・集計し，全体に対して何パーセントくらいの割合になっているかを示しました。

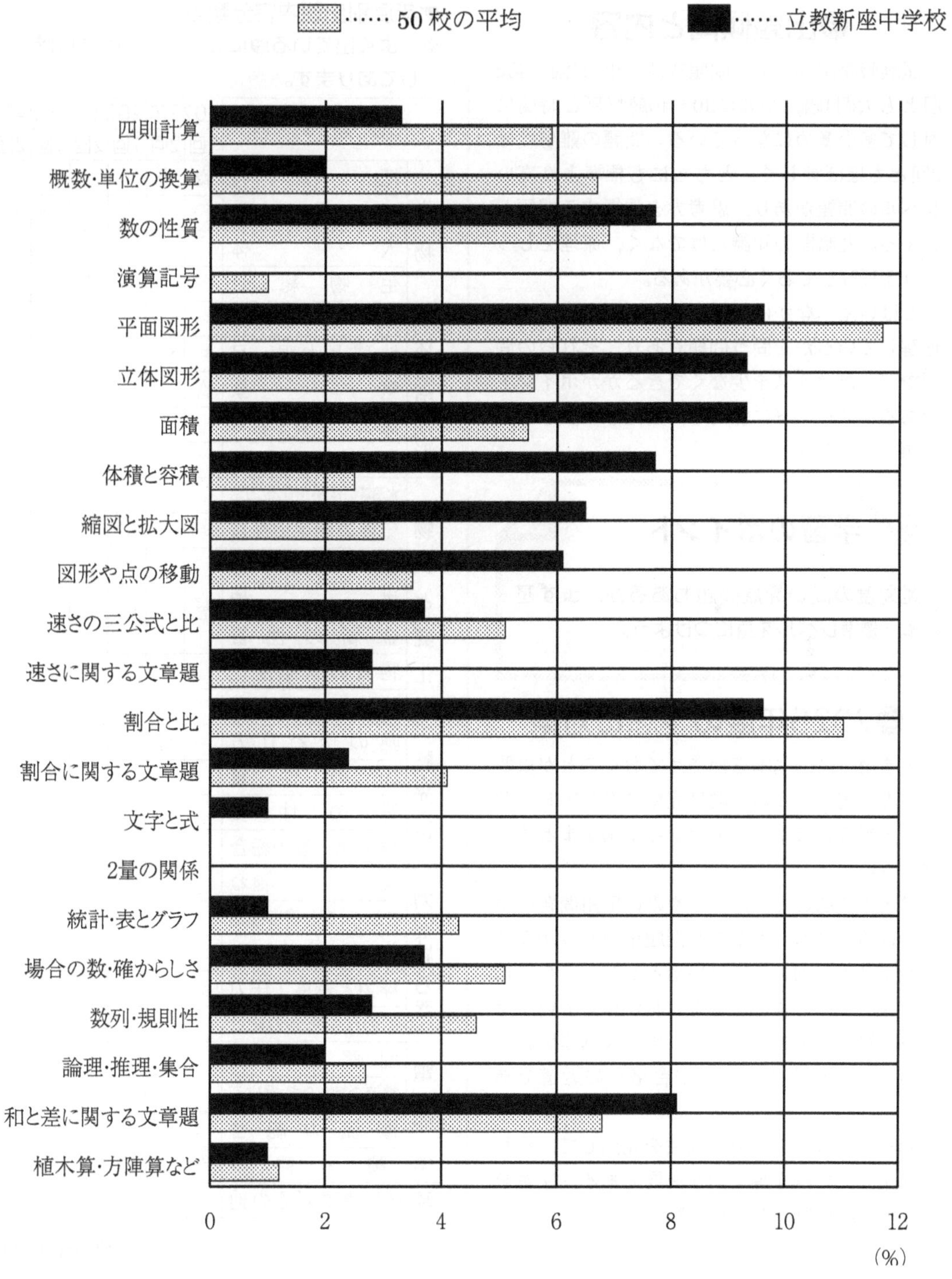

□……50校の平均　■……立教新座中学校

四則計算
概数・単位の換算
数の性質
演算記号
平面図形
立体図形
面積
体積と容積
縮図と拡大図
図形や点の移動
速さの三公式と比
速さに関する文章題
割合と比
割合に関する文章題
文字と式
2量の関係
統計・表とグラフ
場合の数・確からしさ
数列・規則性
論理・推理・集合
和と差に関する文章題
植木算・方陣算など

0　2　4　6　8　10　12
(%)

理科　出題傾向の分析と合格への対策

●出題傾向と内容

試験時間が30分で，問題数は例年第1回，第2回とも大問4題，小問は30～40題程度と時間に対して多少多めになっている。問題の難易度は2回ともほぼ等しく，どちらにも標準より高いレベルの問題があり，思考力を重視する問題といえる。丸暗記の知識だけでなく，原理をしっかりと理解しておく必要がある。

とはいえ，なかには基本的な問題をしっかり理解しているかを問う問題もあり，それらの問題でどれだけミスを少なくできるかがポイントである。スピードに加えて，正確さが試される出題といえよう。

学習のポイント

難易度の高い発展問題もあるが，まず基本・標準レベルを身につけよう。

●2025年度の予想と対策

まず第一に，基本を押さえておくことが重要で，教科書レベルの問題は完璧にクリアしておき，分野ごとにポイントとなる事項をまとめておこう。

学習の方法としては，むやみに応用問題に手をつけるよりも，標準的な問題集をしっかりこなして基礎を固め，次の段階として，さらに知識を深めていくようなスタイルが適しているだろう。難問を出題されるが，まずは基本問題でしっかりと得点することが合格への近道である。

問題文から規則性や法則性を見出して，それを適用して結論を導く力が必要である。文章を読み解く読解力も大切である。

▼年度別出題内容分類表

※　よく出ている順に☆，◎，○の３段階で示してあります。

出題内容		2022年		2023年		2024年	
		1回	2回	1回	2回	1回	2回
生物	植物	☆	☆				
	動物	○				◎	☆
	人体					◎	
	生物総合			☆	☆		
天体・気象・地形	星と星座						
	地球と太陽・月		☆	☆			
	気象	☆			☆	◎	
	流水・地層・岩石					☆	☆
	天体・気象・地形の総合						
物質と変化	水溶液の性質・物質との反応			◎	○		
	気体の発生・性質			○			
	ものの溶け方				☆		
	燃焼	☆	○				
	金属の性質						
	物質の状態変化						
	物質と変化の総合						
熱・光・音	熱の伝わり方		◎			◎	
	光の性質					☆	☆
	音の性質						
	熱・光・音の総合						
力のはたらき	ばね						
	てこ・てんびん・滑車・輪軸			☆			
	物体の運動		☆		☆		
	浮力と密度・圧力	☆					
	力のはたらきの総合						
電流	回路と電流						
	電流のはたらき・電磁石						
	電流の総合						
実験・観察		☆	☆	◎	☆	☆	☆
環境と時事／その他							○

立教新座中学校

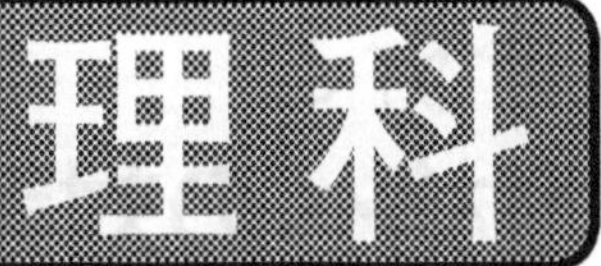

——グラフで見る最近3ヶ年の傾向——

最近3ヶ年に出題されたすべての問題を内容別に分類・集計し，全体に対して何パーセントくらいの割合になっているかを示しました。

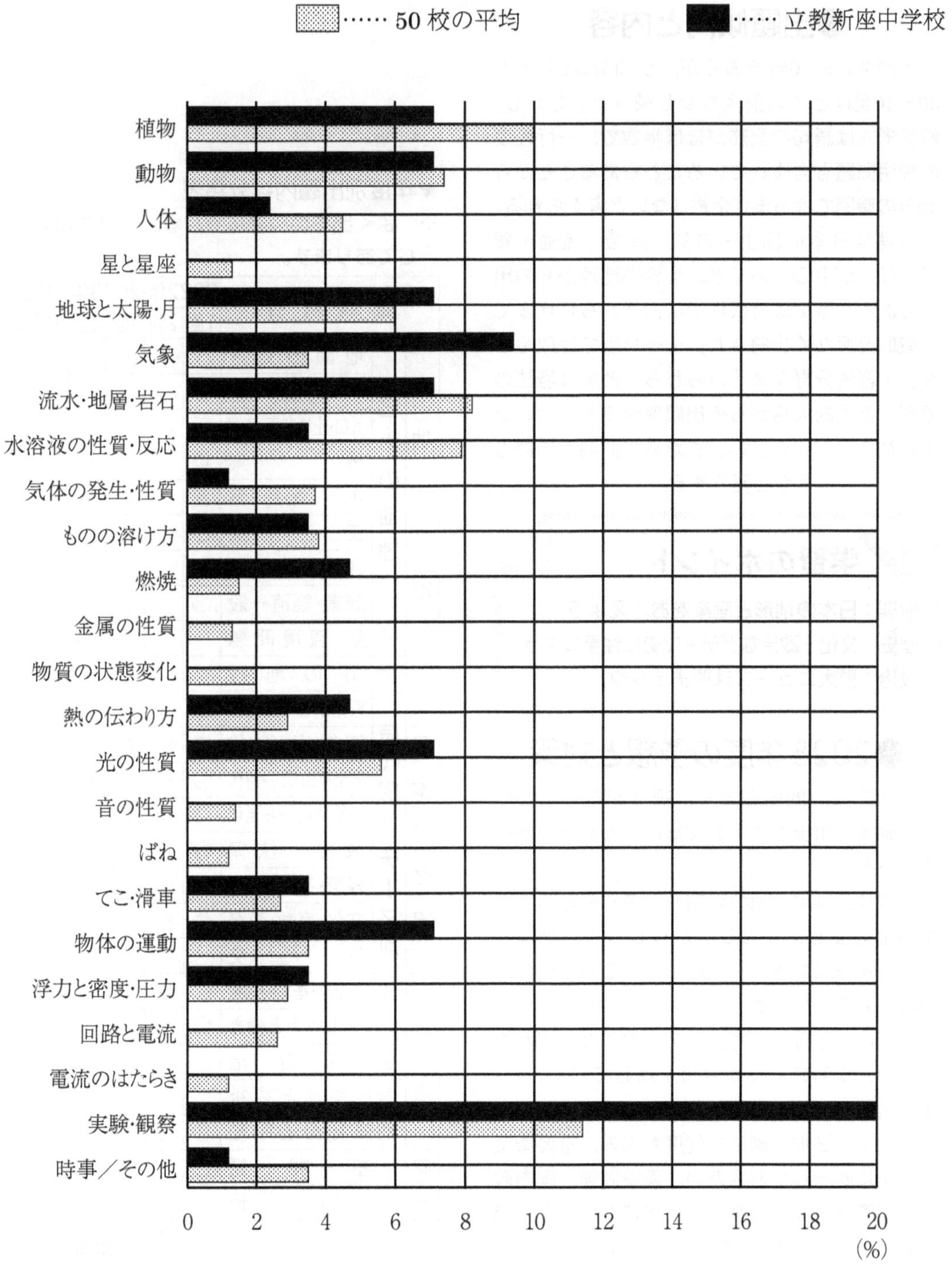

社会　出題傾向の分析と合格への対策

●出題傾向と内容

大問数は2～6題であるが，小問数は2回とも30～40題ほどで以前より少し減った。しかし，解答形式は語句の記述がほぼ半数で，一行程度の説明問題も含まれていることもあることから30分の時間ではあまり余裕はないと考えられる。

地理は日本の国土・自然，産業，流通・貿易・経済が中心であるが，世界の地理からの出題もある。歴史は時代別では古代から現代まで比較的万遍なく出題され，テーマ別では政治と社会・経済分野が多くみられる。政治は憲法の原理・基本的人権からの出題率が高く，次いで国際社会と平和が多い。また時事問題の出題もあるので，注意が必要である。

✔学習のポイント

地理：日本の地形と産業をおさえよう。
歴史：文化・政治などテーマ史に注意しよう。
政治：重大ニュースは要チェック。

●2025年度の予想と対策

語句記入の問題も多く，短文記述も出るので，確実な知識と考えを文章にまとめる力が必要である。

地理は，日本各地の自然や産業その他の特色を白地図などに記入しながらしっかり把握する。最新の統計資料も確認しておこう。地形図の読み取りも要注意。

歴史は，各時代の特色やテーマごとの流れをつかみ，史料にしっかり目を通しておくこと。重要語句や人名は確実に書けるようにしたい。

政治は，日本国憲法を何度も読み，重要条文は完全に暗記しておきたい。環境問題，国内政治や国際社会などの動きを，現在だけでなく過去数年にさかのぼって調べておこう。

▼年度別出題内容分類表

※　よく出ている順に☆，◎，○の３段階で示してあります。

出題内容			2022年		2023年		2024年	
			1回	2回	1回	2回	1回	2回
地理	日本の地理	地図の見方						
		日本の国土と自然	◎	◎	◎		◎	◎
		人口・土地利用・資源			○	☆	○	◎
		農業	◎				○	○
		水産業			○			
		工業	○	○	○			
		運輸・通信・貿易			○			○
		商業・経済一般	○		○			
	公害・環境問題						○	
	世界の地理				○		○	
日本の歴史	時代別	原始から平安時代	◎	◎	◎	◎	◎	◎
		鎌倉・室町時代	◎	◎	◎	◎	○	◎
		安土桃山・江戸時代	○	◎	◎	◎	◎	◎
		明治時代から現代	◎	◎	◎	◎	○	◎
	テーマ別	政治・法律	◎	◎	◎	◎	◎	◎
		経済・社会・技術	◎	○	○	◎	◎	◎
		文化・宗教・教育	◎	◎	◎	○	○	○
		外交		○	◎	◎	○	
政治	憲法の原理・基本的人権		○	○	◎		○	○
	政治のしくみと働き		○	◎	◎	○	◎	◎
	地方自治			○		◎		○
	国民生活と福祉			○	○	○	○	
	国際社会と平和		○	○	○		○	○
時事問題			○					○
その他				○			○	○

立教新座中学校

──グラフで見る最近3ヶ年の傾向──

最近3ヶ年に出題されたすべての問題を内容別に分類・集計し，全体に対して何パーセントくらいの割合になっているかを示しました。

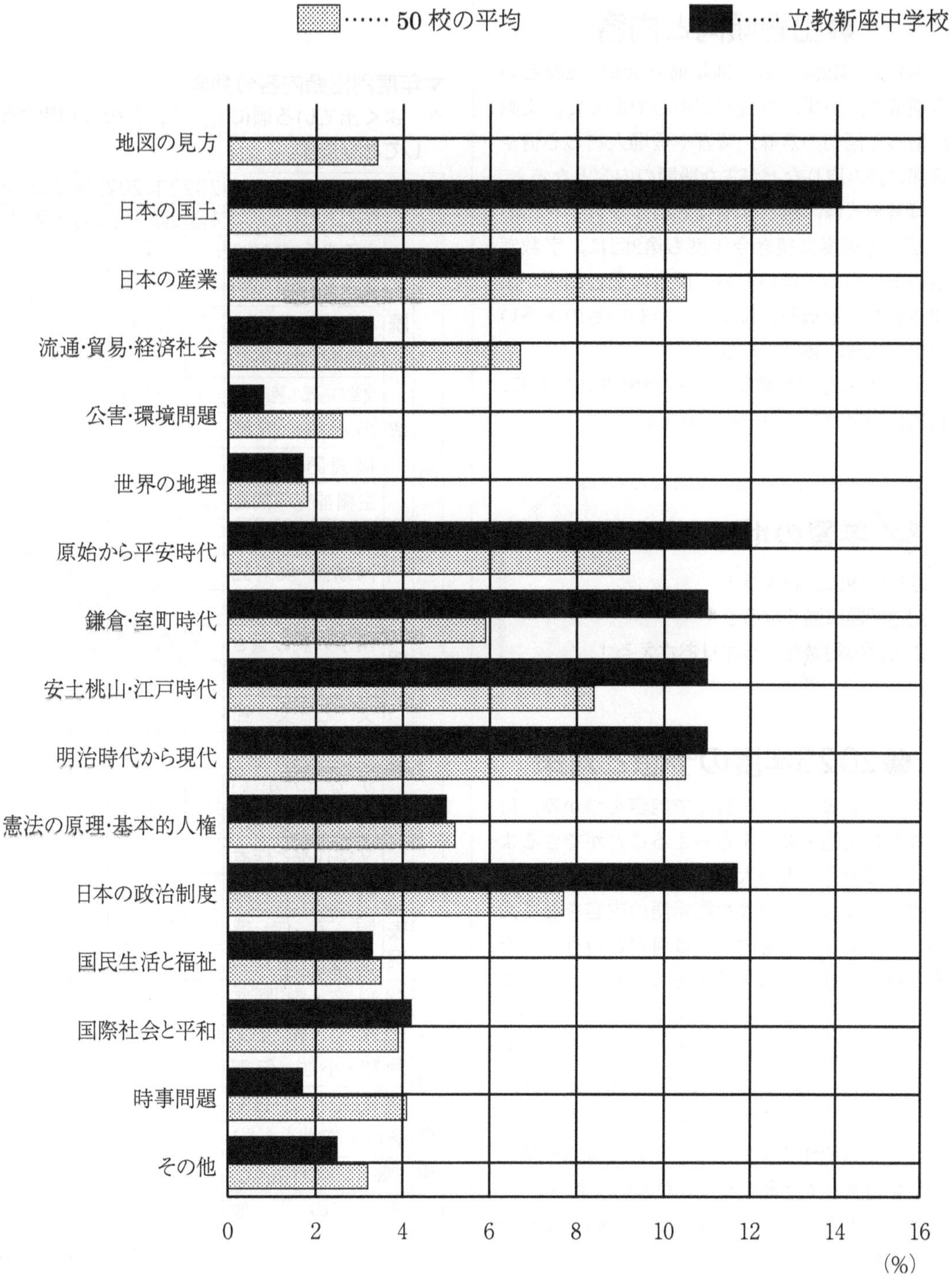

░……50校の平均　■……立教新座中学校

地図の見方
日本の国土
日本の産業
流通・貿易・経済社会
公害・環境問題
世界の地理
原始から平安時代
鎌倉・室町時代
安土桃山・江戸時代
明治時代から現代
憲法の原理・基本的人権
日本の政治制度
国民生活と福祉
国際社会と平和
時事問題
その他

0　2　4　6　8　10　12　14　16
(%)

国語 出題傾向の分析と合格への対策

●出題傾向と内容

第1回・第2回とも，例年通り大問は2題という構成で，いずれも読解が中心であった。文脈に沿った語句の意味，筆者や登場人物の心情や細部の読み取りなどが主な設問の内容となる。

解答形式は，選択式や抜き出しが大半を占めるが，昨年度に続き今年度も第2回に，字数制限のあるものとないもの，両方の記述問題が出題された。選択肢にはまぎらわしいものが多いので，注意が必要である。

小学校未習学の常用漢字も出題されており，幅広い漢字の知識が求められている。

学習のポイント

選択問題に慣れよう！
記述問題に強くなろう！
ことばの知識をしっかりおさえる！

●2025年度の予想と対策

まず，文章をざっと読んで内容をつかみ，自分なりに主題・要旨をとらえることができるようにしておくことが大切である。論説文や随筆では文と文のつながりや指示語の内容をおさえること。また，筆者の考えは何かということを常にはっきりととらえる力をつけたい。物語文では人物の心情はその会話文や様子の表現からつかみ取るようにしたい。また，物語文の細部表現に関しては，それぞれの表現が表す内容を，しっかりおさえていきたい。慣用句・漢字については問題集をあたり，同音異義語や類字の形に留意して学習することが大切である。

特に第2回では記述問題の比重が高くなりつつある傾向だ。

▼年度別出題内容分類表

※ よく出ている順に☆，◎，○の３段階で示してあります。

出題内容			2022年		2023年		2024年	
			1回	2回	1回	2回	1回	2回
内容の分類	読解	主題・表題の読み取り						
		要旨・大意の読み取り	○	○	○	○	○	○
		心情・情景の読み取り	☆	☆	◎	☆	☆	◎
		論理展開・段落構成の読み取り			○			
		文章の細部の読み取り	☆	☆	☆	◎	☆	◎
		指示語の問題				○		
		接続語の問題		○	○	○	○	
		空欄補充の問題	☆	☆	☆	☆	◎	◎
	知識	ことばの意味			○	○		○
		同類語・反対語						
		ことわざ・慣用句・四字熟語	○			○		○
		漢字の読み書き	◎	◎	◎	◎	◎	◎
		筆順・画数・部首						
		文と文節						
		ことばの用法・品詞						
		かなづかい						
		表現技法						
		文学作品と作者						
		敬語						
	表現	短文作成						
		記述力・表現力	○	☆	◎	☆		◎
文の種類		論説文・説明文	○	○	○	○	○	○
		記録文・報告文						
		物語・小説・伝記	○	○	○	○	○	○
		随筆・紀行文・日記						
		詩（その解説も含む）						
		短歌・俳句（その解説も含む）						
		その他						

立教新座中学校

——グラフで見る最近３ヶ年の傾向——

最近３ヶ年に出題されたすべての問題を内容別に分類・集計し，全体に対して何パーセントくらいの割合になっているかを示しました。

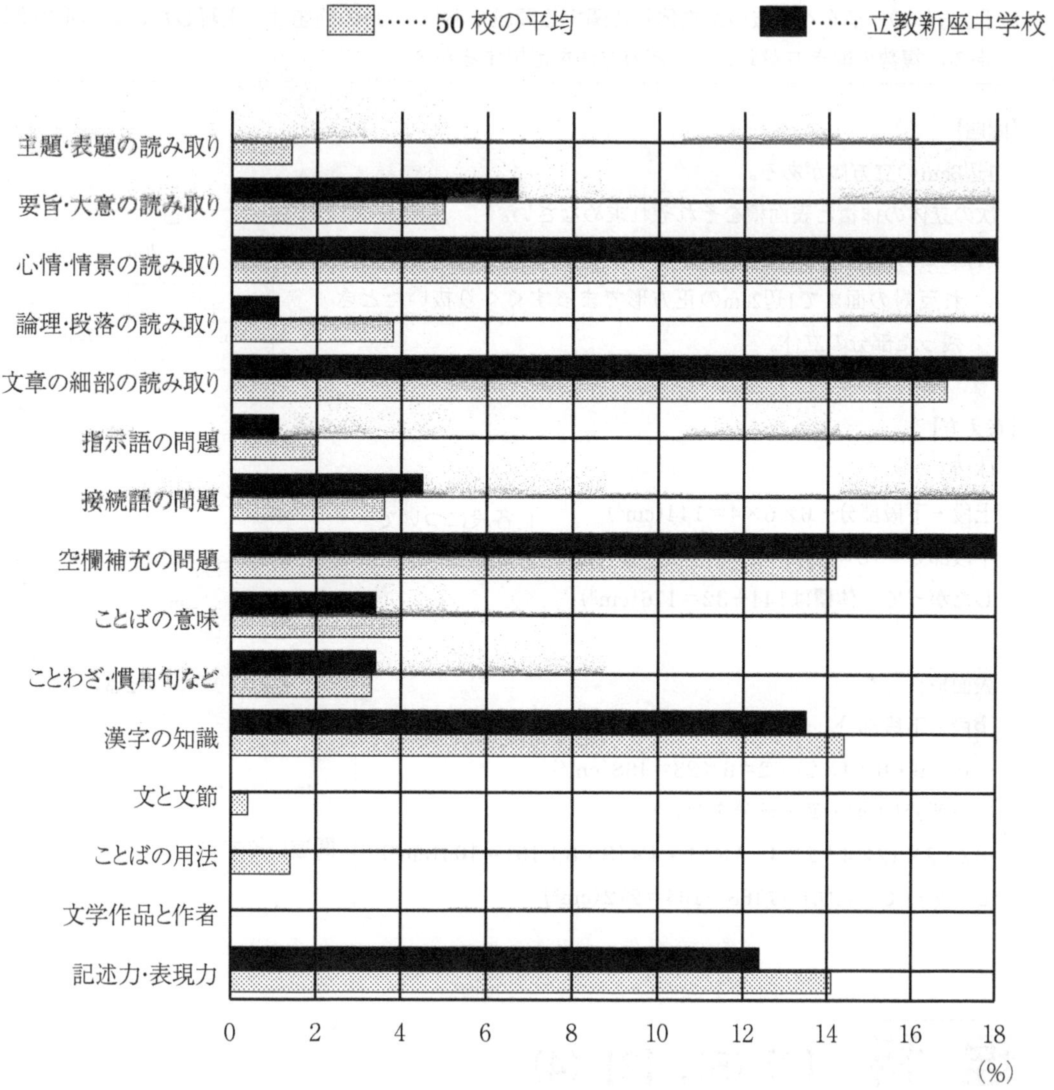

▒……50校の平均　■……立教新座中学校

主題・表題の読み取り
要旨・大意の読み取り
心情・情景の読み取り
論理・段落の読み取り
文章の細部の読み取り
指示語の問題
接続語の問題
空欄補充の問題
ことばの意味
ことわざ・慣用句など
漢字の知識
文と文節
ことばの用法
文学作品と作者
記述力・表現力
0 2 4 6 8 10 12 14 16 18
(%)

	論説文 説明文	物語・小説 伝記	随筆・紀行 文・日記	詩 (その解説)	短歌・俳句 (その解説)
立教新座 中学校	50.0%	50.0%	0.0%	0.0%	7.7%
50校の平均	47.0%	45.0%	8.0%	0.0%	0.0%

2024年度　合否の鍵はこの問題だ!!

（第1回）

算　数　[5] (1)

「立方体の一部をくり抜いた立体」に関する問題であり，(1)の問題は，正解したいレベルの問題である。複数の解き方があるが，どの方法を選択するか？

【問題】

1辺6cmの立方体がある。

次の立体の体積と表面積をそれぞれ求めなさい。

(1)　この立方体を，図のように手前の面と横の面からそれぞれ反対の面まで1辺2cmの正方形でまっすぐくり抜いたとき残った部分の立体。

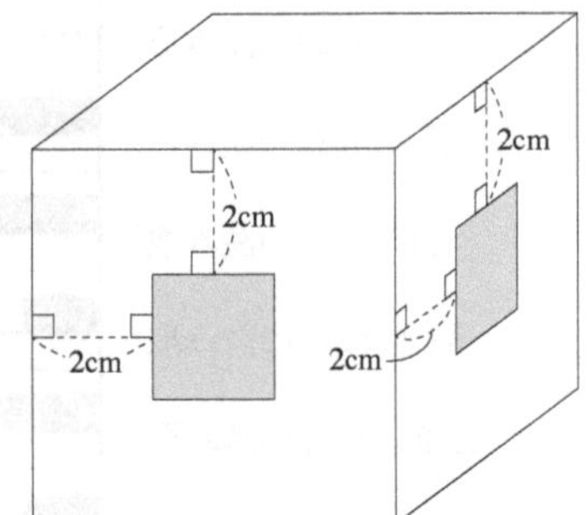

【考え方】

体積

上段・下段部分…$6\times6\times4=144$(cm^3)

中段部分…$(6\times6-2\times2\times5)\times2=32$(cm^3)

各段について計算する

したがって，体積は$144+32=176$(cm^3)

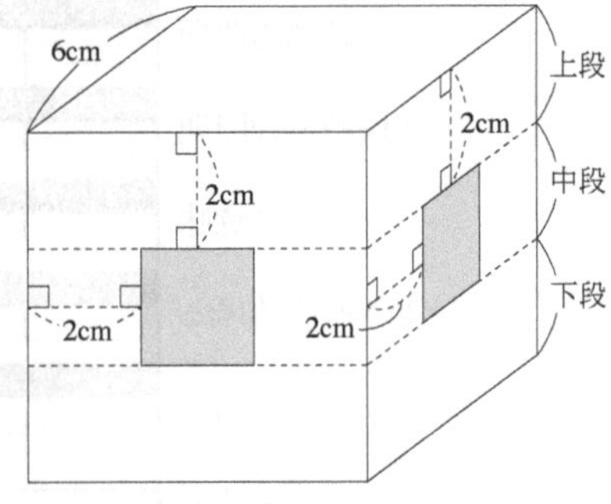

表面積

上段・下段部分

…$(6\times6+6\times4\times2)\times2=6\times28=168$(cm^2)

中段部分（上面・底面部分を含む）

…$2\times2\times(2\times4+2\times4+5\times2)=4\times(8+8+10)=104$(cm^2)

したがって，表面積は$168+104=272$(cm^2)

間違いやすい

理　科　【2】(5)，【3】(4)

大問が4題で，理科の4つの分野から出題されていた。出題の内容は，実験や観察をもとにした思考力を要する問題が多い。難易度の高い計算問題も出題される。今回注目すべき問題として第1回の【2】の(5)，【3】の(4)を取り上げた。

【2】は，湿度と熱の伝わり方に関する問題であった。湿度の計算問題は標準的な問題であった。(5)は放熱量の計算問題で，実験の条件の違いを比較する問題である。ガラス板の放熱量は，室内外の温度差に比例し，ガラス板の縦の長さや横の長さに比例し，厚さに反比例する。条件1と2を比較すると，温度差も，縦の長さも同じで，横の長さが2倍になっているので放熱量が2倍になる。それで厚さを2倍にす

れば放熱量が2分の1倍になり，合計で条件1と2の放熱量は等しくなる。よって①の答えは10mmである。同様に実験3と6を比較すると，温度差が2.5倍，縦の長さが2倍，厚さが2倍になるので，放熱量は$2.5 \times 2 \times \frac{1}{2} = 2.5$倍になる。

【3】は地震波に関する問題であった。地震波には速度が速く揺れが小さいP波と，速度が遅く揺れが大きいS波がある。地震波のグラフの最初の揺れの小さい波がP波で，その後に伝わる揺れの大きな波がS波である。グラフは地震発生からの時間を横軸に取っており，地震の発生地点からA地点までの25kmをP波が伝わるのに5秒(グラフは図4)かかるので，P波の速度は25÷5＝5(km/秒)である。地点Dのグラフは図2であり，DにP波が伝ったのが地震発生から30秒後なので，Dまでの距離は5×30＝150(km)とわかる。その後の(5)～(7)は難問である。

各試験に共通するのは，問題の題材が実験や観察に基づいており，文章の読解力や思考力を要することである。それで，しっかりとした基礎知識に加えて，問題演習でやや難しい内容の問題まで練習して試験に備えるようにしたい。また，試験時間が30分と短く計算問題も多いので，難問の解答にこだわらずに解ける問題で確実に得点することが重要である。

社 会　I 問6

試験時間が30分で50点満点という構成の中で2点(推定配点)という配点は，1問の配点としては決して高くはない。しかし全設問数が37題と時間に比べて比較的多く，また1行の説明問題も複数ある中で，このような説明問題にきちんと解答できたか否かは合否の分かれ目になったと思われる。

解答の形式について，本問は解答用紙に1行のスペースが与えられているだけで解答に用いる指定語句もないので，解答欄に収めれば特に問題はないと思われる。他方，内容については，書くべきポイントがあると思われる。設問文中に「なぜ河川を国境にすると領土問題の原因になるのですか」とあるので，推定配点との関係からも2つのポイントが必要と考えられる。すなわち，①洪水などで形状が変化すること，②中洲があると帰属をめぐる争いになることの2点を指摘し，各ポイント1点ずつで合計2点と思われる。なお，本設問では解答例の他にも，「河川の中央線を決める場合に争いが起こることがある」という点を指摘しても加点ポイントとなると思われる。

本設問は地理分野の問題として出題されているが，河川の特有の性質と領土問題と結びつけて考えさせる，地理と政治分野の融合問題と考えられる。社会科の問題は地理・歴史・政治の分野別に整理されることも多いが，このような融合問題にも十分に注意を払う必要があると思われる。

国語 — 問三

★合否を分けるポイント

傍線部①「自己の『付属物』について気づかうこと」として適当でないものを選ぶ選択問題である。①の文脈とともに，本文の展開を的確にとらえられているかがポイントだ。

★文脈とともに，論の流れを正確に読み取る

傍線部①直後の段落までで，どのように生きるべきかといった問題を考えるために必要な「よく生きる」ことについて考える上で，哲学者ソクラテスの考え方・生き方が参考になる→「知を愛する」という自分の生き方を最後まで貫いたソクラテスにとって，「知を愛する」ことと「よく生きる」ことは切り離すことのできないものであった→一人ひとりの人が，自分自身のことについて気づかい，思慮のある人になるよう導くために，ソクラテスは多く人と議論し，【自分自身のことについて気づかうことは①ではない】と強調し，「付属物」ではなく，「自己自身」について心を砕くことが大切なのだと説いてまわった→ソクラテスは「付属物」を「身体や金銭」という言葉でも言い表し，美しく粧うことや富を蓄えることに必死になるといったことが考えられていた，という内容になっている。【　】部分にあるように，傍線部①のようにするのではなく「自己自身」に心を砕くことが大切だ，というのがソクラテスの考えであるので，①はソクラテスの考えではない，ということを読み取る必要がある。ア・イは，①直後の段落や「ソクラテスは，身体や……」で始まる段落内容から①に当てはまる。また「この主張は……」～「この対話篇では……」で始まる段落までで，ソクラテスの主張は，貪欲になり「自己自身」から離れていく人々の価値観や，自然なままに生き，欲望の充足をはかることこそが正義であるというカリクレスの主張を批判していることから，ウも①に当てはまる。「ソクラテスは，ものごとを……」で始まる段落で，「心を秩序正しい状態に保」つ「ことが，わたしたちがめざすべきものである」と述べていることから，エはソクラテスの考えであるので，①には当てはまらないということになる。傍線部の文脈とともに，論の流れをおって，その内容がどのように展開しているかを的確にとらえることが重要だ。

2024年度

★★★★★★★★★★★★★★★★★★★★★★★★

入　試　問　題

2024年度

立教新座中学校入試問題(第1回)

【算　数】(50分)〈満点：100点〉

【注意】1. 答はできるだけ簡単にしなさい。また，円周率は，3.14を用いなさい。

2. 三角定規，分度器，計算機の使用はいけません。

［ 1 ］ 以下の問いに答えなさい。

（1） 次の計算をしなさい。

$$\left\{\left(1-\frac{1}{20}\right)-0.5\times0.3+\frac{1}{2}\right\}\div1\frac{5}{8}+(10-0.1)\times\frac{4}{5}\div1.1$$

（2） 太郎君，次郎君，花子さんはお菓子(かし)を買いに行きました。太郎君はお菓子A，お菓子B，お菓子Cを1個ずつ買い，次郎君はお菓子Aを5個とお菓子Bを2個買い，花子さんはお菓子Bを4個とお菓子Cを3個買いました。太郎君，次郎君，花子さんの代金はそれぞれ400円，710円，1060円でした。お菓子Bは1個いくらですか。

（3） 4つの異なる整数A，B，C，Dがあります。これらの整数のうち異なる2つをたすと全部で6つの数ができますが，この6つの数の中に同じ数があったので，できた数は10，13，15，17，20の5種類でした。4つの整数A，B，C，Dの積を求めなさい。

（4） 図のような，底面が直角二等辺三角形である三角すいA−BCDがあり，4点E，F，G，Hは，それぞれ辺の真ん中の点です。この4点を通る平面で三角すいA−BCDを切断したとき，点Bをふくむ方の立体の体積を求めなさい。ただし，三角すいの体積は，(底面積)×(高さ)÷3で求めるものとします。

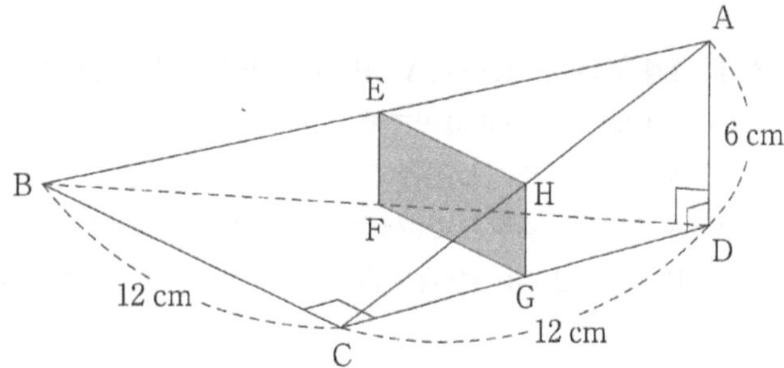

（5） 図は，2点AとBを結んだまっすぐな線の上に，半径3cmの半円と半径3cmのおうぎ形2つをすき間なく並べたものです。この図形の周りを，半径3cmの円が離(はな)れないようにして1周します。円の中心Oが動いたあとの線の長さを求めなさい。

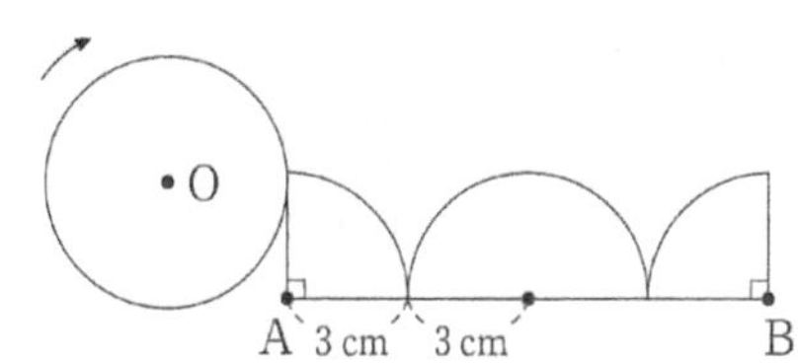

(6) ある中学校の1年生全員に対して，通学時に利用する交通機関を調べました。電車を利用している人数は1年生全員の人数の$\frac{5}{6}$倍でした。電車を利用している人数とバスを利用している人数の比は8：3でした。また，電車とバスの両方を利用している人数は54人，電車もバスも利用していない人数は12人でした。次の問いに答えなさい。

① バスを利用している人数は1年生全員の人数の何倍ですか。

② 1年生全員の人数を答えなさい。

〔 2 〕 面積が264cm²の平行四辺形ABCDがあります。辺AB上に点Eがあり，AEとEBの長さの比は1:2です。また，辺AD上に点Fがあり，AFとFDの長さの比は1:3です。図のように，2点BとF，CとF，DとEをそれぞれ結び，BFとDEが交わる点をG，CFとDEが交わる点をHとします。次の問いに答えなさい。

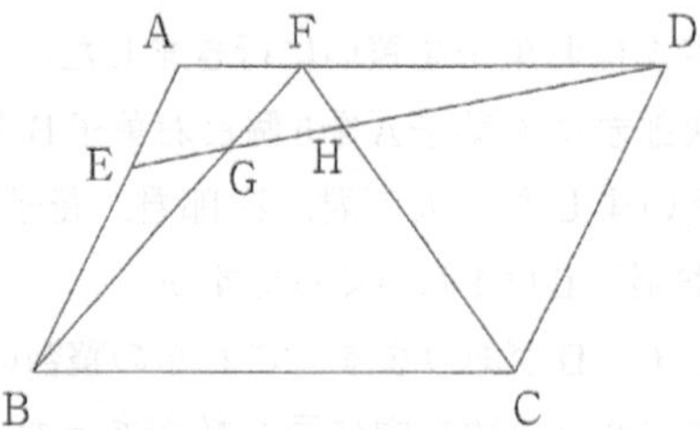

(1) 三角形ABFの面積を求めなさい。

(2) FHとHCの長さの比を求めなさい。

(3) EHとHDの長さの比を求めなさい。

(4) 四角形AEGFの面積を求めなさい。

〔 3 〕 3種類のコーヒー豆A，B，Cがあります。Aは100gあたり420円，Bは100gあたり550円，Cは100gあたり650円です。次の問いに答えなさい。

(1) AとBとCを同じ割合で混ぜたコーヒー豆は，100gあたりいくらになりますか。

(2) AとCをある割合で混ぜたら，500gで2560円でした。AとCの重さの比を求めなさい。

(3) BとCを2：3の割合で混ぜ，そこにAを加えたら500gで2575円でした。AとCの重さの比を求めなさい。

(4) 空の容器にA，B，Cのいずれかを50gずつ加えていきます。20回加えたところ，1000gで4970円になりました。Aは全部で何g加えましたか。

〔 4 〕 次の問いに答えなさい。

(1) 1，2，3の3個の数字を3個とも使ってつくることができる3けたの整数をすべて考えるとき，これらの整数の和を求めなさい。

(2) 1，2，3，4の4個の数字を4個とも使ってつくることができる4けたの整数をすべて考えるとき，これらの整数の和を求めなさい。

（3） 0，1，2，3の4個の数字を4個とも使ってつくることができる4けたの整数をすべて考えるとき，これらの整数の和を求めなさい。

（4） 1から9までの数字の中から異なる4個の数字を選び，それらを4個とも使ってつくることができる4けたの整数をすべて考えます。これらの整数の和を求めたら，126654でした。選んだ4個の数字の和を求めなさい。

［ 5 ］ 1辺6cmの立方体があります。次の立体の体積と表面積をそれぞれ求めなさい。

（1） この立方体を，図のように手前の面と横の面からそれぞれ反対の面まで1辺2cmの正方形でまっすぐくりぬいたとき，残った部分の立体。

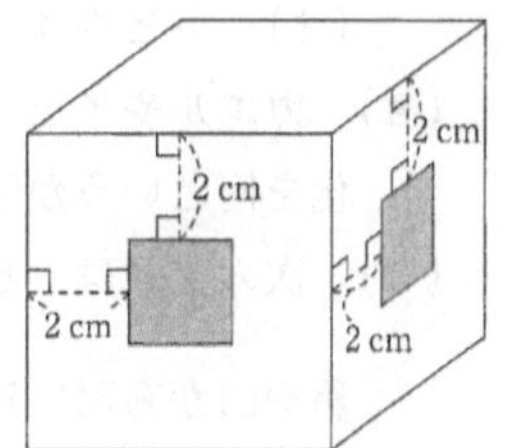

（2） （1）の立体を，図のように上の面から反対の面まで半径1cmの円でまっすぐくりぬいたとき，残った部分の立体。

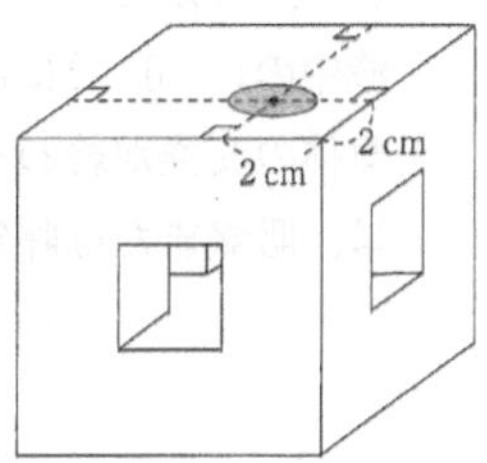

【理　科】（30分）〈満点：50点〉
【注意】計算機，分度器を使用してはいけません。

【１】 以下の問いに答えなさい。

（1） 動物の呼吸には肺呼吸やえら呼吸などがあります。肺呼吸を行う動物を，次の(ア)～(オ)からすべて選び，記号で答えなさい。

(ア) ペンギン　(イ) クジラ　(ウ) ザリガニ　(エ) カメ
(オ) トビウオ

（2） カエルやイモリは幼生から成体へ成長するときにからだの形態が大きく変化します。この変化を何というか答えなさい。また，このとき呼吸がどのように変化するかも答えなさい。

（3） 次の文章は，ヒトの呼吸について説明したものです。以下の問いに答えなさい。

鼻や口から吸い込(こ)まれた空気(吸気)は気管を通って肺に入ります。肺の内部には小さい袋(ふくろ)状の(　Ⅰ　)がたくさんあり，それぞれに血管が巻きついています。(　Ⅰ　)に入った(　X　)は血液中の(　Ⅱ　)に渡(わた)され，血液中の(　Y　)は(　Ⅰ　)に放出され，気体の交換(こうかん)が行われます。気体の交換が終わった空気(呼気)は鼻や口から体外へはき出されます。次のグラフ1とグラフ2は，吸気または呼気に含(ふく)まれる気体の割合を示したものです。

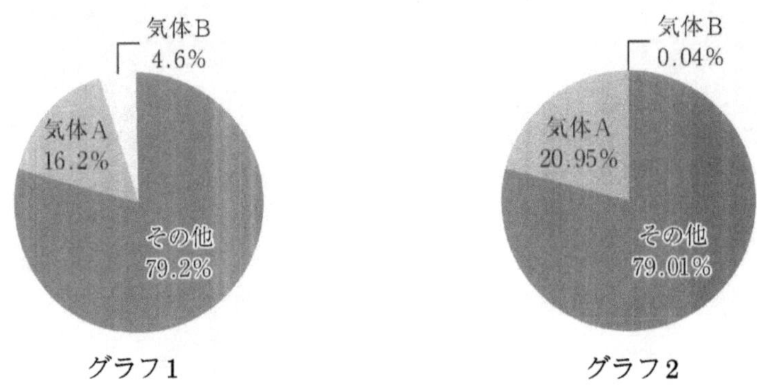

グラフ1　　グラフ2

① 文章中のⅠ，Ⅱに適する語句をそれぞれ答えなさい。

② 文章中のX，Yには，気体Aもしくは気体Bが入ります。Xに入るものを答えなさい。

③ 呼気に含まれる気体の割合を示すグラフは，グラフ1またはグラフ2のどちらですか。

④ 上記のグラフを用いて，ヒトのからだが1日に取り込む酸素の量が500mLのペットボトル何本分に相当するかを計算したとき，もっとも近いものを，次の(ア)～(オ)から選び，記号で答えなさい。ただし，呼吸の条件については以下の表で示したものとします。

(ア) 40本分　(イ) 100本分　(ウ) 400本分　(エ) 1000本分
(オ) 4000本分

呼吸の条件	
1回の呼吸で肺に入る空気の量	500mL
1回の呼吸で肺から出る空気の量	500mL
1分間に行われる呼吸の回数	15回

（4） 図1はヒトの胸部を表したものです。また，図2は胸部の模型で，ゴム膜は横隔膜，ゴム風船は肺，ストローは気管を表します。この模型のゴム膜を下に引っ張ったときの説明として適切なものを，以下の(ア)～(エ)から選び，記号で答えなさい。

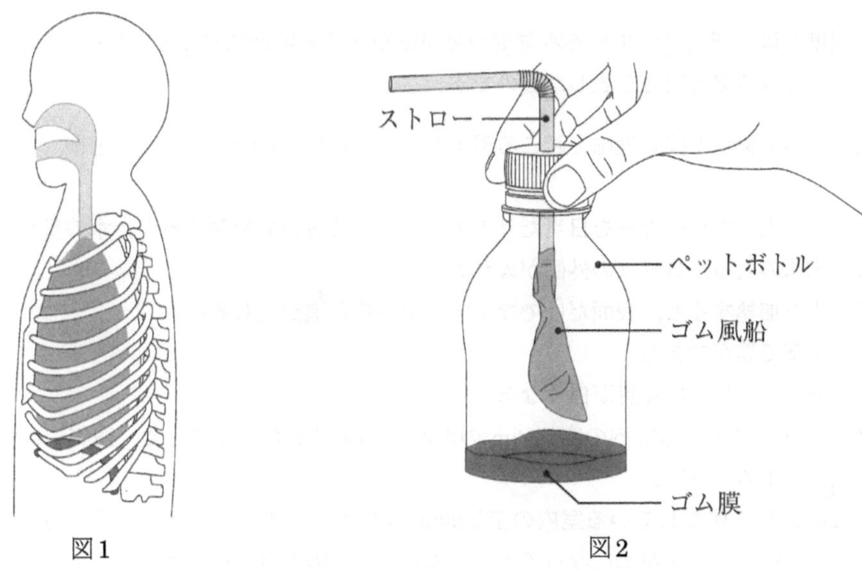

図1　図2

(ア) ペットボトル内の空気の圧力が上がり，ゴム風船がふくらむ
(イ) ペットボトル内の空気の圧力が上がり，ゴム風船が縮む
(ウ) ペットボトル内の空気の圧力が下がり，ゴム風船がふくらむ
(エ) ペットボトル内の空気の圧力が下がり，ゴム風船が縮む

（5） ヒトの呼吸運動について正しく説明しているものを，次の(ア)～(カ)からすべて選び，記号で答えなさい。

(ア) 息を吸うときは，横隔膜は上がり，ろっ骨も上がる
(イ) 息を吸うときは，横隔膜は上がり，ろっ骨は下がる
(ウ) 息を吸うときは，横隔膜は下がり，ろっ骨は上がる
(エ) 息を吸うときは，横隔膜は下がり，ろっ骨も下がる
(オ) 肺の筋肉によって肺がふくらんだり縮んだりすることで，横隔膜やろっ骨も動く
(カ) 肺には筋肉がなく，横隔膜やろっ骨の動きによって，肺はふくらんだり縮んだりする

【2】 以下の問いに答えなさい。

太郎君は，寒い冬の日に部屋の中にいると，窓ガラスに水滴がついていることに気付きました。なぜこのような現象が起こるのかを調べてみたところ，飽和水蒸気量が関係していることがわかりました。

飽和水蒸気量とは，ある温度において，空気1 m^3あたりに含むことができる水蒸気の量です。この量を超えると，空気中の水蒸気は水になって出てきます。

表1　温度と飽和水蒸気量の関係

温度〔℃〕	0	5	10	15	20	25	30	35
飽和水蒸気量〔g〕	4.8	6.8	9.4	12.8	17.3	23.0	30.4	39.6

また，湿度（しつど）とは，空気に含まれる水蒸気の量が飽和水蒸気量と同じときを100%とし，空気が実際に含んでいる水蒸気の割合を表したものです。

(1)　文章中の下線部と同じ理由で起こる現象を，次の(ア)～(オ)からすべて選び，記号で答えなさい。

(ア)　水が入ったビーカーを日当たりのよいところにおいて放置すると，水の量が減る

(イ)　氷水の入ったコップの外側がぬれる

(ウ)　水を加熱すると，表面だけでなく水の中からも泡（あわ）が生じる

(エ)　上空で雲ができる

(オ)　寒い日の朝にはく息が白くなる

(2)　20℃に保たれている室内の空気50m³の湿度が40%でした。このとき，空気中に含まれる水蒸気の量を求めなさい。

(3)　はじめ25℃に保たれている室内の空気90m³の温度を下げていったところ，10℃のときにはじめて空気中の水蒸気が水になって出てきました。このとき，はじめの空気の湿度を求めなさい。ただし，割り切れない場合は小数第2位を四捨五入し，小数第1位まで答えなさい。

窓ガラスに水滴がつくのを防止する方法として，図1のような複層ガラスを用いる方法があります。これは，ガラス層の間にアルゴンという気体の層をはさむことで，同じ厚さのガラスに比べて水滴がつきにくくしたもので，物質の熱の伝わりやすさの違い（ちがい）を利用しています。

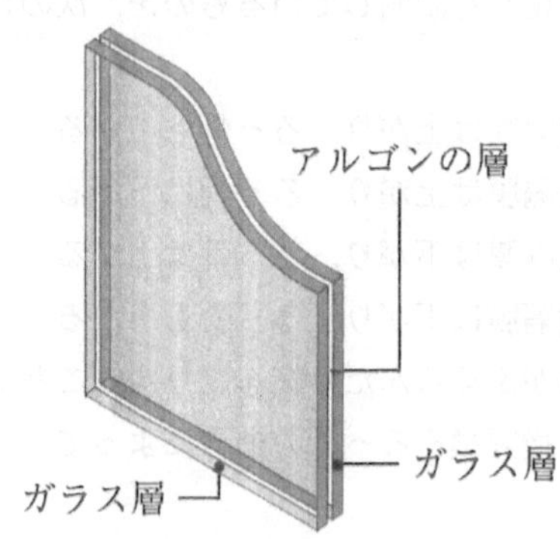

図1　複層ガラスの構造

（4） 次の表2の①，②に適する数値を，以下の(ア)～(ウ)から選び，それぞれ記号で答えなさい。
ただし，熱の伝わりやすさはガラスの値を1として表しており，値が大きい物質ほど，熱が伝わりやすい物質となります。

表2　さまざまな物質の熱の伝わりやすさ

物質	熱の伝わりやすさ
ガラス	1
アルミニウム	①
水	0.442
空気	0.0189
アルゴン	②

(ア)　0.0128　　(イ)　0.618　　(ウ)　172

（5） 部屋の内外に温度差があるときの，さまざまなガラス板を通過する熱の量(放熱量)について表3にまとめました。ただし，表3の放熱量は，条件1におけるガラス板の放熱量を1としています。また，ガラス板の放熱量は，室内外の温度差に比例し，ガラス板の縦の長さおよび横の長さに比例し，厚さに反比例します。このとき，表3の①，②に適する数値を答えなさい。

表3　ガラス板を通過する熱の量(放熱量)

条件	室内外の温度差	縦の長さ	横の長さ	厚さ	放熱量
1	20℃	50cm	50cm	5mm	1
2	20℃	50cm	100cm	①mm	1
3	10℃	50cm	100cm	5mm	1
4	10℃	50cm	50cm	2.5mm	1
5	20℃	50cm	100cm	5mm	2
6	25℃	100cm	100cm	10mm	②

【3】 以下の問いに答えなさい。

図1は地震(じしん)のゆれを記録する装置(地震計)です。ある地震が起きたとき，地震が起きた地点から順に一直線上に並んだ地表の地点A～Dに置かれた地震計が地震のゆれを記録しました。地震が起きた地点から地点Aまでの距離(きょり)は25km，地点Bまでの距離は50kmでした。図2～5は，地点A～Dのいずれかに置かれた地震計の記録を模式的に表しており，横軸(よこじく)は地震発生時からの経過時間を表しています。

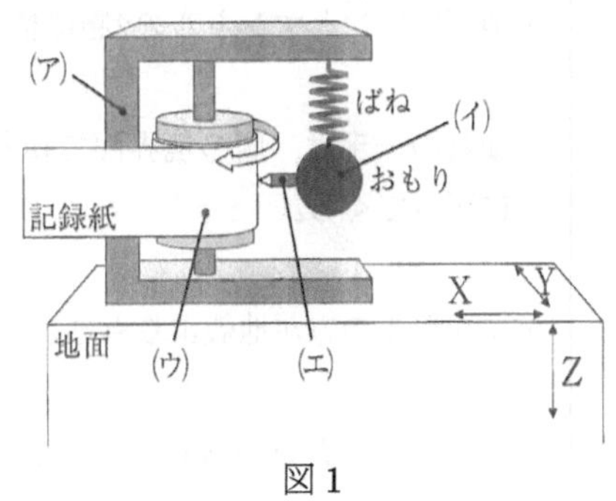

図1

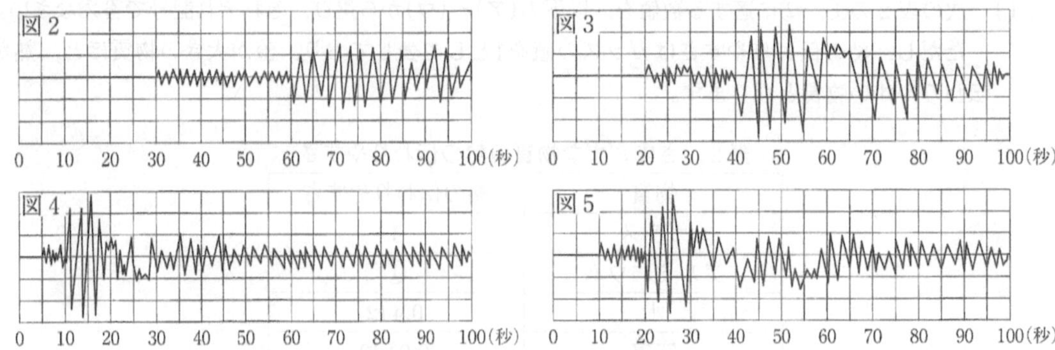

(1) 地面のゆれと同程度にゆれるところを図1の(ア)～(エ)からすべて選び，記号で答えなさい。

(2) 図1の地震計で記録されるゆれの方向としてもっとも適切なものを，図1のX～Zから選び，記号で答えなさい。

(3) 地点Dの記録として適切なものを，図2～5から選びなさい。

(4) 地震が起きた地点から地点Dまでの距離を求めなさい。

図6と図7は地点A～Dの延長線上にある地震が起きた地点からの距離が280kmの地点Eと，360kmの地点Fに置かれた地震計の記録を模式的に表したものです。他の記録と比べてみると，ゆれが記録されはじめる時間が，図2～5から予想される時間に比べて早いことがわかりました。そこで，さらに詳(くわ)しく調べてみると，次のことがわかりました。なお，この地震の震源は地中のごく浅いところにあり，地表からの深さは無視できるものとします。

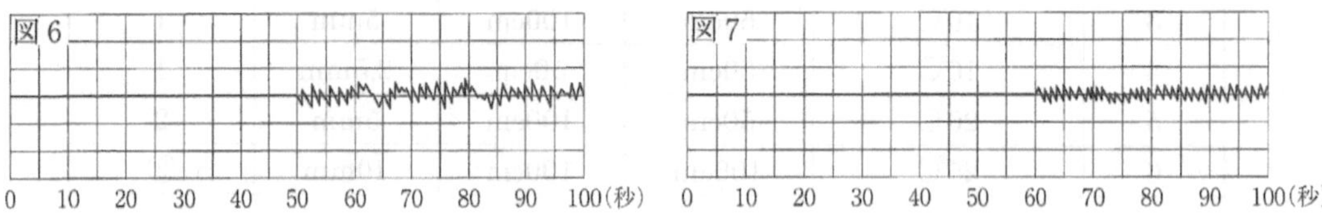

【調べてわかったこと】

・地下は地殻(ちかく)とマントルの2層に構造がわかれている。

・ゆれの一部は，層の境界面で伝わる向きを変え，マントル中を境界面に沿って進み再び地表に戻ってくる。

・マントルの方が地殻よりもゆれの伝わる速さが速い。

・震源からの距離が離(はな)れると，地殻から直接伝わるより，マントルを経由して伝わるゆれの方が早く到着(とうちゃく)する。

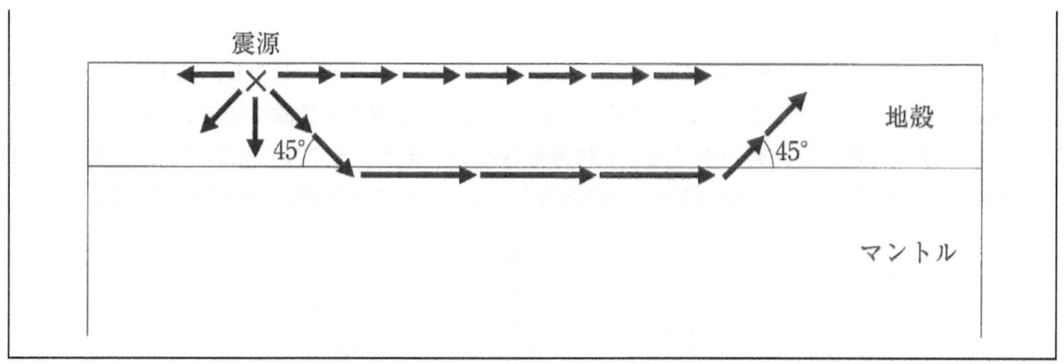

(5) 地殻から直接伝わるゆれと，マントルを経由して伝わるゆれが同時に到着する地点をPとします。震源から地点Pまでの距離を求めなさい。必要に応じて次のグラフ用紙を用いること。

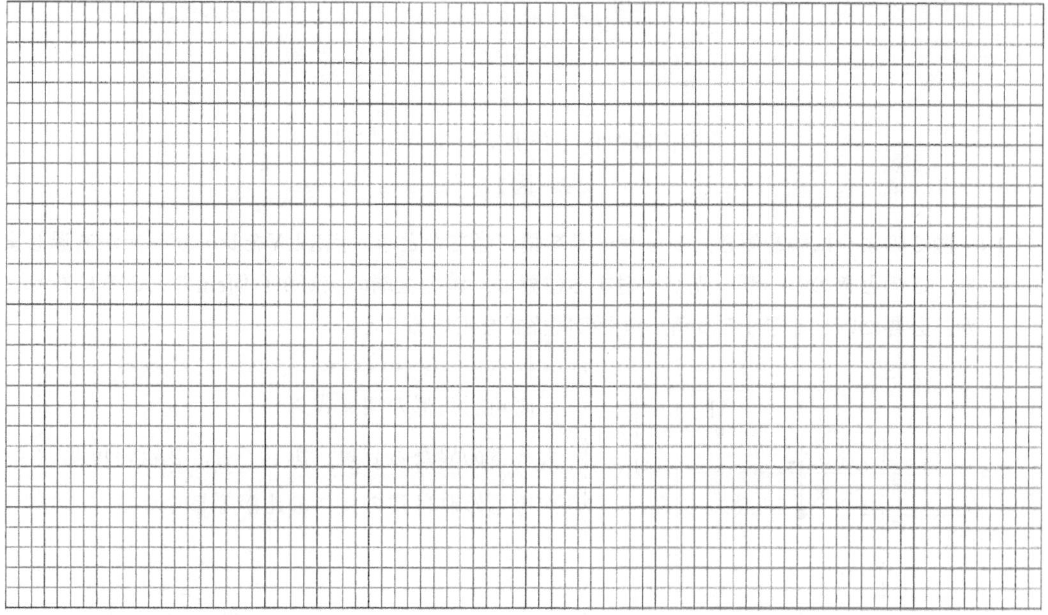

(6) 地震のゆれがマントル中を進む速さを求めなさい。ただし，割り切れない場合は小数第1位を四捨五入し，整数で答えなさい。

(7) 地殻の厚さを求めなさい。ただし，1辺が1kmの長さの正方形の対角線の長さは1.4kmとします。また，割り切れない場合は小数第1位を四捨五入し，整数で答えなさい。

【４】 以下の問いに答えなさい。

光が目に入ることで，私たちは物体の位置を知ることができます。しかし，図１のように鏡などで光が曲がると，私たちはそのことに気付かずに，実際とは異なる位置に物体があるように見えてしまいます。このとき，鏡の中に見える物体を像といいます。そこで，太郎さんは，1マスの1辺が1cmの方眼紙の上で，光の反射や屈折(くっせつ)の実験をして，このことを確かめることにしました。

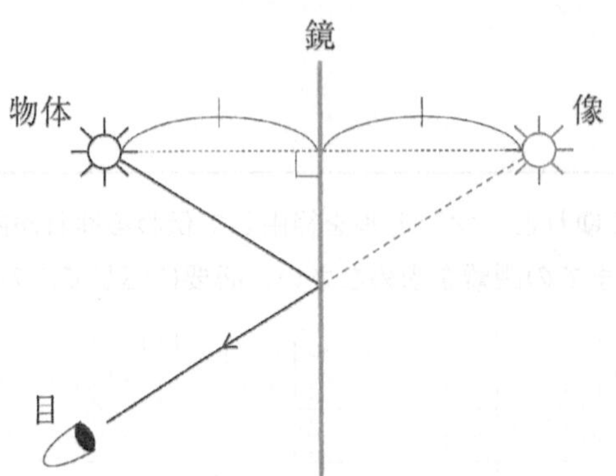

像の位置から光が出ているように見える

図１

（１） 図２のように鏡を置き，レーザー光を鏡に当てたとき，点XとYをレーザー光が通過しました。このときのレーザー光が反射する位置は，鏡の上端(じょうたん)の点Mから何cmのところになりますか。必要に応じて図３の直角三角形の関係式を用いること。

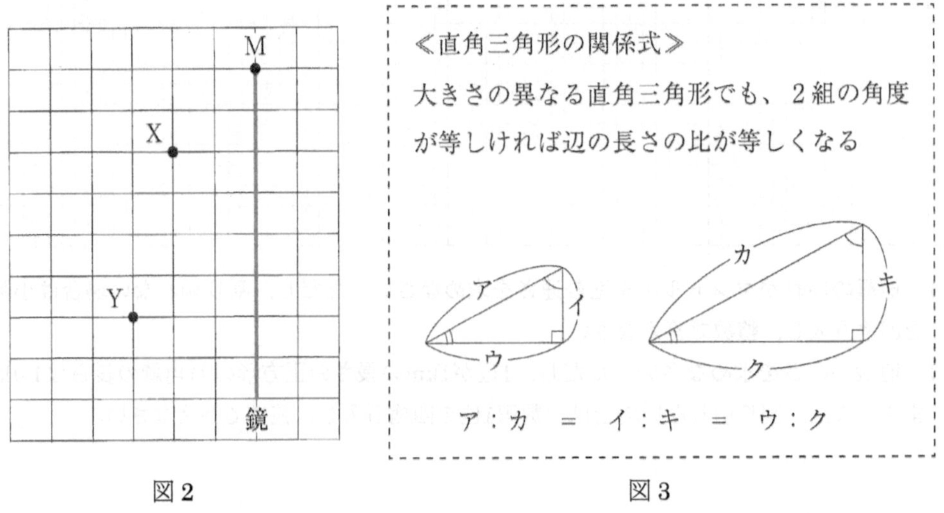

図２　　図３

（２） 図４のような底面が直径8cmの半円の物体とまち針AとBを用いて実験を行いました。図５は方眼紙の上に置いた物体を上から見た図で，レーザー光が必ず点Oを通るようにしながら，レーザー光源の位置を変えて実験しました。また，まち針で光の道すじを記録し，レーザー光と破線Lの交わる点Aにまち針Aをさし，レーザー光と物体の境界の交わる点Bにまち針Bをさしました。表１は点Oを通る基準線に垂直な方向の距離aとbの関係を表しています。

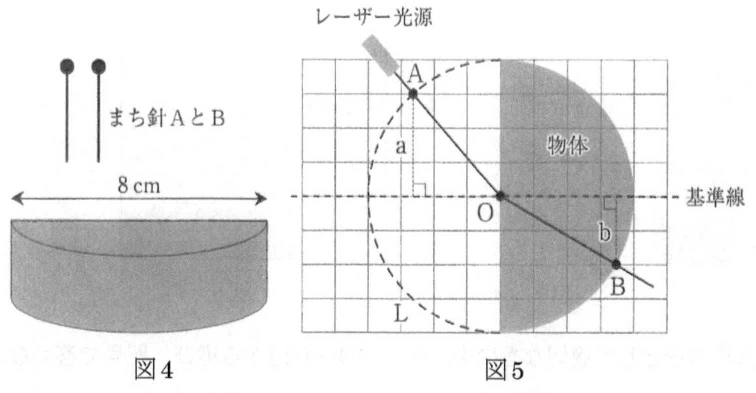

図4　　図5

表1

a	b
3.0cm	2.0cm
2.0cm	1.3cm
1.0cm	0.7cm

① aが0.6cmのときのbの値としてもっとも適切なものを，次の(ア)～(オ)から選び，記号で答えなさい。

(ア) 0.1cm　(イ) 0.2cm　(ウ) 0.3cm　(エ) 0.4cm　(オ) 0.5cm

② 図5の位置にまち針Bがさしてあるとき，まち針Aのあたりから物体を通してまち針Bを見たようすとして適切なものを，次の(ア)～(ウ)から選び，記号で答えなさい。

(ア)

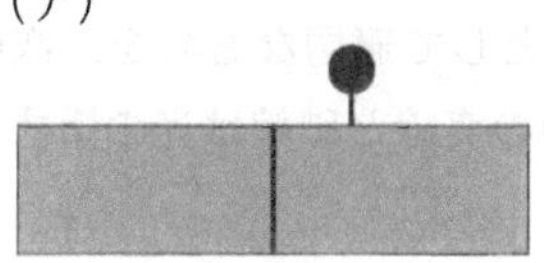

(イ)

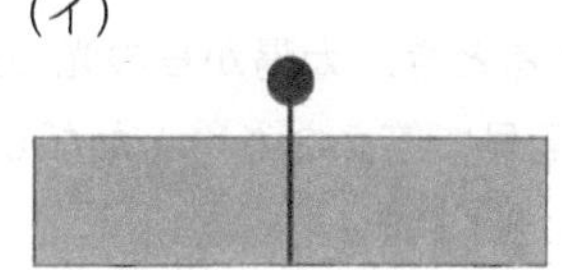

(ウ)

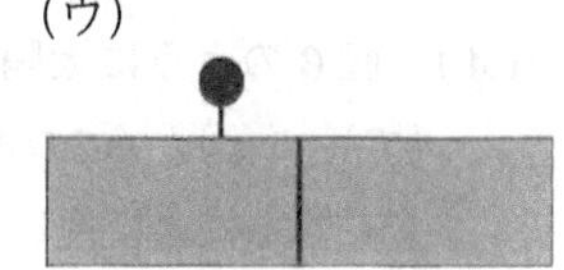

③ 次の図のようにレーザー光を物体に当てたとき，物体中でのレーザー光の道すじとして適切なものを，図中の(ア)～(オ)から選び，記号で答えなさい。

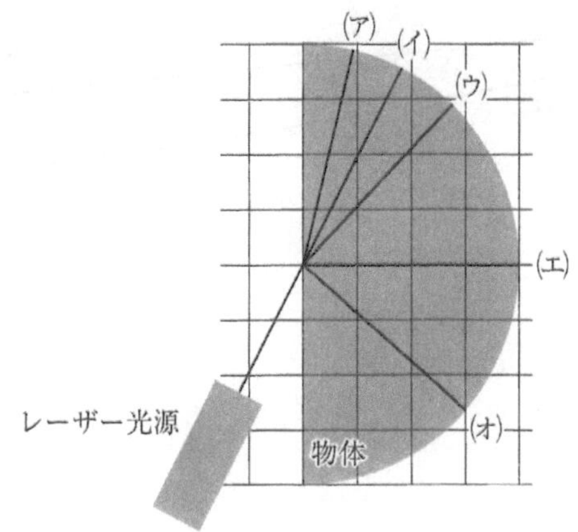

図6のように，蜃気楼(しんきろう)によって水平面から昇(のぼ)る太陽がだるまのように見えることがあります。調べてみると，温度の異なる空気の層で光が曲がるために蜃気楼が見えること，また濃度(のうど)の異なる液体の層でも同じように光が曲がることを知りました。そこで太郎さんは，水の入った透明な容器に濃(こ)い砂糖水を入れ濃度の異なる層をつくりました。そして図7のように，容器右側に置いた人形を容器左側から見ると，人形が変形して見えました。ただし，図7の実線は砂糖水中の光の道すじを表しています。

図6

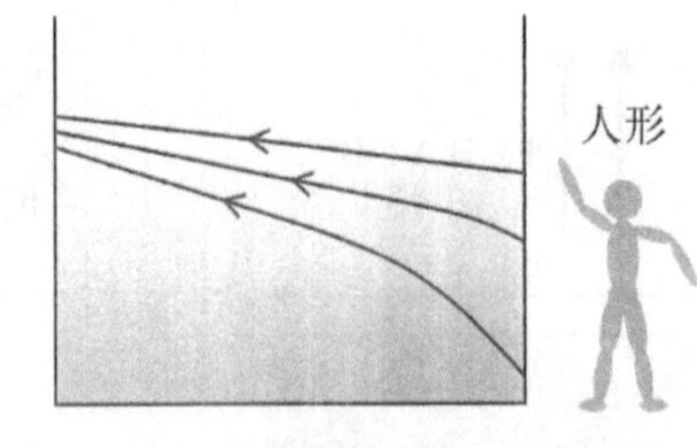

図7

(3) 変形して見えた人形の形として適切なものを，次の(ア)～(オ)から選び，記号で答えなさい。

(ア)

左右反転する

(イ)

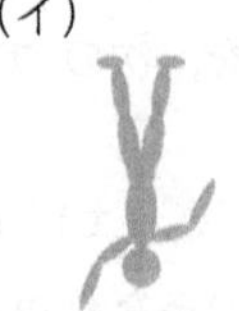

上下反転する

(ウ)

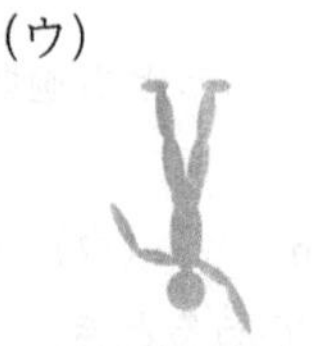

上下左右反転する

(エ)

縮む

(オ)

伸びる

(4) 図6のように太陽が見えるとき，太陽からの光の道すじとして適切なものを，次の図中の(ア)～(オ)から2つ選び，記号で答えなさい。ただし，図中の実線と破線は光の道すじを見やすくするために用いているだけです。

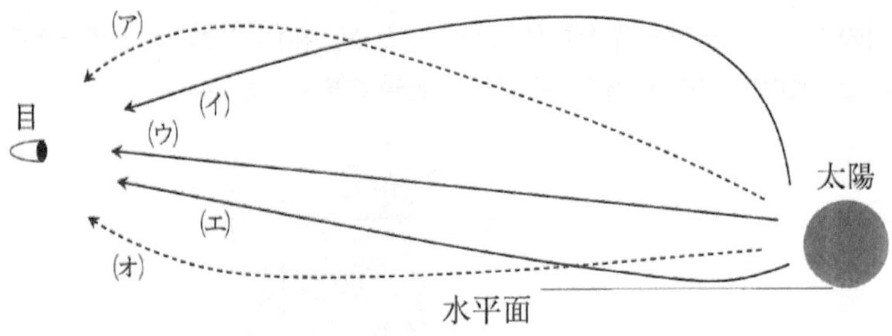

【社　会】（30分）〈満点：50点〉

Ⅰ．以下の文は，夏休みの自由研究で県境について調べようとしている和洋（かずひろ）君（立教新座中学校1年生）とお兄さん（立教新座高校2年生）の会話です。この文を読み，以下の問に答えなさい。なお，ここでの県境は隣（とな）り合う県同士，県と都，府と県，府同士，道と県の境のことです。

和洋　日本地図を見ていると，いろいろな県境があっておもしろいよ。例えば，他の都道府県と陸地でつながらず，海でへだてられ，1つの県としか県境を持たないところもあるんだよ。

兄　それは，沖縄県と鹿児島県の県境と北海道と青森県の県境（１）だよね。

和洋　それから，いろいろなものが県境になっているんだ。海峡，河川（２），山脈（３），湖（４），道路などいろいろな県境があるんだ。

兄　同じ境ということでは，国同士の境界である国境にもいろいろあるよね。河川，山脈，湖など自然の地形などを利用した国境（５）もあると地理の時間に習ったよ。それ以外にも緯度や経度を利用した国境もあるよね。
地理の授業で，河川を国境にすると，領土問題の原因となる場合がある（６）と習ったよ。

和洋　そうなんだ。あと，地図を見て気づいたけれど，海に面していない内陸にある県の方が，周りを他の都道府県に囲まれているから，多くの県と接しているよね。

兄　一番多くの都道府県と接している県は，どこかわかるかい。

和洋　わからないや。海に面していない内陸の県と，隣り合う都道府県（７）を，地図を見て調べてみるよ。

兄　がんばれ！どこも海に面していない内陸国（８）もあるよね。

問１　下線部（１）についてですが，県境となる海峡名を答えなさい。

問２　下線部（２）についてですが，県境となる河川として適切ではないものを，以下より選び，記号で答えなさい。

①　木曽川　　②　熊野川（新宮川）　③　利根川　　④　信濃川

問３　下線部（３）についてですが，県境が引かれている高地・山地・山脈として適切ではないものを，以下より選び，記号で答えなさい。

①　北上高地　　②　関東山地　　③　鈴鹿山脈　　④　越後山脈

問４　下線部（４）についてですが，県境が引かれている湖として適切なものを，以下より選び，記号で答えなさい。なお，この県境は2008年に確定しました。

①　猪苗代湖　　②　十和田湖　　③　田沢湖　　④　琵琶湖

問５　下線部（５）についてですが，自然の地形などを国境としている例として適切ではないものを，以下より選び，記号で答えなさい。

①　フランス－（ライン川）　－ドイツ
②　スイス　－（アルプス山脈）－イタリア
③　カナダ　－（五大湖）　－アメリカ合衆国
④　チリ　－（ロッキー山脈）－アルゼンチン

問６　下線部（６）についてですが，なぜ河川を国境にすると領土問題の原因になるのですか。その理由を簡潔に説明しなさい。

問7　下線部(7)についてですが，以下の表は，和洋君が海に面していない内陸県と，隣り合う都道府県の数を調べたメモをもとに作ったものです。この表を見て次の問に答えなさい。

地方名	都道府県名	隣り合う都道府県数	隣り合う都道府県
関東地方	(ア)県	4	(イ)県，埼玉県，他2県
	(イ)県	5	(ア)県，埼玉県，他3県
	埼玉県	7	(ア)県，(イ)県，(ウ)県，(エ)県，他3都県
中部地方	(ウ)県	5	埼玉県，(エ)県，他3都県
	(エ)県	8	(イ)県，埼玉県，(ウ)県，岐阜県，他4県
	岐阜県	7	(エ)県，(オ)県，他5府県
近畿地方	(オ)県	4	岐阜県，他3府県
	奈良県	4	4府県

1）内陸県である表中の(イ)県，(エ)県の2県両方に県境を接する県は，埼玉県ともう1県あります。この県名を答えなさい。

2）上記1）で答えた県の農業の特色として最も適切なものを，以下より選び，記号で答えなさい。

① 扇状地を利用して，ぶどうやももなどの果樹栽培がさかんである。

② 農地の約9割が水田で，日本一の米の生産量をほこっている。

③ 稲作が中心だが，チューリップの日本有数の産地でもある。

④ 都市向けの野菜・果実などを生産し，特にイチゴの生産では有名である。

3）内陸県である表中の岐阜県，(オ)県，奈良県の3県と県境を接する県名を答えなさい。

4）上記3）で答えた県の特色として最も適切なものを，以下より選び，記号で答えなさい。

① この県の北部にある鉱山(こうざん)の廃水(はいすい)にふくまれたカドミウムが，河川を通じて隣の県に達し，イタイイタイ病を引き起こした。

② 明治時代の中ごろ，この県の北西部にある銅山(どうざん)の開発により，銅山からの廃水中の鉱毒(こうどく)によって，川の魚が死んだり，川沿いの農作物がかれたりした。

③ 1960年代の石油化学コンビナートの操業(そうぎょう)とともに，コンビナートから排出された亜硫酸(ありゅうさん)ガスによって多くのぜんそく患者(かんじゃ)が発生した。

④ 工場から排出(はいしゅつ)された有機水銀が，川魚などを通じて人の身体に入り，脳や神経に障害を引き起こした。

5）表中の(ア)県と(ウ)県の県名を答えなさい。

問8　下線部(8)についてですが，この内陸国の例として適切ではないものを，以下より選び，記号で答えなさい。

① スイス　② エクアドル　③ モンゴル　④ ネパール

Ⅱ．和洋君は，日本列島の歴史を東日本と西日本に分けた場合，どのような違いがあるのかを考えてみました。そして，東日本の歴史に関するキーワードとして次の9個を選びました。これらのキーワードに関して，以下の問に答えなさい。

縄文文化　壬申の乱　蝦夷　平将門の乱　鎌倉幕府　江戸幕府　金　東京遷都　北海道

問1　縄文文化は，西日本よりも東日本で特に栄えたとされています。東日本で縄文文化が栄えた理由として，ブナの木が多かったことが挙げられています。他の木にくらべて，ブナの木が多いとなぜ人口を維持するのに有効なのでしょうか。最も適切なものを以下より選び，記号で答えなさい。

①　ドングリやトチの実がとれるので，食料を確保しやすいため。
②　木材が豊富に使えて，住居が造りやすいため。
③　自然のダムの役割を果たすことで，洪水が起きにくいため。
④　すぐに成長することで，木材として確保しやすいため。

問2　壬申の乱では，東日本の豪族が大きな役割を果たしました。

1）大海人皇子は東日本から味方を集めるため，吉野から東に向かい，現在の愛知県を経由して大津を攻めたとされます。この時に夫である大海人皇子に同行して，のちに天皇に即位した人物は誰ですか，答えなさい。

2）壬申の乱が起きた頃，九州北部の守りを固めるために東日本から兵士が派遣されていました。この兵士を何といいますか，答えなさい。

問3　蝦夷は東北地方に住んでいた部族で，古代から朝廷の侵攻を受けることになりました。

1）蝦夷を率いて，坂上田村麻呂と戦い，802年に処刑された人物は誰ですか。以下より選び，記号で答えなさい。

①　シャクシャイン　②　コシャマイン　③　オニビシ　④　アテルイ

2）9世紀以降，朝廷に降伏した蝦夷は厳しい扱いを受け，東北地方の境界地域に配置されました。この人たちが，安倍氏をリーダーとして1051年に蜂起(ほうき)しますが，源頼義・義家親子らによって鎮圧されました。この戦いを何といいますか，答えなさい。

問4　平将門の乱は，平安時代の東日本で起きた大規模な反乱です。将門は京都の天皇に対して，自らを何と名乗りましたか，答えなさい。

問5　鎌倉幕府の成立によって，初めて政治の中心が東日本に置かれました。

1）鎌倉幕府が成立する過程を順番に並び替えた時に，2番目に来るものはどれですか。以下より選び，記号で答えなさい。

①　源義経をとらえる名目で守護・地頭が設置される。
②　後白河法皇の死後，源頼朝が征夷大将軍となる。
③　西国へ逃げた平氏が，壇ノ浦の戦いで滅びる。
④　北陸道から攻め上った源義仲が京都へ入る。

2）1221年，京都の後鳥羽上皇が鎌倉幕府打倒の兵をあげます。この戦いは幕府軍の勝利に終わりますが，このときに大将として京都に攻め上り，のちに御成敗式目を制定した人物は誰ですか，答えなさい。

問6　江戸幕府は，政治的にも経済的にも東日本の発展に大きな役割を果たしました。

1）江戸幕府の所在地である江戸は，日本最大の都市として発展することになります。そのため，江戸と各地を結ぶ五街道が整備されますが，その起点となったのはどこですか，答えなさい。

2）江戸は学問の中心としても栄えましたが，1797年に朱子学を学ぶ幕府公営の学問所として成立した教育機関は何ですか，答えなさい。

問7　金は東日本で特に多く産出されたため，江戸時代の東日本では金貨が多く使われました。東日本にあった金山として適切なものはどれですか。以下より選び，記号で答えなさい。

①　足尾　　②　佐渡　　③　生野　　④　別子　　⑤　石見

問8　東京遷都によって，江戸は東京と改称され，明治天皇が京都からやってきました。

1）明治天皇の住まいとなった宮殿一帯は，江戸時代には別の施設として使われていました。宮殿一帯にかつてあった施設は何ですか，答えなさい。

2）東京にはいち早く鉄道が敷(し)かれましたが，1872年に開通した日本初の鉄道は，東京の新橋とどこを結んでいましたか，答えなさい。

問9　北海道の近代は，ロシアと日本との間で揺れ動いた歴史でした。

1）江戸時代後期になると，北海道周辺にロシア人が多く現れるようになります。漂流民の大黒屋光太夫を連れて，1792年に根室にやってきた人物は誰ですか，答えなさい。

2）日露戦争の結果，北海道のさらに北にある島の南半分が日本領となりました。この島を何といいますか，答えなさい。

Ⅲ．和さんと洋さんは「時代による学び方・働き方のちがい調査」という企画に参加し，近所に住む卒業生に昔の話を聞きました。この文を読み，以下の問に答えなさい。

洋さん　中学校に通っていたのは，いつごろでしたか。

卒業生　中学校に入学したのは1973年でした(1)。

和さん　教室はどんな様子でしたか。

卒業生　今のような冷房設備はなく，冬にストーブが入りました。男子も女子も，それぞれの出席番号順に並んで座っていましたね。

洋さん　男の子と女の子に別々の出席番号が，割りふられたのですか？

卒業生　男子を先頭にした通し番号だった学校もあるようです。私たちの学校の名簿(ぼ)は男子と女子で別々の出席番号が割りふられ，男子が先，女子が後に書いてありました。

和さん　今の私たちは，男女関係ない名簿なので，不思議な感じがします。

卒業生　私たちには，男女別名簿が当たり前だったのです。授業も男子と女子では違い，男子は技術を，女子は家庭科を習っていました。

洋さん　学校で学ぶ内容にも，男女差があったのですね。

卒業生　学習内容が同じになったのは，日本が1985年に女子差別撤廃条約(2)を批准(ひじゅん)*したことが，きっかけの一つです。この年には男女雇用機会均等法(3)も制定されています。皆さんが探究するヒントがあるかもしれませんね。

註　＊批准…国際条約を，国会が承認すること。

問1　和さんと洋さんは，インタビューをまとめることになりました。インタビューとそのまとめの方法について適切な対応はどれですか，以下より選び，記号で答えなさい。

①　インタビューの目的や利用方法を，相手に説明しなかった。
②　あとから自分で調べた情報も付け加えて，インタビューとしてまとめた。
③　記事にしない約束の話も，大事なことなので書き加えた。
④　インタビューの結果をまとめて，インタビューの相手に見せた。

問2　下線部(1)についてですが，1973年に第四次中東戦争をきっかけとした石油危機が起こり，翌年は戦後初のマイナス成長を記録しました。次のグラフは，1973年度，1993年度，2003年度，2023年度の日本の国家予算のうち，歳入を示したものです。1973年度のものを，以下より選び，記号で答えなさい。

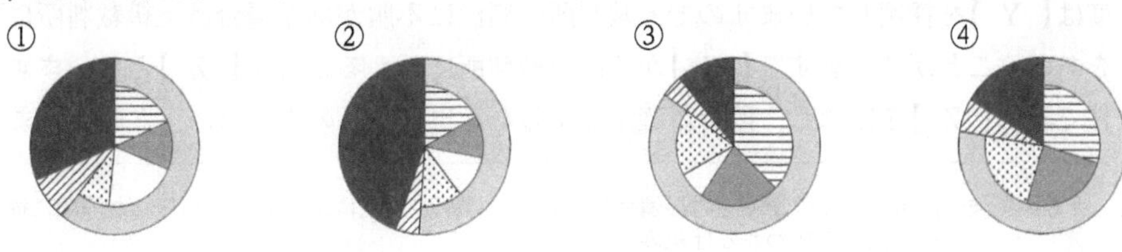

凡例　▨租税及び印紙収入（⊟ 所得税　■法人税　□消費税　▨その他）、▨その他の収入、■公債金

問3　下線部(2)についてですが，以下の問に答えなさい。

1）女子差別撤廃条約が採択された国際連合の機関として，適切なものを以下より選び，記号で答えなさい。

①　安全保障理事会　　②　経済社会理事会　　③　事務局
④　総会　　⑤　人権理事会

2）女子差別撤廃条約を批准する以前から，日本国憲法24条でも，男性と女性の本質的平等が記されていました。それは何についてですか，適切なものを以下より選び，記号で答えなさい。

①　国籍を変えること　　②　仕事を選ぶこと　　③　結婚相手を選ぶこと
④　学校を選ぶこと

問4　下線部(3)についてですが，以下の問に答えなさい。

1）以下の図は，男女雇用機会均等法などの法律を，国会で制定する過程について示したものです。法律案の審議が，図のような状況になった場合に開催されることがある【　】について，【　】ではどのようなことが行われますか。【　】に入る語を明記した上で，具体的に説明しなさい。

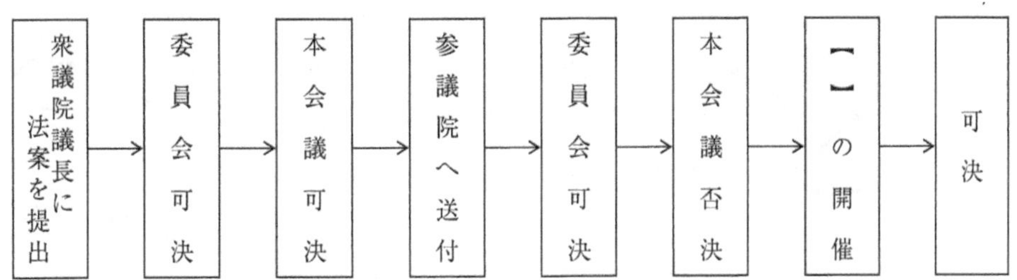

2）男女雇用機会均等法が施行されてから，性別を理由にした格差は少なくなりつつあり，いまある格差については裁判を通してその適正さが問われています。日本の裁判制度について説明した以下の文の空欄にあてはまる語を答えなさい。

仕事中の事故で顔に重いけがを負った男性が，顔へのけがに対する労災保険*の給付について，国を相手に裁判を起こしました。この男性は，けがの程度が同じであるにも関わらず，保険金の給付額に男女差がもうけられ，男性が女性よりも低い給付額しか認められないことは，法の下の平等を定めた憲法に違反すると主張したのです。請求金額が原則として140万円以下の場合を除いて，日本の裁判制度で最初に裁判を行うのは【 X 】や家庭裁判所です。この件では京都【 X 】で裁判が行われ，男性の主張が認められました。日本の裁判制度は【 Y 】を採用していますので，裁判所の判決に不服がある場合は上級裁判所に再度判断をあおぐことができます。【 X 】から高等裁判所に訴えることを【 Z 】といいます。この事件で国は【 Z 】を断念し，敗訴が確定しました。現在，この規定は修正されています。

註　*労災保険…仕事によるけがやその後遺症について，けがの程度によって，定められた等級に従って国から給付金が支払われる仕組み。

問5　和さんと洋さんは，インタビューからヒントをもらって，男女雇用機会均等法が制定されてから，私たちがどのように男女の差別を解消しようとしてきたのか，右ページの資料を利用して，子育てというテーマでまとめてみることにしました。まとめの下線部を補足するような図1を付け加えるとすれば，最も適切なものはどれですか。以下より選び，記号で答えなさい。

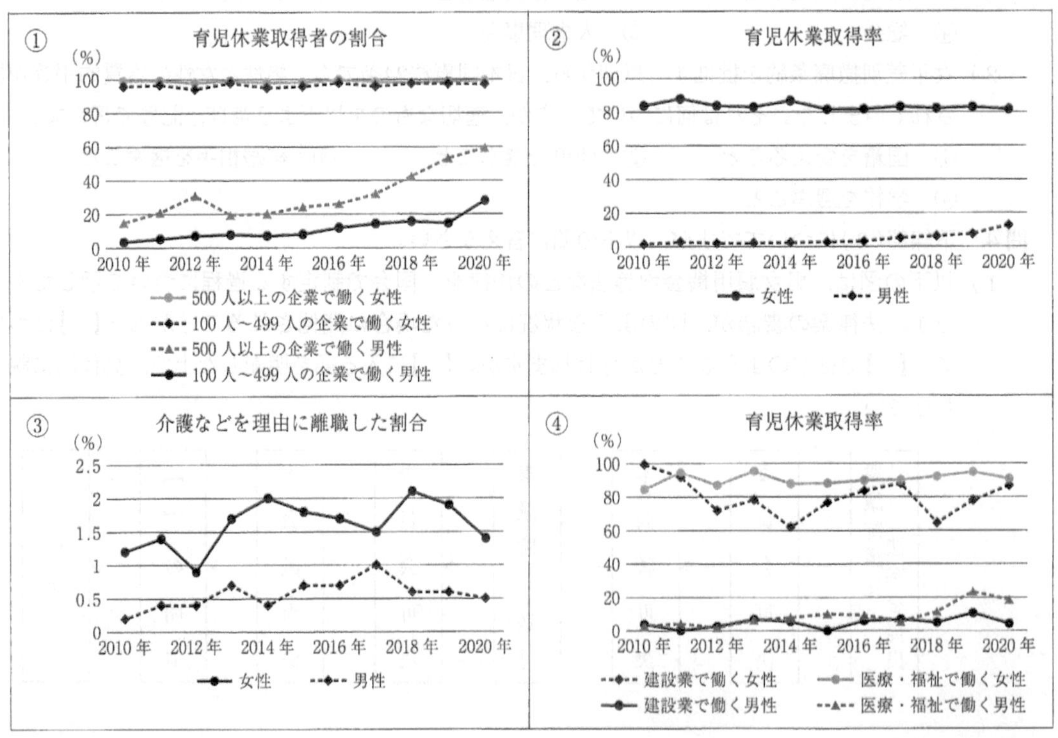

題名　働く権利と子どもを育てる役割を男女平等にすること

年表1　男女雇用機会均等法のおもな改正内容

年	おもな内容
1985	・男女雇用機会均等法が制定され，仕事の募集・採用，配置・昇進について，女性を男性と同じように扱うように努力することが求められた。
1999	・仕事の募集・採用，配置・昇進について，女性を男性と同じように扱うことが求められた。 ・女性に対するセクシュアルハラスメントを防ぐようにすることが，義務化された。
2007	・男性に対しても女性に対しても，セクシュアルハラスメントが禁止された。 ・女性の妊娠，出産等を理由に，仕事の上で不利益な取扱いをすることが禁止された。
2017	・女性の妊娠，出産等を理由に，仕事の上で不利益な取扱いをすることが禁止されるとともに，未然に防ぐための防止措置が義務化された。

年表2　育児・介護休業法のおもな改正内容

年	おもな内容
1992	・育児休業法が施行された。
1995	・育児・介護休業法として改正された。
2005	・必要に応じて，子が1歳6か月に達するまで育児休業を延長できるようになった。 ・子の看護休暇制度の設定が義務化された。
2010	・配偶者が専業主婦(夫)であっても育児休業がとれるようになった。
2017	・男女雇用機会均等法の改正と合わせ，育児休業等に関する上司・同僚による就業環境を害する行為に対する防止措置を義務付ける規定がもうけられた。
2022	・育児休業を分けて取得することができるようになった。 ・産後パパ育休制度が作られた。

図1

まとめ

・男女雇用機会均等法だけでなく，関係する法律も改正しながら，働く権利を平等にする取り組みが行われてきたことがわかった。

・育児休業制度は充実してきたが，実際に取得するためには，まだ問題がある。特に規模の小さな会社では，今でも男性が育児休業を取得することは難しいようだ。

・今後は，様々な職場で必要なだけ取得できるようにすべきである。

問六 傍線部⑤「めがね作り」について。

〔Ⅰ〕「めがね」を末吉はどのようなものと考えていますか。文中から抜き出しなさい。

〔Ⅱ〕「めがね作り」を末吉はどう考えていますか。文中から抜き出しなさい。

問七 空欄 ⑥ に当てはまる語を次の中から選び、記号で答えなさい。

ア 渋い　　イ 優しい　　ウ 冷めた　　エ おびえた

問八 傍線部⑦「幸八は酔いが回っていくのを感じていた」とありますが、幸八の心情として適当なものを次の中から選び、記号で答えなさい。

ア 末吉との話し合いが終わり、ようやく食事の時間となったことにいら立ちと疲労を覚えている。

イ 末吉との話し合いがまとまり、めがね作りの話が進んでいくことに達成感や安堵感を抱いている。

ウ 末吉との話し合いの中で、自分が持ってきためがねの見本が役立ったことに満足感や誇らしさを感じている。

エ 末吉との話し合いが決着し、ここから先は五左衛門に任せるつもりで力が抜け、投げやりになっている。

として人の目に映るはずや」

幸八はこれが最後という覚悟で、末吉を見据える。めがねという道具はただの商品ではない。人の体の一部となり、生活をともにするものに違いない。人の暮らしを守る建物を造ってきた末吉であるからこそ、めがねの価値もわかるはずだ。宮大工としての技術や経験が欲しいのはもちろんだが、兄と自分はもの作りの尊さを知る末吉の心を、増永工場に宿してほしいのだ――。

これで良い返事がもらえなければ、もう席を立とう。幸八はそう覚悟を決めていた。隣に目をやると、五左衛門も真剣な表情で末吉を見つめている。

「わかった」

しばらく黙ってツネの顔を眺めていた末吉が、ぼそりと呟く。

「増永兄弟には、借りができたざ」

大工の技術がめがね作りに通用するかはわからない。だが突拍子もないことを始めようとする増永兄弟に力を貸せるとしたら、この村では自分をおいていないだろうと末吉は言い、口端を上げる。

「末吉。おまえのほかに三人は必要や。あと三人、それが難しいならせめてふたり。手先が器用で忍耐力のある男を教えてくれ」

五左衛門が膝を寄せると、末吉が身を乗り出してきて、どこぞの誰はどうかという話が始まる。小春が運んできた酒に口をつけ、⑦幸八は酔いが回っていくのを感じていた。

(藤岡陽子『おしょりん』)

(注)＊訓導……小学校教諭の旧称。

問一 傍線部**イ**～**ホ**について。カタカナは漢字に直し、漢字は読みをひらがなで記しなさい。

問二 傍線部①「器用なところは父譲り」とありますが、「父」の仕事は何ですか。文中から抜き出しなさい。

問三 傍線部②「表情が消えた」とはどういう様子ですか。適当なものを次の中から選び、記号で答えなさい。

ア　ツネの言うことがまったく理解できずうんざりする様子。

イ　当たり前のことばかりを言うツネにあきれている様子。

ウ　ツネの行動に意味を見いだそうと集中している様子。

エ　ツネの意外な言動に驚きのあまり放心している様子。

問四 傍線部③「推測したこと」の内容を、解答欄の形式に合うように文中から十五字以内で抜き出しなさい。

問五 傍線部④「末吉の声が上ずっていた」について。「声が上ずっ」たのはなぜですか。その理由として最も適当なものを次の中から選び、記号で答えなさい。

ア　学校で娘がうまくいかなかった原因がようやくわかり感極まったから。

イ　学校の先生や医者に娘を馬鹿にされたことを思い出し腹が立ったから。

ウ　娘のためを思ってやってきたことが徒労であったことに落ち込んだから。

エ　娘に対する見立てが当たっていなかったことに安心したから。

思ったのだと末吉は喉を震わせる。

「ぼくは眼医者じゃないんで詳しいことはわからんけど、ツネちゃんは近眼やないでしょうか。近眼は、めがねを掛ければ矯正できるものや」

大阪では子供用の小さなめがねもあつらえるのだと幸八は話す。

「ほやが幸八よ、めがねみたいなおかしなもん掛けて学校へ行ったらツネは笑われるざ」

「たしかに……笑われるかもしれません」

「ほやったら」

末吉の顔が翳った時、五左衛門がすかさず首を振る。いま笑われるくらいどうでもない。このまま学校に通わず、教育を身につける機会を得ないまま大人になれば、笑われるよりも辛いことがツネに降りかかるだろう。親は子供より先にいなくなる。末吉や小春がいなくなった後、ツネはひとりで生きていかなくてはいけないのだ。いま心ない人間に笑われたとしても、親がしっかりと守ってやればきっと耐えられる。

「これからは女にも学問が必要や、末吉」

それまで口を挟まずに静かにやりとりを見守っていた五左衛門が、強い口調で説得した。

「ツネちゃんに聞いてみたらどうやろ。めがねを掛けてでも学校へ行きたいかどうか。ぼくにはツネちゃんがどう答えるかは、わかっていますけど」

ツネは尋常小学校の読本を捨てずに手元に残していたのだ。それだけで、いままでどんな気持ちですごしてきたのかがわかるのではないか。

幸八は、東京で出逢った数学者から聞いた話を、末吉に持ちだした。負の概念の話である。負とは零よりも少ない数のことで、わかりやすくいえば赤字のことである。昨今のもの作りといえば、より便利に、人より有利に立てる道具にばかり目がいきがちだが、自分は負を補う道具も同じくらい大切だと思っている。めがねは、見えないという負を正に転じる重要な道具だ。これからの世の中、めがねは必ずなくてはならないものになるはずだと幸八は語った。

「末吉さん、この村で一緒に、⑤めがね作りをやってはくれませんか」

幸八は改めて末吉に頼みこんだ。だがそうやすやすと末吉の気持ちは変わらない。末吉の表情が、幸八の言葉で［⑥］ものに変わり、長い沈黙が座敷に落ちる。

「うちではあかんやろか」

沈黙を破ったのは、小春だった。ためらうようなか細い声が、末吉の座る後ろから聞こえてくる。

「女でもかまわんのやったら、うちが手伝うわ」

「おまえ、なにを勝手に」

「ほやけど……。めがねがもっと、当たり前になったらええんやない。そうやったらツネが掛けても目立たんし、ツネみたいに生まれつき見えんで勉強のできん子ぉも助かるわ」

ふたりのやりとりを、幸八は胸が詰まる思いで聞いていた。いまツネが掛けているめがねは好きに使ってくれと告げると、小春が切なげに眉を寄せる。

「末吉さん、奥さんの言うとおりです。いまはめがねを掛けた顔が風変わりに見えるかもしれんが五年後、十年後にはごく当たり前のもの

末吉が心配そうに目をホコらし、ツネの頬に手を当てる。だがツネは末吉の問いかけにはなにも応えず、目に虫でも入った時のように瞬きを繰り返すばかりだ。

「おとっちゃんの顔が……いつもと違って見えるで」

そしてようやく口にした言葉は、末吉の首を傾げさせるものだった。

「なに言うてるんや。顔が違うなんてことないざ」

「ううん、違うんや。目も鼻も口も、なんでかすごく大きく見えるんや」

ツネは天井を見上げ「うちの天井、板の木目がわからんほど煤で黒ずんでいるわ」と笑い、「おっかちゃんのその前掛けに、こんな白い花の模様あったんか」と小春に近づいた。そして、小春の腰に巻かれた三幅前掛けを撫でる。その場にいる幸八以外の大人たちから、②表情が消えた。小春は両手で口許を押さえたまま、さっきから動けないでいる。

「末吉さん、小春さん。ツネちゃんは勉強ができないわけやなく、黒板の字が見えてなかっただけちがいますか。もしかすると教科書の字も見えにくかったかもしれん。ほんまは聡い子やで、生まれつき目が悪かっただけやとぼくは思うんです」

霞んでいたのだ。この娘の視界は、生まれた時からぼんやりと曇っていたのだ。だがそれはこの娘にとっては当たり前のことで、両親や教師に訴えるようなことではなかったのではないか。だから誰も気づかなかった。鼻からずり落ちそうなめがねを人差し指で持ち上げながら、ツネが幸八をじっと見つめてきた。笑いかけると、はにかんだ笑みが返ってくる。

「どうや。おんちゃんの顔もこれまでとは違って見えるやろ」

「うん。肌がざらざらしてる。眉毛が毛虫みたいや」

弾んだ声を出すと、ツネは自分の両手で蔓を支えながらその場で飛び跳ねた。これまでぼやけていた視界を、初めてはっきりと捉えたのではないだろうか。ツネは襖の間をするりと抜けるようにして奥の間に入ったかと思うと、すぐに戻ってきて小春の前になにかを置いた。尋常小学読本の一巻だった。読本の頁を開いたツネは、小春に読んでくれとせがんでいる。小春は困惑顔のまま頷くと、自分は字が読めないのだとその読本を五左衛門に渡した。

「イ、エ、ス、シ――」

五左衛門がはっきりとした太い声で読み上げれば、ツネがその後について声を出す。時々はめがねを外して裸眼で読本を眺め、また掛け直しては読本を見つめるツネの様子を見て、幸八は自分が③推測したことに間違いはないと確信した。

「学校の*訓導に、周りについていくのは難しいと指摘されたんやざ。ツネ本人も学校へ行きたがらんようになった時、わしは敦賀までツネを連れて出たんや。そこに良い医者がいると聞いたもんやから……。もしかしたら、どこか体の具合が悪いのかと思うてな」

④末吉の声が上ずっていた。「医者には、頭が足りないんやて言われたざ。この子は生まれつき、他の者より知能が足らん。板書を写せんのは、なんで写さなあかんのかがわからず、写し方も理解できんのやろと医者は言うたんや」

勉強がだめならと機織りをさせてみたが、なかなか要領をつかめなかった。だから自分と小春は、それならばツネを家の中で育てようと

イ　健康であってはじめて、「自己自身」を大切にすることができる。
ウ　人々が権勢欲に踊らされることを、ソクラテスは危ぶんだ。
エ　他者への配慮がなぜ必要かについては、ソクラテスは述べていない。

二　次の文章を読んで、後の問に答えなさい。

イ提灯を下げた出戻りの訪問者を、小春は困惑の表情を浮かべつつ家の中へ通してくれた。

さっきの六畳間の座敷では末吉が晩酌をしている最中で、そのそばでツネが遊んでいる。美しい千代紙を使って姉さん人形を折るツネを、幸八はじっと見ていた。①器用なところは父譲りなのか、縮緬紙でこしらえた髪も、千代紙で作った花嫁衣裳も目を見張るくらいに上手にできている。どう見ても、勉強についていけないような娘ではない。幸八と五左衛門が神妙な顔つきで部屋に入ってきたことで、ツネは手を止め、こちらを窺うように眺めてきた。

「どうしたんや」

夜半に再びロ舞い戻ってきた兄弟を、末吉が不思議そうに見つめる。

「弟がもう一度だけおまえと話したい言うから連れてきたんや。あと数分だけ、時間を割いてやってくれんか」

五左衛門は突然の訪問を詫びた後、幸八のほうを見て、「これが最後やざ」と念を押してくる。

「ほんまに、これが最後のお願いです。でもぼくは末吉さんに会いに来たわけではなく、実はツネちゃんに用があって戻ってきたんです」

幸八が言うと、盆に茶を載せて運んできた小春の足が止まり、口を半開きにしたツネが視線をこちらに向ける。

「ツネになんの用が――」

末吉が言い終わらないうちに、幸八は籠(かご)の中からいくつかのめがねを取り出し、板間に並べた。

「なんやこれ。さっき見ためがねやないか」

末吉がハウデグみをしたままめがねを顎(あご)で指し示す。

「ほうです。ほやがさっきは見本のひとつしか持ってきませんでしたが、今度は手持ち全部を持ってきたんです」

中でもいちばん小さな真鍮枠(しんちゅうわく)のものを指先で持ち上げ、幸八は、

「ツネちゃんに掛けてもらってもええですか」

と末吉のほうを見る。末吉の返事を待たずに「ツネちゃん」とニテマネきし、その小さな鼻の上に、めがねを置いてみる。

「どんな感じや」

いちばん小型なものにしても仕様が大人用なので、幸八は蔓(つる)を指先で支えてやりながらツネの言葉を待つ。めがねを掛けたツネは、せわしげに首をめぐらせ部屋の中を眺めるだけでなにも応えない。

「どうや。見え方が変わらんか」

幸八がツネの顔をのぞきこんで問いかけると、

「眩(まぶ)しい……」

ツネはいったん瞼(まぶた)を固く閉じ、そしてまたもう一度、見開いた。行灯がひとつだけ灯る薄暗い部屋だった。「眩しい」というツネのひと言に、小春と末吉が顔を見合わせる。

「どうしたんや。なんで眩しいんや」

い「③」のようなものであり、欲望に踊らされた人生を送るのは、決して幸福でも、善でもないと言います。そして他者への配慮をまったく行わず、ただ自分の欲望の満足だけを強欲に追い求める生き方をソクラテスは「盗人の生活」と表現しています。

ソクラテスは、ものごとをよく考え、欲望を抑えて心を秩序正しい状態に保ち、他の人への配慮を行って、互いに力をあわせることが、わたしたちがめざすべきものであるという考えをもっていたと言えます。

しかしそこで、なぜわたしたちは自分の欲望を抑え、他の人に対して配慮をしなければならないのか、という問いが浮かびあがってきます。なぜ他者に対して配慮をすることが「よく生きる」ことにつながるのでしょうか。こうした点についてソクラテスは残念ながら詳しいことを語っていません。わたしたちに残された問いであると言ってよいでしょう。

（藤田正勝『はじめての哲学』）

問一　傍線部**イ**・**ロ**のカタカナを漢字で書くときに用いる漢字をふくむものを次の中から選び、それぞれ数字で答えなさい。

イ　ハッキする
1　会社のコウキある伝統　　2　入場行進のキシュ
3　キテンがきく青年　　4　合奏をシキする

ロ　そのカテイで行った弁明
1　被災者のカセツ住宅　　2　期限をチョウカする
3　カダイ学習　　4　イッカの団らん

問二　空欄［A］～［C］に当てはまる語を次の中から選び、それぞれ記号で答えなさい。
ア　だから　　イ　しかし　　ウ　つまり
エ　むしろ　　オ　それでは

問三　傍線部①「自己の『付属物』について気づかうこと」として**適当でない**ものを次の中から一つ選び、記号で答えなさい。
ア　自分自身を美しく着飾ること。
イ　健康を気づかった生活を送ること。
ウ　欲望に忠実に、自然のままに生きること。
エ　心を秩序正しい状態に保つこと。

問四　傍線部②「そのような種類の問い」とはどのような問いですか。解答欄の形式に合うように文中から四十五字以内で探し、最初と最後の五字を抜き出しなさい。

問五　空欄［③］に当てはまる言葉として適当なものを次の中から選び、記号で答えなさい。
ア　荒寥（こうりょう）とした庭園　　イ　底の見えない沼
ウ　孔（あな）のあいた甕（かめ）　　エ　青く澄んだ泉

問六　二重傍線部「『よく生きる』とはどういうことかという問題」に対するソクラテスの端的な答えを、文中から二十二字で抜き出しなさい。

問七　次のア～エそれぞれについて。本文の内容に当てはまるものには○、当てはまらないものには×をつけなさい。
ア　ソクラテスの「知を愛する」ことと「よく生きる」こととは一体不可分である。

[A]「自分自身について気づかう」というのはどういう意味でしょうか。そのことをソクラテスは「魂」(プシュケー)について気づかうことであるとも表現しています。「プシュケー」というのは、「息をする」ということとも関係し、生命の源といった意味で使われた言葉ですが、わたしたちの感情や知性の働きを支えている「心」や「精神」という意味でも使われました。

ソクラテスは、身体や金銭ではなくプシュケーについて、つまり心について気づかわなければならないという自分の説を、プシュケーによってこそ健康や富もよいものとして生かされるが、いくらお金があっても心がよくなるわけではないからだ、と根拠づけています。その人がどういう人物であるか、また健康や富が活用されるか否かは、その人の心のあり方にかかっているというのです。ソクラテスが「自己自身」と表現したのは、このプシュケーのことだと言ってよいでしょう。それが「よく」あるように気づかうことが何より大切なのだということを、ソクラテスはアテナイの人々に説いてまわったのです。人間にとって、生きていく上で何より大切なのは、プシュケーが「よく」あるように気をつかうこと、つまり「よく生きる」ことだというのがソクラテスの考えであったと言えます。

この主張は、当時の人々の生き方に対する批判を含んでいました。ソクラテスの後半生は、古代ギリシアの有力なポリスであったアテナイとスパルタとのあいだで激しく戦われたペロポネソス戦争の時期と重なります。その混乱のなかで人々は貪欲になり、権勢欲に踊らされるようになっていきました。ソクラテスの日々の活動には、この貪欲になり、ますます「自己自身」から離れていく人々の価値観に対する批判があったのではないでしょうか。ソクラテスが告訴された真の原因については、いろいろな説が出されていますが、このことも関わっていたのかもしれません。

さて、ソクラテスは魂(心)について気づかうように人々に語りかけたのですが、わたしたちは自分の心のあり方について、どのように気づかえばよいのでしょうか。どうすれば「すぐれたよい者」になることができるのでしょうか。わたしたちはそのようにすぐに結論へ行こうとしますが、ソクラテスは急ぎません。[B]、「徳の何であるかを見失っているのは、まず誰よりわたし自身なのです」という答をわたしたちに投げ返してきます。たとえ答が得られなくても、それについて問い、議論し、吟味することが求められるような、そういう問いがあるということをソクラテスは語ろうとしたのではないでしょうか。「魂(心)のよさとは何か」という問いも、まさに②そのような種類の問いであると言えるでしょう。

プラトンが書いた『ゴルギアス』という対話篇(プラトンの著作は対話の形で話が進行していきますので、このように呼ばれています)では、ソクラテスは、少しこの魂の「よさ」について語っています。

この対話篇では、三人の人物がソクラテスと対話をしますが、最後に登場するカリクレスは、現実の政治の世界ではなばなしい活躍をしている人物でした。そのカリクレスがソクラテスに対し、自然なままに生きること、[C]欲望を抑えることなく、その充足をはかることこそが正義であり、善であるということを主張します。それに対してソクラテスは、人間の欲望とはどこまでいっても満足することのな

【国　語】〈五〇分〉〈満点：一〇〇点〉

一　次の文章を読んで、後の問に答えなさい。

どのように、あるいは何をめざして生きるべきかといった問題を考えるためには、自分の願いを実現することや自分の能力をハッキすることだけでなく、「よく生きる」ということについても考える必要がありそうです。

そのことを考える上で参考になるのは、古代ギリシアの哲学者ソクラテスの考え方・生き方です。ソクラテスは自らを「知を愛する者」と呼びましたが、この「知を愛する」（ラテン文字で表記すると **philosophein**）という表現から「哲学」（**philosophy**）という言葉が生まれました。そういう意味でもソクラテスは哲学においてとても重要な人物です。

ソクラテスは古代ギリシアの代表的なポリス（都市国家）であるアテナイ（アテネ）に生まれた人ですが、晩年、青年たちと議論をくり返し、彼らを悪い方向に導いたという理由、さらには国家が認める神々を認めなかったといった理由で訴えられ、結局、裁判で死刑の判決を受けました。そのカテイで行った弁明をもとに、死後に弟子のプラトンが『ソクラテスの弁明』という著作を発表しました。そこでプラトンは、裁判のプロセスやソクラテスが語ったことなどを詳しく記しています。そこに「よく生きる」とはどういうことかという問題を考える上で重要な意味をもつ文章が出てきます（以下で詳しく見てみます）。ソクラテスは「知を愛する」という自分の生き方を最後まで貫いて、結局、死に至ったわけですが、彼にとって、「知を愛する」ことと「よく生きる」こととは切り離すことのできないものであったと言えると思います。

ソクラテスは毎日広場に出かけていっては、多くの人とさまざまな問題をめぐって議論をするという生活を送った人でした。このように倦むことなく事柄の真実を探究することがソクラテスにとっては「知を愛する」ということでした。なぜそのように多くの人々と、とくに青年たちと毎日のように議論したのか、その意図についてソクラテスは裁判のなかで語っています。それによると彼が行おうとしたのは、一人ひとりの人が、自分自身のことについて気づかい、すぐれたよい人になるよう、また思慮のある人になるように導くことでした。そしてここでソクラテスは、自分自身のことについて気づかうことは、①自己の「付属物」について気づかうことではないということを強調しています。自己の「付属物」についてではなく、「自己自身」について心を砕くことが何より大切なのだということを人々に説いてまわったとソクラテスは言うのです。

「よく生きる」とはどういうことかという問題を考える上で、これはとても重要な点だと思います。そのために、ソクラテスが「自己自身」と自己の「付属物」とをどのように区別していたのかをはっきりさせたいと思います。『ソクラテスの弁明』のなかでソクラテスはこの「付属物」について、「身体や金銭」という言葉でも言い表していま す。したがってたとえば、美しく粧うことに何より気をつかうことや、富を蓄えることに必死になるといったことが考えられていたと言ってよいでしょう。

大切なことはメモしておこう ネ！

2024年度

立教新座中学校入試問題(第2回)

【算　数】(50分)〈満点：100点〉

【注意】1. 答はできるだけ簡単にしなさい。また，円周率は，3.14を用いなさい。
　　　　2. 三角定規，分度器，計算機の使用はいけません。

［ 1 ］ 以下の問いに答えなさい。

(1) 次の計算をしなさい。

$$14\frac{1}{4}-6.375\div4.25+5\frac{1}{4}\div\left(2\frac{5}{6}-\frac{2}{3}\times0.75\right)$$

(2) $\frac{1}{10}$と$\frac{1}{4}$の間にある，分子が3で分母が整数である分数のうち，約分できないものは何個ありますか。

(3) 図のように，1辺の長さが2mの正八角形を底面とする八角柱の建物のかどに，長さ8mのロープで犬がつながれています。次の問いに答えなさい。

① 正八角形の内角の和を求めなさい。

② 建物の外で犬が動くことができる部分の面積を求めなさい。

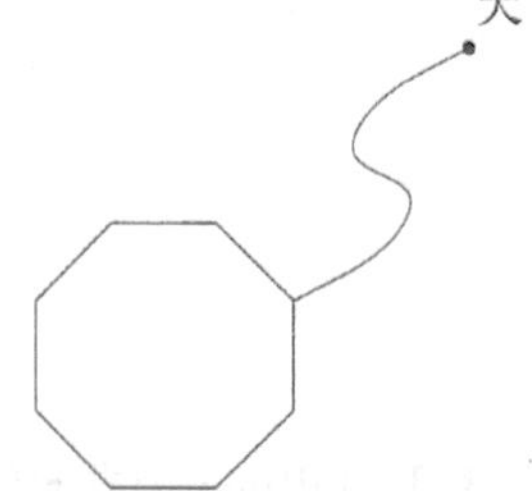

(4) 1から100までのすべての整数の積1×2×3×……×98×99×100は，8で最大何回割り切れますか。

(5) 水の入った2つの円柱の容器AとBがあり，これらの底面積の比は8：5で，容器Aの水面の高さは容器Bの水面の高さより26cm高くなっていました。そこで，容器Aの水の量の$\frac{1}{4}$を容器Bに移したところ，容器AとBの水面の高さは等しくなりました。次の問いに答えなさい。

① 容器Aのはじめの水面の高さを求めなさい。

② 容器Aにはじめに入っていた水の量が800cm³であったとき，容器Bにはじめに入っていた水の量を求めなさい。

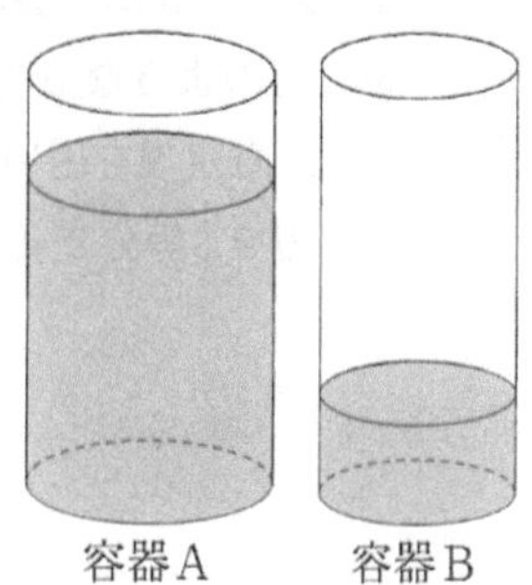

(6) 太郎君は小説を読みました。1日目には全体の$\frac{1}{8}$を読み，2日目には1日目の1.5倍を読みました。3日目は残りのページ数の$\frac{1}{3}$を読み，4日目には3日目よりも20ページ少なく読み，5日目には3日目の$\frac{2}{3}$倍を読みました。6日目には5日目に読んだページ数よりも2ページ少なく読んだところ，この小説を読み終わりました。次の問いに答えなさい。

① 最も多いページ数を読んだのは何日目ですか。

② この小説は全部で何ページですか。

〔 2 〕 図のような面積が250cm²の三角形ABCがあります。辺AB上にADとDBの長さの比が2:3となる点Dをとり，辺BC上にBEとECの長さの比が1：1となる点Eをとり，辺CA上にCFとFAの長さの比が2：3となる点Fをとります。2点DとE，EとF，FとD，AとEをそれぞれ結び，AEとDFの交わる点をGとします。次の三角形の面積を求めなさい。

(1) 三角形DBE

(2) 三角形DEF

(3) 三角形DEG

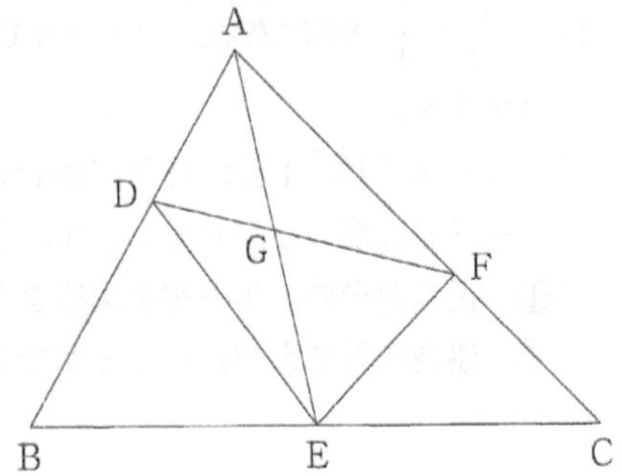

〔 3 〕 1辺6cmの立方体ABCD－EFGHがあります。点Aから，辺BF，CG上を通り，点Hまでひもをかけます。ひもの長さが最も短くなるようにひもをかけるとき，辺BF上でひもがある位置をP，辺CG上でひもがある位置をQとして，次の問いに答えなさい。

(1) 四角形BPQCの面積を求めなさい。

(2) この立方体を3点A，P，Qを通る平面で切断して2つの立体ができました。

① 点Bをふくむ方の立体の体積を求めなさい。

② 2つの立体の表面積の差を求めなさい。

③ 図のような立方体ABCD－EFGHの展開図に切り口の辺を，直定規を用いてかき入れなさい。ただし，展開図の・は各辺を3等分する点です。

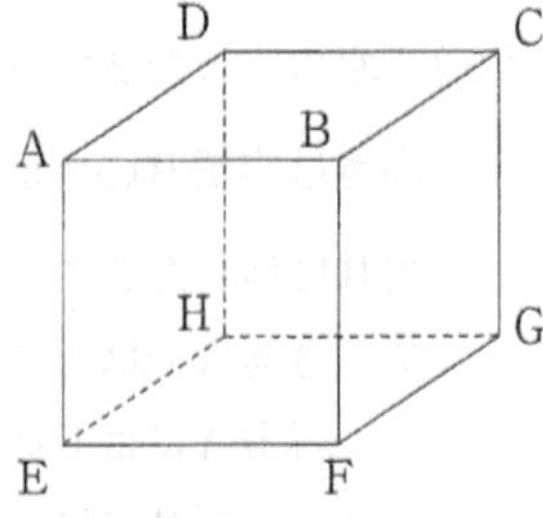

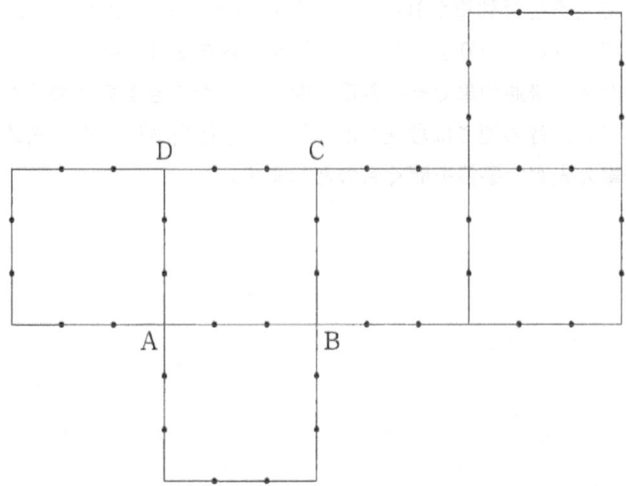

［ 4 ］ 3つの電球A, B, Cがあります。スイッチを入れると3つの電球は同時に点(つ)いて，電球Aは1秒間点いたあとに2秒間消える，電球Bは1秒間点いたあとに3秒間消える，電球Cは1秒間点いたあとに4秒間消えることをくり返します。スイッチを入れてから3分後にスイッチを切りました。次の問いに答えなさい。

(1) 電球Aが点いていた時間は，全部で何秒間ですか。

(2) 電球Aと電球Bが同時に点いていた時間は，全部で何秒間ですか。

(3) 3つの電球が同時に点いていた時間は，全部で何秒間ですか。

(4) 3つの電球がすべて消えていた時間は，全部で何秒間ですか。

［ 5 ］ ある鉄道会社の普通列車の長さは96m，急行列車の長さは144mであり，急行列車の速さは普通列車の速さよりも1.5倍速いものとします。普通列車と急行列車が同じ方向に走っているとき，急行列車が普通列車に追いついてから追い越(こ)すまでに30秒かかります。このとき，次の問いに答えなさい。

(1) 普通列車の速さは秒速何mですか。

(2) 普通列車と急行列車が向かい合って走っているとき，出会ってから離(はな)れるまでに何秒かかりますか。

(3) 図のように，長さが1440mの鉄橋の西にA地点，東にB地点があります。東に向かって走る普通列車は，鉄橋を渡り始めてからB地点を通り過ぎるまで1分54秒かかります。また，西に向かって走る急行列車は，鉄橋を渡り始めてからA地点を通り過ぎるまで1分36秒かかります。

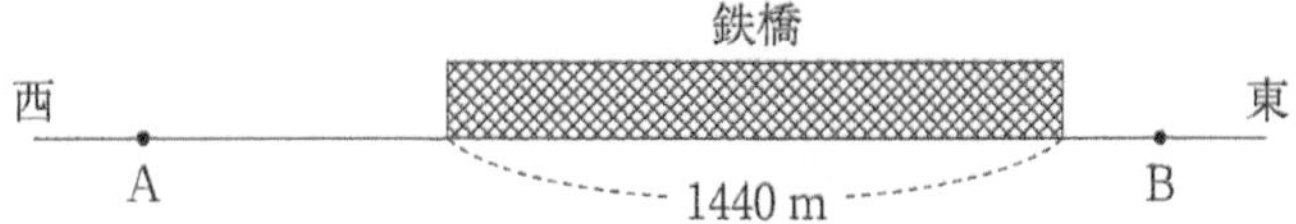

① A地点からB地点までの道のりは何mですか。

② 西に向かって走る急行列車がB地点にさしかかってから3.5秒後に，東に向かって走る普通列車がA地点にさしかかりました。急行列車が鉄橋を渡り始めたところで，急行列車が警笛を鳴らしたとき，普通列車でその警笛を聞くことができるのは警笛が鳴り始めてから何秒後ですか。ただし，音の速さは秒速352mとし，急行列車は列車の先頭から警笛を鳴らし，普通列車は列車の先頭で警笛を聞くものとします。

【理　科】（30分）〈満点：50点〉
【注意】計算機，分度器を使用してはいけません。

【１】 以下の問いに答えなさい。

赤色・緑色・青色は光の三原色と呼ばれ，この3色の光を様々な強さの割合で混ぜ合わせることでほとんどの色を作ることができます。特に，3色の光の強さを同じ割合で混ぜ合わせたときにできる色の組み合わせは図１のようになります。一方で，太陽光(白色)をガラスでできた三角形のプリズムに通し，通過した光をスクリーンに映すと，図２のように，様々な色がグラデーションのように現れます。

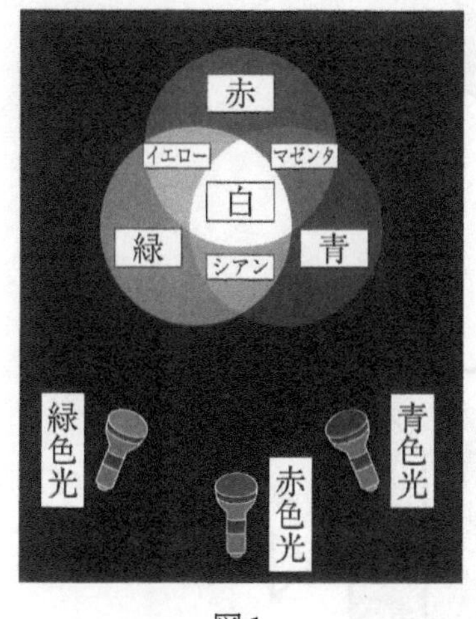

図１

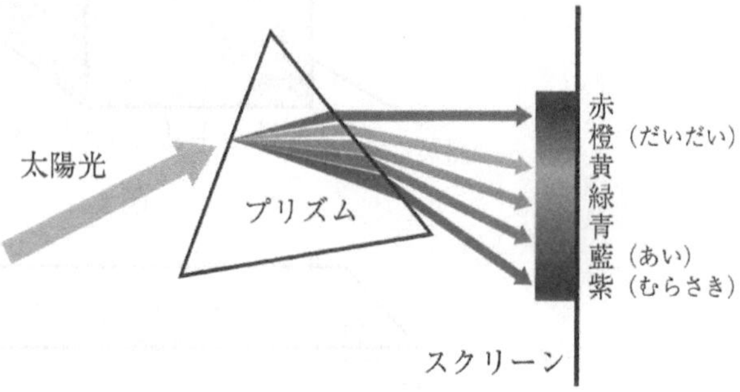

太陽光
プリズム
赤
橙（だいだい）
黄
緑
青
藍（あい）
紫（むらさき）
スクリーン

図２

（１） 透明な赤色のシートに太陽光を通過させて，スクリーンに映すと，赤色の光が映りました。この現象の説明としてもっとも適切なものを，次の(ア)～(エ)から選び，記号で答えなさい。

（ア） 太陽光に含まれる赤色の光がシートに吸収されて，残りの色の光はシートを通過した
（イ） 太陽光に含まれる赤色の光がシートを通過して，残りの色の光はシートに吸収された
（ウ） 太陽光に含まれる緑色と青色の光がシートに吸収されて，残りの色の光はシートを通過した
（エ） 太陽光に含まれる緑色と青色の光がシートを通過して，残りの色の光はシートに吸収された

光が物体に当たると，光の一部は物体に吸収され，一部は表面で反射します。反射した光が目に入ることで，私たちはその物体の色を認識しています。光がすべて吸収され，反射しない場合など，光が目に入らないとき私たちは黒色と認識しています。

（２） 透明な緑色のシートと，透明な赤色のシートを重ね，太陽光を通過させてスクリーンに映すと，何色に見えますか。もっとも適切なものを，次の(ア)～(キ)から選び，記号で答えなさい。

（ア） 赤　（イ） 緑　（ウ） 青　（エ） シアン
（オ） マゼンタ　（カ） イエロー　（キ） 黒

底辺が長方形の水槽(すいそう)に水をためて，少量の牛乳を混ぜました。赤色・緑色・青色を混ぜ合わせて作った白色のライトを水槽に押(お)し当てると，水槽内が光って見えました。これは，光が水の中にひろがった牛乳の粒(つぶ)に当たり，四方八方に進むようになったからで，このことを光の散乱といいます。

図３のように面Xの中央にライトを当て，矢印の向きから観察したところ中央部分がイエローっぽく見えました。図４のように面Yの中央にライトを当て，矢印の向きから観察したところ，中央部分が赤っぽく見えました。これらは，水槽内の水を通過する間に，白色のライトに含まれる一部の色の光が散乱したからです。

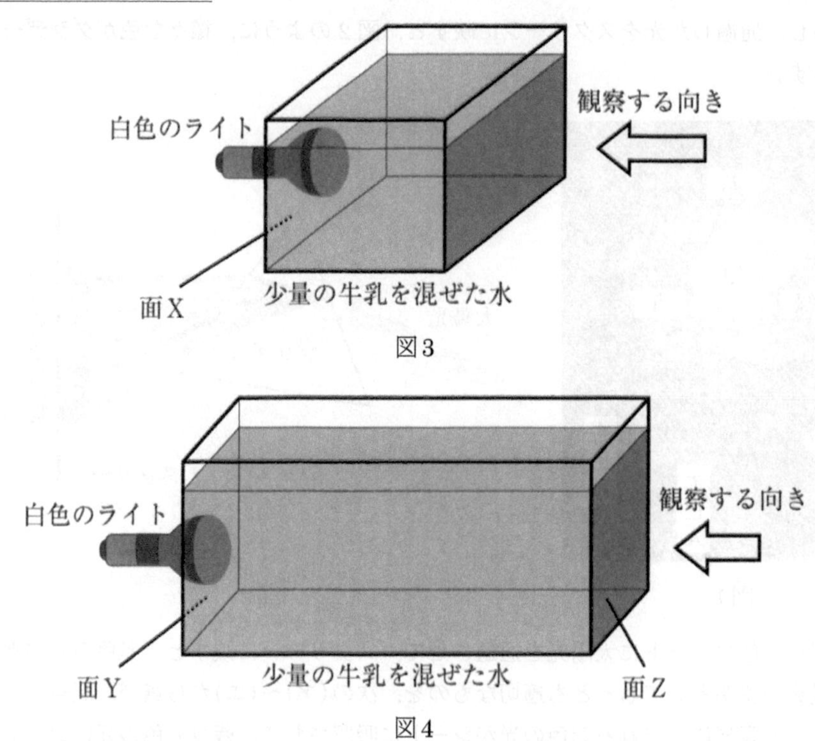

図3

図4

（３） 文章中の下線部からわかることとして適切なものを，次の(ア)～(オ)からすべて選び，記号で答えなさい。

（ア） 水槽内の水を通過する距離(きょり)が短いと青色の光が散乱しやすい

（イ） 水槽内の水を通過する距離が短いと赤色と緑色の光が散乱しやすい

（ウ） 水槽内の水を通過する距離と散乱しやすい色の関係はわからない

（エ） 図３のように観察したとき，中央部分以外は青っぽく見える

（オ） 図３のように観察したとき，中央部分以外は赤っぽく見える

(4) 白色のライトのうち緑色のスイッチを切り，赤色と青色のみを光らせた場合について，次の①，②の問いに答えなさい。

① このライトを直接スクリーンに映すと，何色の光が映りますか。もっとも適切なものを，次の(ア)～(ク)から選び，記号で答えなさい。

(ア) 赤　(イ) 緑　(ウ) 青　(エ) シアン
(オ) マゼンタ　(カ) イエロー　(キ) 黒　(ク) 白

② 図5のように面Yの中央にライトを当てたときの水槽内の水の色を，面Y側と面Z側で比較(ひかく)したときの説明としてもっとも適切なものを，以下の(ア)～(オ)から選び，記号で答えなさい。

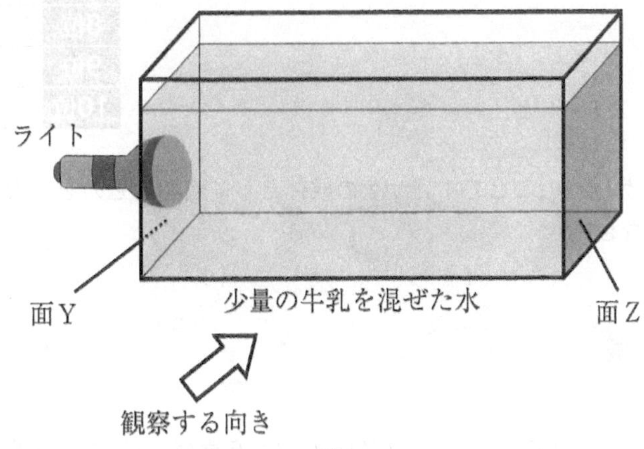

図5

(ア) 面Y側は赤っぽく，面Z側は青っぽい
(イ) 面Y側は青っぽく，面Z側は赤っぽい
(ウ) 面Y側は緑っぽく，面Z側は紫っぽい
(エ) 面Y側は紫っぽく，面Z側は緑っぽい
(オ) 差は見られない

(5) 次の文章は太陽や空の色に関して説明しています。文章中の①，②に適切な語句を，以下の(ア)，(イ)から選び，それぞれ記号で答えなさい。ただし，同じ記号を複数回使用してもかまいません。

> 地球の自転にともない，地上にいる私たちから見た太陽の高度は時間により変化する。地球はほぼ一定の厚さである大気の層でおおわれているため，太陽の高度によって，太陽から発せられた白色光が私たちのところに届くまでに大気を通過する距離が変化する。昼間は通過する距離が(　①　)ので，空が青っぽく，夕方頃は通過する距離が(　②　)ので，太陽が赤っぽく見える。

(ア) 短い　(イ) 長い

【２】 以下の問いに答えなさい。

太郎さんは夏休みの自由研究で魚について調べました。すると，SNSで『回転寿司(ずし)に行った際によく食べているネタ』のアンケート結果(表１)を見つけました。

(出典：マルハニチロ　回転寿司に関する消費者実態調査 2023)

表１

	ネタ	%
1位	サーモン	50.3
2位	マグロ(赤身)	35.2
3位	ハマチ・ブリ	32.5
4位	エビ	29.0
5位	マグロ(中トロ)	27.9
6位	ネギトロ	23.8
7位	イカ	22.9
8位	えんがわ	21.2
9位	イクラ	18.0
10位	カンパチ	15.9

(１) サーモンはサケ(鮭)のことです。サケの成体として適切なものを，次の(ア)～(エ)から選び，記号で答えなさい。

(２) サケの説明として適切な文を，次の(ア)～(エ)から選び，記号で答えなさい。

(ア) 卵は「数の子」と呼ばれ，海藻(かいそう)に産み付けられる

(イ) 生まれた水域にもどり産卵(さんらん)する

(ウ) 太平洋のハワイ沖で産卵する

(エ) 成体になると，北海道周辺のみで生活する

(３) 表１の1位から10位のネタで，魚(魚の卵や一部も含む)でないものをすべて選び，その順位で答えなさい。

(４) 図１はマグロを示しています。次の①，②の問いに答えなさい。

① ⬭で囲まれたひれは，体にある溝(みぞ)に収まっていて普段(ふだん)は見えません。このひれがもつ役割として適切なものを，次の(ア)～(エ)から選び，記号で答えなさい。

(ア) えさとなる魚の匂(にお)いを感じ取る

(イ) 進行方向を変える

(ウ) サメなどの天敵との距離を測る

(エ) メスに対して強さを示す

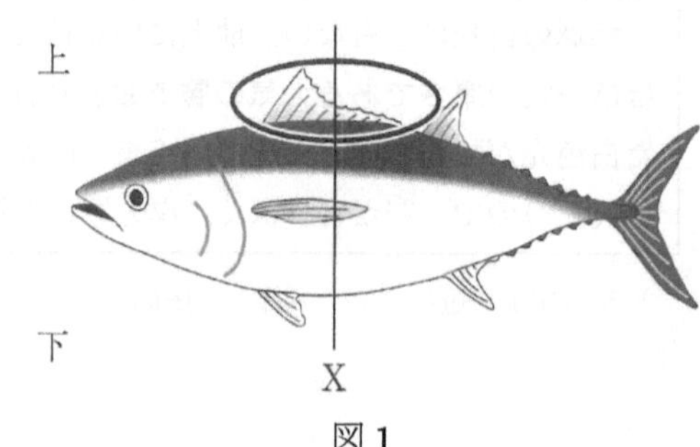

図１

② 線Xの位置でマグロを切ったときの断面図として適切なものを，次の(ア)～(エ)から選び，記号で答えなさい。

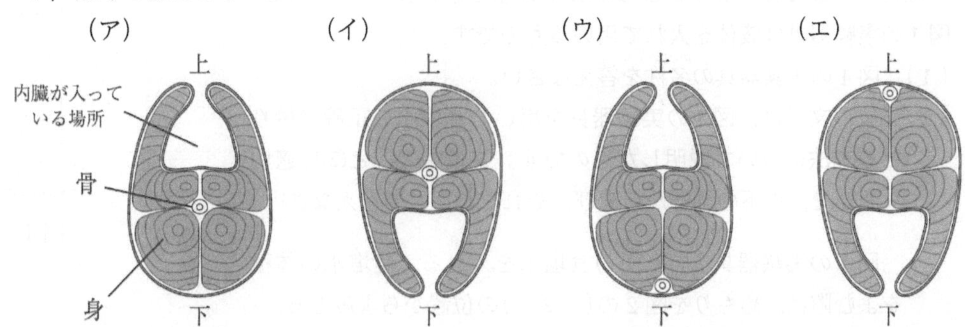

調べてみると，ネタになる身の部分が筋肉だということと，筋肉には赤色をしている筋肉と，白色をしている筋肉があることがわかりました。さらに，赤色の筋肉は白色の筋肉より酸素を多く含んでいることもわかりました。

(5) 赤色の筋肉の魚に見られる特徴(とくちょう)として適切なものを，次の(ア)～(エ)から選び，記号で答えなさい。

(ア) カツオなど回遊魚に見られる
(イ) タイなど近海魚に見られる
(ウ) ヒラメなど砂にもぐる魚に見られる
(エ) アユなどの川魚のみに見られる

さらに筋肉の動きと神経の関係を調べました。すると，神経に刺激(しげき)を与(あた)えると，電気信号が発生して神経を伝わっていくのがわかりました。また，その刺激が筋肉に届くと，筋肉の中のいろいろな物質が作用して収縮することもわかりました。

(6) 図2は，カエルのふくらはぎの筋肉とそれにつながっている神経(座骨神経)を示しています。筋肉と神経がつながっている部分Aから10mm離(はな)れたBを刺激すると，0.0035秒後に筋肉が収縮しました。Aから70mm離れたCを刺激すると，0.0055秒後に筋肉が収縮しました。次の①，②の問いに答えなさい。

① この神経を伝わる電気信号の速さを求めなさい。ただし，割り切れない場合は小数第1位を四捨五入して整数で求めなさい。

② Aから130mm離れたD(図中にはありません)を同じように刺激しました。筋肉が収縮するのは何秒後か求めなさい。

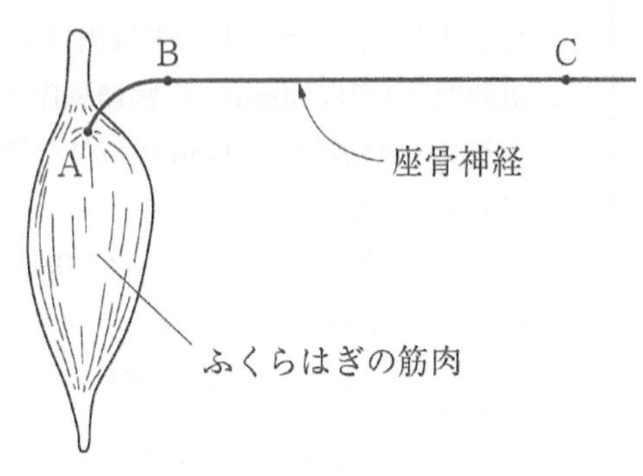

図2

【3】 以下の問いに答えなさい。

理科の実験では，さまざまな器具や薬品を用います。例えば，図1の実験器具は液体を入れて用いるものです。

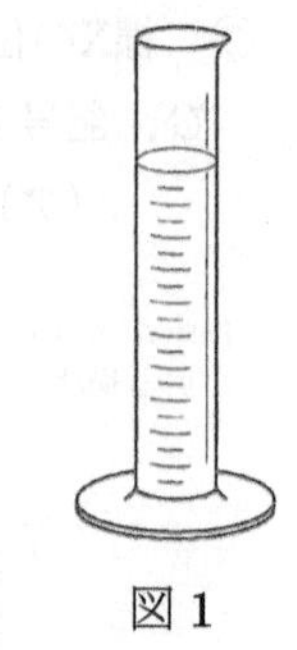

図1

(1) 図1の実験器具の名称(めいしょう)を答えなさい。

(2) 次の文章は，図1の実験器具を用いて食塩水を正確に量りとる方法について説明したものです。文章中の①と②に適切な語句を，以下の語群から選び，それぞれ記号で答えなさい。

図1の実験器具を(①)食塩水を入れる。食塩水の体積をよむ際は，めもりを図2の(②)の位置からよみとる。

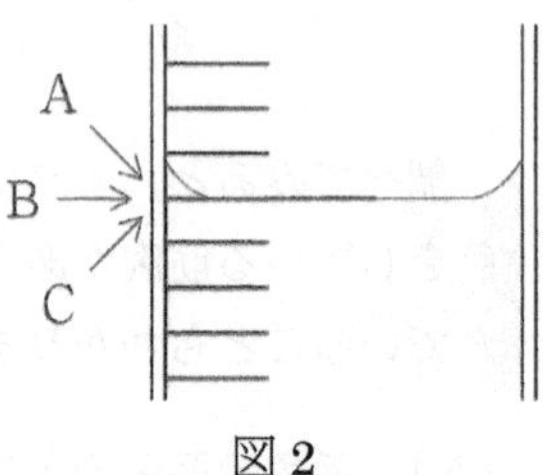

図2

〈語群〉

①：(ア) 水平な台の上において
　　(イ) 片手で持ち上げて

②：(ア) A　(イ) B　(ウ) C

(3) (2)で使用した実験器具には実験後に食塩水が0.1cm³残っていました。そこで，10cm³の水で2回に分けて容器内をすすぐとき，もっともすすぎの効果が高い操作として適切なものを，次の(ア)～(オ)から選び，記号で答えなさい。ただし，すすぐときの水溶液(すいようえき)の濃度(のうど)は均一であるとし，すすいだ後の容器内には，どの方法でも0.1cm³の水溶液が残っているものとします。

(ア) 水1cm³を入れてすすいだ後，新たに水9cm³を入れてすすぐ
(イ) 水3cm³を入れてすすいだ後，新たに水7cm³を入れてすすぐ
(ウ) 水5cm³を入れてすすいだ後，新たに水5cm³を入れてすすぐ
(エ) 水7cm³を入れてすすいだ後，新たに水3cm³を入れてすすぐ
(オ) 水9cm³を入れてすすいだ後，新たに水1cm³を入れてすすぐ

図1の実験器具には種類がいくつかあるため，量りとる液体の量によって使い分ける必要があります。このことについて考えてみましょう。

> 図1の実験器具と形状が同じで，50cm³まで量れる実験器具Aと100cm³まで量れる実験器具Bを用意しました。それぞれの形は円柱であり，液体が入るガラスの内側の直径をそれぞれ測ると，実験器具Aでは24mm，実験器具Bでは30mmでした。
>
> それぞれの実験器具で30cm³の液体を量りとるときに多く入れすぎてしまい，どちらにも31cm³入れてしまいました。
>
> このとき，液面の高さは，液体が30cm³入っているときと比べて，実験器具Aでは(③)mm高くなり，実験器具Bでは(④)なります。
>
> したがって，30cm³の液体を量りとるときは(⑤)と言えます。

(4) 文章中の③に適する数値を，小数第2位を四捨五入して小数第1位まで求めなさい。ただし，円周率は3.14とします。

(5) 文章中の④と⑤に適する語句を，以下の語群から選び，それぞれ記号で答えなさい。

〈語群〉

④：(ア) Aより高く　(イ) Aと同じ高さに　(ウ) Aより低く

⑤：(ア) 実験器具Aの方が正確に量れる

(イ) 実験器具Bの方が正確に量れる

(ウ) 実験器具Aも実験器具Bも同じくらい正確に量れる

(6) 実験器具Aよりも正確に50cm³の液体を量りたい場合，どのような実験器具が適していると考えられますか。その実験器具のおおまかな形を1つ描きなさい。ただし，50cm³のめもりの高さが，解答用紙に描かれた実験器具Aと同じ高さになるようにすること。また，その実験器具が適していると考えた理由を説明しなさい。

【4】 以下の問いに答えなさい。

国際地質科学連合が選定した世界的な地質遺産100選に，兵庫県の野島断層と玄武洞があります。

野島断層は，1995年の阪神・淡路大震災で，六甲・淡路島断層帯から地表に露出しました。

(1) 図1は野島断層の写真です。この断層ができるときにかかった力の方向としてもっとも適切なものを，次の(ア)～(エ)から選び，記号で答えなさい。また，このようにしてできた断層の種類をなんと言うか，答えなさい。

図1　野島断層

(出典：北淡震災記念公園HP)

(ア)　(イ)　(ウ)　(エ)

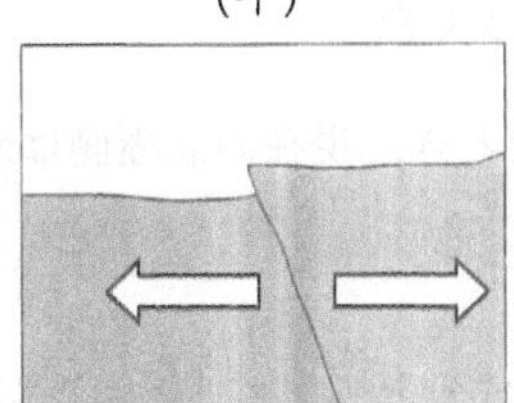

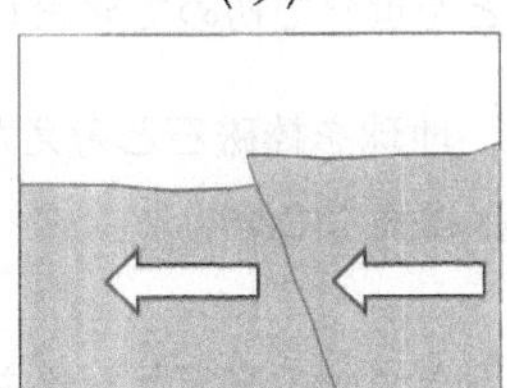

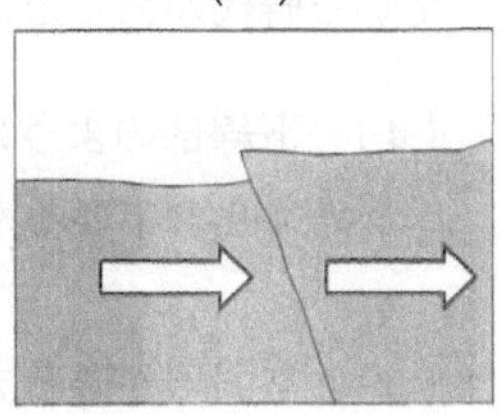

図2は玄武洞の写真です。玄武洞は，ユネスコ世界ジオパークにも選定されている山陰海岸ジオパークエリアに位置しており，玄武岩の名前の由来となっています。玄武岩には黒っぽい色のものが多く，磁石を引きつけるものもあります。

また，図3や図4は玄武岩とはんれい岩を顕微鏡で観察したようすです。はんれい岩は玄武岩と同じように黒っぽい色をしています。

図2　玄武洞

(出典：豊岡市フォトライブラリーHP)

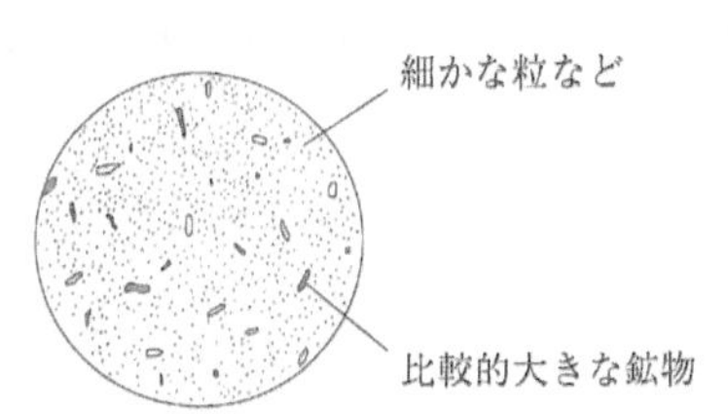

図3　玄武岩のようす

図4　はんれい岩のようす

（2） 玄武岩とはんれい岩の違いとしてもっとも適切なものを，次の(ア)～(エ)から選び，記号で答えなさい。

(ア) マグマの移動距離

(イ) マグマが地表を流れていく時間

(ウ) マグマが冷やされるまでにかかった時間

(エ) 噴出(ふんしゅつ)した直後のマグマの温度

（3） 次の文章は，玄武洞ができたしくみについてまとめたものです。文章中の①～④に適する語句を，以下の語群から選び，それぞれ記号で答えなさい。

約160万年前，(①)マグマが固まり，玄武岩ができた。玄武岩を顕微鏡で観察すると図3のように細かな粒からできていることから，(②)固まったことがわかる。マグマが冷えて固まるときに，体積が少しずつ(③)なり，規則正しいきれいな割れ目ができた。その後，河川(かせん)の(④)で玄武岩のかたまりが現れて玄武洞ができた。

〈語群〉

①：(ア) 地下の深いところにある　　(イ) 流れ出した

②：(ア) 急に冷えて　　(イ) ゆっくり冷えて

③：(ア) 小さく　　(イ) 大きく

④：(ア) 運搬(うんぱん)　　(イ) 侵食(しんしょく)

方位磁針を用いることで方位がわかることから，地球は大きな棒磁石のようなものであると考えられています。1929年，松山基範(まつやまもとのり)は玄武洞の岩石調査から，方位磁針のN極の示す向きが逆転していた時代があったことを世界で初めて発表しました。

（4） 下線部のように，地球を棒磁石と考えたとき，現在の北極側はN極とS極のどちらであると考えられているか，答えなさい。

（5） 玄武岩が磁石を引きつける原因となる主成分としてもっとも適切なものを，次の(ア)～(エ)から選び，記号で答えなさい。

(ア) アルミニウム　　(イ) ナトリウム　　(ウ) カルシウム　　(エ) 鉄

（6） 77万年前に方位磁針のN極の示す向きが逆転し，現在と同じになりました。その証拠になる地層が日本で発見されました。その地層の名称として適切なものを，次の(ア)～(オ)から選び，記号で答えなさい。

(ア) ニホニアン　　(イ) エドニアン　　(ウ) チバニアン

(エ) サイタマニアン　　(オ) ハチオウジニアン

【社　会】（30分）〈満点：50点〉

Ⅰ．下の表は，各県の人口1位の都市と人口2位の都市をくらべた時に，その人口差が小さい9県の，人口1位都市の人口，人口2位都市の人口，県の総人口に対する人口1位都市の人口割合，人口10万人以上の都市数，市の数，農業産出額の内訳，製造品出荷額をしめしたものです。

表中の(ア)～(カ)の県は，地図中のA～Fのいずれかにあてはまります。以下の表と地図を見て，問に答えなさい。なお，表中の●印がついている都市が県庁所在地です。

	人口1位都市の人口（万人）	人口2位都市の人口（万人）	県の総人口に対する人口1位都市の人口割合（%）	人口10万人以上の都市数	市の数	農業産出額に占める米・野菜・果実・畜産の割合（2020年）				製造品出荷額総計（2019年十億円）
						米（%）	野菜（%）	果実（%）	畜産（%）	
茨城	● 27.1	24.7	9.5	8	32	17.1	37.2	2.2	28.8	12,581
（ア）	37.1	● 33.3	19.4	5	12	6.2	40.8	3.2	43.8	8,982
（イ）	31.0	● 27.4	17.8	6	14	25.9	13.9	6.7	40.2	10,717
（ウ）	● 19.9	17.5	30.2	2	8	30.5	16.3	6.9	40.8	1,237
（エ）	79.6	● 68.9	22.2	10	23	9.1	30.8	13.5	23.9	17,154
青森	● 27.5	22.3	22.8	3	10	16.8	25.2	27.8	27.1	1,727
（オ）	● 18.5	14.7	34.0	2	4	19.6	28.0	8.4	38.0	782
（カ）	32.0	31.5	17.9	4	13	36.0	22.7	14.1	20.5	5,089
山口	25.4	● 19.0	19.3	6	13	24.6	27.2	8.3	30.9	6,553

都市の人口，人口10万人以上の都市数，市の数に関しては，2020年1月1日現在の数。
『日本国勢図会　2023/24』公益財団法人矢野恒太記念会編集・発行
『データブックオブ・ザ・ワールド 2023』二宮書店発行　より作成

問1　表中で，県庁所在地の人口が1位になっていない県について，以下の問に答えなさい。

1）表中の(カ)は，県庁所在地の人口が上位2位までに入っていません。この県を地図中の**A～F**より選び，記号で答えなさい。

2）以下の各文は，表中の人口2位都市が県庁所在地となっている4つの県の人口1位都市の特色をしめしたものです。表中の(ア)・(エ)の人口1位都市の特色として最もあてはまるものを以下より選び，それぞれ記号で答えなさい。

①　交通の要地であり古くは街道，現在では高速自動車道，新幹線の分岐点となっている。
②　古くから海峡に面する港湾都市として栄え，大陸の玄関口にもなっている。
③　江戸時代は城下町，宿場町として栄え，現在は楽器と自動車の製造が有名である。
④　日本最大の工業地帯の中心として，臨海部に石油化学コンビナートが立地している。

3）表中の(イ)の県を地図中の**A～F**より選び，記号で答えなさい。

問2　表中の(ウ)と(オ)の県について，以下の問に答えなさい。

1）表中(ウ)・(オ)の県の人口を求めなさい。必ず，千人単位で，答えること。

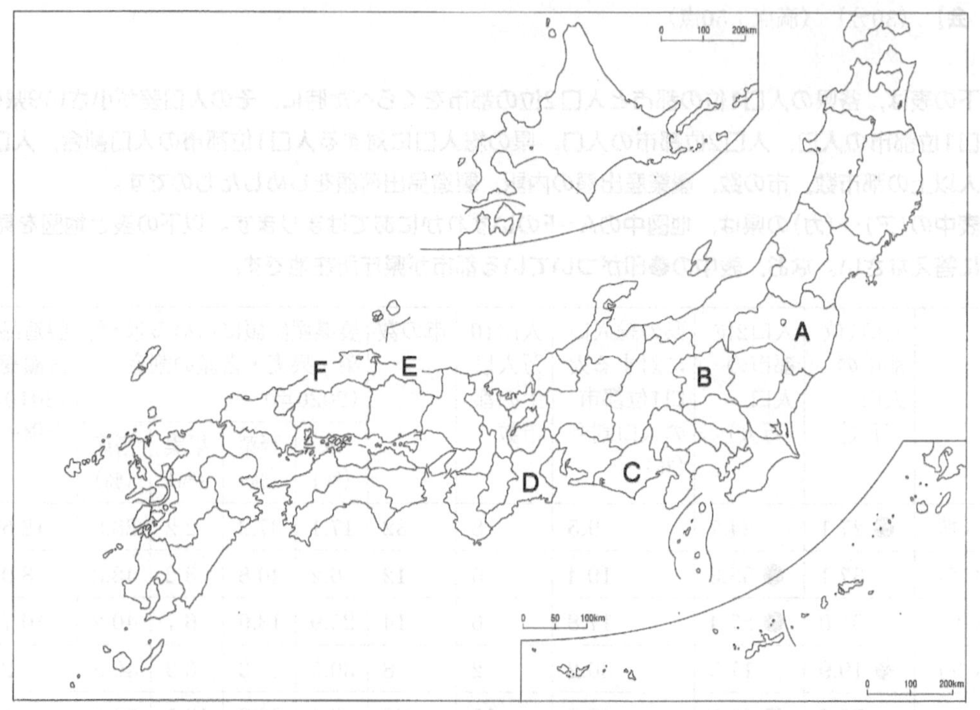

2）(ウ)・(オ)の人口は，日本の都道府県別の人口で46位と47位になります。人口47位の県を地図中の**A〜F**より選び，記号で答えなさい。

3）以下にしめした文は，(ウ)・(オ)の県のどちらかにある世界文化遺産について述べたものです。この世界文化遺産の中心となる鉱山を何といいますか，答えなさい。

> 戦国時代の後半から，江戸時代の前半まで栄えた銀鉱山です。ここでとれた銀は世界に輸出されました。

問3　表中の茨城県について，以下の問に答えなさい。

1）茨城県の農業産出額(2020年)は全国で3位となります。特に野菜・果実・花などの栽培が有名です。このように農業がさかんな理由には，温和な気候，平らな土地の割合が高いなどの自然条件のほかに何がありますか，簡潔に答えなさい。

2）茨城県の生産量が全国の3位までに入る農産物として，適切ではないものを以下より選び，記号で答えなさい。

①　鶏卵(けいらん)　　②　メロン　　③　かんしょ（さつまいも）　　④　肉用牛

問4　表中の青森県について，以下の問に答えなさい。

1）県庁所在地で8月におこなわれる，巨大な山車(だし)が街を練り歩く祭りを何といいますか，答えなさい。

2）青森県は，果樹栽培がさかんです。特に，寒冷な土地のため，寒い気候でも良く育つ，りんご作りが有名です。このりんご作りの中心となっている平野を何といいますか，答えなさい。

問5　表中の山口県について，以下の問に答えなさい。

1）山口県の西部にある秋吉台では，石灰岩が雨などに溶け，くぼ地や鍾乳洞(しょうにゅうどう)などいろいろな地形が見られます。このような石灰岩特有の地形を何といいますか，答えなさい。

2）山口県はセメント工業がさかんです。原料の石灰岩や石灰石に少量の粘土(ねんど)を加え，高温で焼成(しょうせい)してつくられるのがセメントです。セメントはつくられる過程で原料の重量より，製品の重量の方が軽くなります。どのような場所にセメント工場をつくったら輸送費を節約できますか。以下より選び，記号で答えなさい。なお，輸送費は原料・製品の重量と，工場と原料産地や市場との輸送距離により求められます。

① セメントを消費する大都市などの市場の近く

② 原料である石灰岩・石灰石の産地の近く

③ 原料や製品の輸送に便利な港湾の近く

④ 安い労働力が得られる地域

Ⅱ．和洋君は，日本列島の歴史を東日本と西日本に分けた場合，どのような違いがあるのかを考えてみました。そして，西日本の歴史に関するキーワードとして次の9個を選びました。これらのキーワードに関して，以下の問に答えなさい。

稲作　ヤマト政権　荘園　蒙古襲来　惣村　天下の台所　外様大名　西南戦争　原子爆弾

問1　稲作は大陸から西日本へ伝わり，広がりました。

1）稲作が，大陸から西日本へ縄文時代の終わり頃に伝わったことを知るうえで，重要な遺跡はどこですか。以下より選び，記号で答えなさい。

① 登呂遺跡　② 三ツ寺Ⅰ遺跡　③ 三内丸山遺跡　④ 板付遺跡

⑤ 岩宿遺跡

2）稲作が行われるようになると，様々な道具や施設が使われるようになります。次のうち，道具や施設の名前と使い方の組み合わせとして誤っているものはどれですか。以下より選び，記号で答えなさい。

① 石包丁－田植え　② すき・くわ－田起こし

③ うす・きね－脱穀　④ 高床倉庫－保管

問2　ヤマト政権は近畿地方で成立し，次第に日本列島を支配する勢力となりました。

1）ヤマト政権の支配の広がりをしめすものとして，3世紀中頃に近畿地方から全国に広がっていく古墳を，その形から何といいますか，答えなさい。

2）律令が定められ，税制が整備されると，近畿地方を中心に田畑が碁盤(ごばん)の目のように整然と区画されるようになりました。この名残は今でも西日本に多く残っていますが，このような土地区画制度を何といいますか，答えなさい。

問3　荘園は全国にできましたが，特に西日本に多く見られました。荘園には，国司に税を納めなくてもよい特権を持つものもありましたが，この特権を何といいますか，答えなさい。

問4　蒙古襲来では，九州を中心とした西日本の御家人が活躍しました。

1）現在の熊本県の御家人で，自分の活躍(かつやく)を伝えるために『蒙古襲来絵巻』を作らせたのは誰ですか。以下より選び，記号で答えなさい。

① 安達泰盛　② 和田義盛　③ 大友頼泰　④ 北条時宗

⑤ 竹崎季長

2）蒙古襲来を予告するような記述も含まれた『立正安国論』を記し，法華経の正しさを説いた僧は誰ですか，答えなさい。

問5 惣村は，特に西日本で多く発達し，村人たちの自治によって運営されました。惣村で村人の代表者が集まって行った会議を何といいますか，答えなさい。

問6 「天下の台所」と呼ばれた江戸時代の大坂は，全国の産物が集まり，経済の中心として栄えました。

1）各地の藩が，特産物を保管・販売するために，大坂に作った拠点を何といいますか，答えなさい。

2）河村瑞賢によって整備された，日本海側の各地から大坂へ物資を運ぶ航路を何といいますか，答えなさい。

問7 西日本には有力な外様大名が多く，幕末には幕府を倒す原動力となっていきました。

1）次のうち，西日本の外様大名ではない藩はどれですか。以下より選び，記号で答えなさい。

① 土佐藩　② 紀伊藩　③ 肥前藩　④ 長州藩
⑤ 薩摩藩

2）明治時代になると，西日本の外様大名の藩出身の人たちが，政府の要職を独占するようになりました。このような政治を何といいますか，答えなさい。

問8 西南戦争は，九州地方で起きた，明治時代最大の内乱です。

1）西南戦争の中心人物は，政府を去っていた西郷隆盛でした。西郷隆盛が政府を去る原因となった，朝鮮を武力を用いてでも開国させようとする主張を何といいますか，答えなさい。

2）西南戦争が起きた年，政府は地租を地価の2.5%に引き下げました。それまでは地価の何%を現金で納めることになっていましたか，数字で答えなさい。

問9 原子爆弾が投下された都市は，いずれも西日本になります。

1）投下された2つの都市の共通点として最も当てはまるものはどれですか。以下より選び，記号で答えなさい。

① 造船所があった大きな港町である　② 多くの潜伏キリシタンがくらした町である
③ 江戸時代からの城下町である　④ 太平洋ベルトに含まれる町である

2）2つの原子爆弾が落とされた1945年8月6日と同9日との間の時期に，日本への攻撃を開始した国はどこですか，答えなさい。

Ⅲ．次の新聞記事を読み，以下の問に答えなさい。

Q　1月23日に開会する（　X　）国会で岸田文雄首相が行う「施政方針演説」ってなにかな。

A　首相が（　X　）国会の最初に，1年間に取り組む重点課題や政治姿勢など基本方針を演説する。各担当大臣（1）による「外交演説」「財政演説」「経済演説」と合わせて「政府4演説」（2）と呼ばれる。衆議院と参議院の本会議場で，同じ内容なんだ。

Q　内容の特徴は？

A　国が直面する現状（3）への認識や，経済，外交，安全保障（4），社会問題，めざす社会像，政治理念など個別テーマごとに訴える。長期政権を築いた安倍晋三首相（5）は「戦後レジーム[*1]の見直し」や憲法改正への意欲，小泉純一郎首相（6）は「構造改革」や郵政民営化を強く打ち出した。首相がこれまで出会った人たちとの思い出や歴史上の偉人（いじん）の名言などのエピソードが盛り込まれることもよくあるんだ。

Q 演説は法律に基づいてやっているの？

A 憲法や法律で明確に定められているわけではない。1890(明治23)年の第1回帝国議会で山県有朋首相が行って以降，慣例的に行われてきた。

Q 同じような首相の演説がほかにもあったよ。

A 「所信表明演説」のことだね。衆院選後はじめて開かれる(Y)国会や，(Z)国会の最初，あるいは国会会期中に首相が交代した時に行われる。国政の方針や重点課題を説明する点では施政方針演説とほとんど変わらない。

Q 演説内容は必ず実現するのかな。

A 網羅(もうら)的[*2]で個別テーマへの具体策にはあまりふみこまないため，実現したかどうか判断しづらい面がある。一方で，演説ではふれていない重大な政治決断が下されることもある。例えば，岸田政権は昨年末，防衛費増額のための1兆円強の増税(7)方針や，原発の新規建設や運転期間の延長を決めたけど，これらを昨年の施政方針演説から読み取ることは難しかったよ。

朝日新聞(2023年1月23日付朝刊)より作成

註 ＊1 戦後レジーム…「レジーム」とは，フランス語で政治体制や政治システムのこと。2007年7月10日に出された政府答弁書によると，安倍内閣では，戦後の「憲法を頂点とした，行政システム，教育，経済，雇用，国と地方の関係，外交・安全保障などの基本的枠(わく)組み」と定義していた。

＊2 網羅的…関係する内容を，幅広く残さず集めている様子。

問1 文章中の空欄(X)～(Z)に入る語の組み合わせとして正しいものを，次より選び，記号で答えなさい。

① X－特別 Y－通常 Z－臨時　② X－特別 Y－臨時 Z－通常
③ X－通常 Y－特別 Z－臨時　④ X－通常 Y－臨時 Z－特別
⑤ X－臨時 Y－特別 Z－通常　⑥ X－臨時 Y－通常 Z－特別

問2 下線部(1)についてですが，日本国憲法第66条第2項は，過去に軍人であった者や現役の自衛官などが，内閣総理大臣や国務大臣に就任することを禁止しています。この規定を何といいますか，答えなさい。

問3 下線部(2)についてですが，政府4演説の終了後，演説内容について代表質問を行うことは，各政党の重要な役割です。その中で，野党とは，国政の場においてどのような役割を果たす政党ですか。「与党」という言葉を必ず用いて，解答欄にある「という役割を果たす政党のこと。」という文末につながるよう，簡潔に説明しなさい。

問4 下線部(3)についてですが，日本だけでなく世界全体が，気候変動問題に直面しています。2023年7月，国際連合のグテーレス事務総長は，「地球温暖化の時代は終わり，地球(　　　)化の時代が到来した。」と発言し，これが世界中で大きく報道されました。この空欄にあてはまる語は何ですか，以下より選び，記号で答えなさい。

① 液状　② 沸騰　③ 焦土　④ 熱中　⑤ 砂漠

問5 下線部(4)についてですが，戦後日本の安全保障体制は，1951年に日米安全保障条約を結んだことから始まったといわれます。この条約を調印した当時の日本の内閣総理大臣は誰ですか，答えなさい。

問6　下線部(5)についてですが，岸田氏は，安倍内閣において外務大臣を務めました。2015年12月，当時の岸田外相と韓国の尹炳世外交部長官との間で，両国間の慰安婦問題の「最終的かつ不可逆的な解決」が確認されたものの，その後2017年に就任した韓国大統領によってこの合意は破棄されました。2022年に退任した韓国の前大統領である，この人物は誰ですか，以下より選び，記号で答えなさい。

①　李明博　　②　金大中　　③　朴槿恵　　④　文在寅　　⑤　尹錫悦

問7　下線部(6)についてですが，小泉内閣では，新潟県中越地震にともなう自衛隊の災害派遣が行われました。自衛隊の災害派遣は，1951年10月，九州や西日本に大きな被害をもたらしたルース台風災害から始まったとされています。ただし，このとき派遣されたのは，前年にGHQの指示で新設され，現在の自衛隊のもとになった組織でした。この組織とは何ですか，答えなさい。

問8　下線部(7)についてですが，次の文章の空欄にあてはまる語は何ですか，答えなさい。

近年，「ふるさと納税」によって，都市部の市区町村が税収を減らす事例が見られます。その場合，(　　)として地方自治体へ支払われるお金に上乗せする形で，原則として減った額の75%を国が補う制度があり，税収の減少をある程度緩和できます。

しかしながら，(　　)は，収入格差を調整するため，財源不足が生じた自治体のみを対象に，その不足額に応じて支払われるものです。これは，そもそもの税収が少なくて運営が苦しい自治体のための制度であり，住民自身の意思で税収を減らした自治体のために用いるべきではない，との批判もあります。

かけられて疲れるよりはよいということ。

エ　多少遠くのコンビニであっても、福平さんに話しかけられるくらいなら往復費用は考えなくてよいということ。

問五　傍線部②「閑古鳥が鳴きはじめた」とありますが、その意味として適当なものを次の中から選び、記号で答えなさい。

ア　店員がいなくなりはじめた

イ　クレームが増えはじめた

ウ　客が来なくなりはじめた

エ　みんなが心配しはじめた

問六　傍線部③「子」とは具体的に何ですか。文中から漢字一字で抜き出しなさい。

問七　傍線部④「都会がそれほど単層的に成り立ってはいない」とはどういうことですか、説明しなさい。

ところが、その日はいっこうに訪れなかった。和也の未来予測に反して、福平さんはその後もコンビニのレジに立ちつづけた。しかも、自制どころか客への過干渉をエスカレートさせて。

「私もね、好きなのよ、これ。下手な専門店のたこ焼きよりおいしいわよね。うんうん、冷凍食品もバカにできない、できない。レンジで温めたあと、アルミにのせてオーブントースターで三分、これ、イケるからやってみて。表面カリッとね！」

「まいどありがとうございます。牛乳とバナナ……あら、バナナジュース作るの？」

「はい、はい、大根とウインナー巻きとはんぺん……玉子はいいの？　はい、はい、糸こんにゃくと牛すじと巾着餅……玉子はいいの？」

ぐいぐいと籠の内側へ踏みこんでくる押しかけ母さんに食傷し、和也の同僚たちは一人、また一人と別のコンビニを利用しはじめた。

①たとえ四、五分の手間をかけても、福平さんに吸われるエネルギーを思えば安くつくとの判断だ。間もなく和也もその一人に加わった。この現象が和也の身のまわりだけで起こっているわけではないことは、新たに通いだしたコンビニの賑わいからも見てとれた。

かといって、福平さんのコンビニで②閑古鳥が鳴きはじめたのかといえば、摩訶不思議にもそうでもないのだった。いつ通りかかってもガラスの外壁ごしには常に一定数の客影がある。二ヶ月、三ヶ月――いつになっても人気が絶える気配はない。

なぜなのか。もしや福平さんが反省し、接客態度を改めたのか。

下世話な好奇心から、ある日、和也はひさびさにその自動ドアをくぐった。

唖然とした。

変わったのはコンビニの母ではなく、③子の層だった。

「おじいちゃん、いつもありがとうねえ。はい、いち、にい、さん……三十万円のお返しでーす。きゃきゃきゃっ。ちゃんとお財布に入れてね、チャックしてね、落とさないでね。また明日も待ってまーすっ」

レジ待ちの列にずらり並んだ白髪の面々をながめ、和也は妙な敗北感を覚えると同時に、④都会がそれほど単層的に成り立ってはいないことを学んだのだった。

（森　絵都「コンビニの母」）

問一　傍線部**イ**～**ニ**のカタカナを漢字に直しなさい。

問二　空欄 A に当てはまる四字熟語を次の中から選び、記号で答えなさい。

ア　神出鬼没　　イ　突然変異
ウ　一期一会　　エ　天変地異

問三　空欄 B に当てはまる漢字一字を答えなさい。

問四　傍線部①「たとえ四、五分の手間をかけても、福平さんに吸われるエネルギーを思えば安くつく」とはどういうことですか。適当なものを次の中から選び、記号で答えなさい。

ア　多少遠くのコンビニであっても、福平さんにいろいろと押しつけられて商品を買うよりは安くすむということ。

イ　多少遠くのコンビニであっても、福平さんに話しかけられるよりは同僚たちと行く方が楽しいということ。

ウ　多少遠くのコンビニであっても、福平さんにあれこれと話し

二　次の文章を読んで、後の問に答えなさい。

和也の勤め先が間借りしている雑居ビルの一階にはコンビニがある。そのレジに福平さんが出現したのはおよそ半年前のことだった。

めまぐるしくスタッフが入れ替わる都心のコンビニで、レジ係がまた一人増えたところでふつうは誰も気づかない。その陰で辞めた一人にも気づかない。彼らは個ではなく、あくまでコンビニ店員という集合体の一部として現れ、そして消えていく。和也にはそんな認識があった。しかし、その無機的なイジュンカンから遥か外れたところに、［A］のごとく福平さんは出没した。

その日、昼食を求める客で混みあう店内に足を踏みいれた瞬間から、和也は異様なそわつきを察知した。何かがいつもと違う。客という客の［B］が泳いでいる。通常ならば休憩時間のくつろぎモードにあるべき人々が妙にロキンチョウしている。あるいは、動揺している。

「ありがとうございました。また来てねーっ。お仕事がんばってくださいねーっ」

前方のレジからドラえもんばりのドラ声がハヒビきわたるなり、和也は目を向けるまでもなく直感した。原因はこれだ。

こわごわレジをうかがうと、そこにいたのはゆうに五十をこえたふくよかな女性店員だった。

「はいっ、つぎの方、どうぞーっ。ほんとにもう、お待たせしちゃってごめんなさいねーっ」

ぷっくらとした下ぶくれの丸顔。前髪を額の真ん中でぱりっと分けたショートヘア。「福平」の名札をつけた彼女の風貌は否が応でもお好み焼きのソースを連想させた。

「はいっ、熱いコーヒー、やけどしないでね。外もね、暑いですからね。気をつけてお持ちかえりくださいね、外もコーヒーもあっつあつだから。ふふふふふ」

のちに会社の同僚たちから「押しかけ母さん」と呼ばれることになる福平さんは、デビュー時からして早くもこの強烈なキャラクターを完成させていた。とにかくコミュニケーションの希求がハンパではない。ただお茶を買いに来ただけの客にさえ、これでもか、これでもかとスモールトークごと売りつけようとする。単なるサービス精神に留まらず、そこにはある種の母性が介在しているのがまたいっそう暑苦しい。

和也が最初に受けたニセンレイはこれだった。

「あーら、気が合うわあ。私もね、おにぎりは絶対、鮭とおかかって決めてるの。これぞ王道よね。最近、多いじゃない、ツナだとか唐揚げだとかオムライスだとか、もう、そうなっちゃうとおにぎりって言えないじゃない、ねえ。ふふふ、鮭とおかかで正解！」

赤い顔を伏せてレジから立ち去った和也は、あまりに暴力的な干渉に放心しつつ、「あの人は長くない」と胸中ひそかに予言した。

都会では人と人との関係が希薄だ。都会人は孤独だ。誰もがみな寂しい――などなど、いろいろ言われてはいるものの、つまるところは皆、その希薄な人間関係のすがすがしさを求めて、粘っこいしがらみに満ちた田舎から上京してきたのである。母さん的な情を田舎の母さんに求めはしても、コンビニの店員には求めない。遅かれ早かれ、客からのクレームで彼女はあの過干渉を自制することになるだろう。和也にはそんな未来が透けて見えるようだった。

いといけません。たとえば、狩りの獲物は平等に分けるという習慣があるのに、明らかに自分の家族だけその取り分を大きくしたり、こっそりと自分だけのものにしたとすると、周囲の人々からの介入の対象となります。そして、ことばによる牽制(けんせい)が、もっと深刻な物理的介入よりも、より**ニ**ヒンパンに用いられる手段なわけです。

最初は揶揄(やゆ)や冗談が使われます。その次は、もっとあからさまなののしりのことばが使われます。たとえば、砂漠ではなく、ジャングルに住んでいるムブーティー・ピグミーと呼ばれる人々に関する民族誌には、自分だけたくさん獲物が取れるようにズルをしていた男が、「肉を盗むお前はケモノだ!」と厳しく抗議されたという記録があります。リーによるサン人のフィールドワークには、もっとも攻撃度が高いことばとして、性器を意味する単語など、性に関する表現を使うことが記されています。

そうしたことばのやりとりが問題を解決しないとすると、次はより[C]な手段が取られます。その対象となる人に向かって、一切話をしない、取り引きをしないといった形で、一時的にキャンプから離れさせるというものです。キャンプから離れることにはいろいろな不利益がありますが、それ以上の争いを発展させないために、頭を冷やす期間が設けられるわけです。

さらには、人類学者が調査できた範囲でも、無視をするといったこと以上に、[D]な実力行使、暴力や殺害なども行われている、ということが分かっています。もちろん、そのような事例が多いわけではなく、狩猟採集民の人々が都市に住む人間よりも暴力的だというわけではありません。ことばによる攻撃は、物理的暴力にうったえるもっともっと前段階に使われ、コミュニティの中で権力者が生じないために用いられるのです。

(和泉　悠『悪口ってなんだろう』)

問一　傍線部**イ**～**ニ**について。カタカナは漢字に直し、漢字は読みをひらがなで記しなさい。

問二　空欄[A]～[D]に当てはまる語を次の中から選び、それぞれ記号で答えなさい。

ア　明示的　　イ　物理的　　ウ　定期的
エ　効果的　　オ　強行的

問三　傍線部①「狩猟採集民」の集団には、どのような特徴がありますか。次の説明の空欄に当てはまる表現を、文中から十五字以内で抜き出しなさい。

狩猟採集民の集団には、[　　　　]ということ。

問四　傍線部②「大物(ビッグ・マン)」とはどのような人ですか。文中から三字で抜き出しなさい。

問五　空欄[③]に当てはまる語を次の中から選び、記号で答えなさい。

ア　優美　　イ　謙虚　　ウ　誠実　　エ　慎重

問六　サンの人々の中で「悪口」が果たす役割について、文中の言葉を用いて二十五字以内で記しなさい。

だとがっかりしてしまいました。

ところが、クリスマス当日、牡牛が引き出され実際に解体されてみると、やはりリーが最初に思った通り、痩せているどころかたっぷり脂が乗っており、たくさんの肉が取れました。集まった人々はニコニコと喜んで踊り、二日二晩にわたって、肉はシチューとしてふるまわれました。

リーは安心しましたが、なんでそんなに牡牛のことをバカにされたのだろう、自分は白人のよそ者だからかつがれたのかなと思い、後からそのことを聞いてみました。そして分かったのは、それは冗談などではなく、狩猟の腕前や、持ってきた獲物についてバカにするのが、サン人の習慣のひとつだったのです。平等に分け与えられた肉をもぐもぐしながらでも、「これはひどい！」「何の価値もない！」などと言うのがごく当たり前だったのです。

どうしてそのようなことをサンの人々はするのでしょうか。それは「傲慢(ごうまん)さ」のためだと、リーは信頼している人物から教わりました。狩りがうまくいくと、若者はすぐに調子に乗って大物(ビッグ・マン)ぶってしまうので、それをいさめるために獲物のことを小馬鹿にするというのです。「私たちは自慢をする人間を認めません。そのような人は、いつか、その自尊心のせいで誰かを殺してしまうからです。だから、獲物がたいしたことがない、ということを常に言って、その人の頭を冷して、穏やかな人間にするのです」と。

［③］であることが、サンの人々にとってはとても重要だったのです。大きな獲物を射とめた日でも、周りから聞かれるまでは、決してそのことを言わず、いざ「狩りはどうだった?」と聞かれたときに、「いやあ、今日もダメだったよ。こんなに小さな成果しかないよ」と言いながら、大成功の収穫を見せる、というのが、サン人がすべきふるまいなのです。

このサン人の習慣に、とても馴染(なじ)みがあるとは思えないでしょうか。お土産を渡すとき「つまらないものですが」と必ず口にして、自分が渡すものを誇らない習慣があります。そこまで言わなくても、と思わなくもないですが、そこには、調子に乗ってるわけではないですよ、大物(ビッグ・マン)ぶったりしませんよ、というメッセージが込められています。慎み深さを示すことの重要さは、どの人間社会にもいろいろな形で現れるようです。

悪口を言うことによって、誰かが調子に乗るのを防ぎ、大物(ビッグ・マン)、すなわち権力者が生まれるのをあらかじめ防ごうとする、という行為は、サン人だけに見られるものではありません。平等主義的な狩猟採集民において、言語を使ったある種の攻撃が、地域を超えて幅広く観察されています。

まず、狩猟採集民は人々についてのおしゃべり、つまりゴシップをよくしているという観察があります。砂漠や草原の中で、三〇人程度といった小さな集団で暮らすとき、お互いの協力が必要になります。私たちのように、「今日は自分は軽くコンビニで食事を済ますね～」というわけにはいかないのです。互いに採集した食糧を分けて、人手が必要な作業も分担して、はじめて生活が成立します。ですので、おしゃべりをして、お互いのことについて共有し、コミュニティの役割からはみだす人がいないかどうかチェックする必要があります。

大きく和を乱すような人がいたら、それはどうなのか、と介入しな

【国　語】〈五〇分〉〈満点：一〇〇点〉

一　次の文章を読んで、後の問に答えなさい。

罵詈(ばり)**イ**雑言はどうも人間の深いところに根ざしているということが分かりました。悪口はぽっと出の新人でも、最新ガジェットでもないわけです。その点をさらに深く**ロ**ケントウするため、人類学の民族誌を利用します。人間を研究するのが人類学で、民族誌というのは、少数民族のコミュニティなどに自ら飛び込んでいき、生活をともにすることによって(「フィールドワーク」という研究手法の一種で、「参与観察」とも呼ばれます)、コミュニティの社会・経済・文化などを調べた報告書のことです。

人類学者たちは、現在は少なくなりつつある①狩猟採集民について も数多くの調査を行ってきました。狩猟採集民というのは、一箇所に定住せず、[A]に移動するキャンプを拠点として生活し、農業ではなく、狩りをしたり、木の実を集めたりして食物を得ている人々のことです。だいたい、ひとつのキャンプは三〇人くらいでできていて、複数の家族が一緒に住んでいます。ときどき、複数のキャンプが集まって取り引きや祭りを行います。そのときには、一五〇人や二〇〇人くらいの人々が集まります。

また、そうしたキャンプには、誰が殿様で誰が家臣といった、明確な序列関係が存在しないというのも狩猟採集民族の特徴のひとつです。「首長」とか「村長」とか「②大物(ビッグマン)」と呼ばれるような、力を持った人物が決められていないのです。もちろん、知識と経験のある老人がアドバイスをする、ということはありますが、その人が「長老」などと呼ばれるわけではないのです。少なくとも[B]には権力関係がなく、食事を分け合う非常に平等なコミュニティの中で暮らしています。こうした、狩猟採集生活を送る人々の暮らし方は、人間が何万年前に行っていた暮らしにかなり近いと考えられています。

デジタル機器とストレスに囲まれている現代人と比べて、そうした「自然な」「あるがまま」の暮らしをしている狩猟採集民の人々は、さぞ悪口を言わないだろう、と思われるかもしれませんが、実は、まったくそのようなことはないと民族誌が伝えています。狩猟採集民は悪口を言いまくるのです。

まず、エピソードをひとつ紹介します。カナダの人類学者リチャード・リーは、一九六〇年代に、アフリカ大陸南部のカラハリ砂漠に住むサン人を調査していました。ある年のクリスマスに、リーは日頃の感謝をするために、調査に協力してくれているキャンプの人々に牛を買ってプレゼントしようとしました。それは五〇〇キロを超えるような立派な黒い牡牛で、いつものキャンプの人だけでなく、クリスマスのために集まってくる複数のキャンプの人たちみんなを満足させるほどの、たくさんの肉が取れるはずのものでした。

最高のプレゼントが準備できたぞ、と思っていると、リーはキャンプの人からの意外な反応に**ハ**コンワクしました。牡牛のことを伝えると、「はぁ？　私たちにそんな骨の袋を食わせる気なの?」「やせっぽちで肉なんかないよ」「ツノでも食わせる気なの?」とくすくす笑われたのです。他にも、「死にかけ」「年とった残骸」「お前はここに何年も住んでるのに何にも分かってない」「肉の取り合いで争いが起きるぞ」とまで言われてしまい、リーは自分は牛を見る目がなかったの

第1回

2024年度

解　答　と　解　説

《2024年度の配点は解答欄に掲載してあります。》

＜算数解答＞《学校からの正答の発表はありません。》

[1]　(1)　8　　(2)　130円　　(3)　2376　　(4)　72cm³　　(5)　49.4cm

(6)　①　$\frac{5}{16}$倍　　②　288人

[2]　(1)　33cm²　　(2)　1：4　　(3)　2：3　　(4)　17cm²

[3]　(1)　540円　　(2)　3：2　　(3)　5：3　　(4)　600g

[4]　(1)　1332　　(2)　66660　　(3)　38664　　(4)　19

[5]　(1)　体積176cm³　表面積272cm²　　(2)　体積161.87cm³　表面積285.27cm²

○推定配点○

[4], [5]　各5点×8　　他　各4点×15　　計100点

＜算数解説＞

重要 [1]　(四則計算，文字と式，消去算，和差算，割合と比，平面図形，相似，図形や点の移動，立体図形，集合)

(1)　$1.3\times\frac{8}{13}+36\div5=0.8+7.2=8$

(2)　お菓子A，B，Cの値段…それぞれA，B，Cとする　　A＋B＋C…400円　－ア　　A×5＋B×2…710円　－イ　　B×4＋C×3…1060円　－ウ　　ア×5－イ…B×3＋C×5＝400×5－710＝1290　－エ　　ウ－エ×0.6…B×2.2＝1060－1290×0.6＝286　　したがって，Bは286÷2.2＝130(円)

(3)　A＋B…10，A＋C…13　→　C－B…3　－カ　　C＋D…20　　B＋D…17　　B＋C…15　－キ　　カ＋キ…C＝(3＋15)÷2＝9，B＝15－9＝6，A＝10－6＝4，D＝20－9＝11　　したがって，4つの整数の積は4×6×9×11＝2376

(4)　三角すいB－EJF…右図より，6×3÷2×6÷3＝18(cm³)　　三角柱EJF－HCG…6×3÷2×6＝54(cm³)　　したがって，求める立体の体積は18＋54＝72(cm³)

(5)　右図…12＋3×2＋6×3.14＋12×3.14÷3＝18＋10×3.14＝49.4(cm)

(6)　全員の人数…48 とする　　電車利用者の人数…48 ÷6×5＝40　　バス利用者の人数…40÷8×3＝15　　電車もバスも利用する生徒の人数…54人　　電車もバスも利用しない生徒の人数…12人　　式…48＝40＋15－54＋12＝55－42　　1…42÷(55－48)＝6　　①　15÷48＝$\frac{5}{16}$(倍)

②　6×48＝288(人)

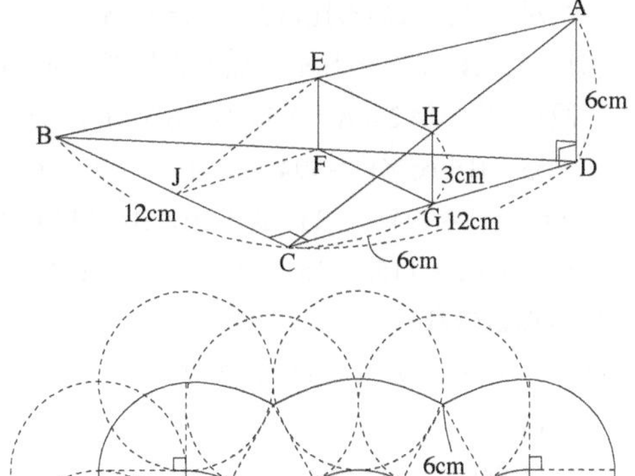

[2] (平面図形，相似，割合と比)

重要 (1) 三角形ABF…264÷(1＋3)÷2＝33(cm^2)

(2) 三角形JBEとJCD…右図より，相似比2：3
JC…4÷(3－2)×3＝12　したがって，
FH：HCは3：12＝1：4

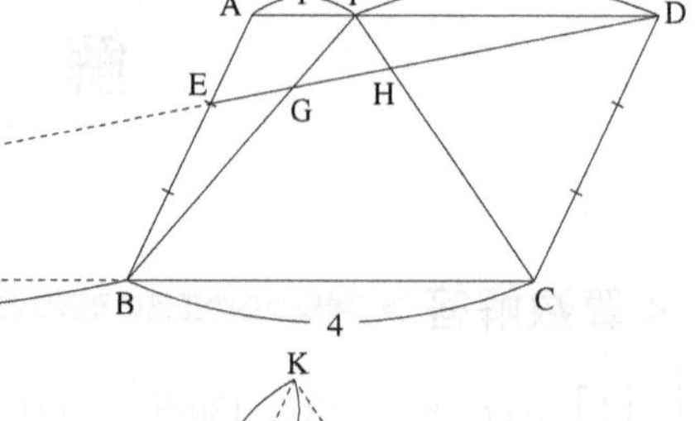

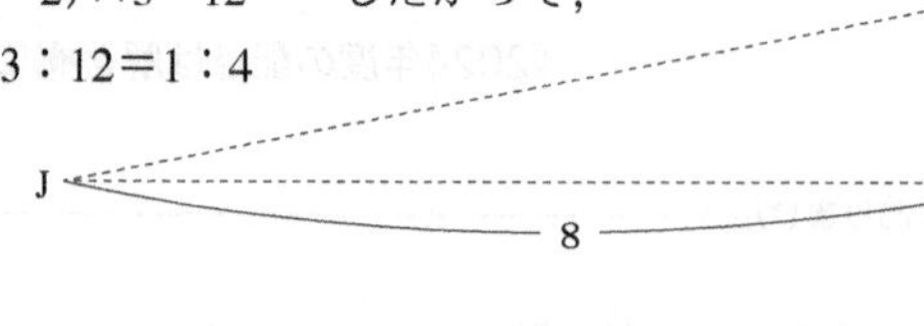

(3) 三角形KAFとCDF…右図より，相似比1：3　したがって，EH：HDは2：3

やや難 (4) 三角形AEF …(1)より，33÷3＝11(cm^2)　三角形EBMとABF…右下図より，相似比2：3　三角形EMGとDFG…相似比2：9　三角形EDA…264÷3÷2＝44(cm^2)
三角形EGF …(44－11)÷(2＋9)×2＝6(cm^2)　したがって，四角形AEGFは11＋6＝17(cm^2)

[3] (割合と比，平均算，鶴亀算，文字と式，消去算，数の性質)

A1g…4.2円　B1g…5.5円　C1g…6.5円

重要 (1) (420＋550＋650)÷3＝1620÷3＝540(円)

(2) Aの重さ…(6.5×500－2560)÷(6.5－4.2)＝690÷2.3＝300(g)　したがって，AとCの重さの比は300：(500－300)＝3：2

やや難 (3) BとCを2：3で混ぜたときの1gの値段…(5.5×2＋6.5×3)÷5＝30.5÷5＝6.1(円)　500gで2575円のコーヒー豆1gの値段…2575÷500＝5.15(円)　Aの重さとBとCを2：3で混ぜた重さの比…右図より，(6.1－5.15)：(5.15－4.2)＝1：1　Aの重さ…500÷2＝250(g)　Cの重さ…250÷5×3＝150(g)　したがって，求める比は250：150＝5：3

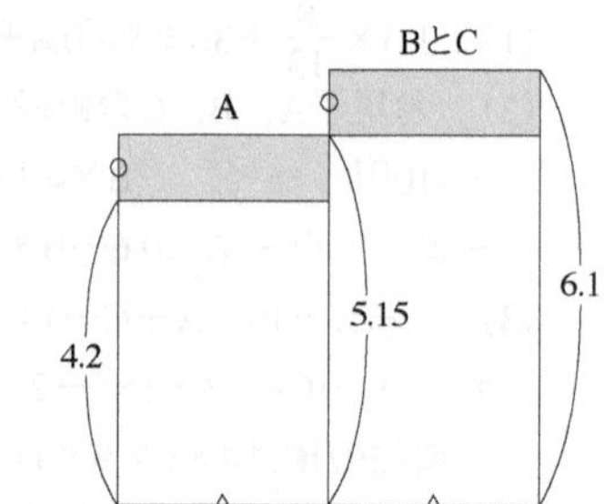

(4) A，B，Cをそれぞれ加えた回数…A，B，Cで表す　回数の和…A＋B＋C＝20　－ア　値段の和…(4.2×A＋5.5×B＋6.5×C)×50＝4970より，210×A＋275×B＋325×C＝4970，42×A＋55×B＋65×C＝994　－イ　ア×65－イ…65×A＋65×B＋65×C＝1300　42×A＋55×B＋65×C＝994　23×A＋10×B＝1300－994＝306より，23×A＝2×(153－5×B)　B＝3のとき…A＝2×(153－15)÷23＝12　したがって，加えたAの重さは50×12＝600(g)

重要 [4] (場合の数)

(1) 100台の数…2×1＝2(通り)　したがって，求める整数の和は(1＋2＋3)×(100＋10＋1)×2＝1332

(2) 1000台の数…3×2×1＝6(通り)　したがって，求める整数の和は(1＋2＋3＋4)×(1000＋100＋10＋1)×6＝66660

(3) 0，1，2，3で4ケタの整数を作る場合　4ケタの整数…3×3×2＝18(通り)　1000台の数…3×2×1＝6(通り)　百の位が0である数…6通り　百の位が1である数…(18－6)÷3＝4(通り)　(1000＋2000＋3000)×6＝36000　(1＋2＋3)×(100＋10＋1)×4＝2664　したがって，求める整数の和は36000＋2664＝38664

(4)　(2)より，126654÷{(1000＋100＋10＋1)×6}＝19

[5]　(平面図形，立体図形)

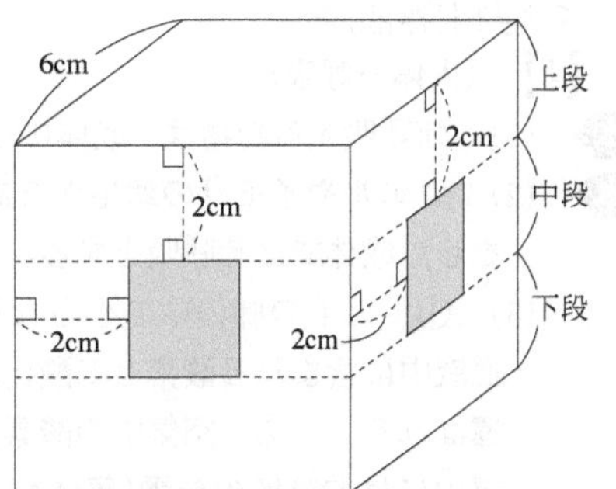

重要　(1)　体積　上段・下段部分…6×6×4＝144(cm³)　中段部分…(6×6－2×2×5)×2＝32(cm³)　したがって，体積は144＋32＝176(cm³)

表面積　上段・下段部分…(6×6＋6×4×2)×2＝6×28＝168(cm²)　中段部分(上面・底面部分を含む)…2×2×(2×4＋2×4＋5×2)＝4×(8＋8＋10)＝104(cm²)　したがって，表面積は168＋104＝272(cm²)

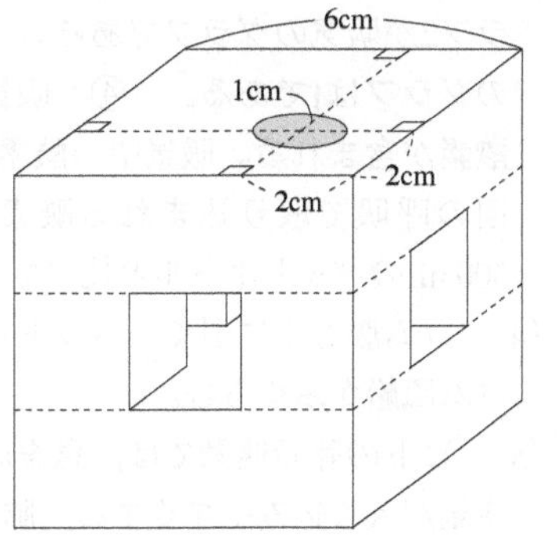

やや難　(2)　体積　上段・下段部分…(6×6－1×1×3.14)×4＝131.44(cm³)　中段部分…右図より，(2×2×4－1×1×3.14÷4)×2＝32－1.57＝30.43(cm³)　したがって，体積は131.44＋30.43＝161.87(cm³)

表面積　上段・下段部分…(6×6－1×1×3.14＋6×4×2＋2×3.14×2)×2＝186.84(cm²)　中段部分(上面・底面部分を含む)…2×2×(2×4＋2×3＋5×2)－1×1×3.14×$\frac{3}{4}$×2＋2×3.14÷4×2＋1×2×2＝98.43(cm²)　したがって，表面積は186.84＋98.43＝285.27(cm²)

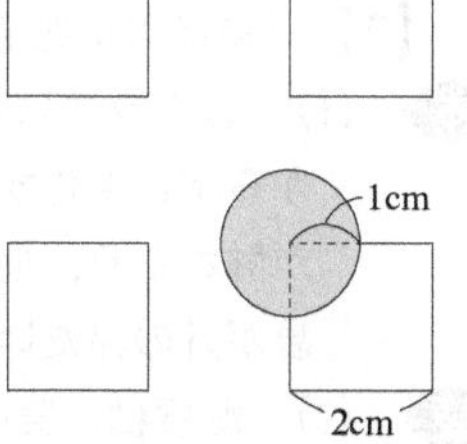

★ワンポイントアドバイス★

簡単に解ける問題が，ほとんどない。[2](4)「四角形の面積」，[3](3)「BとCを2：3で混ぜる場合」，(4)「50gずつ加える場合」，[5](2)「円をくり抜いた場合」，これらの問題が難しい。他の問題を優先して解いていこう。

＜理科解答＞《学校からの正答の発表はありません。》

【1】　(1)　ア，イ，エ　(2)　変態　えら(呼吸)→肺(呼吸)　(3)　①　Ⅰ　肺胞　Ⅱ　ヘモグロビン　②　酸素　③　グラフ1　④　エ　(4)　ウ　(5)　ウ，カ

【2】　(1)　イ，エ，オ　(2)　346g　(3)　40.9%　(4)　①　ウ　②　ア　(5)　①　10mm　②　2.5

【3】　(1)　ア，ウ　(2)　Z　(3)　図2　(4)　150km　(5)　200km　(6)　秒速8km　(7)　48km

【4】　(1)　3.6cm　(2)　①　エ　②　ウ　③　ウ　(3)　エ　(4)　ウ，エ

○推定配点○

【1】　(2)，(3)　各1点×7　他　各2点×3((1)・(5)各完答)　【2】　各2点×7((1)完答)

【3】　各2点×7((1)完答)　【4】　(2)　各1点×3　他　各2点×3((4)完答)　計50点

＜理科解説＞

【1】（人体一呼吸）

基本 (1) 肺呼吸する動物は，成体になった両生類，は虫類，鳥類，ほ乳類である。

基本 (2) カエルやイモリの幼生から成体への変化を変態という。両生類では幼生のときにはエラ呼吸をし，成体では肺呼吸をする。

(3) ① ヒトの肺の中の小さな袋状の部分を肺胞という。肺胞には毛細血管が巻き付いていて，血液中に含まれる酸素と二酸化炭素を交換する。酸素は赤血球に含まれるヘモグロビンによって運ばれる。 ② 空気中の酸素がヘモグロビンに渡されて，二酸化炭素が体外に放出される。空気中には約21％の酸素(気体A)が含まれており，二酸化炭素(気体B)は約0.04％にすぎない。グラフ2が吸気のグラフである。 ③ 呼気中では二酸化炭素の割合が多くなっているので，呼気のグラフは1である。 ④ 吸気中の酸素が全て体内に取り込まれるのではなく，呼気の中にも酸素が含まれる。吸気中の酸素と呼気の中の酸素の差が，体内に取り込まれる酸素量になる。1回の呼吸で取り込まれる酸素の量は，$500\times(20.95-16.2)\div100=23.75$(mL)であり，1日では500mLのペットボトルと比べて，$23.75\times15\times60\times24\div500=1026$(本)分になる。

基本 (4) ゴム膜を下に引くとペットボトル内の圧力が減少し，ストローを通って外の空気が入り込みゴム風船がふくらむ。

重要 (5) ヒトの呼吸運動では，息を吸うとき横隔膜が下がりろっ骨が上がることで，肺を広げて外の空気が入り込みやすくする。肺には筋肉がないため，このような横隔膜やろっ骨のはたらきで空気の出し入れを行っている。

【2】（物質の状態変化・熱の伝わりかた一凝縮，熱伝導）

基本 (1) 窓ガラスに水滴がつくのは，室内の暖かい空気中の水蒸気が冷たい窓ガラスに触れて水蒸気から水に変化するためである。このような変化を凝縮という。氷水の入ったコップに暖かい空気が触れたり，地表付近の暖かい空気が上空で冷やされて水滴になって雲ができたり，暖かい吐く息が外の冷たい空気で冷やされて水滴になるのは，同様の変化である。

重要 (2) 湿度は，実際の水蒸気量をその温度での飽和水蒸気量で割ったもの(％)である。20℃の空気$1m^3$中に含まれる水蒸気量が$17.3\times0.4=6.92$(g)なので，$50m^3$中の水蒸気量は$6.92\times50=346$(g)である。

(3) 10℃で飽和水蒸気量に達するので，$1m^3$中の水蒸気量が9.4gであった。25℃における湿度は，$(9.4\div23.0)\times100=40.86\fallingdotseq40.9$(％)であった。

(4) 金属は熱を大変伝えやすい物質である。中でもアルミニウムは大変熱を伝えやすい金属である。また，複層ガラスにアルゴンを入れるのは，アルゴンガスが空気よりさらに熱を伝えにくいからである。よって，①は172，②は0.0128と推定できる。

(5) ① ガラス板の放熱量は，横の長さに比例し，厚さに反比例するので，条件1と2を比較すると，横の長さが2倍になるが放熱量が同じなので，厚さが10mmとわかる。 ② ガラス板の放熱量は，室内外の温度差に比例し，縦の長さに比例することも考えて，条件3と6を比較すると，温度差が2.5倍，縦の長さが2倍，厚みが2倍になるので，放熱量は2.5倍になる。

【3】（流水・地層・岩石一地震波）

(1) 地面にのせてある器具も同程度にゆれるが，ばねにつながった部分はばねによって揺れが吸収されるのでゆれの大きさが異なる。

(2) 記録用紙の上下にゆれが記録されるので，Z方向の揺れが記録される。

(3) 地震の起きた地点から最も遠いD点に地震波が達する時間が最も遅いので，図2がD点の記録である。

重要 (4) 図4がA点の記録で，A点に初めの波(初期微動といい，P波と呼ぶ)が到達したのが地震発生から5秒後であった。25kmを5秒で伝わるので，その速度は25÷5＝5(km/秒)である。D点にP波が伝わるのが30秒後なので，地震が発生した場所から地点Dまでの距離は，5×30＝150(km)である。

やや難 (5) グラフの縦軸に地震の起きた地点からの距離，横軸に経過時間をとってP波の変化を表す。さらに地点E，Fの点を書き込みこの2点を通る直線を書き込む。2本の直線が交わるところが問題文で問われている同時に波が到達する地点を表す。グラフより200kmとわかる。(下図参照)

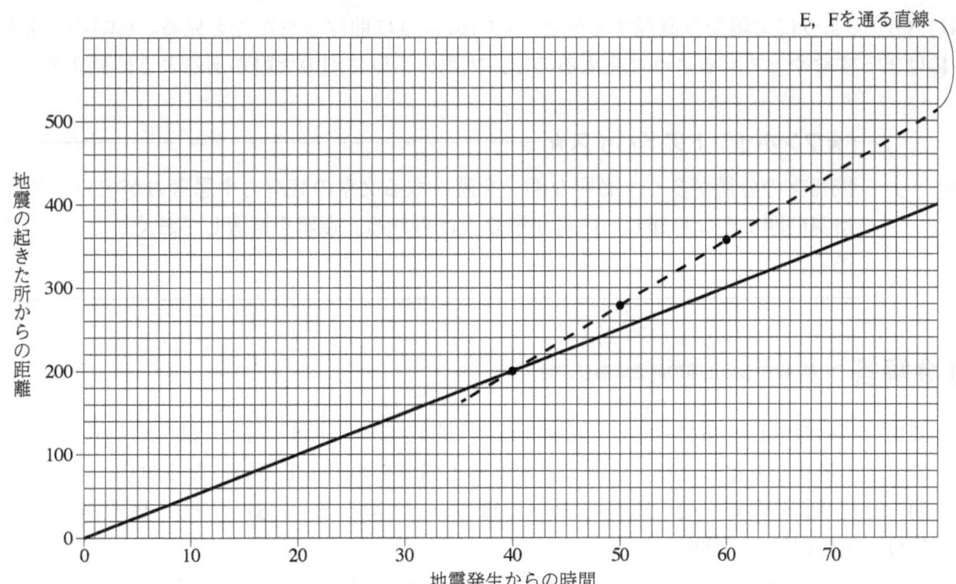

やや難 (6) 280kmの地点EにP波が達する時間が50秒で，360kmの地点Fには60秒後であった。このどちらの地点でも，地表からマントル表面にP波が達する時間は同じである。それで地点EとFの10秒の差は，P波が360－280＝80(km)のマントル表面を伝わるのにかかった時間である。よってP波がマントル中を進む速さは，80÷10＝8(km/秒)である。

やや難 (7) 地殻の厚みを□kmとすると，地表からマントルまでの斜めの距離(正方形の対角線の長さ)が1.4×□kmとなる。P波はこれを往復する。このときのP波の速さは5km/秒である。マントルに達したP波がマントル中を移動する距離は，地点Eでは(280－2×□)kmで速さは8km/秒である。かかった時間が50秒なので，$\frac{1.4\times□\times2}{5}+\frac{280-2\times□}{8}=50$ □＝48.38≒48km

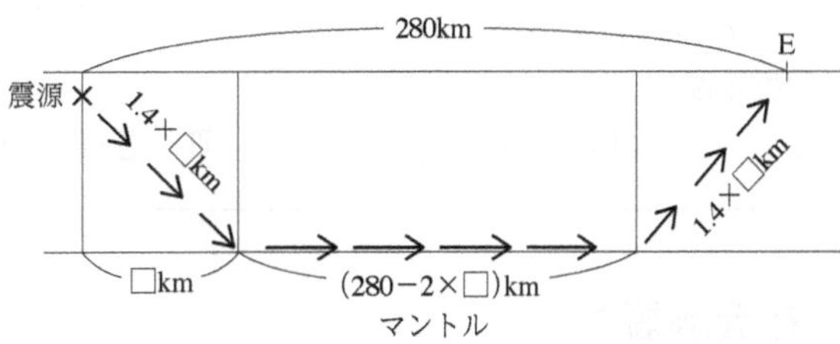

【4】 (光の性質―鏡やレンズ)

(1) 右図のように，X，Yをそれぞれの頂点とする相似な直角三角形を書く。対応する辺の長さの比が2：3なので，Xを含む三角形の鏡の上の辺の長さは，$4\times\frac{2}{5}$＝1.6(cm)であり，この点はMからは2＋1.6＝3.6(cm)のところになる。

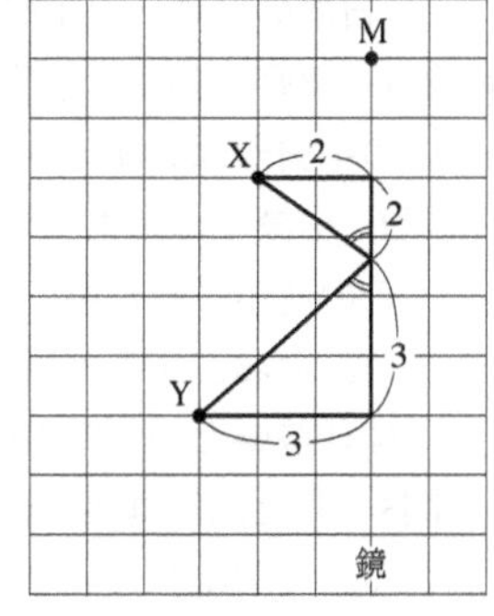

(2) ① 表1のそれぞれの値の組み合わせにおいて，$\frac{b}{a}$の値は一定値になっている。その値は$\frac{2}{3}$であり，aが0.6のときbの値は$0.6\times\frac{2}{3}=0.4$になる。 ② まち針Aの方から見ると，Bからの光は図5のAOの延長線上からやってくるように見える。それは実際のBの位置より向かって右側になるので，(ウ)のように見える。 ③ 図5と同様に円周上のA点，B点から基準線までの距離がaの方がbより長くなるので，(ウ)のようにレーザー光は進む。

(3) 人形からやってくる光が，観察者にはまっすぐやってくるように見える。よって，人形が縮んで見える。

(4) (ウ)のように太陽から直進する光と，(エ)のように曲げられた光を見る。(エ)の光も観察者にはまっすぐやってくるように見えるので，太陽の下側に別の太陽があるように見える。

★ワンポイントアドバイス★

問題文の分量が多く，必要な部分を読み取る文章の読解力や思考力が求められる。計算問題にかなり難しい内容が取り上げられる。類題を演習しておくことが大切である。

＜社会解答＞《学校からの正答の発表はありません》

Ⅰ 問1 津軽(海峡) 問2 ④ 問3 ① 問4 ② 問5 ④ 問6 (例) 洪水などによって形状が変化したり，中洲などがあると帰属をめぐって争いになるから。
問7 1) 新潟(県) 2) ② 3) 三重(県) 4) ③ 5) (ア) 栃木(県) (ウ) 山梨(県) 問8 ②

Ⅱ 問1 ① 問2 1) 持統天皇 2) 防人 問3 1) ④ 2) 前九年合戦
問4 新皇 問5 1) ③ 2) 北条泰時 問6 1) 日本橋 2) 昌平坂学問所
問7 ② 問8 1) 江戸城 2) 横浜 問9 1) ラクスマン 2) 樺太

Ⅲ 問1 ④ 問2 ④ 問3 1) ④ 2) ③ 問4 1) (例) 両院協議会は両院の意見が一致しない時に意見の調整が行われる。 2) X 地方裁判所 Y 三審制 Z 控訴 問5 ①

○推定配点○

Ⅰ 各2点×13 Ⅱ 各1点×15 Ⅲ 各1点×9 計50点

＜社会解説＞

Ⅰ (日本の地理ー日本の県に関する問題)

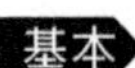
基本 問1 津軽海峡は，北海道の南端と本州の北端との間にある日本海と太平洋を結ぶ海峡であり，その中央部は公海で外国船の通航に利用される国際海峡でもある。

問2 信濃川は関東山地から発して，長野県と新潟県を流れて日本海に注ぐ日本最長の河川である。この河川は長野県内では千曲川と呼ばれ，新潟県に入って信濃川となるが，県境とされてはいない。なお，①の木曽川は岐阜県と愛知県，②の熊野川(新宮川)は三重県と和歌山県，③の利根川は茨城県と千葉県の県境となっている。

問3 北上高地は奥羽山脈の東に位置し，岩手県の東部を南北に走るゆるやかな高原状の山地である。奥羽山脈との間には，北上盆地がある。したがって，北上高地で県境が引かれていることはない。なお，②の関東山地は東京都・神奈川県・埼玉県・群馬県・長野県・山梨県の1都5県，③の鈴鹿山脈は三重県と滋賀県，④の越後山脈は新潟県・群馬県・福島県の境界線が引かれている。

基本 問4　十和田湖は青森県十和田市と秋田県鹿角郡小坂町にまたがる湖なので，青森県と秋田県の県境が引かれている。なお，①の猪苗代湖は福島県，③の田沢湖は秋田県，④の琵琶湖は滋賀県に位置する湖である。

問5　チリは南アメリカ大陸南西部に位置し，国土はアンデス山脈西側で南北に細長く，首都はサンティアゴである。その領域は東にアルゼンチン，北東にボリビア，北にペルーに隣接し，西は南太平洋，南はフエゴ島を挟んでドレーク海峡に面している。したがって，チリとアルゼンチンが国境としているのは，ロッキー山脈ではなくアンデス山脈である。ロッキー山脈は，北アメリカ大陸の西部に位置する山脈である。

やや難 問6　自然の地形を利用した国境には海・山・河川のような地形の要素を利用したものが多いが，陸上の国境の場合に山と異なり，河川は争いが起こりやすい。その理由はいくつかあるが，まず山はほぼその形状を変えることはないが，河川は洪水などにより流れが変わり，その形状の変化が起こりやすい。そのため，それまでの国境との違いが生じ，そのため領土のあり方も変わらざる得ないために領土問題となりやすい。また，川幅の広い河川の国境については，国際法上の原則では船が通ることができない河川はその中央線で分け，船が通ることができる場合には主要な航路の中央線で区切ることになっているが，それぞれの中央線をどこにするかなどの問題で，その線引きで争いになることがある。さらに川の中央に中洲などがある場合には，その中洲の帰属をめぐって領有権争いが起こることがある。

問7　1)　表中の(イ)県は関東地方にあり，5つの都道府県と接している内陸県なので，栃木県・埼玉県・長野県・新潟県・福島県の5県に接している群馬県である。他方，表中の(エ)県は中部地方にあり，8つの都道府県と接している内陸県なので，山梨県・静岡県・愛知県・岐阜県・富山県・新潟県・群馬県・埼玉県の8県に接している長野県である。したがって，群馬県と長野県が両方とも県境を接しているのは，埼玉県の他には新潟県である。　2)　新潟県は米の作付面積が全国1位で，米の生産量も全体の8.7％（2022年)を占め，日本一となっている。なお，①は山梨県，③は富山県，④は栃木県の農業の特色を説明したものである。　3)　表中の(オ)県は奈良県以外で近畿地方にあり，4つの府県に接しているので，岐阜県・福井県・京都府・三重県に接している滋賀県である。したがって，岐阜県・滋賀県・奈良県の3県と県境を接しているのは三重県である。　4)　1960年代の石油化学コンビナートの操業とともに，コンビナートから排出された亜硫酸ガスによって多くのぜんそく患者が発生したのは，三重県の四日市市である。なお，①のイタイイタイ病が引き起こされたのは富山県神通川流域，②の明治時代の中ごろに銅山からの鉱毒によって川の魚が死んだりしたのは栃木県の渡良瀬川流域，④の工場から排出された有機水銀によって脳や神経に障害を引き起こしたのは，熊本県・鹿児島県の八代海沿岸や新潟県の阿賀野川流域である。　5)　表中の(ア)県は関東地方にあり，4つの都道府県と接している内陸県なので，群馬県・埼玉県・茨城県・福島県の4県に接している栃木県である。他方，表中の(ウ)県は中部地方にあり，5つの都道府県と接している内陸県なので，静岡県・長野県・埼玉県・東京都・神奈川県の5都県に接している山梨県である。

問8　エクアドルは南アメリカ大陸の北西部に位置する赤道直下の国で，中央部はアンデス山脈が連なっているが，西側は太平洋に面しているので内陸国ではない。また国名のエクアドルは「赤道」の意味で，その首都はキト，国民の約80％がインディオと白人の混血(メスチソ)で，その大部分がカトリック教徒である。当初は大コロンビアとしてスペインから独立したが，その後に大コロンビアから分離独立した。なお，①のスイスは西ヨーロッパ，③のモンゴルは東アジア，④

のネパールは南アジアに位置する内陸国である。

Ⅱ (日本の歴史―東日本の歴史)

問1 ブナの木が多いブナ林は，ブナを中心にさまざまな落葉広葉樹林が生育している森林である。そのような森林ではミズナラ・カシワ・クヌギなどのドングリやトチの実がとれるので，食料が確保しやすい。そのため主食が木の実であった縄文時代には，人口を維持するのに有効であった。②　木材が豊富で住居が造りやすいことは，人口を維持するのに有効とはいえない。③　ブナの木は自然のダムの役割を果たすが，洪水が起きにくいことが人口を維持するのに有効とはいえない。④　ブナの木を木材として確保しやすいことが，人口を維持するのに有効とはいえない。

問2 1)　持統天皇(位690～697年)は，天智天皇の娘で天武天皇の后である。彼女は天武天皇の死後に政治に携わり，律令政治の基礎を築いた。また藤原京を完成させて，694年に遷都した。
2)　防人は律令制のもとで，兵役を課された全国(主に東国)の兵士たちの中から選ばれた者が，大宰府に所属して3年交代で九州北部の警備にあたった兵士であった。

問3 1)　アテルイ(？～802年)は，現在の岩手県の胆沢を中心に勢力を持っていた蝦夷の首長の1人である。彼は朝廷軍と戦い，その侵攻を何度も退けた。しかし802年に坂上田村麻呂に降伏し，都に連れていかれて処刑された。なお，①のシャクシャイン(？～1669年)は江戸時代の1669年に松前藩と戦いを起こしたアイヌ民族の首長，②のコシャマイン(？～1457年)は室町時代に蠣崎氏の客将の武田信広に鎮圧されたアイヌ民族の首長，③のオニビシ(？～1668年)は江戸時代にシャクシャインと同時期に蝦夷地にいたアイヌ民族の首長である。　2)　前九年合戦(前九年の役，1051～1062年)とは，陸奥国の豪族であった安倍氏が国司と対立して反乱を起こしたが，朝廷の命令を受けた源頼義・義家らが東国武士の清原氏の援助によってその反乱を鎮圧した出来事である。

問4 平将門(？～940年)は関東の下総(千葉県と茨城県の一部)に勢力を持っていた豪族で，一族の争いを契機に反乱を起こした。彼は一時的に関東一帯を従えて，新皇を称したが，平貞盛や藤原秀郷などに鎮圧された。

重要 問5 1)　①の守護・地頭が設置されたのは1185年11月，②の源頼朝が征夷大将軍となったのは1192年，③の平氏が壇ノ浦で滅びたのは1185年4月，④の源義仲が京都に入ったのは1183年のことである。したがって，これらの出来事を順番に並び替えると④→③→①→②となり，2番目に来るものは③となる。　2)　北条泰時(1183～1242年)は鎌倉幕府の第3代執権で，承久の乱では御家人を指揮して上皇方を破った。また1225年に評定衆を置き，1232年には御成敗式目を制定した。

問6 1)　日本橋は江戸時代には五街道の起点として，江戸における交通や物流の要所であった。現在もオフィス街や商業地が広がり，東京の経済・金融の中心となっている。　2)　昌平坂学問所は江戸幕府の学問所で，湯島聖堂の学問所がその前身である。1797年に幕府直轄(公営)の学問所となり，朱子学の講義が行われた。江戸時代の寛政期に幕府の学問所では，朱子学以外の学問を教えることが禁止された。

基本 問7 佐渡島は江戸時代初期の最盛期には年間で金が400kg以上産出され，銀は37.5トンが幕府に納められたとされ，金山としては当時の世界最大級，銀についても日本有数の産地であり，江戸幕府による慶長金銀の材料を供給する重要な鉱山であった。特に相川鉱山は江戸幕府が直轄地として経営し，大量の金銀を産出した佐渡鉱山の中心的な存在であった。ここで産出された金銀は幕府に納入され，これを金座や銀座が預かって貨幣を鋳造した。このように幕府は佐渡島から産出された金銀で貨幣を鋳造することで，日本での貨幣発行の独占権を保持しようとした。なお，①の足尾は栃木県日光市にあった銅山，③の生野は兵庫県にあった銀山，④の別子は愛媛県新居浜市にあった銅山，⑤の石見は島根県大田市にあった銀山である。

問8 1)　明治天皇の住まいとなった宮殿一帯は，江戸時代には江戸幕府の政庁や徳川将軍家の居城であった江戸城があった。江戸城の前身は室町時代に太田道灌が築いた平山城であったが，1590年に徳川家康が江戸城に入城した後は徳川家の居城となった。江戸幕府が成立すると大規模な拡張工事が行われ，当時の国内で最大面積の城郭となった。　2)　明治時代の1872年に開通した日本における最初の鉄道は，東京の新橋と神奈川県の横浜との間を結んでいた。

重要　問9　1)　ロシア人の使節ラクスマンは皇帝エカチェリーナ2世の命令で，1792年に遭難した大黒屋光太夫らを伴って北海道の根室に来航し，翌年に松前で幕府の役人と会見して通商を求めた。　2)　日露戦争後のポーツマス条約で，日本は当時「樺太」と呼ばれていた，現在のサハリン島の南半分(北緯50度以南)を譲り受けて日本領とした。

Ⅲ　(政治―「時代による学び方・働き方のちがい調査」に関する問題)

問1　インタビューとそのまとめの方法については，まずインタビューの時に相手にその目的や利用方法を説明する。インタビュー後には録音したデータを聞き返して文章にする「文字おこし(テープおこし)」を行い，その後にまとめ方の形式(対談式，一人称式，三人称式)を考える。次いでインタビューの目的や利用方法などを示した導入(リード文)を書き，本文の構成を組み立てる。さらに文章を整え，校正を行って原稿が完成した後，そのインタビューの結果をまとめた原稿をインタビューの相手に見せて(④)，最終的に確認をしてもらうようにする。　①　インタビューの目的や利用方法を相手に説明しないことは，適切な対応ではない。　②　インタビューのまとめはその時の相手との対話を中心とするものなので，あとから自分で調べた情報を付け加えて，インタビューとしてまとめることは好ましくない。　③　記事にしない約束の話については，たとえ大事なことであったとしてもインタビューの記事としては書き加えてのせるべきではない。

問2　設問中のグラフ中の凡例の「租税及び印紙収入」の中の消費税に関して，消費税は1989年(平成元年)に竹下内閣によって税率3％で導入され，1997年(平成9年)の橋本内閣の下で5％に増税され，2014年(平成26年)に第2次安倍内閣の下で税率が8％になった。さらに2019年(令和元年)には10％に引き上げられた。したがって，1973年度の「租税及び印紙収入」には存在しないので，1973年度の国家予算の歳入を示したものはグラフ④となる。なお，グラフ①は2023年度，②は2003年度，③は1993年度の国家予算の歳入を示したものである。

重要　問3　1)　女子差別撤廃条約とは正式名称を「女子に対するあらゆる形態の差別の撤廃に関する条約」といい，1979年に国連総会(④)で採択され，1985年に日本も批准した。この条約では女子に対する差別の定義や政治・経済・社会的な活動における差別をなくすことが求められている。なお，①の安全保障理事会は国際平和と安全を守る国連の主要機関，②の経済社会理事会は経済・社会などに関する問題を処理する国連の主要機関，③の事務局は安全保障理事会や経済社会理事会から委託された事務を行う国連の主要機関，⑤の人権理事会は人権や基本的自由に関する仕事をする国連の主要機関である。　2)　日本国憲法第24条1項には，「婚姻は，両性の合意のみに基いて成立し，夫婦が同等の権利を有することを基本として，相互の協力により，維持されなければならない。」とある。したがって，そこに記されていることは，結婚相手を選ぶこと(③)で男性と女性が本質的に平等であることである。なお，①の国籍を変えることは日本国憲法第22条2項，②の仕事を選ぶことは日本国憲法第22条1項に規定されているが，④の学校を選ぶことについては日本国憲法に規定はない。

やや難　問4　1)　設問中の図では，提出された法案に対して衆議院の本会議では可決されているが，参議院の本会議では否決されている。法案の審議がそのようになった場合には両院協議会が開催されることがあり，そこでは両院の意見の調整が行われる。両院協議会は予算の議決，条約の承認，内閣総理大臣の指名で両院の意見が一致しない場合には，必ず開催されることになっている。

2) X 地方裁判所は法律に基づいて各都府県に1つ，北海道に4つ置かれた計50か所の国の機関で，原則的に第一審と民事事件の簡易裁判の判決に対する控訴審を行う。 Y・Z 三審制(空欄Y)は，同じ案件で裁判を3回まで受けることを認めた制度である。その際，第一審裁判所の判決に納得できず高等裁判所などの上級の裁判所に不服を申し立てることを控訴(空欄Z)，第二審裁判所の判決にも納得できず，さらに最高裁判所などに不服申し立てることを上告という。

問5 設問中の「まとめ」の部分の下線部には「特に規模の小さな会社では，今でも男性が育児休業を取得することは難しいようだ。」とある。それを補足する資料としては育児休業を取得した人の割合を示したもので，かつ企業の規模ごとに男性と女性の育児休業を取得した人の割合の変化が明示されている①の資料が最も適切なものとなる。 ② 育児休業取得率が男性と女性別で示されているが，会社の規模による育児休業の取得の割合はわからない。 ③ 育児休業の取得に関する説明を補足するものなので，「介護などを理由に離職した割合」とは無関係である。 ④ 育児休業取得率を男性と女性別に示しているが，企業の規模ではなく企業の業種別の比較になっているので適切ではない。

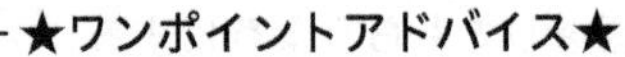

地理・歴史・政治の各分野から大問1題ずつの合計3題という形式であるが，地理の設問は全体的にやや入り組んでいるので，日頃から地図や統計資料などをきちんとみて学習することを心がけるようにしよう。

＜国語解答＞《学校からの正答の発表はありません。》

一 問一 イ 4 ロ 2 問二 A オ B エ C ウ 問三 エ
問四 たとえ答が～れるような(問い。) 問五 ウ 問六 プシュケーが「よく」あるように気をつかうこと 問七 ア ○ イ × ウ ○ エ ○

二 問一 イ ちょうちん ロ 舞(い) ハ 腕組(み) ニ 手招(き) ホ 凝(らし)
問二 宮大工 問三 エ 問四 (ツネは)生まれつき目が悪かっただけ(ということ。)
問五 ア 問六 Ⅰ おかしなもん Ⅱ 突拍子もないこと 問七 ア 問八 イ

○推定配点○
一 問一・問二 各2点×5 他 各5点×8
二 問一 各2点×5 他 各5点×8 計100点

＜国語解説＞

一 (論説文－要旨・細部の読み取り，接続語，空欄補充，漢字の書き取り)

基本 問一 傍線部イ「発揮」，1「光輝」2「旗手」3「機転」4「指揮」。ロ「過程」，1「仮設」2「超過」3「課題」4「一家」。

問二 空欄Aは直前までの内容をふまえ，新たな問いかけをしているのでオ，Bは直前の内容より直後の内容が適切であるという意味でエ，Cは直前の内容を言いかえた内容が続いているのでウがそれぞれ当てはまる。

重要 問三 傍線部①のある段落と「ソクラテスは，ものごとを……」で始まる段落で，ソクラテスの考えとして「自分自身のことに気づかうことは，①ではないということ」，「欲望を抑えて心を秩序正しい状態に保」つことが「めざすべきものである」と述べていることから，ソクラテスの考えであるエは適当でない。ア・イは①直後の段落内容に当てはまる。「この主張は……」～「この対話篇では……」で始まる段落までで，「自分自身のことに気づかうことは，①ではない」という主張は，貪欲で「自己自身」から離れていく人々の価値観に対する批判があ」ること，欲望を抑えず自然なままに生きるというカリクレスの主張をソクラテスは「盗人の生活」と批判していることから，ウも①に当てはまる。

問四　傍線部②は，直前の「たとえ答が得られなくても，それについて問い，議論し，吟味することが求められるような」問いのことである。

問五　空欄③は直前で述べているように，どこまでいっても満足することのない人間の欲望をたとえているので，水などを入れてもいっぱいにならないウが当てはまる。

問六　「ソクラテスは，身体や……」で始まる段落で，「生きていく上で何より大切なのは，プシュケーが『よく』あるように気をつかうこと，つまり『よく生きる』ことだというのがソクラテスの考えであった」と述べているので，二重傍線部に対するソクラテスの端的な答えとして「プシュケーが『よく』あるように気をつかうこと」を抜き出す。

やや難　問七　アの「一体不可分」は分けることのできない一つのもの，という意味なので，「ソクラテスは古代……」で始まる段落最後の内容に当てはまる。「ソクラテスは，身体や……」で始まる段落で，「心」のことであり，「自己自身」のことでもある「プシュケーによってこそ健康や富はよいものとして生かされる」と述べているので，イは当てはまらない。ウは「この主張は，……」で始まる段落，エは最後の段落内容にそれぞれ当てはまる。

二　(小説－心情・情景・細部の読み取り，空欄補充，漢字の読み書き，記述力)

基本　問一　傍線部イは足元を照らすために持ち歩くなどする照明具の一つで，しまう時にはたたむことができる。ロの「舞い戻る」はもとの所へ再びもどること。ハは両腕を胸の前で交差して組み合わせること。ニは手先を上下に振ってこちらへ来るように合図すること。ホの「目を凝らす」はじっと見つめること。

問二　傍線部①の「父」は末吉のことで，「幸八はこれが……」で始まる段落の，末吉に対して「宮大工としての技術や経験が欲しいのはもちろん……」という幸八の心情描写から，末吉は「宮大工」であることが読み取れる。

問三　傍線部②のある場面では，めがねを掛けたツネが，天井を見上げて板の木目が黒ずんでいることを笑ったり，母の小春の前掛けの模様に気づいて撫でたりしていることで，幸八以外の大人たちは①のようになり，小春は口許を押さえたまま動けないでいる様子が描かれていることからエが適当。周りのものがよく見えている様子のツネに，驚いて放心していることを説明していない他の選択肢は不適当。

問四　傍線部③は「『末吉さん，小春さん。……』」で始まるセリフで話しているように，ツネは「生まれつき目が悪かっただけ」という推測のことである。

問五　傍線部④の「声が上ずる」は興奮して気持ちが高ぶり，落ち着きがなくなる様子を表し，④前後で，学校についていくのは難しいと指摘され，医者にも生まれつき知能が足りないと言われたツネが，五左衛門の後についてめがねを掛け直しながら読本を見つめて声を出している様子や，ツネちゃんは近眼ではないかと幸八が話していることが描かれていることからアが適当。④前後の描写から，ツネが学校でうまくいかなかったのは近眼だったからであることがわかって，感極まっていることを説明していない他の選択肢は不適当。

やや難　問六　Ⅰ　「『ほやが幸八よ……』」で始まるセリフで，「『めがねみたいなおかしなもん掛けて……』」と末吉が話していることが描かれている。　Ⅱ　傍線部⑤の「めがね作り」を一緒にやってくれないかと幸八に頼まれた末吉は,「大工の技術が……」で始まる段落で,「大工の技術がめがね作りに通用するかはわからない。だが突拍子もないことを始めようとする増永兄弟に力を貸せるとしたら,この村では自分をおいていないだろう」と話していることが描かれている。

問七　空欄⑥前後で,めがね作りを一緒にやってくれないかと幸八に頼まれたが,「やすやすと末吉の気持ちは変わら」ず,「長い沈黙が座敷に落ちる」様子が描かれているので,簡単に返事ができないことで難しい表情になっていることを表すアが当てはまる。⑥前後の描写をふまえていない他の選択肢は不適当。

重要　問八　傍線部⑦前で,末吉がめがね作りに力を貸してくれることになり,めがね作りに必要な人物についての話が始まったことが描かれているのでイが適当。⑦前の描写をふまえ,めがね作りの話が進んでいくことに達成感や安堵感を抱いていることを説明していない他の選択肢は不適当。

★ワンポイントアドバイス★

小説では,登場人物の人物像や,人物同士の関係をしっかり読み取って読み進めていこう。

第2回

2024年度

解　答　と　解　説

《2024年度の配点は解答欄に掲載してあります。》

＜算数解答＞《学校からの正答の発表はありません。》

[1]　(1)　15　(2)　12個　(3)　①　1080°　②　169.56m²　(4)　32回
(5)　①　40cm　②　175cm³　(6)　①　3日目　②　288ページ

[2]　(1)　75cm²　(2)　65cm²　(3)　26cm²

[3]　(1)　18cm²　(2)　①　72cm³　②　48cm²　③　解説参照

[4]　(1)　60秒間　(2)　15秒間　(3)　3秒間　(4)　72秒間

[5]　(1)　秒速16m　(2)　6秒　(3)　①　2448m　②　5.5秒後

○推定配点○

[5]　各5点×4　他　各4点×20　計100点

＜算数解説＞

重要　[1]　(四則計算，数の性質，割合と比，相当算，平面図形，立体図形，消去算)

(1)　$14.25-\frac{51}{8}\times\frac{4}{17}+\frac{21}{4}\times\frac{3}{7}=14.25-1.5+2.25=15$

(2)　分子…3　分母…4×3＋1＝13から10×3－1＝29まで，29－12＝17(個)　15～27までの3の倍数…(27－15)÷3＋1＝5(個)　したがって，求める個数は17－5＝12(個)

(3)　①　内角の和…(180－360÷8)×8＝1440－360＝1080(度)　【別解】　180×(8－2)＝1080(度)
②　右図…$\{8\times8\times\frac{5}{8}+(6\times6+4\times4+2\times2)\div4\}\times3.14=(40+14)\times3.14=54\times3.14=169.56(m^2)$

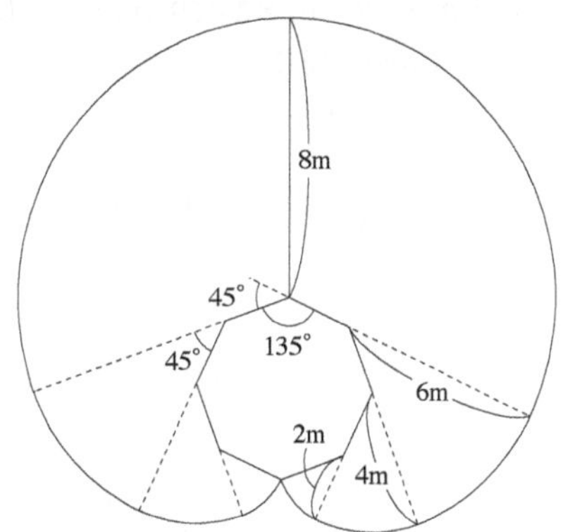

(4)　100までの2の倍数…100÷2＝50(個)　100までの4の倍数…100÷4＝25(個)　100までの8の倍数…96÷8＝12(個)　100までの16の倍数…96÷16＝6(個)　100までの32の倍数…96÷32＝3(個)　100までの64の倍数…64÷64＝1(個)　8＝2×2×2より，(50＋25＋12＋6＋3＋1)÷3＝32余り1　したがって，32回

(5)　同体積の水をA，Bそれぞれに入れるとき水面の高さの比…5：8　①　26cmを5：8に分けるとき…5に相当する高さは26÷(5＋8)×5＝2×5＝10(cm)　したがって，Aの最初の水面の高さは10×4＝40(cm)　②　Bの最初の水面の高さ…40－10－2×8＝14(cm)　したがって，Bの最初の水の体積は800÷(8×40)×(5×14)＝175(cm³)

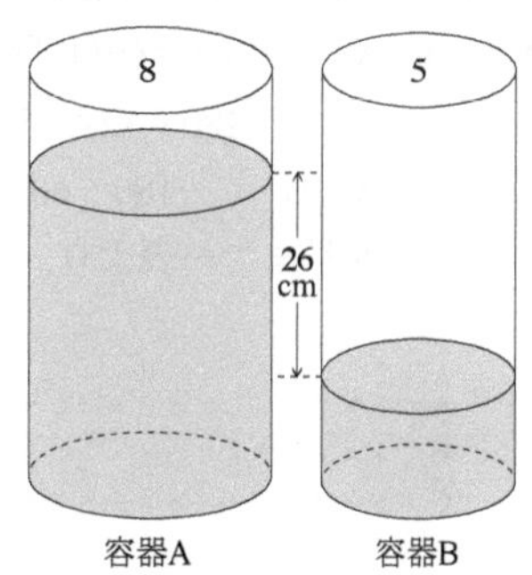

容器A　容器B

(6)　全体のページ数…8×2×3＝[48]とする　1日目のページ数…[48]÷8＝[6]　2日目のページ数…[6]×1.5＝[9]　3日目の

ページ数… $\{\boxed{48}-(\boxed{6}+\boxed{9})\}\div3=\boxed{11}$　4日目のページ数…$\boxed{11}-20$　5日目のページ数…$\boxed{11}\times\frac{2}{3}$　6日目のページ数…$\boxed{11}\times\frac{2}{3}-2$　4～6日目のページ数の和…$\boxed{11}\times\frac{7}{3}-22=\boxed{48}-(\boxed{6}+\boxed{9}+\boxed{11})=\boxed{22}$　$\boxed{1}$…$22\div\left(11\times\frac{7}{3}-22\right)=22\div\frac{11}{3}=6$(ページ)　①　最多のページを読んだ日…3日目　②全体のページ数…6×48＝288(ページ)

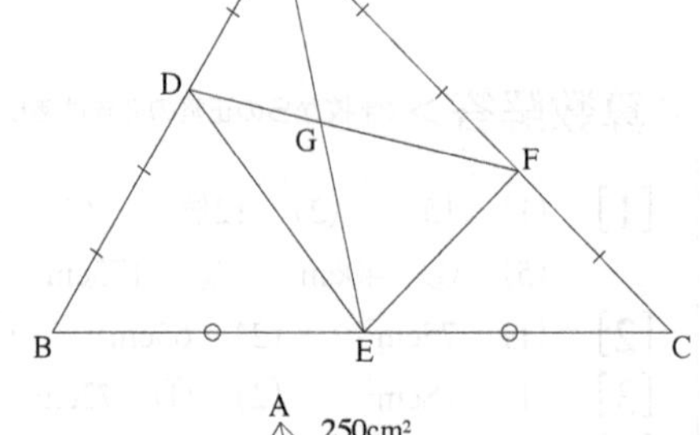

重要 [2]　(平面図形，相似，割合と比)

(1)　三角形DBE…$250\div2\times\frac{3}{5}=75$(cm²)

(2)　三角形FEC…$75\times\frac{2}{3}=50$(cm²)　三角形ADF…$250\times\frac{2}{5}\times\frac{3}{5}=60$(cm²)　したがって，三角形DEFは250－(75＋50＋60)＝65(cm²)

(3)　三角形DGKとFGL…右図より，相似比は2：3　したがって，三角形DEGは(2)より，65÷(2＋3)×2＝26(cm²)

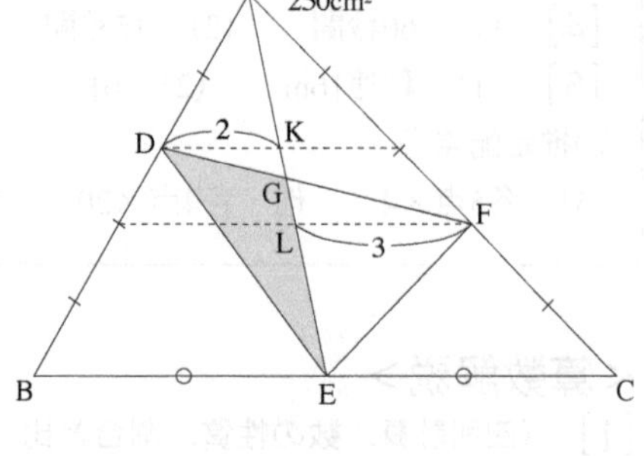

重要 [3]　(平面図形，立体図形，割合と比)

(1)　図1…6×6÷2＝18(cm²)

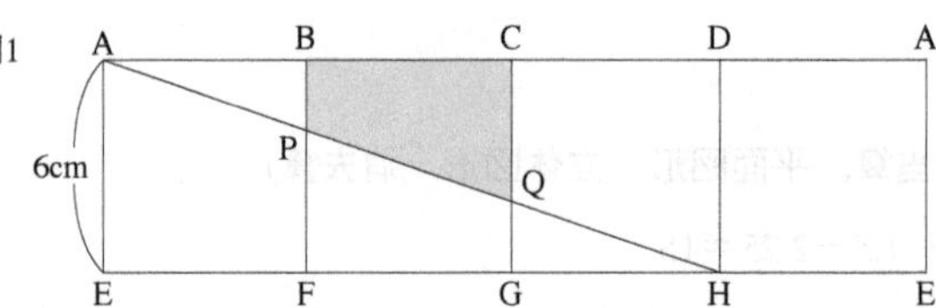

(2)　①　図2…6×6×4÷2＝72(cm³)　②　正方形AEFBとAEHD　上部…2×6÷2×2＝12(cm²)　下部…(36－6)×2＝60(cm²)　したがって，表面積の差は60－12＝48(cm²)　③　切り口の辺…右下図の通り

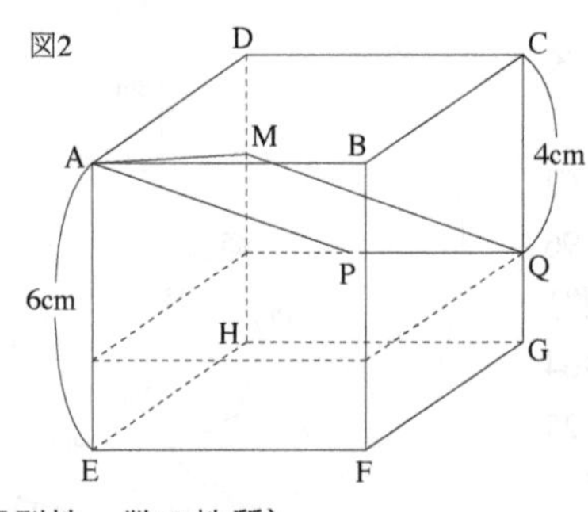

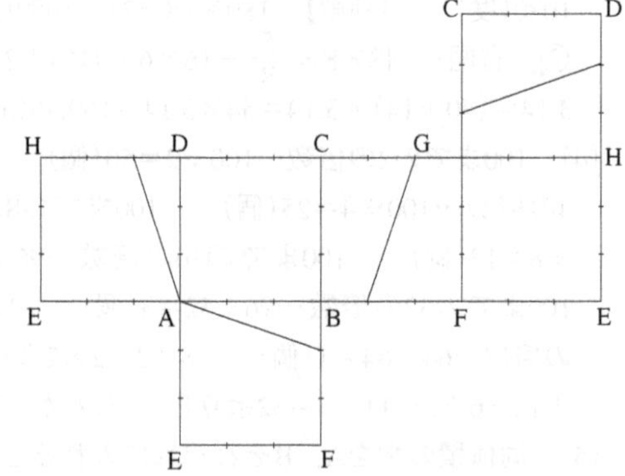

[4]　(規則性，数の性質)

重要 (1)　A…180÷3＝60(秒間)

(2)　A・B…180÷12＝15(秒間)

(3)　A・B・C…180÷60＝3(秒間)

やや難 (4)　30秒まで…表より，2×3＋6＝12(秒間)　したがって，求める時間は12×180÷30＝72(秒間)

	10	20	30	40	50	60
A	○××○××○××○	××○××○××○×	×○××○××○××	○××○××○××○	××○××○××○×	×○××○××○××
B	○×××○×××○×	××○×××○×××	○×××○×××○×	××○×××○×××	○×××○×××○×	×××○××○×××
C	○×̲×̲××○××̲××	○×̲××̲×̲○××̲××̲	○××̲×̲×○×̲×××̲	○×̲×××̲○××̲×̲×	○×̲××̲×○×̲×̲××̲	○×××̲×○×××̲×̲

重要 [5] (速さの三公式と比, 旅人算, 通過算, 割合と比, 単位の換算)

普通列車…長さ96m　急行列車…長さ144m　普通列車と急行列車の速さの比…2:3

(1) 急行列車と普通列車の秒速の差…(96+144)÷30=8(m)　したがって, 普通列車の秒速は8×(3−2)×2=16(m)

(2) (96+144)÷(16+16×1.5)=6(秒)

(3) 普通列車…下図より, 114秒で1440+イ+96=1536+イ(m)進む　急行列車…96秒で1440+ア+144=1584+ア(m)進む　① イの距離…(1)より, 16×114−1536=288(m)　アの距離…24×96−1584=720(m)　したがって, 求める距離は288+720+1440=2448(m)　② B地点から鉄橋まで急行列車が進んだ時間…①より, 288÷24=12(秒)　汽笛が鳴ったとき, 普通列車と急行列車の間の距離…720+1440−16×(12−3.5)=2160−136=2024(m)　したがって, 求める時刻は2024÷(16+352)=5.5(秒後)

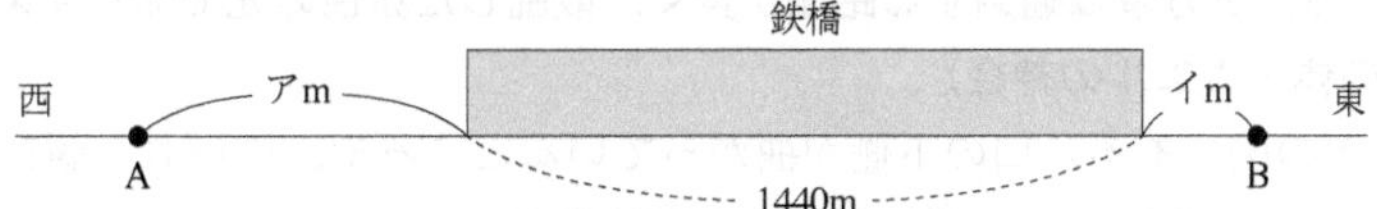

★ワンポイントアドバイス★

[1](6)「小説のページ数」の問題は計算が面倒であり, [4](4)「3つの電球がすべて消えていた時間」は作業が必要になる。[2]「三角形の面積」, [5]「通過算」の問題は, それほど難しくなく得点できる重要な問題である。

<理科解答>《学校からの正答の発表はありません。》

【1】 (1) イ　(2) カ　(3) ア, エ　(4) ① オ　② イ　(5) ① ア　② イ

【2】 (1) ア　(2) イ　(3) 4, 7　(4) ① イ　② イ　(5) ア
(6) ① 秒速30000mm　② 0.0075秒後

【3】 (1) メスシリンダー　(2) ① ア　② イ　(3) ウ　(4) 2.2
(5) ④ ウ　⑤ ア　(6) 下図

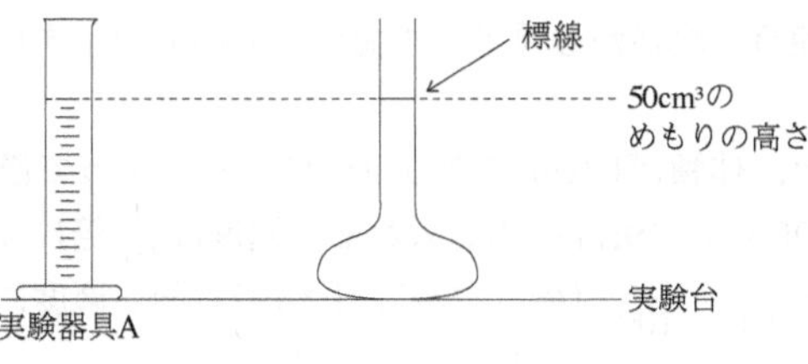

(理由) 標線の部分が細いので, わずかな水の量で高さの変化がわかりやすい。

【4】 (1) ア, 逆断層　(2) ウ　(3) ① イ　② ア　③ ア　④ イ
(4) S極　(5) エ　(6) ウ

○推定配点○

【1】 (4), (5)　各1点×4　他　各2点×3((3)完答)　【2】 (4)　各1点×2
他　各2点×6((3)完答)　【3】 (2), (5)　各1点×4　他　各2点×5
【4】 (1)　各2点×2　他　各1点×8　計50点

<理科解説>

【1】(光の性質一色の見え方)

(1) 透明のシートが赤色に見えるのは，それ以外の色が吸収されているからであり，スクリーンが赤く見えたのは，赤色のシートを通過した赤色の光がスクリーンで反射するからである。

(2) 緑色のシートを通過する緑の光と，赤色のシートを通過する赤色の光が合わさって，スクリーンはイエローに見える。

(3) 図3のように観察したとき中央部分がイエローに見えたのは，青色の光が散乱し，緑と赤が合わさってイエローに見えるからである。散乱した青色の光で，中央部分以外は青っぽく見える。

(4) ① 赤色と青色が混ざり合ったマゼンタに見える。 ② 直進する赤色の光で面Zは赤っぽいが，面Yは散乱した青色の光で青っぽく見える。

(5) 昼間は太陽が上側にあり，光が通過する大気の距離は短いので，散乱した青色の光によって空が青く見える。夕方頃は通過する距離が長く，散乱した赤色の光で赤く見える。

【2】(動物一魚の体・カエルの神経)

基本 (1) (ア)がサケの図である。口の下側が曲がっているところや，胸びれと腹びれが離れているところ，また，背びれの後ろに油びれがあるのが特徴である。

基本 (2) サケは生まれた川に戻って産卵する。

(3) 魚でないものは，4位のエビ，7位のイカである。えんがわとはヒラメのこと。

基本 (4) ① 背びれは進行方向を変えるときや，体が回転するのを防ぐのに役立つ。 ② 体の下側に内蔵が入っている空間があり，中央部分に背骨がある。

(5) 赤色の筋肉は遅筋と呼ばれ，持久力に優れる。回遊魚に共通して見られる特徴である。

(6) ① Bを刺激し筋肉が収縮するまでの0.0035秒には，神経を刺激が伝わるのにかかる時間と，刺激に反応して筋肉が収縮するのにかかる時間が含まれる。神経の部分のCからBの長さが60mmで，この間を刺激が伝わる時間が0.0055―0.0035＝0.0020(秒)なので，神経を伝わる電気信号の速さは，60÷0.0020＝30000(mm/秒)である。 ② DからBまで電気信号が伝わるのにかかる時間は，(130－10)÷30000＝0.0040(秒)であり，Bからの電気信号によって筋肉が収縮するまでに0.0035秒かかるので，合計で0.0075秒後に筋肉が収縮する。

【3】(実験・観察一水溶液の濃度・実験器具)

基本 (1) 図の器具はメスシリンダーである。

基本 (2) メスシリンダーは水平な台において使う。真横から見て，水面の底の部分の示す目盛りを読む。

やや難 (3) 0.1cm^3の食塩水に1cm^3の水を入れると，体積が1.1cm^3になり11倍になる。よって濃度はもとの$\frac{1}{11}$になる。これを注ぎだして，残りの0.1cm^3に9cm^3の水を入れると濃度は$\frac{1}{91}$倍になる。よってこのときの濃度は，初めの濃度の$\frac{1}{11}\times\frac{1}{91}=\frac{1}{1001}$(倍)になる。(オ)でも同じ濃度になる。同様に(イ)と(エ)では$\frac{1}{31}\times\frac{1}{71}=\frac{1}{2201}$(倍)に，(ウ)では$\frac{1}{51}\times\frac{1}{51}=\frac{1}{2601}$(倍)になる。よって，2回のすすぎの後，残っている食塩水の濃度が最も少ないのは(ウ)の時であり，すすぎの効率がもっとも高い。

(4) 余分に入った1cm^3(1000mm^3)によってメスシリンダーの高さが何mm高くなるかを求める。体積を底面積で割って，1000÷(12×12×3.14)＝2.21≒2.2(mm)高くなる。

(5) ④ 底面積が大きくなると高さは低くなる。 ⑤ 少しの水の量で高さの変化が大きいものほど，正確に体積を量り取れる。

(6) 底の部分が大きく，上の部分が細長い器具ほど，少しの水の量で高さの変化がわかりやすい。

図の器具は細いガラス管の部分に標線が付けてあり，ここまで入れると正確に50cm³の水溶液を量り取ったことを示す。メスフラスコと呼ばれる器具である。

【4】（流水・地層・岩石ー断層・火成岩）

重要 (1) 境目の上側の部分の地層が盛り上がっている断層を逆断層という。両側から力が加わり，上側の地層がずれ上がった。

基本 (2) 玄武岩はマグマが急激に冷やされてできた火山岩の一種であり，はんれい岩はマグマが地下の深いところでゆっくりと冷えてできた深成岩の一種である。

基本 (3) マグマが吹き出すと急激に冷やされて火山岩ができる。岩石が固まるとき体積が収縮するので，規則正しく割れる。岩石をおおっていた土壌が河川の浸食作用でけずられて玄武岩が現れ，玄武洞ができた。

(4) 方位磁石のN極が北極をさすので，北極はS極である。

基本 (5) 磁石は鉄を引き付ける。

(6) 地磁気の逆転の証拠を示す地形が発見され，千葉県市原市の地層であったことから「チバニアン」と名付けられた。

★ワンポイントアドバイス★

しっかりとした基礎知識と応用力が求められる。また時間のわりに問題数が多い。解ける問題から解答し，基本問題で得点できるようにしたい。

＜社会解答＞《学校からの正答の発表はありません》

Ⅰ 問1 1) A 2) (ア) ① (エ) ③ 3) D 問2 1) (ウ) 659(千人) (オ) 544(千人) 2) E 3) 石見銀山 問3 1) (例) 東京都などの大消費地の近くに位置しているから。 2) ④ 問4 1) ねぶた祭 2) 津軽平野 問5 1) カルスト地形 2) ②

Ⅱ 問1 1) ④ 2) ① 問2 1) 前方後円墳 2) 条里制 問3 不輸の権 問4 1) ⑤ 2) 日蓮 問5 寄合 問6 1) 蔵屋敷 2) 西廻り航路 問7 1) ② 2) 藩閥政治 問8 1) 征韓論 2) 3(%) 問9 1) ① 2) ソ連

Ⅲ 問1 ③ 問2 文民統制[シビリアンコントロール] 問3 (例) 与党の政策に対して監視や批判を行い，対案を示す(という役割を果たす政党のこと。) 問4 1) ② 問5 吉田茂 問6 ④ 問7 警察予備隊 問8 地方交付税交付金

○推定配点○

Ⅰ 問1～問4 各2点×12 問5 各1点×2 Ⅱ 各1点×16 Ⅲ 各1点×8 計50点

＜社会解説＞

Ⅰ （日本の地理ー日本の各県に関する問題）

問1 1) 地図中のA～Fの県の中で，表中の(カ)のように県庁所在地の人口が上位2位までに入っていないのは福島県である。福島県内で人口(2022年)が1位の都市は郡山市(319702人)，2位はいわき市(314913人)で，県庁所在地は福島市(273348人)で3位である。 2) (ア) 表中の(ア)は

群馬県(地図中のB)で，県内で人口1位の都市は高崎市である。高崎市は江戸時代の城下町から発達し，現在では上越新幹線や長野新幹線をはじめとしたJRの各線，高速自動車道の分岐点であり，北関東の交通の要衝となっている。　(エ)　表中の(エ)は静岡県(地図中のC)で，県内で人口1位の都市は浜松市である。浜松市は江戸時代は城下町・宿場町として栄え，明治時代にはピアノなどの楽器生産が開始され，戦後はオートバイや自動車工業が発達した。なお，②は山口県の下関市，④は三重県(地図中のD)の四日市市の説明である。　3)　表中の(イ)の県は製造品出荷額総計が表中の県の中で3番目に多いが，人口1位と2位の都市の人口が政令指定都市に指定される程には多くないので，その条件に当てはまる県は地図中のDの三重県である。

重要　問2　1)　(ウ)　表中の「人口1位都市の人口」(19.9万人)と「県の総人口に対する人口1位都市の人口割合」(30.2%)の数値からこの県の人口を求めるための比例式をつくると，199000：X＝30.2：100となる。この式を解くとX＝199000×100÷30.2≒658900(人)となる。これを千人単位にすると，「659千人」となる。　(オ)　(ウ)と同様に表中の「人口1位都市の人口」(18.5万人)と「県の総人口に対する人口1位都市の人口割合」(34.0%)の数値からこの県の人口を求めるための比例式をつくると，185000：X＝34：100となる。この式を解くとX＝185000×100÷34≒544100(人)となる。これを千人単位にすると，「544千人」となる。　2)　日本には47都道府県があるので，人口で46位と47位とは人口が最も少ない2つの都道府県のことである。現在，人口が一番少ないのは鳥取県，その次が島根県である。表中の(ウ)と(オ)で，「人口1位の都市の人口」と「人口2位の都市の人口」のいずれも(ウ)よりも(オ)の方が少ないので，人口47位の県は地図中のEの鳥取県となる。　3)　「戦国時代の後半から江戸時代の前半まで栄えた銀鉱山」で，地図中の(ウ)・(オ)の地域にあったのは，現在の島根県太田市にあった石見銀山である。

やや難　問3　1)　近郊農業は，大消費地の近くで都市向けの野菜・果実・草花などを生産する農業である。茨城県は東京都などの大消費地に近く，レタス・はくさい・ねぎ・トマト・ピーマンなどの大都市向けの野菜作りが盛んである。特に県の南西部の坂東市や南東部の神栖市波崎では野菜栽培が中心で，他に露地メロン・れんこん・ごぼう・大豆などの生産も全国上位に入っている。なお，茨城県の農業産出額(2021年)は北海道，鹿児島県に次いで全国3位である。　2)　肉用牛の生産が多い県(2022年)は，北海道(21.2%)，鹿児島(12.9%)，宮崎(9.7%)，熊本(5.1%)，岩手(3.4%)であり，茨城県は全国の3位までに入っていない。なお，茨城県は①の鶏卵と②のメロンは1位，③のかんしょ(さつまいも)は2位の生産量である。

問4　1)　「ねぶた祭」(青森ねぶた祭)は青森県の青森市で8月2日から7日に開催される祭りである。この祭りは災難をはらい，無事を祈る行事で，「ねぶた」と呼ばれる歌舞伎を題材にしてつくられた巨大な「はりぼて」の人形を乗せた山車と，笛・太鼓の囃子とともにその廻りで踊る「はねと」で構成されている。この祭りは，1980年に重要無形民俗文化財に指定された。　2)　津軽平野は青森県西部の津軽半島南西部にあり，岩木川流域に広がる沖積平野である。沿岸部には多くの池や沼があり，水田も発達して津軽米の産地である一方，南部や内陸は日本最大のりんごの栽培地であり，多くのりんごの果樹園がある。

問5　1)　秋吉台は石灰岩などの水に溶けやすい岩石でできた大地が，雨水や地表水などによって侵食されてできたカルスト地形である。秋吉台は山口県の中央部，中国山地の西端に位置し，東西13km，南北10kmの広大な面積を有し，長年の侵食によって形成された秋芳洞，大正洞，景清洞などの鍾乳洞がある。　2)　セメントは，原料である石灰岩や石灰石を加工してつくられる。原料の石灰岩や石灰石はセメントに比べて重く，製品のセメントよりも石灰岩や石灰石を運ぶために多くの費用がかかる。そのため費用をなるべく安くするため，セメント工場はセメントを消費する大都市などの市場の近く(①)ではなく，原料である石灰岩・石灰石の産地の近くに立地している(②)。 ③ セメントの原料である石灰岩や石灰石は山間部で採れるので，工場を港湾の近くに置く必要はない。 ④ セメント工場の立地に，安い労働力が得られる地域であることを考慮することはない。

Ⅱ (日本の歴史―西日本の歴史)

重要 問1 1) 板付遺跡は，福岡県福岡市博多区板付にある縄文時代末期から弥生時代後期の遺跡である。この遺跡には竪穴住居や水田の跡があり，また日本でも最初期の環濠集落であったことも確認されている。なお，①の登呂遺跡は静岡県静岡市にある弥生時代後期の遺跡，②の三ツ寺Ⅰ遺跡は群馬県高崎市にある古墳時代の遺跡，③の三内丸山遺跡は青森県青森市にある縄文時代前期～中期の集落遺跡，⑤の岩宿遺跡は群馬県みどり市にある旧石器時代の遺跡である。

2) 石包丁は中国大陸から日本列島にかけて分布する刃物状の磨製石器である。主として農業が伝わったことによって，その初期に広く使用されたとされる。石包丁は稲の穂先を摘み取るために使用された石器で，弥生時代初期には稲の収穫はそのような方法で行われていた。しかし弥生時代後期になると，石鎌や鉄鎌を使用して根元から刈り取って，収穫するようになった。そのため石包丁は田植えではなく，刈り入れのための道具である。

問2 1) 前方後円墳は，円形と方形を組み合わせた形をしている古墳である。日本列島で3世紀半ばから7世紀初めにかけて築造され，大阪府にある大仙古墳などの規模の大きな古墳がこのような形態をしている。 2) 条里制は，古代の土地区画制度のことである。6町(約654m)四方の正方形の区画を1里とし，それを1町ごとに分けて36区画とした。その上で南北を「条」として1辺を1条・2条のように，東西を「里」として1辺を1里・2里のようにして表した。

問3 不輸の権は，朝廷や国司に税を納めなくてもよい権利である。平安時代半ばから貴族が所有している荘園では，この不輸の権や荘園への国司の立ち入りを拒否する不入の権を得るようになった。

問4 蒙古来襲絵詞は全2巻の絵巻物で，鎌倉時代後期に九州の御家人である竹崎季長が元寇における自分の戦いを描かせたものとされる。竹崎季長は8名の郎党とともに文永の役(1274年)に出陣して戦い，さらに弘安の役(1281年)でも出陣して戦った。なお，①の安達泰盛(1231～1285年)は鎌倉時代後期の幕政の中心にあった御家人，②の和田義盛(1147～1213年)は鎌倉時代初期の武将で侍所の初代別当，③の大友頼泰(1222～1300年)は鎌倉時代半ばの御家人，④の北条時宗(1251～1284年)は鎌倉幕府の第8代執権である。 2) 日蓮(1222～1282年)は鎌倉時代に日蓮宗を開いた僧で，彼は法華経をもとに「南無妙法蓮華経」という題目を唱えれば，人も国家も救われると説いた。彼は『立正安国論』を著したが，他宗を激しく非難したことで鎌倉幕府からも弾圧された。

問5 寄合は，惣村で行われた会議である。村の代表が神社や寺院などに集まって，村の掟，農耕行事，祭りなどに関して話し合い，村人たちの自治が行われた。

問6 1) 蔵屋敷は幕府や大名などが年貢米や特産物を保管し，販売するための施設である。江戸時代の大坂には諸藩の蔵屋敷が置かれたので，全国各地からさまざまな物資が集まり，米や各地の特産物などの取引が活発に行われた。これらのことから，大坂は当時の経済の中心として天下の台所と呼ばれた。 2) 17世紀後半には河村瑞賢(1618～1699年)により東北・北陸地方の米を大坂に運ぶために，酒田から日本海沿岸をまわって，下関を経て瀬戸内海を通って大坂に至る西廻り航路が整備された。

基本 問7 1) 紀伊藩は江戸時代に現在の和歌山県と三重県南部を治めた藩で，親藩である徳川御三家の1つで，石高は55万5千石であった。したがって，紀伊藩は外様大名ではない。なお，①の土佐藩は高知県，③の肥前藩は佐賀県，④の長州藩は山口県，⑤の薩摩藩は鹿児島県にあった外様大名の藩である。2) 藩閥政治とは，明治新政府の要職を倒幕の中心となった薩摩・長州・土佐・肥前の4藩の出身者が独占して行った政治のことである。この政治に反対して，自由民権運動が起こった。

問8 1) 征韓論は明治時代初期に主張された，鎖国を続けていた朝鮮に対して武力に訴えてでも開国させようとする考えである。明治政府は朝鮮に開国を求めたが，拒否されたために西郷隆盛や板垣退助などによって主張された。 2) 1873年の地租改正によって，地価の3％を地租として土地の持ち主に現金で納めさせるようにした。そのため農村でも土地を所有している農民は，豊作や凶作に関係なく一定の金額の税を納めるようになった。

重要 問9 1) 原子爆弾が投下されたのは，広島市(1945年8月6日)と長崎市(1945年8月9日)である。広島市の沿岸部の江波沖町には戦時中に三菱重工業の広島造船所があり，長崎市には三菱重工業の長崎造船所がある。したがって，この両市の共通点は，造船所があった大きな港町であることである。なお，②の潜伏キリシタンがくらしたのは長崎市，③の江戸時代からの城下町は広島市，④の太平洋ベルトに含まれるのは広島市である。 2) 1945年8月8日にソ連は日ソ中立条約を破って日本に宣戦し，朝鮮や千島に侵攻した。さらにソ連軍は1945年8月15日に千島列島北部の占守島への侵攻を決め，18日に占守島への侵攻を開始し，21日に最終的な停戦が成立した。それ以後もソ連軍は25日に松輪島，31日に得撫島を占領した。また別部隊によって8月29日に択捉島，9月1日～4日に国後島・色丹島を，3日～5日に歯舞群島が占領された。

Ⅲ (政治ー国会の仕事に関連する問題)

基本 問1 X 通常国会(常会)は，毎年1月中に召集される国会である。会期は150日間であるが，両議院一致の議決によって，1回に限り延長することができる。この国会では，次年度の予算案の審議が中心の議題となる。 Y 特別国会(特別会)は衆議院議員総選挙の日から30日以内に開かれ，内閣総理大臣の指名が行われる。 Z 臨時国会(臨時会)は内閣が必要と認めた時，また衆議院・参議院のいずれかの議院の総議員の4分の1以上の要求があった時に開催される国会である。この国会では，政治上の緊急を要する問題などが審議される。

問2 日本国憲法第66条第2項で規定された，過去に軍人であった者や現役の自衛官などが，内閣総理大臣や国務大臣に就任することを禁止している規定を文民統制(シビリアンコントロール)という。これは軍隊の政治への介入から民主政治を守るための規定で，日本では文民の内閣総理大臣のもとに防衛大臣が陸・海・空の自衛隊に命令する権限を持っている。

やや難 問3 野党とは政権を担当している与党と対立する立場にある政党のことで，普通は議会内の少数派である。野党は国政の場において，与党の政策に対して監視や批判を行い，対案を示すという役割を果たしている。

問4 国際連合のグテーレス事務総長は2023年7月27日に，その月の世界の月間平均気温が過去最高を更新する見通しとなったことを受けて記者会見を開いて，「地球温暖化の時代は終わり，地球沸騰化の時代が到来した。」と警告した。したがって，文中の空欄にあてはまる語は「沸騰」(②)となる。

問5 吉田茂(1878～1967年)は，1946年以降にのべ7年間にわたって5回内閣を組織して内閣総理大臣を務めた政治家である。彼はその任期中にサンフランシスコ講和会議に全権として出席し，サンフランシスコ平和条約とともに日米安全保障条約に調印した。日米安全保障条約は，当時の社会主義勢力の国々から東アジアと日本を守るために，日本の主権回復後もアメリカ軍が日本に駐留することを認めた条約である。

問6 2017～2022年に韓国大統領を務め，2015年12月の日本と韓国間の慰安婦問題の合意を破棄したのは文在寅(④)である。なお，①の李明博は「2008～2013年」，②の金大中は「1998～2003

年」，③の朴槿恵は「2013～2017年」，⑤の尹錫悦は「2022年～」にそれぞれ韓国大統領となった人物である。

問7　警察予備隊は朝鮮戦争が起こったことを契機にして，GHQの指令によって警察力の強化のために1950年に設立された機関である。その後，装備・人員も強化され，1952年に保安隊，1954年に自衛隊となった。

基本　問8　地方交付税交付金は収入格差を調整し，地方財政の格差をうめるために財源不足が生じた自治体のみに，その不足額に応じて国から支給されるもので，その使い道は限定されない。

★ワンポイントアドバイス★

本年も昨年と同様に地理・歴史・公民の各分野大問1題ずつ，合計3題であった。1行の短文の説明問題は4問から2問に減っているが，引き続き出題されているので，その点を念頭に置いて準備をするようにしよう。

＜国語解答＞《学校からの正答の発表はありません。》

一　問一　イ　ぞうごん　ロ　検討　ハ　困惑　ニ　頻繁　問二　A　ウ　B　ア　C　オ　D　イ　問三　明確な序列関係が存在しない　問四　権力者　問五　イ　問六　(例)　傲慢さや自尊心のある人の頭を冷やし，穏やかにする。

二　問一　イ　循環　ロ　緊張　ハ　響(き)　ニ　洗礼　問二　イ　問三　目　問四　ウ　問五　ウ　問六　客　問七　(例)　都会のコンビニ店員に，希薄な人間関係のすがすがしさを求める人もいれば，母さん的な情を求める人もいるということ。

○推定配点○

一　問一・問二　各3点×8　問六　11点　他　各5点×3

二　問一　各3点×4　問七　13点　他　各5点×5　計100点

＜国語解説＞

一　(論説文－要旨・細部の読み取り，空欄補充，漢字の読み書き，記述力)

基本　問一　傍線部イの「罵詈雑言」は汚い言葉で悪口を並べ立ててののしること。ロは物事をよく調べて考えること。同音異義語でだいたいの予想をするという意味の「見当」と区別する。ハはどうしてよいか判断がつかず迷うこと。ニはくり返し行われること。

問二　空欄Aは一定の期間をおいて行なわれるさまという意味のウ，Bははっきりと示すさまという意味のア，Cは強引に行うさまという意味のオ，Dは実際に直接行うさまという意味のイがそれぞれ当てはまる。

問三　「また，そうした……」で始まる段落で，「明確な序列関係が存在しないというのも狩猟採集民族の特徴のひとつで」あることを述べている。

問四　「悪口を言うことによって……」で始まる段落で，傍線部②のことを「権力者」と述べている。

重要　問五　空欄③は直後で述べているように，「大きな獲物を射とめた日でも，周りから聞かれるまでは，決してそのことを言わ」ないような態度のことなので，自分の能力などにおごることなく，ひかえめな態度という意味のイが当てはまる。アは上品で美しいこと。ウはまじめで真心があること。エは注意深くて，軽々しく行動しないこと。

やや難 問六 「どうしてそのような……」で始まる段落で，人類学者のリチャード・リーが信頼している人物から教わったこととして，「サンの人々」の「私たちは自慢する人間を認めません。そのような人は……その自尊心のせいで誰かを殺してしまうからです。だから，獲物がたいしたことがない，と……常に言って，その人の頭を冷して，穏やかな人間にするのです」という言葉をふまえて，サンの人々の中で「悪口」が果たす役割について指定字数以内でまとめる。

二 (小説－心情・情景の読み取り，空欄補充，ことばの意味，四字熟語，漢字の読み書き，記述力)

基本 問一 傍線部イは同じ過程をくり返すこと。ロの「緊」の1～7画目は「臣」であることに注意。ハの音読みは「キョウ」。熟語は「影響」など。ニは初めて経験する大きな出来事や，それによって受ける影響や災難のことを表す比ゆ的な言葉。元はキリスト教徒となるために行われる儀式のこと。

問二 空欄Aには，物事が急激に思いもよらない大きな変化をすることを比ゆ的に表す意味でイが当てはまる。アは突然現れたり，急に消えたりして予測できない様子。ウは一生に一度だけの機会。エは自然界で起こる災害や不思議な出来事のこと。

問三 「目が泳ぐ」は，動揺やあせりなどで平静さを失って落ち着かない様子を表す。

重要 問四 傍線部①のようにした理由として，①直前で「ぐいぐいと籠の内へ踏みこんでくる押しかけ母さんに食傷し，和也の同僚たちは……別のコンビニを利用しはじめた」からであることが描かれているのでウが適当。①直前の描写をふまえていない他の選択肢は不適当。「食傷」は同じことに何度も接して嫌になること。

問五 「閑古鳥が鳴く」は，客が来なくて商売がはやらないさまを表す。「閑古鳥」はカッコウ(郭公)の別名で，カッコウの鳴き声がさびしい印象である，また人里離れた山間に鳴き声がさびしげに響くさまから。

問六 傍線部③は，「コンビニの母」すなわち「押しかけ母さん」と呼ばれているコンビニ店員の福平さんにとっての「子」，ということなので，コンビニ店内の様子で描かれている「客」のことである。

やや難 問七 傍線部④の「単層的」は一つの層で構成されているさまという意味で，ここでは，このコンビニの客は「単層的に成り立ってはいない」すなわち，さまざまな層の客がいる，ということである。「都会では……」で始まる段落内容をふまえ，和也のように「都会では……希薄な人間関係のすがすがしさを求める」人もいれば，④前の「レジ待ちの列に並んだ白髪の面々」のように「母さん的な情を」求める人もいる，ということを具体的に説明する。

★ワンポイントアドバイス★
論説文では，段落ごとの要旨をおさえながら，全体の論の流れをつかんでいこう。

2023年度

★★★★★★★★★★★★★★★★★★★★★★★

入　試　問　題

2023年度

立教新座中学校入試問題（第１回）

【算　数】（50分）　＜満点：100点＞

【注意】　1．答はできるだけ簡単にしなさい。また，円周率は，3.14を用いなさい。
　　　　　2．三角定規，分度器，計算機の使用はいけません。

［１］ 以下の問いに答えなさい。

⑴　次の計算をしなさい。

$$11\frac{6}{7}\div\left\{\left(3\frac{1}{2}-\frac{1}{5}\right)\times 2\frac{1}{3}+1.875+1\frac{1}{2}\div 1\frac{7}{8}\right\}$$

⑵　太郎君が１人ですると21分，次郎君が１人ですると15分かかる仕事があります。次の問いに答えなさい。

①　この仕事を太郎君と次郎君の２人で同時にすると，何分何秒かかりますか。

②　この仕事を太郎君が１人で始めて，途中から次郎君も加わって２人で同時に仕事をしたところ，太郎君が仕事を始めてから15分24秒で終わりました。太郎君が１人で仕事をしたのは何分何秒ですか。

⑶　144個のビー玉をＡ，Ｂ，Ｃ，Ｄ，Ｅの５つの箱に入れたところ，以下のようになりました。

・Ａ，Ｂ，Ｃの箱に入っているビー玉の個数は合わせて48個でした。
・Ｃ，Ｄ，Ｅの箱に入っているビー玉の個数は合わせて117個でした。
・Ｄの箱に入っているビー玉の個数からＢの箱に入っているビー玉の個数をひくと，Ａの箱に入っているビー玉の個数の２倍になりました。
・Ｅの箱に入っているビー玉の個数からＡの箱に入っているビー玉の個数をひくと，Ｂの箱に入っているビー玉の個数の３倍になりました。

次の問いに答えなさい。

①　Ｃの箱に入っているビー玉の個数を求めなさい。

②　Ｅの箱に入っているビー玉の個数を求めなさい。

⑷　図のように，正方形ＡＢＣＤの辺ＢＣ上に点Ｐ，辺ＣＤ上に点Ｑをとり，三角形ＡＰＱをつくりました。角 x は何度ですか。

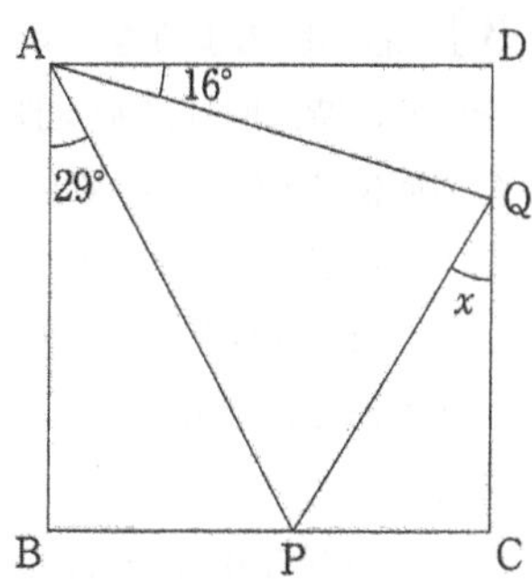

⑸　次のページの図のような平行四辺形ＡＢＣＤを，２点Ａ，Ｃを通る直線 ℓ の周りに１回転させ

たときにできる立体の体積と表面積を求めなさい。ただし，円すいの体積は（底面積）×(高さ)÷３で求めるものとします。

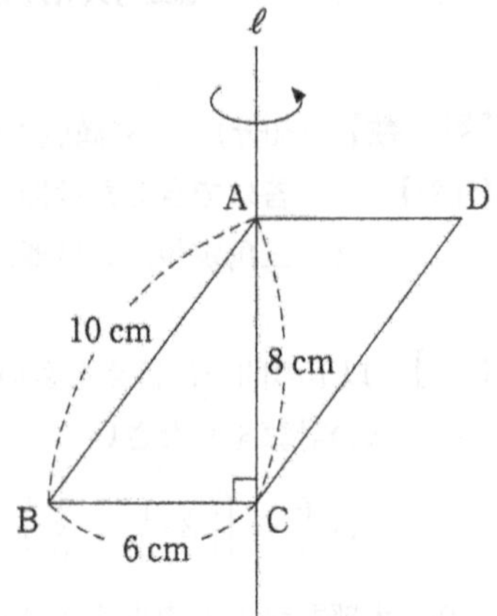

⑹　１から100までの整数のうち，２の倍数または７の倍数である数について，次の問いに答えなさい。

①　８の倍数でないものは何個ありますか。

②　Ａの倍数でないものは56個ありました。Ａにあてはまる整数は何通りありますか。

〔２〕　ある工場で製品を1000個作りました。製品を作るのに１個あたり120円の費用がかかります。この製品に費用の25％の利益を見込んだ定価をつけました。この製品を定価で売り始めましたが，売れ残りそうだったので途中から定価の１割引きで売りました。その結果，製品1000個はすべて売り切れ，売り上げは148200円でした。次の問いに答えなさい。

⑴　定価で売った製品は何個ですか。

売り切った製品1000個のうち，不良品の申し出が８個分ありました。その８個分の不良品に対して買うときに支払われた代金を返金した結果，利益は27045円になりました。

⑵　不良品の申し出があった８個分のうち，定価で売った製品は何個ですか。

さらに不良品の申し出が何個分かありました。その申し出があったすべての不良品に対して買うときに支払われた代金を返金した結果，利益は25755円になり，それからは不良品の申し出はありませんでした。

⑶　売り切った製品1000個のうち，不良品の申し出があったのは全部で何個分ですか。

〔３〕　右の図のような三角形ＡＢＣがあります。三角形ＡＢＣを点Ａを中心に時計回りに90°回転させたところ，三角形ＡＢＣが通過した部分の面積は430.185㎠でした。次の問いに答えなさい。

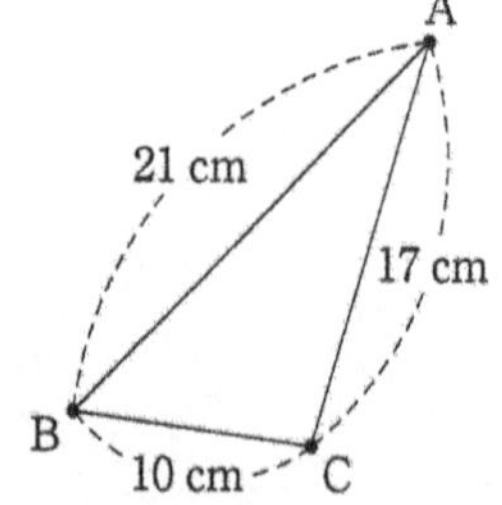

⑴　三角形ＡＢＣの面積を求めなさい。

⑵　三角形ＡＢＣを点Ｂを中心に時計回りに60°回転させました。辺ＡＣが通過した部分の面積と辺ＢＣが通過した部分の面積の和を求めなさい。

⑶　三角形ＡＢＣを点Ｃを中心に360°回転させました。辺ＡＢが通過した部分の面積を求めなさい。

〔４〕 図１のような展開図を組み立てて立体をつくります。図２のように，点Ｏの位置には床（ゆか）と垂直な壁（かべ）があり，点Ｐの位置には床と垂直になるようにまっすぐな棒を立て，４点Ｐ，Ｂ，Ｃ，Ｏが一直線上になるように組み立てた立体を床の上に置きます。棒の先に電球があり，棒の長さが変わるとき，次の問いに答えなさい。ただし，床は平らで，電球の大きさは考えないものとします。

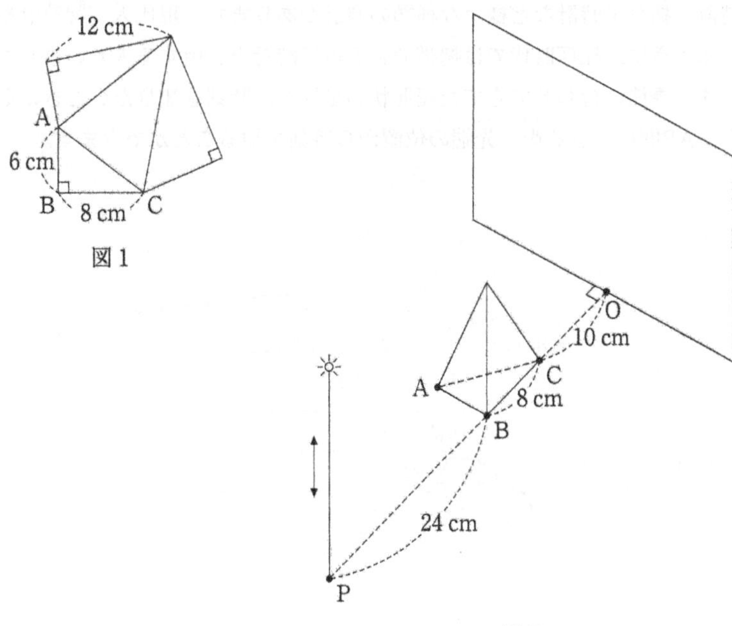

図２

⑴　図１の展開図を組み立ててできる立体の体積を求めなさい。ただし，三角すいの体積は（底面積）×（高さ）÷３で求めるものとします。

⑵　棒の長さを28㎝にしたとき，床にできる影（かげ）の面積を求めなさい。

⑶　棒の長さを28㎝から伸（の）ばしていったところ，ある長さのところで床の影がちょうどなくなりました。このときの棒の長さを求めなさい。

⑷　棒の長さを24㎝にしたとき，壁にできる影の面積を求めなさい。

〔５〕 Ｎは４桁（けた）の整数です。Ｎを各位の数の和でわった商をＡ，あまりをＢとします。

例えば，

・Ｎが5633のとき，5633÷（５＋６＋３＋３）＝331あまり６となり，
　Ａは331，Ｂは６

・Ｎが2023のとき，2023÷（２＋０＋２＋３）＝289あまり０となり，
　Ａは289，Ｂは０

となります。次の問いに答えなさい。

⑴　Ａが最も大きくなるようなＮは全部で何個ありますか。

⑵　Ａが２番目に大きくなるようなＮを求めなさい。

⑶　Ａが99となるようなＮのうち，最も小さいＮを求めなさい。

⑷　Ａが99，Ｂが０となるようなＮを求めなさい。

⑸　Ａが100となるようなＮは全部で何個ありますか。

【理　科】（30分）　＜満点：50点＞

【注意】計算機，分度器を使用してはいけません。

【１】 次の文を読み，以下の問いに答えなさい。

日時計や砂時計，振り子時計など様々な種類の時計があります。現代人が腕時計やスマートフォンを利用しているように，江戸時代では携帯できる紙日時計を利用する人もいました。図１は自作した紙日時計です。季節に合わせて立てた短冊状の紙片を，時刻を知りたいときにその都度太陽の方角に向けると，AB間にできる影の先端の位置から時刻を知ることができます。

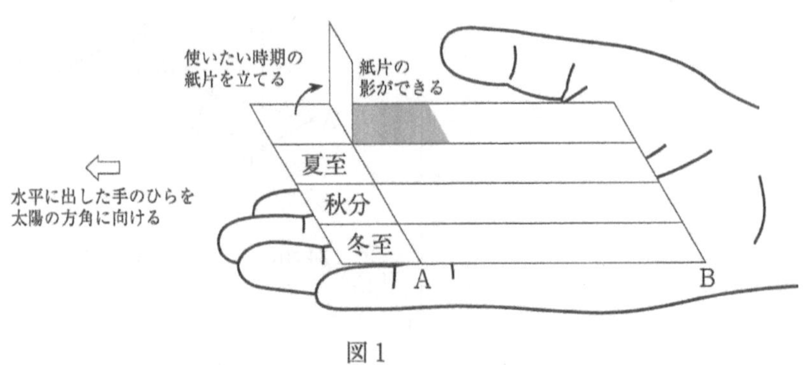

図１

江戸時代は，日の出から日の入りまでの時間を６等分して時刻を決めていました。そこで，自作した紙日時計も同様に時刻を決めることにしました。

(1) 紙日時計を春分のときに利用する場合，どのような線と時刻を書けば，影の先端の位置から時刻を知ることができますか。もっとも適切な図を，次の(ア)～(エ)から選び，記号で答えなさい。ただし，日の出の時刻を０，日の入りの時刻を６とします。

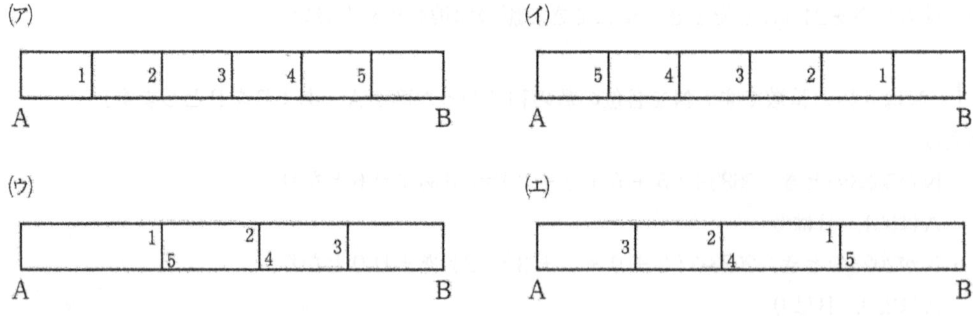

(2) 夏至のときに引く線は，春分のときと比べてどのようになりますか。適切なものを，次の(ア)～(オ)から選び，記号で答えなさい。

(ア) 全体的にＡ側に移動する　(イ) 全体的にＢ側に移動する　(ウ) AB間の中央に寄る
(エ) ＡとＢの両端に寄る　(オ) 春分のときと変わらない

(3) 江戸時代のように，日の出から日の入りまでの時間を６等分して時刻を決めたときの時間間隔について説明した文として適切なものを，次のページの(ア)～(オ)からすべて選び，記号で答えなさい。

(ア) 春分がもっとも短くなる　(イ) 夏至がもっとも短くなる
(ウ) 冬至がもっとも短くなる　(エ) 春分と秋分は同じである
(オ) 夏至と冬至は同じである

ヨーロッパなどでは，建物の壁（かべ）に日時計が付いていることがあります。図２はその模型であり，壁から垂直に立てられた棒の影で時刻を知ることができます。このような日時計を垂直式日時計といいます。北緯（ほくい）35.5度の日当たりの良い水平な地面に対して垂直な壁で，朝方から夕方までの時刻がわかるようにして使いました。

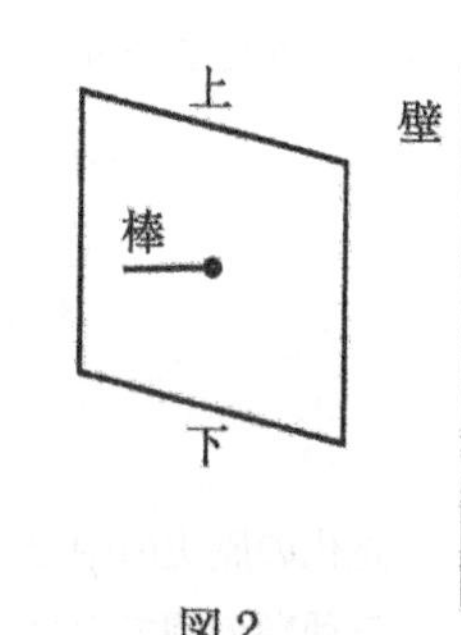

図２

(4) 朝方から夕方までの時刻を知るには，垂直式日時計の棒をどの方角に向けるとよいですか。もっとも適切なものを，次の(ア)〜(エ)から選び，記号で答えなさい。
(ア) 東　(イ) 西　(ウ) 南　(エ) 北

(5) よく晴れた夏至のときには，どのような範囲（はんい）に影ができますか。もっとも適切な図を，次の(ア)〜(エ)から選び，記号で答えなさい。

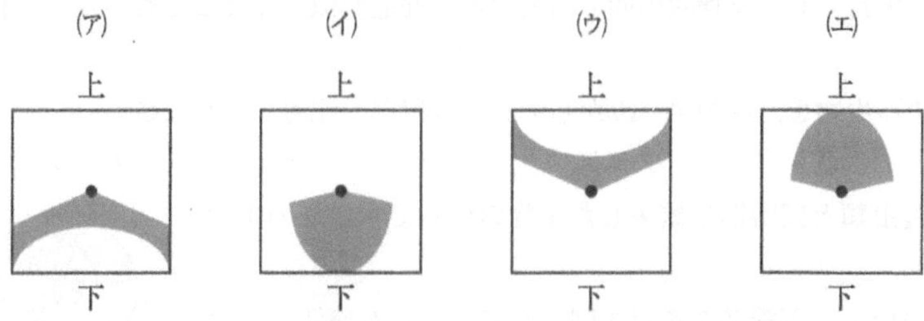

(6) 次の文章中の①と②に適する語句を，以下の語群から選び，それぞれ記号で答えなさい。
垂直式日時計を用いると，時間の経過とともに棒の影は棒を中心にして（　①　）回りに進む。夏至と冬至のときにできる影を比べると，太陽が南中する時刻の影の長さは（　②　）。
① (ア) 時計　(イ) 反時計
② (ア) 夏至のときの方が短い　(イ) 冬至のときの方が短い
(ウ) どちらもほとんど変わらない

【２】 次の文章を読み，以下の問いに答えなさい。

生物は約40億年前に地球に誕生してから進化を続け，約５億4000万年前の海には現在の生物につながる様々な種類が誕生したと考えられています。この時代は，体の外側が殻（から）でおおわれた動物が繁栄（はんえい）し，現代の昆虫（こんちゅう）や（　a　）のなかまの祖先となっています。一方で，体内に背骨をもつ（　b　）などの動物の祖先に近い，原始的な魚もこの時代に存在していました。この時代の魚は，現在のヤツメウナギのように上下に動くあごをもたなかったとされています。魚は，後に上下に動くあごの獲得（かくとく）など様々な進化と多様化を続け，約４億年前に繁栄しました。その頃（ころ）の魚の一部から，ひれがあしに変化し陸上に進出するものが現れ，両生類や爬虫類（はちゅうるい）が誕生しました。①爬虫類はその後，約２億5000万年前から著しく繁栄しました。その後，爬虫類の大部分が絶滅（ぜつめつ）した約6600万年前以降に哺乳類（ほにゅうるい）が繁栄し，現在に至ります。

１種類だった生物が２種類へ分かれることをくり返し，生物は多様化してきました。例えば，下の図のように，もともと１種類の種Ａのすむ環境（かんきょう）が何らかの原因で分断されます。長い年月が経ってそれぞれの環境が変わったときは，それに合わせて異なる進化が進み，種Ａは種Ｂと種Ｃの２種類に分かれます。さらに，種Ｃのすむ環境が分断されると，種Ｃが種Ｄと種Ｅに分かれていくというしくみです。このような進化の道すじから，②今いる生物が共通の祖先からいつ分かれたかを示すことができます。

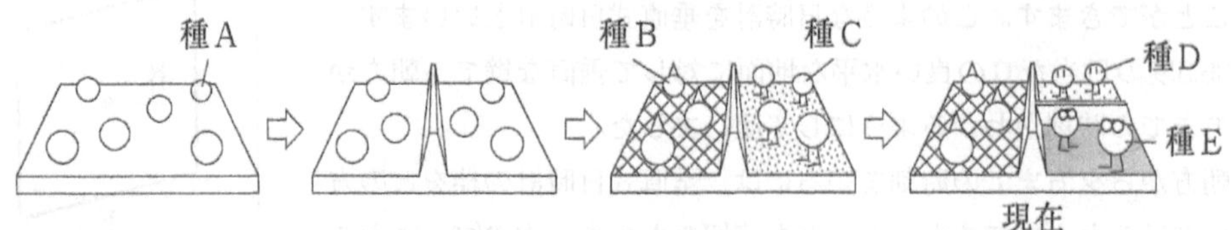

進化の歴史の中で，生物は環境に適応して体のつくり（器官）を変えてきました。そのため，異なる種類の間で異なる形やはたらきをしている器官であっても，もとは同じ器官から変化した場合があり，こうした器官どうしは相同器官と呼ばれます。例えば，ジャガイモのイモの部分とアサガオのつるはどちらも茎（くき）から変化したため，相同器官の関係になります。一方で，起源が異なる器官でも，環境や使い道が同じ場合，異なる種類の間で器官の形や機能が似てくることもあり，これらは相似器官と呼ばれます。

⑴　文章中のａとｂに適する生物を，次の㋐～㋕からそれぞれ選び，記号で答えなさい。

㋐　イソギンチャク　　㋑　ヒト　　㋒　クラゲ　　㋓　ナマコ　　㋔　カニ　　㋕　タコ

⑵　右図は，下線部①の爬虫類と同時期に繁栄した生物の化石です。この生物の名称を答えなさい。

⑶　文章中の種Ａ～Ｅについて，下線部②を示す図としてもっとも適切なものを，次の㋐～㋔から選び，記号で答えなさい。

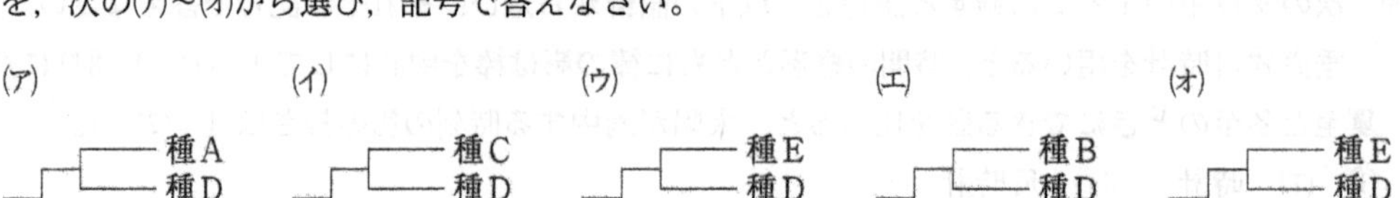

⑷　右図は，現在の生物について，下線部②を示した図です。（Ⅰ）～（Ⅳ）に適する生物を，次の㋐～㋓からそれぞれ選び，記号で答えなさい。

スズメ
（Ⅰ）
（Ⅱ）
ヒキガエル
（Ⅲ）
（Ⅳ）
カブトムシ

㋐　メダカ　　㋑　ヤツメウナギ

㋒　ヤモリ　　㋓　ヒト

⑸　次の器官の組み合わせのうち，相同器官の組み合わせとして適切なものを，次の㋐～㋔から選び，記号で答えなさい。

㋐　ハトのあし・カエルの前あし・コオロギの後あし

㋑　クジラの胸びれ・ヒトの腕・コウモリの翼（つばさ）

㋒　トンボの羽・トビウオの胸びれ・オオタカの翼

㋓　モグラの前あし・クワガタの大あご・ザリガニのハサミ

㋔　サイの角・イッカクの角・マカジキの口先

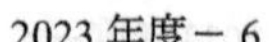

【３】 次の会話文を読み，以下の問いに答えなさい。

父　　太郎，欲しがっていた変速ギア付の自転車が届いたよ。

太郎　お父さん，ありがとう。また色々なところに遊びに行けるよ。でもペダルを漕ぐだけで進める自転車って不思議だね。

父　　そうだね。自転車には輪じくやギアやチェーンが使われているので，それらのはたらきを考えてみよう。

⑴　図１のように，半径５cm，10cmの２つの円盤が組み合わさった輪じくに１kgのおもりとおもりＡをつるしたところ，輪じくは回転せずに静止しました。おもりＡのおもさを答えなさい。

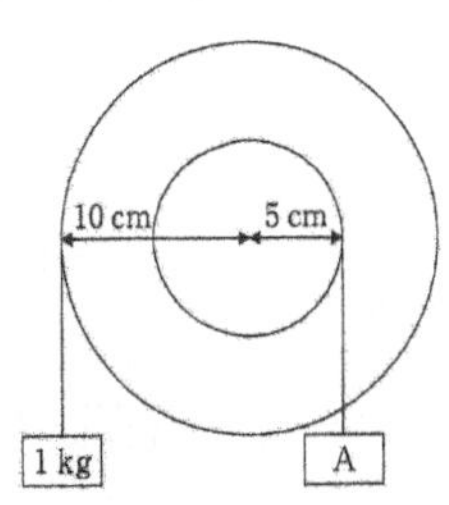

図１

⑵　図２のようにギア１～４を組み合わせました。ギア２とギア３は輪じくのように一緒に回転します。ギア１が図の矢印Ｘの向きに１回転する間に，ギア４はア，イどちらの向きに何回転しますか。ただし，図２の括弧内の数字はギアの歯数を表します。

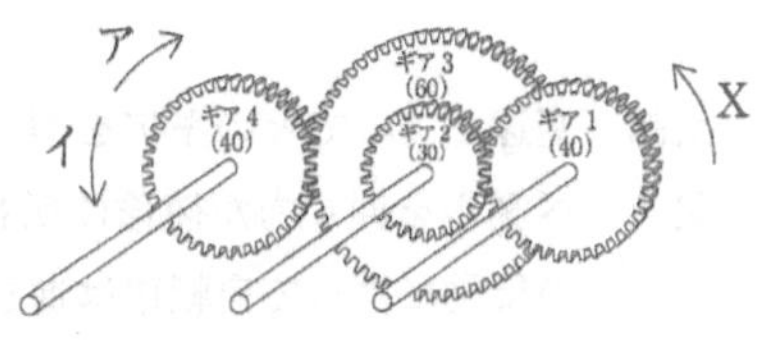

図２

太郎　前後のギアを繋げているチェーンってどんなはたらきをしているの？

父　　ペダルを漕いだときの前ギアの回転のはたらきを後ギアに伝えるはたらきをしているんだよ（図３，図４）。ちなみに前ギアの回転した歯数と後ギアの回転する歯数は同じになるんだ。

太郎　そっかぁ。だから後ギアと一緒に動いている後輪が回転して動くんだね。

父　　そうだね。ところで太郎，自転車の色々な部品の長さを測ってくれるかな。

太郎　もっとも大きなギアを測ってみるね。

父　　もっとも大きなギアを使って，考えてみよう。

測った結果

	後ギア	前ギア
歯数	18	36
半径	5 cm	10 cm

後輪半径：30 cm
前ギア中心からペダルまでの長さ：15 cm

図３

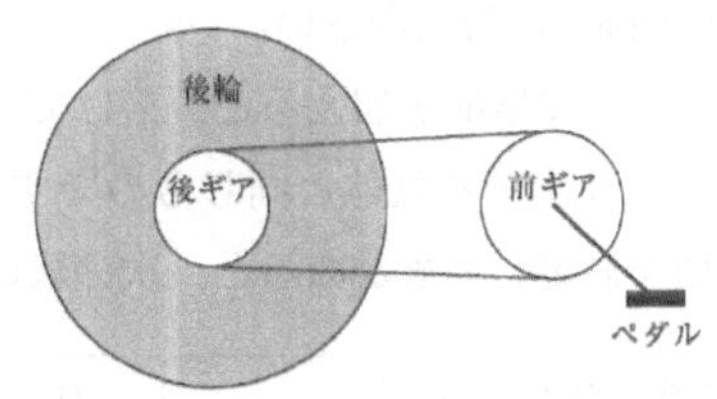

図４

⑶　ペダルを止めることなく，１時間で14㎞進むためには，平均してペダルを１分間に何回転させればよいですか。もっとも近い回転数を，次の㈠～㈤から選び，記号で答えなさい。ただし，円周率は3.14とします。

㈠　30回転　　㈡　60回転　　㈢　90回転　　㈣　120回転　　㈤　150回転

⑷　図５のように，前ギアと後ギアに１kgのおもりをつりさげると，ギアは回転しませんでした。図６のように，おもりをつりさげても回転しなかったとき，おもりBのおもさを答えなさい。

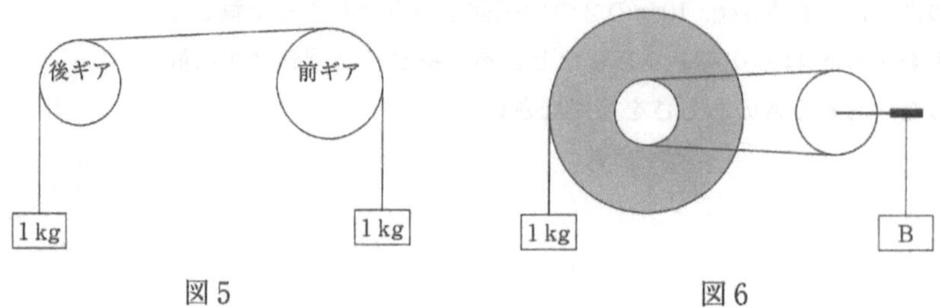

図５　　　　　図６

太郎　変速ギアってどのギアを選べばいいのかなぁ。

父　　ペダルを押す力が後輪に伝わり，後輪の回転による力の反動によって自転車は進むよ（図７）。その後輪の回転による力を一定として考えてみるよ。後ギアの歯数が（　①　）ほど小さい力でペダルを漕ぐことができるよね。また，前ギアの歯数が（　②　）ほど大きい力でペダルを漕がなければならないんだ。

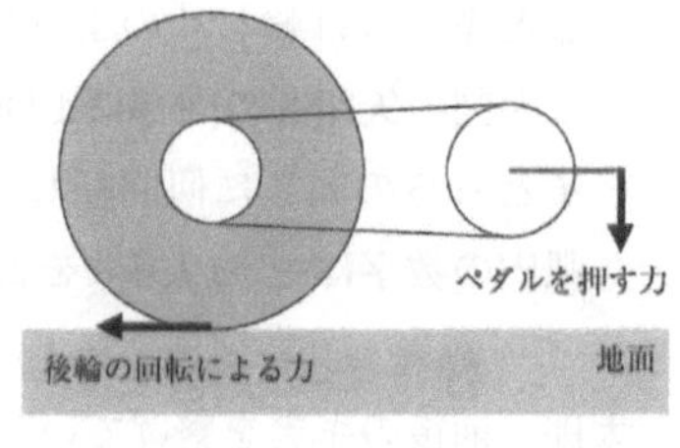

図７

太郎　じゃあ，坂を登る時はどうすればいいの？

父　　坂を登る時は平坦な道より後輪の回転による力を大きくしなければならないから，その時のギアはどうすればいいかな。今度はペダルを押す力を一定にして考えてみてごらん。

太郎　前ギアは（　③　）歯数のギア，後ギアは（　④　）歯数のギアを選べば，楽に坂を登ることができるのかな。

父　　そうだね。

太郎　必要に応じてギアを変えてあげればいいんだね。

⑸　会話文中の①～④に適する語句を，次の㈠，㈡からそれぞれ選び，記号で答えなさい。ただし，同じ記号を複数回使用してもかまいません。

㈠　多い　　㈡　少ない

【４】　以下の問いに答えなさい。

マグネシウムに塩酸を加えると，溶けて気体が発生します。この気体は，アルミニウムに塩酸を加えたときに発生する気体と同じものです。3.6ｇのマグネシウムに塩酸を加えたときに発生した気体の体積を測定してまとめると，次の表のようになりました。

塩酸の体積［mL］	0	20	40	60	80	100
発生した気体の体積［L］	0	1.0	2.0	3.0	3.3	3.3

⑴　この反応で発生した気体を集めるときの方法としてもっとも適切なものを，次の㈠～㈢から選び，記号で答えなさい。

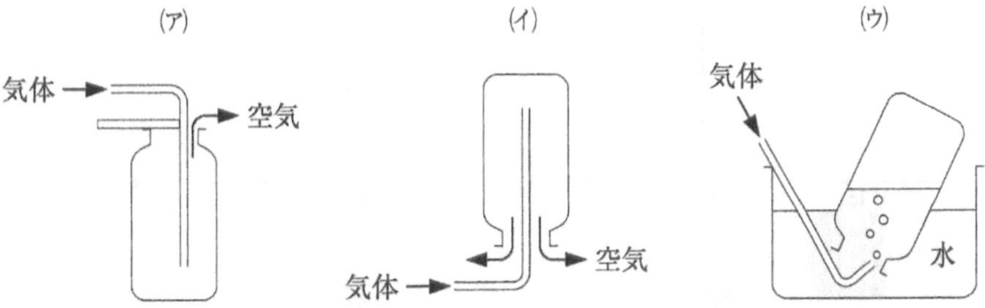

⑵　マグネシウム4.8ｇをすべて溶かすのに最低限必要な塩酸の体積を求めなさい。

⑶　マグネシウムと塩酸が過不足なく反応したときと比べて，発生する気体の体積が変わらない操作として適切なものを，次の(ア)～(カ)からすべて選び，記号で答えなさい。

(ア)　マグネシウムのおもさを変えず，加える塩酸の体積を増やす
(イ)　マグネシウムのおもさを増やし，加える塩酸の体積を増やす
(ウ)　マグネシウムのおもさを変えず，加える塩酸の体積は変えずに塩酸をこくする
(エ)　マグネシウムのおもさを増やし，加える塩酸の体積は変えずに塩酸をこくする
(オ)　マグネシウムのおもさを変えず細かい粉末状にし，加える塩酸の体積は変えない
(カ)　マグネシウムのおもさを変えず細かい粉末状にし，加える塩酸の体積を増やす

物質が過不足なく反応する場合，反応する物質のおもさと比べて，反応後の物質のおもさの割合は一定となります。

マグネシウムを完全に燃やすと，酸素と結びついて白色の物質となります。3.6ｇのマグネシウムを完全に燃やしておもさを量ったところ，6.0ｇとなりました。

⑷　マグネシウム0.48ｇをピンセットでつまんで燃やしたところ，一部が燃え残っていることがわかりました。白色の物質と燃え残ったマグネシウムのおもさの合計が0.72ｇであったとき，マグネシウム全体のうち何％が酸素と結びつきましたか。

銅を完全に燃やすと，酸素と結びついて黒色の物質となります。3.2ｇの銅を完全に燃やしておもさを量ったところ，4.0ｇとなりました。

⑸　銅とマグネシウムが混ざった粉末4.0ｇを完全に燃やすと，6.0ｇになりました。燃やす前の粉末に含(ふく)まれていたマグネシウムのおもさを求めなさい。

気体の温度が変わらないとき，反応する気体の体積に比べ，反応後の物質のおもさの割合は一定となります。水素6.0Ｌと酸素2.4Ｌを混ぜて反応させたところ，水が3.6ｇでき，水素だけが1.2Ｌ残りました。

⑹　気体の体積が合計21.6Ｌになるように，さまざまな割合で水素と酸素を混合して一定の温度で反応させることを考えます。横軸(よこじく)に使用した水素の体積，縦軸(たてじく)に反応によって発生した水のおもさをとったグラフを描(か)くとき，グラフの形としてもっとも適切なものを，次のページの(ア)～(カ)から選び，記号で答えなさい。

また，水がもっとも多く発生するときの水のおもさを求めなさい。

(ア)
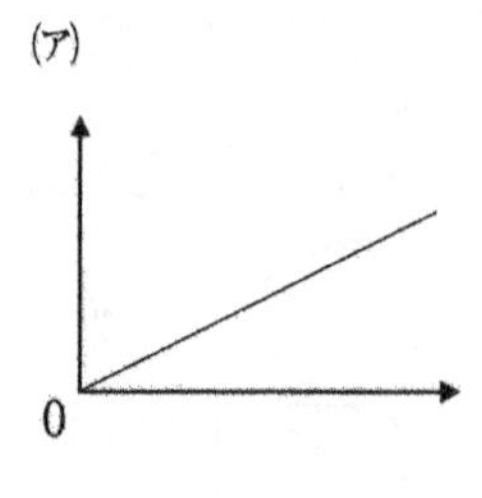

(イ)
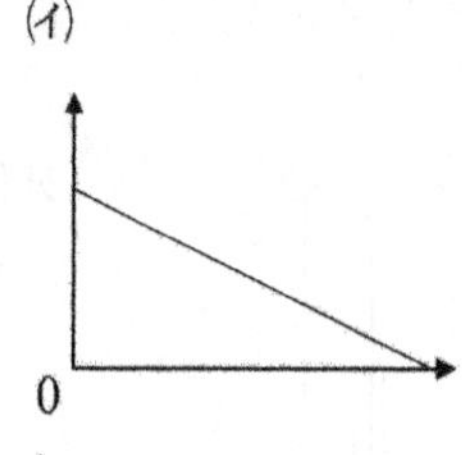

(ウ)
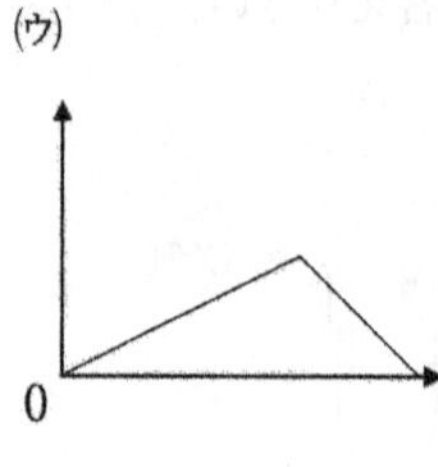

(エ)
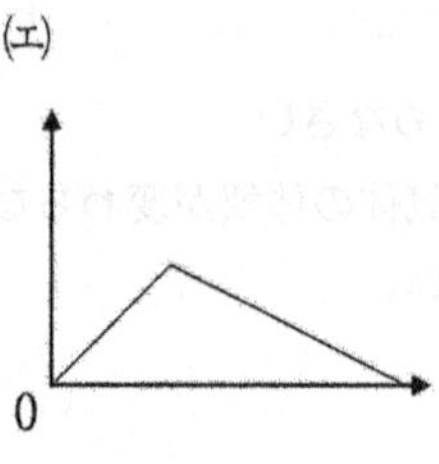

(オ)
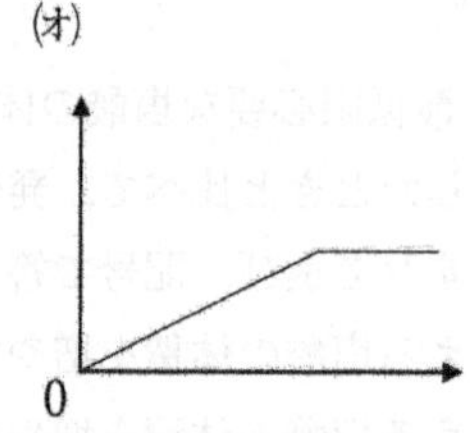

(カ)
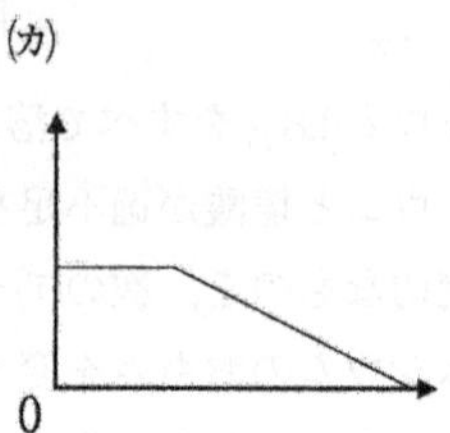

【社　会】（30分）　＜満点：50点＞

Ⅰ．太郎君は，テレビの歌番組を見ていたお父さんが「昔はタイトルに地名が入っている曲が多かったのに，最近はあまり見ないなあ」とつぶやいたのを聞いて，昔の曲名を調べてみることにしました。次のＡ～Ｅの文章を読んで，以下の問に答えなさい。

Ａ．　太郎君は，NHK紅白歌合戦のホームページを利用することにしました。調査対象は，国名などの行政区域をしめす地名，歴史的に有名な地名，島・海・川などの自然地名，橋・鉱山・鉄道など人が生み出したものの地名です。第１回（1951年）から第72回（2021年）までに登場した地名を，紅組と白組に分けて登場順に記しました。同じ回の同じ組に複数回登場した地名は，その曲数をしめしました。

第１回から第５回までをまとめたのが，次の表です。正月のラジオ番組として始まった後，第４回から年末のテレビ放送にかわったため，1953年には２度も行われたことがわかりました。

回数	年	出場組数	曲名に登場した地名
1	1951	紅組７	紅組：三池炭鉱・リオ・上海・桑港
		白組７	白組：赤城・常磐炭鉱・銀座・長崎
2	1952	紅組12	紅組：東京（２曲）・江の島・モロッコ・桑港
		白組12	白組：上州・愛染橋・上海・アルプス・ダコタ
3	1953	紅組12	紅組：東京・祇園
		白組12	白組：東京（２曲）・長崎
4	1953	紅組17	紅組：東京（２曲）・佐渡ヶ島・モンテンルパ
		白組17	白組：ロンドン・長崎・東京
5	1954	紅組15	紅組：ウスクダラ・スペイン・松島・東京
		白組15	白組：セントルイス・ケンタッキー・数寄屋橋・長崎・石狩

問１　第１回には，「三池炭鉱」や「常磐炭鉱」が登場しました。日本の石炭産出量は，終戦直後に一度減りましたが，1951年にはその時期の２倍以上にまで回復しました。しかし，1960年代以降は，主要燃料が石炭から石油へ急速に移っていきました。炭鉱の経営が悪化する原因ともなった，こうした主要燃料の移り変わりのことを何といいますか，答えなさい。

問２　第１回と第２回に登場する「桑港」とは，サンフランシスコのことです。サンフランシスコの緯度（北緯37.6度）に最も近い日本の都市はどこですか，以下より選び，記号で答えなさい。

①　札幌　　②　秋田　　③　福島　　④　東京　　⑤　和歌山

Ｂ．　第72回までの表を作り終えた太郎君は，曲名に用いられた都市としては東京が最も多く，「トーキョー」や「TOKIO」などの表記も含めると，50回近くも登場したことに気づきました。また，銀座，六本木，赤坂，池袋，新宿といった東京都内の地名がたくさん登場するものの，太郎君が住んでいる天王洲や台場など，東京湾に接するウォーターフロントの地名は，ひとつもありませんでした。一方で，家族旅行で訪れた八丈島の名前を見つけたときは，きれいな海を思い出してうれしくなりました。

問３　かつての東京湾では，現在の大田区を中心に，のり類の養殖が盛んに行われ，日本一の生産量をほこっていました。しかし，周辺の埋（う）め立て開発などを理由に，東京湾ではのり類の養殖が激減しました。2020年現在，のり類の養殖生産量が最も多い道県はどこですか，以下より選び，記号で答えなさい。

①　北海道　②　青森県　③　愛媛県　④　広島県　⑤　佐賀県

問４　東京都には，八丈島が属する伊豆諸島や，小笠原諸島があります。これらの島しょ部には火山島が多く，2013年から2016年まで続いた激しい噴火活動により，その約３年間で面積を約９倍に広げたある島も，そのひとつに挙げられます。ある島とはどこですか，答えなさい。

Ｃ．東京以外の地名を探すと，津軽の登場回数が多いことに気づきました。初めて登場した1975年以降，「津軽平野」や「津軽海峡」を含めて，25回も用いられていました。その形から津軽富士と呼ばれる岩木山も，2015年に登場しています。

また，北海道内の地名も多く，襟裳岬，愛冠岬，宗谷，納沙布，サロマ湖，支笏湖，知床，小樽，釧路などを見つけることができました。

問５　次の文章は，津軽平野に位置する，ある都市について述べたものです。文章中の空欄に共通して入る地名は何ですか，答えなさい。

> 古くから城下町として発展してきた［　　　］市は，人口約17万人をかかえる津軽平野の中心都市です。国の重要文化財に指定されている［　　　］城の天守は，石垣の修理や耐震（たいしん）補強工事を行うため，現在，約70メートル横に移されています。また，市内には複数の大学があり，学園都市としても栄えています。

問６　1988年まで，津軽海峡を渡るには鉄道連絡船が利用されていましたが，現在は海底トンネルがその役割を引きついでいます。日本には，この場所以外にも，本州から他の島へ鉄道を通すために海底トンネルを設けた海峡があります。それはどこですか，以下より選び，記号で答えなさい。

①　鳴門海峡
②　明石海峡
③　対馬海峡
④　関門海峡
⑤　大隅海峡

問７　「○○富士」という別名で呼ばれる山は，日本の各地にあります。山の名前とその別名の組み合わせとして適当でないものはどれですか，以下より選び，記号で答えなさい。

①　開聞岳－薩摩富士　②　鳥海山－出羽富士　③　北岳－甲斐富士
④　磐梯山－会津富士　⑤　羊蹄山－蝦夷富士　⑥　大山－伯耆富士

問８　次のページの地図は，北海道の地形をしめしたものです。襟裳岬，宗谷岬，納沙布岬の位置は，地図中のア～エのうちどれですか。その組み合わせとして正しいものを，次のページより選び，記号で答えなさい。

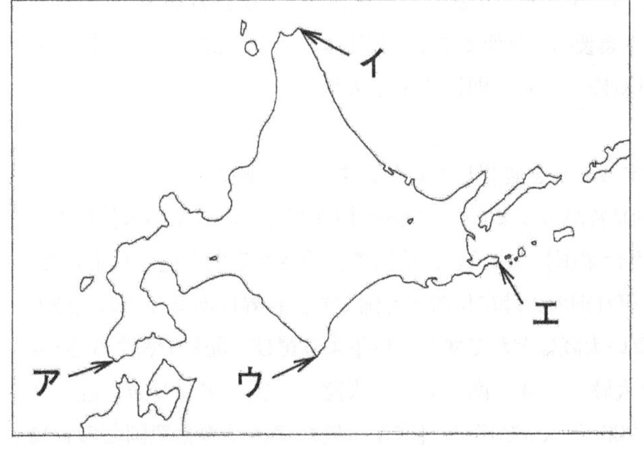

	襟裳岬	宗谷岬	納沙布岬
①	ア	イ	ウ
②	ア	イ	エ
③	ア	ウ	エ
④	イ	ウ	ア
⑤	イ	ア	エ
⑥	イ	エ	ウ
⑦	ウ	ア	エ
⑧	ウ	イ	ア
⑨	ウ	イ	エ

問９　北海道には，「愛冠」や「納沙布」など，日本の他の地域には見られない地名が多くあります。北海道にこうした地名が多く見られるのはなぜですか，その理由を説明しなさい。

D.　今度は，自然地名に注目しました。山の名前はあまり見当たりませんでしたが，石狩川，千曲川，長良川，北上川，四万十川，加茂川，隅田川，九頭竜川，神田川など，川の名前をいくつか見つけることができました。

問10　長良川は，木曽川や揖斐川とともに濃尾平野を流れています。木曽川の上流は，木曽山脈と［　　　］山脈の間に位置しています。この空欄に入る地名は何ですか，答えなさい。

問11　国土交通省では，川の水系ごとに統計を取っています。例えば，石狩川は石狩川水系，北上川は北上川水系，千曲川は信濃川水系，長良川は木曽川水系，四万十川は渡川水系，隅田川は荒川水系に入ります。次の表は，その６つの水系のデータをしめしたものです。北上川水系はどれですか，以下より選び，記号で答えなさい。なお，表中の「幹川流路延長」とは，水系の中心となる川の長さのことをいいます。

水系名	流域面積	幹川流路延長	流域内総人口
木曽川水系	9,100 km^2	木曽川　229 km 長良川　166 km 揖斐川　121 km	192.8 万人
①	2,186 km^2	196 km	9.1 万人
②	14,330 km^2	268 km	256.9 万人
③	2,940 km^2	173 km	1019.5 万人
④	10,150 km^2	249 km	131.4 万人
⑤	11,900 km^2	367 km	283.3 万人

国土交通省ホームページより作成

問12　九頭竜川の河口に位置する県は，鯖江市を中心としてある工業製品の生産が有名です。全国の出荷額の95％（2019年）をしめている，この工業製品とは何ですか。以下より選び，記号で答えなさい。

①　包丁　　②　金属洋食器　　③　眼鏡枠（わく）　　④　顕微鏡（けんびきょう）・拡大鏡

Ｅ．　最後に，世界の国名がどれほど登場するのかを確認しました。すると，モロッコ，スペイン，カナダ，アメリカ合衆国，そして日本の国名がありました。第68回（2017年）の「JAPAN」〔日本〕，第69回（2018年）の「U. S. A」〔アメリカ合衆国〕のように，英語で表記される例も見られました。

問13　モロッコ，スペイン，カナダは，それぞれ別の大陸に位置する国です。世界にある６つの大陸のうち，これらの３か国がいずれも位置しない大陸はどれですか。以下より選び，記号で答えなさい。

①　ユーラシア大陸　　②　北アメリカ大陸　　③　南アメリカ大陸　　④　アフリカ大陸

問14　次の４つの表は，1960年，1980年，2000年，2020年の日本から見たアメリカ合衆国との貿易品目を，その年の輸出・輸入金額にしめる割合が高いものからしめしたものです。1980年の表を参考に，①～③の表が古いものから順に並ぶように，解答欄の形式に合わせて記号で答えなさい。

1980年

輸出品目	割合	輸入品目	割合
自動車	32.3%	機械類	14.4%
機械類	27.1%	木材	8.9%
鉄鋼	8.6%	とうもろこし	7.4%
精密機械	5.4%	石炭	6.5%
二輪自動車	3.8%	大豆	5.1%
金属製品	2.9%	航空機	3.6%
鉄道用車両	1.3%	小麦	2.9%

①

輸出品目	割合	輸入品目	割合
機械類	45.1%	機械類	38.2%
自動車	22.9%	肉類	4.8%
精密機械	5.7%	精密機械	4.8%
自動車部品	5.3%	たばこ	3.5%
金属製品	1.3%	航空機	3.4%
二輪自動車	1.2%	とうもろこし	2.5%
有機化合物	1.2%	魚介類	2.1%

②

輸出品目	割合	輸入品目	割合
機械類	36.8%	機械類	25.8%
自動車	27.5%	医薬品	7.6%
自動車部品	5.5%	肉類	5.5%
科学光学機器	2.4%	科学光学機器	5.3%
航空機部品	2.2%	液化石油ガス	3.9%
医薬品	2.1%	航空機類	3.6%
金属製品	1.6%	有機化合物	3.5%

③

輸出品目	割合	輸入品目	割合
衣類	10.8%	綿花	13.9%
鉄鋼	6.6%	機械類	12.0%
トランジスターラジオ	6.4%	鉄鋼くず	10.1%
金属製品	6.3%	大豆	6.7%
魚介類	5.3%	石炭	5.9%
がん具	5.0%	石油製品	4.1%
はき物	4.5%	小麦	4.1%

以下の資料より作成

『1982年版　日本国勢図会』（矢野恒太記念会、1982年）

『数字でみる　日本の100年　改訂第２版』（矢野恒太記念会、1986年）

『日本国勢図会　2002／03年版』（矢野恒太記念会、2002年）

『日本国勢図会　2022／23』（矢野恒太記念会、2022年）

Ⅱ．栃木県足利市にある足利学校は，中世には「坂東の大学」としても知られた教育施設です。足利学校に関する，以下の問に答えなさい。

問１　足利学校がどのようにつくられたかは，伝説も含めていくつかの説があります。そのひとつに，小野篁(たかむら)によってつくられたとする伝説があります。小野篁は，遣唐使に任命されたものの，それを拒否した人物としても知られています。遣唐使の説明として誤っているものを，以下より選び，記号で答えなさい。

① 第１回の遣唐使には，遣隋使としても派遣されたことがある，犬上御田鍬が長官として派遣されました。

② 遣唐使の航路は，当初は朝鮮半島を経由する北路でしたが，朝鮮半島の新羅との関係が悪化したことから，のちに東シナ海を横断する南路となりました。

③ 遣唐使として渡った藤原清河や阿倍仲麻呂は，帰国後，聖武天皇の下で政治家として活躍しました。

④ 鑑真は，遣唐使として渡った栄叡(ようえい)や普照(ふしょう)の願いを受けて，失敗をくり返しながらも日本へ渡り，戒律(かいりつ)を伝えました。

⑤ 桓武天皇によって遣唐使として派遣された最澄や空海は，唐から新しい仏教をもたらし，日本の仏教に影響を与えました。

問２　足利学校の創設者として最も有力な人物は，足利義兼です。足利義兼の妻の姉は，「尼将軍」として承久の乱で重要な役割を果たした人物です。この姉妹の父にあたる鎌倉幕府の執権は誰(だれ)ですか，答えなさい。

問３　足利学校は，上杉憲実によって1439年から再興が進みました。上杉憲実は，関東を支配する人物を関東管領として補佐しました。室町時代に関東を支配した役職を何といいますか，以下より選び，記号で答えなさい。

①　六波羅探題　　②　鎌倉公方　　③　鎮守府　　④　関東郡代　　⑤　侍所別当

問４　1509年，歌人の宗長が足利学校を訪れたことが，著書『東路の津登』に記されています。この宗長や師の宗祇によって確立された，多くの人が交互(こうご)に歌をよんで作品をつくりあげていくかたちを何といいますか，答えなさい。

問５　1590年，豊臣秀吉によって関東が征服(せいふく)されると，足利学校の書籍(しょせき)は，豊臣秀次によって持ち去られそうになりました。豊臣秀次は，この後に豊臣秀吉から天皇を補佐する役職を引き継ぎます。この役職とは何ですか，答えなさい。

問６　江戸時代になると，徳川家康によって足利学校は復興します。そのため，徳川家康ゆかりの人物も足利学校を訪ねています。それをふまえて，足利学校を訪ねた徳川家康ゆかりの人物に関する，次の問に答えなさい。

１）徳川家康の子である徳川義直は，御三家のひとつとなる尾張藩の初代藩主となった人物です。尾張藩以外で御三家にふくまれる藩はどれですか，以下より２つ選び，記号で答えなさい。

①　水戸藩　　②　越前藩　　③　会津藩　　④　甲府藩　　⑤　紀州藩

２）林羅山は，儒学の一派を幕府の公式学問として位置づけた人物です。主従関係や親子関係を重視する，この学問を何といいますか，答えなさい。

問７　江戸時代には，多くの文化人が足利学校を訪ねたことが記録されています。それをふまえて，足利学校を訪ねた文化人に関する，次のページの問に答えなさい。

１）蒲生君平(がもうくんぺい)は，天皇陵を調査したことでも知られています。蒲生君平は，著書『山陵志』で，古墳の形から前方後円墳という名前をつけたとされています。日本各地にある古墳のうち，現在は前方後円墳の形で残っていないものはどれですか，以下より選び，記号で答えなさい。

① 石舞台古墳　② 稲荷山古墳　③ 大山古墳
④ 箸墓古墳　⑤ 誉田御廟山古墳

２）渡辺崋山は，画家として知られるとともに，三河田原藩の重臣でもありました。渡辺崋山は，幕府の対外政策を批判したとして，奥州水沢の医者とともに処罰(しょばつ)されます。この医者とは誰ですか，答えなさい。

３）幕末の思想家である吉田松陰や，その弟子の高杉晋作も，足利学校に立ち寄っています。吉田松陰が指導し，高杉晋作が学んだ山口県の教育施設を何といいますか，答えなさい。

問８　明治・大正時代になり，足利学校は教育施設としての役割を終えますが，遺跡として多くの人物が引き続き訪れました。それをふまえて，足利学校を訪れた政治家に関する，次の問に答えなさい。

１）大隈重信は，明治・大正時代の政治に大きな影響を与えた人物です。大隈重信に関する出来事が古いものから順に並ぶように，解答欄の形式に合わせて記号で答えなさい。

① 立憲改進党を結成する　② 中国に二十一カ条の要求をつきつける
③ 地租改正事業を進める　④ 日本初の政党内閣を組織する

２）井上馨は，初代外務大臣となった人物です。井上馨の行ったこととしては，「鹿鳴館外交」が知られています。この外交の説明として正しいものを，以下より選び，記号で答えなさい。

① 特定の国の人々を招待し，個別に条約改正交渉を行う。
② 多くの国の人々を招待し，いっせいに条約改正交渉を行う。
③ 日清戦争の講和条約交渉を相手国と行う。
④ 日露戦争の講和条約交渉を相手国と行う。
⑤ 韓国併合に関する交渉を周辺諸国と行う。

３）加藤高明は，第二次護憲運動の中心として活動し，選挙で勝利して内閣を組織した人物です。この内閣が選挙人の資格を変更した1925年に，ある国と国交が開かれています。ある国とはどこですか，当時の国名で答えなさい。

問９　足利学校には，明治時代以降，多くの歴史研究者も訪れました。それをふまえて，足利学校を訪れた研究者に関する，次の問に答えなさい。

１）黒板勝美は，東大寺正倉院に残る古文書を整理したことでも知られる歴史研究者です。正倉院の宝物は，聖武天皇の皇后が聖武天皇の冥福(めいふく)を祈(いの)るために納めたものです。この皇后とは誰ですか，答えなさい。

２）辻善之助は，日本仏教史の研究者です。辻善之助は，日本の歴史上，寺院が今の市役所のような役割を果たしたある時代を，「仏教の堕落(だらく)した時代」と評価しています。ある時代とはいつのことですか，以下より選び，記号で答えなさい。

① 奈良時代　② 平安時代　③ 鎌倉時代　④ 室町時代　⑤ 江戸時代

問10　足利学校のある足利市内には，足尾鉱毒事件の原因となった川が流れています。この川は何ですか，答えなさい。

Ⅲ．次の新聞記事を読んで，以下の問に答えなさい。

英国ではエリザベス女王の死去とチャールズ３世国王の即位に伴(ともな)って，国歌の歌詞や紙幣(しへい)(1)，硬貨(こうか)のデザインなど，さまざまなものが変わる。

英国の各メディア(2)によると，一番わかりやすい例が，国歌「ゴッド・セーブ・ザ・クイーン」だ。歌詞の「クイーン」が「キング」に書き換(か)えられる。ただ，数世代にわたり慣れ親しんできた(3)歌であるだけに，「人々が新しいバージョンを歌えるようになるまでには時間がかかりそうだ」（ガーディアン紙）との見方がある。

紙幣，硬貨も変わる。現在，英国内では，エリザベス女王の肖像(しょうぞう)が描(えが)かれた銀行券約45億枚が流通しており，総額は800億ポンドに上る。英政府はこれをチャールズ３世国王の肖像画を描いた銀行券に置き換える予定だが，最低２年間の期間が必要とみられている。英中央銀行は「女王の肖像が描かれた現行の紙幣は引き続き法定通貨である」とする声明を発表した(4)。硬貨については，これまで王位継承によって一気に変更されたことはなく，時間をかけて置き換えられることになりそうだ。

警察署や海軍などで使用されているエリザベス女王の肖像が描かれた旗や，国会議員(5)の宣誓(せんせい)の文言なども変更される見通しだ。

またエリザベス女王は旧植民地諸国(6)を中心とした連合体・英連邦（コモンウェルス）の元首でもあった。エリザベス女王の地位が憲法で定められている国では憲法の変更が必要となる(7)。

出典：「英国：『皆(みな)さんに仕える』　英新国王が初演説」（『毎日新聞』2022年９月11日付朝刊）

問１　下線部(1)についてですが，日本において，紙幣を発行する量はどこが決めていますか。以下より選び，記号で答えなさい。

①　日本政府　②　財務省　③　内閣府　④　日本銀行　⑤　全国銀行協会

問２　下線部(2)についてですが，新聞やテレビは，代表的なマスメディアです。これらのマスメディアは，国の政治について，多くの情報を発信しています。これは，国民が，国家に対して情報の提供を求めたり，権力から干渉されずに政治に関する情報を受け取ったりすることのできる権利を行使するため，必要不可欠な役割だといわれます。この権利を何といいますか，答えなさい。

問３　下線部(3)についてですが，70年以上にわたって日本の人たちが慣れ親しんでいるものに，祝日があります。祝日は，1948年に制定された「国民の祝日に関する法律」によって定められています。それをふまえて，祝日や法律に関する，次の問に答えなさい。

１）日本の法律が公布されるまでの手続の説明として正しいものを，以下より選び，記号で答えなさい。

①　成立した法律は，その時の首相の名において施行された後に公布されます。

②　法律案は，まず衆議院に送られて審議された後，参議院へ送られることになっています。

③　法律案は，まず委員会で審議された後，本会議へ送られることになっています。

④　衆議院と参議院のどちらかの議院で否決された法案は，ただちに廃案となります。

２）祝日でも消費者からの相談を受けつけられる場所として，国民生活センターがあります。自宅を訪問した販売人(はんばいにん)に商品の購入(こうにゅう)をせまられ，仕方なく購入契約を結ばされた消費者に対して，一定期間内であれば無条件でその契約を解除できる制度のことを何といいますか，カタカナで答えなさい。

問４　下線部⑷についてですが，通貨の説明として正しいものを，以下より選び，記号で答えなさい。

①　円安とは，１ポンド＝160円の交換比率が，１ポンド＝140円になった場合のことをいいます。

②　通貨の価値と物価の上昇には関連性があるので，通貨の価値が下がれば下がるほど，物価は上昇する傾向にあります。

③　日本を訪れるイギリスの旅行者にとっては，円高になった方が，その旅行費用を安くおさえることができます。

④　デフレーションは，社会に出回る通貨の量が増えすぎたときに起こる傾向にあります。

問５　下線部⑸についてですが，議会の構成や，そこで活動する議員の選び方などは，国によって様々な制度があります。それをふまえて，次の問に答えなさい。

１）法律案や予算案などを慎重（しんちょう）に審議し議決するため，国会には，衆議院（下院）だけでなく，参議院（上院）が置かれています。こうした法律や予算が成立するには，上院と下院の両方から賛成を得なければならないしくみを何といいますか，答えなさい。

２）日本の国会議員の説明として正しいものを，以下より選び，記号で答えなさい。

①　国会議員の被選挙権の年齢は，両院ともに満25歳以上と定められています。

②　国会議員以外の者が首相に就任する場合は，国会の指名に基づかなければなりません。

③　国会議員には，不逮捕（たいほ）特権があるため，議員を辞職するまで逮捕されることはありません。

④　国会議員は，裁判官を訴追（そつい）する弾劾裁判所を設置することができます。

問６　下線部⑹についてですが，イギリスの旧植民地のひとつに，カナダがあります。それをふまえて，次の問に答えなさい。

１）1949年に設立され，2022年１月時点ではカナダを含む北米２か国とヨーロッパ28か国が加盟している軍事機構を何といいますか，答えなさい。

２）日本の大豆輸入量の約１割をしめるカナダ産の大豆には，関税がかけられていません。関税やその働きの説明として誤っているものを，以下より選び，記号で答えなさい。

①　貿易を自由化する際に，国内産業への打撃（だげき）をおさえるため，輸入品に一時的な関税を課すことがあります。

②　WTO加盟国は，同じ品目について，どの国も同じ関税率を適用することになっています。

③　関税は，自由な貿易をさまたげると考えられたため，WTOにおいて関税を引き下げるための交渉が行われてきました。

④　関税による収入は，各国の税収を増やす働きがあります。

問７　下線部⑺についてですが，日本国憲法にも，英連邦の国王に相当する天皇についての規定や，改正手続についての規定が置かれています。それをふまえて，次の問に答えなさい。

１）次の条文は，日本国憲法第１条です。条文中の空欄に当てはまる語句は何ですか，９字で答えなさい。

> 第１条　天皇は，日本国の象徴であり［　　　　］であつて，この地位は，主権の存する日本国民の総意に基く。

２）次のページの条文は，日本国憲法第96条です。条文中の空欄ａ～ｃに当てはまる語句の正しい組み合わせはどれですか，次のページより選び，記号で答えなさい。

第96条　この憲法の改正は，〔　　a　　〕以上の賛成で，国会が，これを〔　　b　　〕，国民に提案してその承認を経なければならない。この承認には，特別の国民投票又は国会の定める選挙の際行はれる投票において，その過半数の賛成を必要とする。

2　憲法改正について前項の承認を経たときは，〔　　c　　〕，この憲法と一体をなすものとして，直ちにこれを公布する。

① a：各議院の総議員の三分の二　b：審議し　c：国民は
② a：各議院の総議員の三分の二　b：発議し　c：天皇は，国民の名で
③ a：各議院の総議員の三分の二　b：審議し　c：国会は，国民の名で
④ a：各議院の出席議員の三分の二　b：発議し　c：国民は
⑤ a：各議院の出席議員の三分の二　b：審議し　c：国会は，国民の名で
⑥ a：各議院の出席議員の三分の二　b：発議し　c：天皇は，国民の名で

ウ　二人の言葉から百貨店側の心が伝わったことがわかったが、それをあえて説明することはなかった。
エ　二人が従業員の対応を喜びほめてくれたことに対して、感動のあまり何も言えなかった。

問四　傍線部③「美しい」のここでの意味として最も適当なものを次の中から選び、記号で答えなさい。

ア　心温まる　　イ　印象深い
ウ　共有すべき　エ　受け継がれる

問五　空欄 ④ に当てはまる語句を文中から六字で抜き出しなさい。

問六　傍線部⑤「いいもの」とは具体的に何ですか。文中から三十字以内で探し、最初と最後の五字を抜き出しなさい。

問七　傍線部⑥「いつも少しだけラッキーなことが起きた」のはなぜですか。その理由を説明した次の文の空欄に当てはまる内容を、文中の語句を用いて二十五字以内で答えなさい。

> 『お利口くん』と家族は、［　　　］サービスを受けていたから。

頭を使ったか知らなかっただろう。

それでいいのだと星野百貨店のひとびとは思っていた。ただ、優しい精霊が見守るように、彼と、残された一家のことを見守っていたのだ。

その後、『お利口くん』と家族が店に来るごとに、⑥いつも少しだけラッキーなことが起きた。地下一階の市場でお母さんが量り売りのお漬け物を買ったら、「切りのいいところまで入れてあげるね」と、少しだけ多めに袋に詰めてもらえたり。まだタイムセールの時間ではないはずなのに、お総菜が安くなったり。そのたびに一家はとても喜んだのだった。

ほんのささやかな贈り物が、いつもひそかに彼らには用意されていたのだった。

そんな話を結子に懐かしそうに話してくれた、化粧品売り場の販売員がいる。国産のブランドの美容部員。年齢不詳の元気で強気なおばさまだった。

「わたしも当時、若かりし日にね、『お利口くん』一家を見守っていたひとりよ。小さな妹ちゃんに粗品のぬいぐるみをあげて喜ばれたりしてたの。正直、わたしはふだん、そんなに善人じゃないのね。子どももたいして好きじゃない。でもあの『お利口くん』はほんとにいい子だったから。つい、ね」

照れくさそうに笑った。「あの子がおとなになって帰ってくるって、定年ですって？　まあそりゃわたしも年をとるはずよね。すっかりおばあちゃんになっちゃってさ。でも立派になってくれて、ほんとうによかった。亡くなったお父さんも、天国で喜んでらっしゃるでしょうね」

鷹城、という名字はあまり聞くものではない。そして当時『お利口くん』に接していたひとびとは、その後の彼がどう成長したか、いつも気にかけていた。なので、大学進学を機にこの街を離れていた彼が、成長後、新聞に取り上げられるような立派な人物になったとき、百貨店のひとびとはすぐに気づいた。子ども時代の面影がある写真入りの記事を見、切り取って回覧して、みんなでよかったよかったと喜んだのだそうだ。——もと『お利口くん』だった青年は、そんなことは知らないまま、遠い街や国を旅して成長してゆき、そしていま、＊風早に帰ってきたのだった。

（それはまあ、大歓迎にもなるわよね）

結子は微笑んで、梅昆布茶をすする。何しろ、本物のアイドルの帰還なのだから。

（村山早紀『百貨の魔法』）

（注）＊結子……星野百貨店のコンシェルジュ（客の世話係）。
＊アテンド……案内、世話。
＊風早……星野百貨店がある街の名。

問一　傍線部**イ**～**ホ**について。カタカナは漢字に直し、漢字は読みをひらがなで記しなさい。

問二　傍線部①「大歓迎を受けた」のはなぜですか。解答欄の形式に合うように、文中から十字で抜き出しなさい。

問三　傍線部②「ただ微笑んで、頭を下げた」結子の様子を説明したものとして適当なものを後の中から選び、記号で答えなさい。

ア　感傷にひたっている二人のことをおかしく思ったが、水を差すようなことは言わないでおいた。

イ　百貨店で働く者として笑顔での接客を心がけ、客である二人の言うことに反対はしないでおこうと考えた。

曜ごとに一家で百貨店に来る家族の、彼は優しいお兄ちゃんとして、小さな弟と妹の面倒を見る子どもだった。両親も人の良さそうなひとたちで、買い物をするときも、常に笑顔で物腰は穏やか。レジを打つとき、癒やされた、絵に描いたような幸せそうな一家だよねえ、と、ひそかにささやかれていた。

ところがあるとき、おもちゃ売り場の販売員が、「『お利口くん』の家、なんかあったらしいですよ」と、心配そうに、話した。

クリスマスが近づいたある日、元気の無い『お利口くん』が、おもちゃ売り場にやってきて、

「小学校一年生の男の子と、二年生の女の子が喜ぶようなおもちゃは、どれになるでしょうか？」

折りたたんだ千円札が数枚入った、小さな財布を持っていたという。

「今年からサンタクロースがうちに来ないから、ぼくがサンタさんになるんです。ちゃんとプレゼントを弟と妹の枕元に置かなくちゃいけなくて」と、笑顔でいったのだという。

社員食堂でそれを聞いた、遊園地でアルバイトをしている学生が、ああ、と声を暗くした。

「あの子ね、こないだ、屋上遊園地でひとりで泣いてるところを見ましたよ。気になって話しかけたら、お父さん死んじゃったって。病気で長く入院なさってたらしくて」

そうなの、そうかあ、という声が食堂のあちこちで上がったそうだ。

「この頃、『お利口くん』ちのお父さん、姿を見かけなかったものな」

「いいひとだったよなあ」

空気がしんみりとした。

ひとりがおもちゃ売り場の販売員に訊(き)いた。

「それで、『お利口くん』にはどんなおもちゃを薦めたんだ？　あまり高いものじゃなくて、その、何か⑤いいものがあったのか？」

その頃は、この百貨店にあった、家電・電化製品売り場のフロアの販売員だったそうだ。

「いや、とっさのことだし、ちょっと思いつかなかったから、宿題ってことにして貰(もら)って、いったん帰って貰ったんです。店長やメーカーのひとたちに相談しようと思って。だって――」

彼は唇を噛(か)んだ。涙をこらえるように。

「あの財布に入ってたのって、あの子のお小遣いだと思うんですよ。お年玉とか使わずに貯めておいたんじゃないかなあ、何か自分の欲しいものを買うために。そんな大事なお金で、死んだお父さんの代わりに、自分がサンタクロースになって、きょうだいにプレゼントを買おうって。自分もまだ子どもじゃないですか。サンタさんからプレゼントが欲しい年でしょうに」

もし店内のおもちゃが自分の物ならば、その子に無料で何もかもあげたいと思っただろう。その場にいた皆が思った。けれどここは百貨店。置いてあるものは売り物だ。

だから、彼は上司や取引先のおもちゃ会社のひとびとに相談した。おとなたちは、意見を出し合い、少しでも少年の負担にならない方向で、小さな妹と弟が喜びそうな物を考えた。次の日にやってきた『お利口くん』に、おもちゃ売り場の販売員は、プレゼント候補の品々を見せた。少年は顔を輝かせて、プレゼントを選び、何度もお礼をいって帰っていった。――少年は、この贈り物を選ぶのに、どれだけのひとびとが時間と

そのふたりの名前は、初夏の頃に、ドアマンの西原保から聞いた記憶があった。かわいらしくもインパクトのある二つ名だ。一度耳にしたら、忘れるのは難しい。

そして、そのふたりと星野百貨店の間に起きた、ささやかな出来事もまた──一度聞いたら忘れられなかった。何しろ、あの西原保の、いちばんの思い出の物語だ。四十年ほども昔。この百貨店がまだ若かった頃の、ある③美しい物語。だから結子は、今日の＊アテンドの準備のために回ったいくつかの店で、その名が出たとき、すぐに思いだしたのだ。

結子が鷹城夫妻の名前と略歴を店でニツげると、古くからの販売員がいる店のいくつかで、その名前が挙がった。

「『お利口くん』ですか。そう、『福の神ちゃん』といっしょに来店されるんですか。懐かしいなあ。どんなおとなになったのかなあ」

語られる話は常に同じだった。話を聞くうちに事情がわかってきた。かつてふたりはアイドルだった。この店で働くひとびとに密かに愛されていた、年若いお客様だったのだ。

「ありゃどれくらい前のことになるのかなあ」

地下一階の市場の、総菜も置いているホセンギョ店の老いた主が話してくれた。

「この百貨店、子どもや学生さんの来客が多いじゃないですか。ほら、街中の店ですしね。で、いつも来てる子たちだと顔を覚えちゃって。お利口さんな子どもや学生さんだと、特にやっぱりね、かわいくなってきたりするんですよ。で、鷹城さん夫妻は、ふたりとも、そういう子たちだった、というわけです」

百貨店に限らず、店に対して、懐かしみや親しみを覚えるひとは多い。結子は自分自身も他の店では客の立場なので、その辺りの感情もわかる。すると店や店員さんたちが、家族や友人のように大事になったりもするものだ。──ちょうど、鷹城夫妻のように。

一方で、店で働くひとびともまた、馴染（なじ）みのお客様や印象の強いお客様のことを覚える。客側と同じような愛情を持って見守っていることもある。彼らの側からは、その感情を表に出さないこともあるけれど。けれど彼らは、客のことをいつも見て、記憶しているのだ。

接客業のひとびとは、もちろんすべてのお客様に対して、安定した、誠実な応対をすることを求められている。それが「プロの対応」でもある。けれど、彼らもひとの心を持っている。もし最高のサービスが見たいなら、客の側もプロの客になればよい。それは、カジュアルな店から、一流の店やホテルまで、すべてにいえることだと結子は思っている。

「このお客様のために、何かしてあげたい」

「このお客様に、喜んで欲しい」

そう思ったときうまれるサービスは百パーセントを超えるレベルと熱量のものとなる。

鷹城夫妻は、その昔ひそかに星野百貨店のひとびとから［　④　］。百貨店はみなでお客様の情報を共有する。そのせいもあって、いつも彼らの話は癒やされる子どもたち・学生さんとして、語られ、伝えられてきた。特に『お利口くん』と呼ばれていた、子どもの頃の鷹城少年はそうだった。

彼は最初は幸せな子どもとして、店のひとびとに記憶されていた。日

エ　ヒマラヤ山脈が誰かから働きかけられるわけではないということ。

問四　空欄 ② ・ ③ に当てはまるものを次の中から選び、それぞれ記号で答えなさい。

ア　理論　イ　社会　ウ　個人　エ　文化

問五　傍線部④「教育には権力が作用している」といえるのは、「教育」がどういうものだからですか。文中から十字で抜き出しなさい。

問六　傍線部⑤「治療する」と⑥「教育する」の共通点は何ですか。次の説明の空欄に当てはまる内容を、文中の語句を用いて二十字以内で答えなさい。

> 二つの行為ともに［　　　　　　］点。

問七　次の一文は、文中の《A》～《D》のどこに入れるのが適当ですか、記号で答えなさい。

> 「アクティブ・ラーニング」という教え方の是非をめぐる最近の議論も、そういう対立の例です。

二　次の文章を読んで、後の問に答えなさい。

鷹城（たかしろ）夫妻は、のんびりと店内で買い物を楽しんだ。彼らはどのフロアでも①大歓迎を受けた。見守る笑顔の中で、とても良い雰囲気で買い物を続けていたのだけれど――。

四階のイミンゲイ品の店を出て、そのフロアにある甘味処で休憩していたときのことだ。

ふと、鷹城氏がいったのだ。嬉しそうに。

「どこへ行っても、こんなに歓迎していただいて、何かこう、申し訳ないというのか。さすが星野百貨店、こんなに客を大切に思ってくださるんですね」

「あ、それわたしも思ったわ」

鷹城夫人も笑顔でうなずいた。「何か急にアイドルになったみたい、って思ってたんですよ。みんなにこにこで、目をきらきらさせて歓迎してくださるものだから」

「そうですね。たしかにみんな大歓迎で」

＊結子（ゆうこ）は梅昆布茶を味わいながら、にっこりと笑った。「でもそれはきっと、当館が褒めていただくようなことではなく、鷹城様たちが、それだけ素晴らしいお客様だということでは無いかと存じます」

そうかなあ、そうかしら、と、夫妻は顔を見合わせて、けれど嬉しそうに笑った。

「子どもの頃から大好きで、思い出がたくさんあって、ロ憧れてもいた百貨店に、おとなになってから帰ってきて、こんなに大歓迎されるなんて、なんていうか」

鷹城氏は、眼鏡を外して、目元をハンカチで拭った。「すみません、年をとると涙もろくなっちゃって。なんていうかその、百貨店そのもののハ魂みたいなものに、歓迎されているような気持ちになっちゃったんですよ。よく帰ってきたね、って。昔の自分が」

隣で鷹城夫人も、同じく涙ぐみながら、うんうんとうなずいていた。

結子は②ただ微笑んで、頭を下げた。

『お利口（りこう）くん』と『福の神ちゃん』。

Ⅲ　、いくら教育をしても、本人がその気にならないと、学習は進みません。教育に関しては、常に被教育者の動機づけ問題を抱え続けます。これが教育の難題になり続けています。どこかの学習塾がハ掲げている「やる気スイッチ」というフレーズは秀逸です。生徒の側の「やる気スイッチ」が入らないと、教育はなかなかうまくいきません。ただし、そんなスイッチが見つからないことが多いからこそ、教師はいつも苦労しているのですが。

教育の定義の三つ目のポイントは、被教育者の学習を「組織化しようとすること」です。もって回った言い方になっていますが、「しようとする」なのです。だから、失敗するかもしれません。でも、成功するか失敗するかにかかわらず、それは教育だと考えます。教育哲学者のブレツィンカは、医者がニカンジャを治療する、というときの「治療する」というのと同じだと論じています。どういうことかというと、「⑤治療する」と「治癒する」とは違う。望ましい結果が得られるとは限らないわけです。教育もそれと同じで、「⑥教育する」「教える」「教授する」というのと、その成果が実現するというのとは違うわけです。

失敗したら教育ではないのではなく、失敗したとしても、それは教育です。教育としてやったのに十分な成果が挙がらなかったということは、いつもあります。何十年も大学の教員をしてきた私でも、失敗は今でもしょっちゅうあります。「面白い話をしたつもりなのに、今日はたくさんの学生が寝ちゃったなあ」という回もあります。「これは面白い！」と思った論文をみつけてきて、演習の授業でとりあげたら、学生たちの理解がさっぱりで、「学生には難しすぎたか……」という回もあります。

失敗はまあ仕方がない。教師の側でさらなる工夫はいろいろできるわけですが（私もやっている）、それでもなお、すべての回に完璧な結果を出せる授業なんかは、普通の教師には無理です。

「教育の失敗」について、もう少し述べると、教える側の意図が学ぶ側では十分にホタッセイされなかった「効果なし」だけでなく、「かえって悪影響」ということもありえます。「望ましくない副作用」ですね。たとえば、教師の何げない言葉から、「人間は信用できない」と生徒が思うようになってしまったり、くり返されるテストを通して、勉強の苦手な生徒に「努力をしてもしょうがない」と考えさせてしまうようなことがあります。学校は、生徒の人格の成長にとって、かえって悪影響を与える教育になってしまう側面もあるのです。

（広田照幸『学校はなぜ退屈でなぜ大切なのか』）

問一　傍線部**イ**～**ホ**について。カタカナは漢字に直し、漢字は読みをひらがなで記しなさい。

問二　空欄　Ⅰ　～　Ⅲ　に当てはまる語を次の中から選び、それぞれ記号で答えなさい。

ア　つまり　　イ　しかし　　ウ　あるいは　　エ　たとえば

問三　傍線部①「そこに『教育』は基本的には存在しない」とはどういうことですか。適当なものを後の中から選び、記号で答えなさい。

ア　ヒマラヤ山脈から必ずしも何かを感じ取れるとは限らないということ。

イ　ヒマラヤ山脈が何らかの思惑を持っているわけではないということ。

ウ　ヒマラヤ山脈から受け取る印象は人それぞれであるということ。

という ③ 中心主義の考え方もあります。どちらの立場に立つのかによって、カリキュラムや教育方法の考え方が、まったく違ってきます。どういう「意図」を込めるのかについては、近代の教育のスタートから、さまざまな論や説が出てきていて、いろいろなところで、果てしない対立が続いているわけです。《C》

これはなかなか大変なことです。シンプルな定義では、複数の考え方の間の対立は表面には見えません。 Ⅱ 、いざ実際に何をどう学ばせるべきかという「意図」の中身を議論し始めると、私たちは非常に複雑な対立の中でものを考えなければいけなくなるのです。《D》

「教育」についての私の定義におけるポイントの二つ目は、「他者の学習」です。教育には他者が存在します。というか、教育は他者を変えようとするお節介な営みなのです。だから、他人に押し付けるものであるという意味で、権力性を持っています。私が学生たちに、「これを覚えろ」「これについて考えろ」と言うのは、それ自体が一つの権力的な作用です。それどころか、「おとなしく座って、まずは俺の話を聞け」というふうになっている段階で、④教育には権力が作用していることになります。

もう一つ、他者という点で重要なのは、教育する側にいる自分が望ましいとか必要だとか思うものを、他者、つまり被教育者がそのように思ってくれるとは限らないということです。私がシャガールの絵に感動して、「これを見せて感動させよう」と考えて子どもに見せたとしても、「ゲッ、下手くそな絵」と言われてしまうかもしれません。

他者が存在するということは、教育関係とは、ある人と他者との関係だということになります。その場合、教育者の意図とは別の状態にあるのが、被教育者です。教師が何かを教えたいと思っていても、生徒がそれを学びたいと思っているとはかぎらないのです。教育には、ここに根本的な不確実性が存在しています。

実際、教育を受ける側は、常にやり過ごしや離脱の自由を持っています。私が高校生のとき、クラスのS君という友だちが、日本史の担当のN先生の授業が大嫌いで、時間中はいつもずっと窓の外を見ていました。ある日とうとう、N先生が怒り出してS君に何か言ったのですが、S君の方は「あんたの授業が下手くそだから、聞く気にならないんだよ！」と言い返して、S君のイアッショウになりました。新米のN先生の授業は、私の目から見ても下手でした。

まあ、そこまでロロコツでなくても、教師の方をぼうっと見ながら、「今日のお昼ご飯、何食べよう」とか、「夜のテレビは何がいいかな」と考えたりすることは、皆さんにもよくあることだと思います。そんなときは、だんだん眠くなりますね。教科書を見ているふりをして、私もときどき居眠りしました。

私が教えている学生でよく見かけるのは、私の講義の話を軽く聞き流しておいて、「大事そうなことが出てきたら、そこはちゃんと聞こう」というふうな姿勢の学生です。「省エネモード型」といってもいいかもしれません。でも、「大事そうなこと」がわからないまま、最初から最後まで「省エネ」しっぱなし、というふうな感じの学生もいます。まあ、そういう学生の答案は、「八行以内で論じなさい」と出題しておいても一行ぐらいしか書けないから、教員の私のほうも、「省エネ」で採点ができるんですけどね。

【国　語】〈五〇分〉〈満点：一〇〇点〉

一　次の文章を読んで、後の問に答えなさい。

　そもそも「教育」とは何なのでしょうか。私は、「教育（education）」を定義するとき、「教育とは、誰かが意図的に、他者の学習を組織化しようとすることである」という定義を与えています。「教育とは何か」については、いろいろな人がいろいろな定義をしていますが、おそらく、最もシンプルな定義の一つだと思います。いろいろなものをそぎ落としてみて、最後まで残る重要な性質を、私は「教育」の定義に使っています。

　なお、たまに「自己教育」という言葉を使う人がいますが、私の右の定義では、残念ながら、それは「教育」の枠から外れてしまいます。「自己教育」という考え方自体は、自分を客観化・対象化することなど、興味深い主題をいっぱい含んでいるのですが、これを含まない形で教育を定義した上で、論を進めていくことにします。

「教育とは、誰かが意図的に、他者の学習を組織化しようとすることである」という定義には、重要なポイントがいくつかあります。

　一つ目は、「意図的に」です。つまり、こうなってほしい、こういうことを理解してほしいという、教育しようとする誰かの意図が存在しています。

　たとえば、私が何かを求めてヒマラヤ山脈に出かけていって、広大な山並みをみて感動して、「ああ！」と何かを感じ取ったとしても、別にヒマラヤ山脈が「教育」についての意図を持って、私に働きかけてくれたわけではないですよね。「ああ、これだ！」というのは私自身が自ら気づくわけです。そこには教育しようとする誰か他者の意図は存在しませんから、この定義に沿えば、①そこに「教育」は基本的には存在しないのです。

　教育には教える側の意図が存在する、という点から、一つの難題が生じます。どういう意図を込めて教育するかという点に、多種多様な考え方があるということです。そのため、何を学ばせるべきか、どう学ばせるべきかについて、果てしない論争や対立が生まれてきます。

　[I]、「教育される側が嫌がっていても、無理やり学習させるべきだ」という議論もできれば、「本人が望むまで待って、やりたいと思ったときにやらせればいい」という議論もできます。また、「しっかりとしたカリキュラムを組んでおいて、どんどん順番に教えるのがいい」という意見もあれば、逆に、「本人が関心を持ったところを入り口にして、そこからどんどんつなげて発展させていけばいい」など、いろいろな考え方ができます。《A》

　教育学の議論の中では、たとえば、子どもが自身の経験の中から学ぶことをスタートにしていく経験主義の考え方と、あらかじめ知識の体系をつくっておいて、それを教えていく系統主義の考え方とがあり、経験主義対系統主義の果てしない対立がずっと続いています。二〇〇〇年前後の「ゆとり教育」改革をめぐる議論の対立は、その例の一つだったと思います。《B》

　また、何かをやろうとする本人の側に焦点を当てて、教育で何をどう教えるかを考えていく[②]中心主義の考え方がある一方で、[③]の側で今の子どもにこういうことを学んでほしいからこれを学ばせよう

大切なことはメモしておこうネ！

T.G

2023年度

立教新座中学校入試問題（第２回）

【算　数】（50分）　<満点：100点>

【注意】　１．答はできるだけ簡単にしなさい。また，円周率は，3.14を用いなさい。
　　　　　２．三角定規，分度器，計算機の使用はいけません。

［１］ 以下の問いに答えなさい。

(1) 次の計算をしなさい。

$$\left(0.5+\frac{1}{3}\div0.25-0.2\times\frac{1}{6}\right)\times\left(2\frac{2}{3}+0.75-\frac{1}{12}\right)$$

(2) 太郎君と花子さんはビー玉を持っています。はじめに，太郎君は持っているビー玉の半分を花子さんにわたしました。次に，花子さんはそのときに持っているビー玉の$\frac{1}{7}$を太郎君にわたしました。さらに，太郎君はそのときに持っているビー玉の$\frac{1}{10}$を花子さんにわたしました。このとき，太郎君の持っているビー玉は126個，花子さんの持っているビー玉は254個になりました。はじめに２人は，それぞれ何個のビー玉を持っていましたか。

(3) 問題集の計算問題を解き，答え合わせをして得点を計算します。得点は，まず正解した問題数を数えて，１問につき５点を得点に加えます。次に，不正解だった問題数を数えて，１問につき２点を得点からひきます。得点は０点からはじまるものとして，次の問いに答えなさい。

① 100問解いて答え合わせをしたところ，得点は297点でした。何問正解しましたか。

② たくさん問題を解いて答え合わせをしたところ，正解した問題数は不正解だった問題数の４倍で，得点は918点でした。何問正解しましたか。

(4) 右の図のようにＡＢ＝４㎝，ＢＣ＝３㎝，ＡＣ＝５㎝の長方形ＡＢＣＤと１辺が７㎝の正六角形があります。長方形ＡＢＣＤを矢印の方向に，正六角形の周（太線）に沿って，元の位置に戻るまで滑(すべ)ることなく転がします。このとき，点Ａが動いたあとの線の長さを求めなさい。また，点Ａが動いたあとの線と正六角形の周によって囲まれた部分の面積の和を求めなさい。

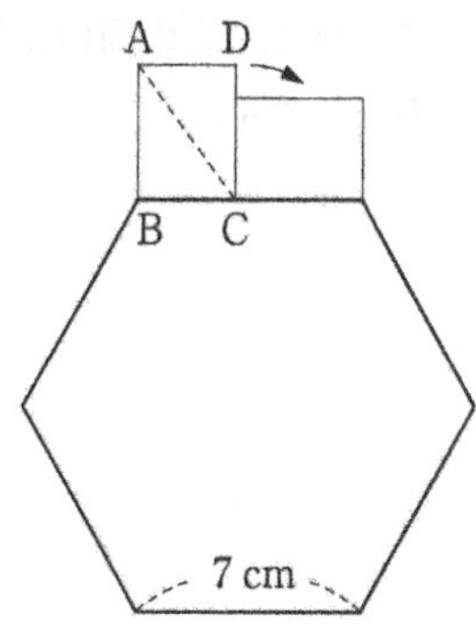

(5) 同じ大きさの立方体16個と36個を，次のページの図のように面と面がぴったりと合うように床(ゆか)から積み重ねて２つの立体を作りました。この２つの立体の表面に色を塗(ぬ)ります。ただし，どちらも立体の下の面には色を塗らないものとします。次の問いに答えなさい。

① 図１の立体について，色が塗られている立方体の面はいくつありますか。

② 図２の立体について，この立体をもとの36個の立方体にばらばらにしたとき，色が塗られていない立方体の面はいくつありますか。

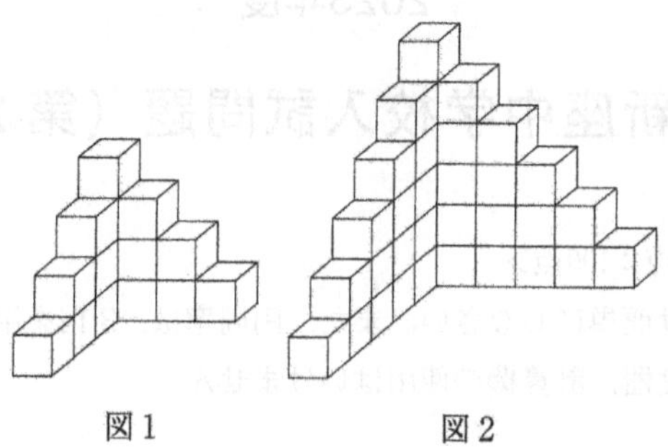
図１　　　図２

〔２〕 右の図の四角形ＡＢＣＤは面積が240㎠の平行四辺形で，点Ｅ，Ｆはそれぞれ辺ＢＣ，ＣＤ上にあります。また，三角形ＡＢＥの面積は48㎠，ＣＦとＦＤの長さの比は１：２です。ＡＣとＤＥ，ＥＦの交点をそれぞれＨ，Ｇとするとき，次の問いに答えなさい。

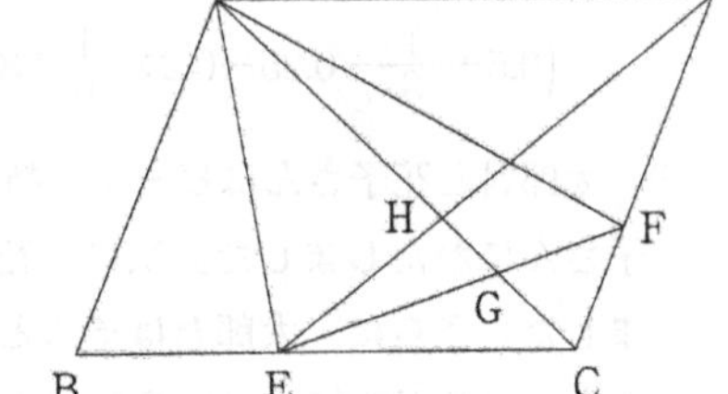

⑴　ＢＥとＥＣの長さの比を求めなさい。

⑵　三角形ＡＥＦの面積を求めなさい。

⑶　ＡＧとＧＣの長さの比を求めなさい。

⑷　三角形ＨＥＧの面積を求めなさい。

〔３〕 図１のように，１辺の長さが６㎝の立方体があります。図２は１辺の長さが６㎝の正方形６個を組み合わせた１枚のシールで，点Ａ，Ｂ，Ｃはそれぞれ正方形の頂点で，点Ｄ，Ｅ，Ｆはそれぞれ辺の真ん中の点です。この１枚のシールを，図３のように，立方体の面の正方形とシールの正方形がぴったりと重なるように図１の立方体のすべての面にはります。このシールをはった立方体について，後の問いに答えなさい。ただし，三角すいの体積は（底面積）×（高さ）÷３で求めるものとします。

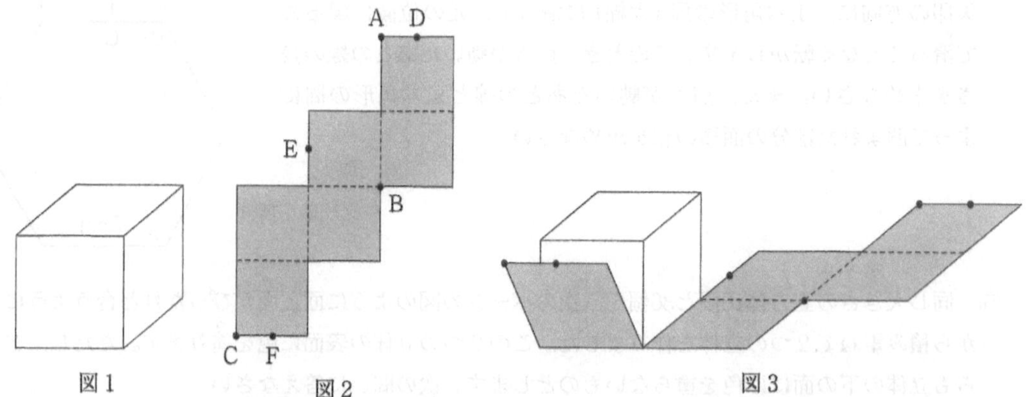

図１　　図２　　図３

⑴　３点Ａ，Ｃ，Ｅを通る平面で立方体を切断するとき，点Ｂをふくむ方の立体の体積を求めなさい。

⑵　３点Ａ，Ｂ，Ｃを通る平面で立方体を切断するとき，点Ｅをふくむ方の立体の体積を求めなさい。

⑶　３点D，E，Fを通る平面で立方体を切断するとき，点Bをふくむ方の立体の体積を求めなさい。

⑷　３点A，B，Fを通る平面で立方体を切断するとき，点Eをふくむ方の立体の体積を求めなさい。

［4］　図１のように６×６のマス目があり，アルファベットとひらがなでマスの位置を表すことにします。それぞれのマスには数が表示され，どのマスもはじめは０が表示されています。あるマスを選ぶと，選んだマスの周囲にあるそれぞれのマスについて，表示された数に１をたした数が表示されます。選んだマスによって，その周囲にあるマスは８マスか５マスか３マスの場合があります。例えば【Aう】【Aか】【Bえ】の順に３個のマスを選ぶと図２のようになります。次の問いに答えなさい。

	あ	い	う	え	お	か
A	0	0	0	0	0	0
B	0	0	0	0	0	0
C	0	0	0	0	0	0
D	0	0	0	0	0	0
E	0	0	0	0	0	0
F	0	0	0	0	0	0

図１

	あ	い	う	え	お	か
A	0	1	0	1	0	0
B	0	1	1	1	0	0
C	0	0	0	0	0	0
D	0	0	0	0	0	0
E	0	0	0	0	0	0
F	0	0	0	0	0	0

⇒

	あ	い	う	え	お	か
A	0	1	0	1	1	0
B	0	1	1	1	1	1
C	0	0	0	0	0	0
D	0	0	0	0	0	0
E	0	0	0	0	0	0
F	0	0	0	0	0	0

⇒

	あ	い	う	え	お	か
A	0	1	1	2	2	0
B	0	1	2	1	2	1
C	0	0	1	1	1	0
D	0	0	0	0	0	0
E	0	0	0	0	0	0
F	0	0	0	0	0	0

図２

⑴【Bあ】【Cい】【Eい】【Eか】【Fあ】の５個のマスを選んだとき，36マスすべてに表示されている数の和はいくつですか。

⑵　すべてのマスに１以上の数が表示される方法を考えます。選ぶマスの個数をできるだけ少なくするとき，何個のマスを選べばいいですか。

⑶　図３はいくつかのマスを選んだ結果です。何個のマスを選びましたか。

⑷　図４はいくつかのマスを選んだ結果です。ア，イ，ウのマスに表示される数をそれぞれ答えなさい。

	あ	い	う	え	お	か
A	0	0	1	1	2	0
B	0	1	2	1	2	1
C	0	2	3	4	2	0
D	0	2	2	2	1	0
E	0	1	2	2	1	0
F	0	0	0	0	0	0

図３

	あ	い	う	え	お	か
A	1	2	1	0	0	0
B	2	ア	2	1	1	0
C	2	3	3	1	イ	0
D	0	2	1	3	2	1
E	1	ウ	3	4	1	1
F	0	1	1	2	2	1

図４

［5］　長針と短針があるストップウォッチがあります。このストップウォッチの長針と短針は，次のページの図１のようにはじめはどちらも０を指しており，長針は30秒で１周，短針は15分で１周します。次のページの図２はこのストップウォッチで計測を開始してから９分40秒を表しています。このストップウォッチについて，次のページの問いに答えなさい。ただし，計測の開始はすべ

て図1の状態から始めるものとします。

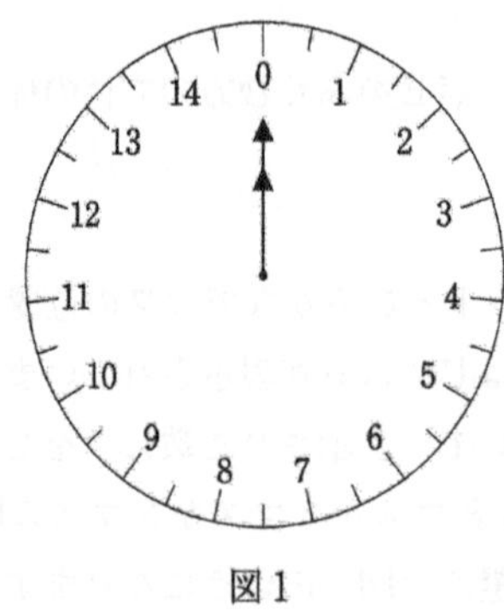

図1

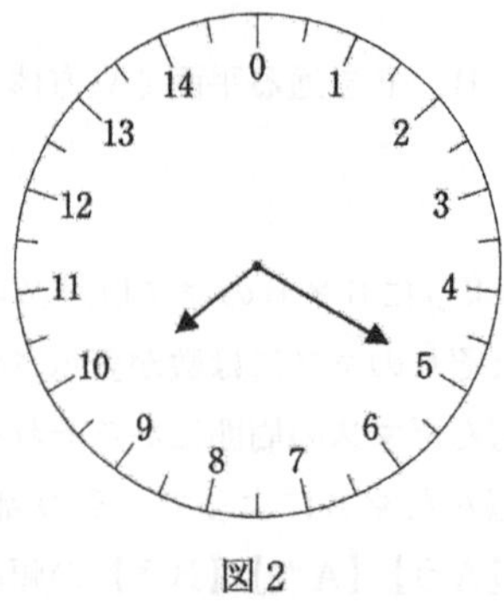

図2

⑴　図2において，長針と短針のつくる角のうち，小さい方の角は何度ですか。

⑵　計測を開始して3分から4分までの間に，長針と短針が重なるのは2回あります。3分何秒と3分何秒ですか。

⑶　計測を開始して10分30秒から11分までの間に，長針と短針のつくる角が20°となるのは2回あります。10分何秒と10分何秒ですか。

⑷　図3において，計測を開始して5分30秒から6分30秒までの間に，直線ℓが長針と短針のつくる角を2等分するのは2回あります。何分何秒と何分何秒ですか。

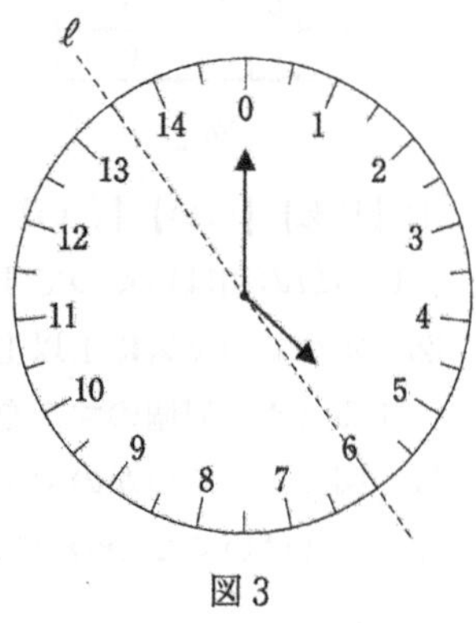

図3

【理　科】（30分）　＜満点：50点＞

【注意】 計算機，分度器を使用してはいけません。

【１】 10g，40g，90gの３種類のボールについて，それぞれ白色と黒色を用意し，合計６個のボールで次の実験１～３を行いました。以下の問いに答えなさい。ただし，摩擦や空気の抵抗の影響は考えないものとします。

〔実験１〕

下図のように，水平な床の上で10gの白色のボールをいろいろな速さで発射台から発射し，静止している10gの黒色のボールに衝突させた。このときの，衝突後の白色のボールと黒色のボールの速さを測定し表にまとめた。この実験を40g，90gについてもそれぞれ行った。

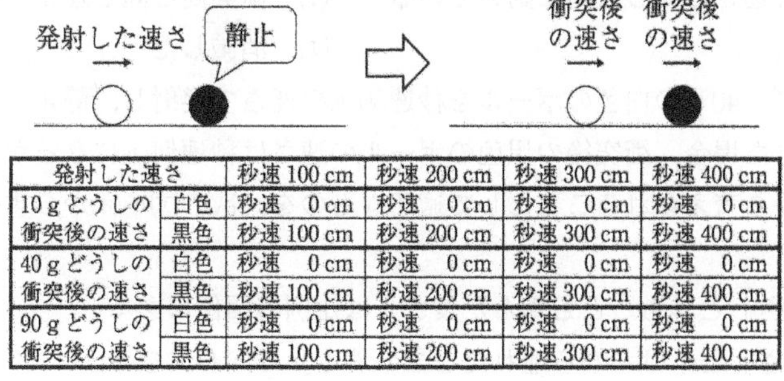

発射した速さ		秒速 100 cm	秒速 200 cm	秒速 300 cm	秒速 400 cm
10gどうしの衝突後の速さ	白色	秒速　0 cm	秒速　0 cm	秒速　0 cm	秒速　0 cm
	黒色	秒速 100 cm	秒速 200 cm	秒速 300 cm	秒速 400 cm
40gどうしの衝突後の速さ	白色	秒速　0 cm	秒速　0 cm	秒速　0 cm	秒速　0 cm
	黒色	秒速 100 cm	秒速 200 cm	秒速 300 cm	秒速 400 cm
90gどうしの衝突後の速さ	白色	秒速　0 cm	秒速　0 cm	秒速　0 cm	秒速　0 cm
	黒色	秒速 100 cm	秒速 200 cm	秒速 300 cm	秒速 400 cm

〔実験２〕

下図のように，水平な床においたばねに向かって10gのボールをいろいろな速さで発射台から発射した。ボールは，ばねがもっとも縮んだところで一瞬静止し，ばねが始めの長さに戻ったところで，ばねから離れた。このときの，ばねがもっとも縮んだ長さとボールがばねから離れたときの速さを測定し表にまとめた。この実験を40g，90gについてもそれぞれ行った。

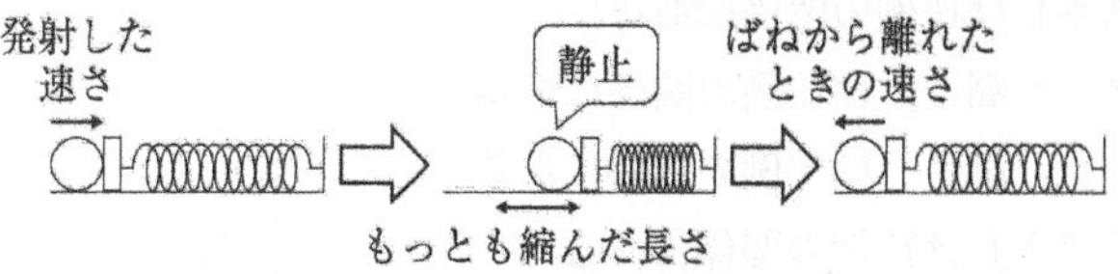

発射した速さ		秒速 10 cm	秒速 20 cm	秒速 40 cm
10 g	もっとも縮んだ長さ	1 cm	2 cm	4 cm
	ばねから離れたときの速さ	秒速 10 cm	秒速 20 cm	秒速 40 cm
40 g	もっとも縮んだ長さ	2 cm	4 cm	8 cm
	ばねから離れたときの速さ	秒速 10 cm	秒速 20 cm	秒速 40 cm
90 g	もっとも縮んだ長さ	3 cm	6 cm	12 cm
	ばねから離れたときの速さ	秒速 10 cm	秒速 20 cm	秒速 40 cm

〔実験３〕

次のページの図のように，円の一部でできた曲線のレールを作成し，最下点から10gのボールをいろいろな速さで発射台から発射した。このときの，レールを上ったボールの最高点の高さを測定し表にまとめた。この実験を40g，90gについてもそれぞれ行った。

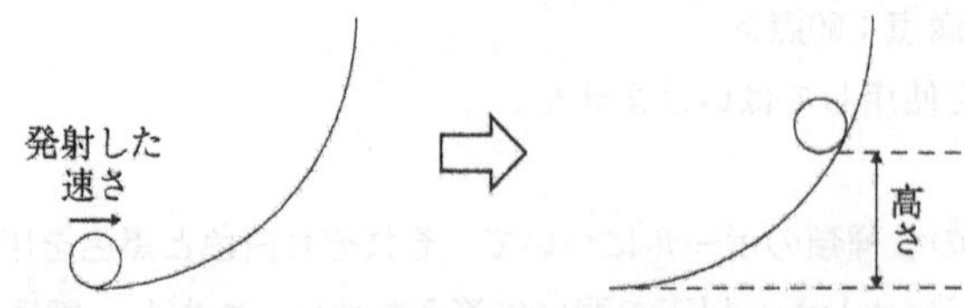

発射した速さ		秒速 100 cm	秒速 200 cm	秒速 400 cm
高さ	10 g	5 cm	20 cm	80 cm
	40 g	5 cm	20 cm	80 cm
	90 g	5 cm	20 cm	80 cm

⑴　実験１において，衝突後の白色のボールの様子を説明した文として適切なものを，次の㋐～㋓から選び，記号で答えなさい。

㋐　衝突前と同じ速さで同じ方向に動いている　　㋑　衝突前と同じ速さで逆方向に動いている
㋒　止まっている　　㋓　消滅（しょうめつ）した

⑵　実験１と同様に，40ｇの白色のボールを秒速50㎝の速さで発射し，静止している40ｇの黒色のボールに衝突させた場合，衝突後の黒色のボールの速さは秒速何㎝になるか求めなさい。

⑶　実験２の結果から考えられることとして適切なものを，次の㋐～㋔からすべて選び，記号で答えなさい。

㋐　「発射した速さ」と「もっとも縮んだ長さ」は比例の関係にある
㋑　「発射した速さ」と「ばねから離れたときの速さ」は同じになる
㋒　「もっとも縮んだ長さ」と「ばねから離れたときの速さ」は比例の関係にある
㋓　「おもさ」と「もっとも縮んだ長さ」は比例の関係にある
㋔　「おもさ」と「ばねから離れたときの速さ」は比例の関係にある

⑷　実験３の結果から考えられることとして適切なものを，次の㋐～㋔からすべて選び，記号で答えなさい。

㋐　「速さ」と「高さ」は比例の関係にある
㋑　「速さ」と「高さ×高さ」は比例の関係にある
㋒　「速さ×速さ」と「高さ」は比例の関係にある
㋓　「おもさ」と「高さ」は比例の関係にある
㋔　「おもさ」は［高さ］に影響しない

実験１～３の結果をもとに，速さや高さの関係を予測してみたい。ただし，白色のボールと黒色のボールのおもさは同じものとする。

⑸　下図のように，白色のボールを静止している黒色のボールに衝突させると，黒色のボールはレールを上る。このときのボールのおもさと，白色のボールの速さと，黒色のボールの最高点の高さの関係について，考えられることとして適切なものを，⑷の㋐～㋔からすべて選び，記号で答えなさい。

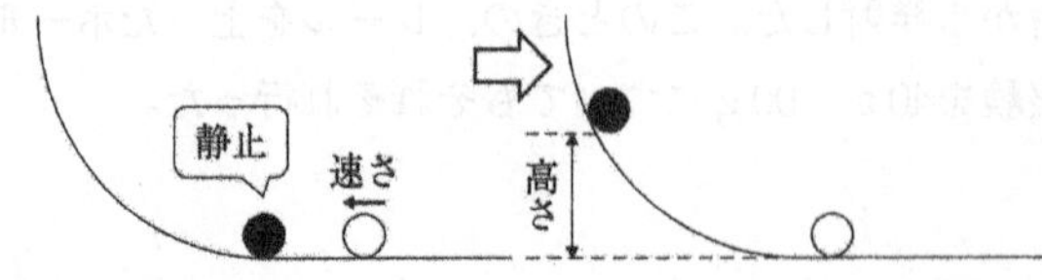

(6)　下図のように，白色のボールをばねに向けて発射すると，ばねではね返った後，静止している黒色のボールに衝突する。その後，黒色のボールはレールを上る。このときのボールのおもさと，白色のボールを発射した速さと，黒色のボールの最高点の高さの関係について，考えられることとして適切なものを，前のページの(4)の(ア)～(オ)からすべて選び，記号で答えなさい。

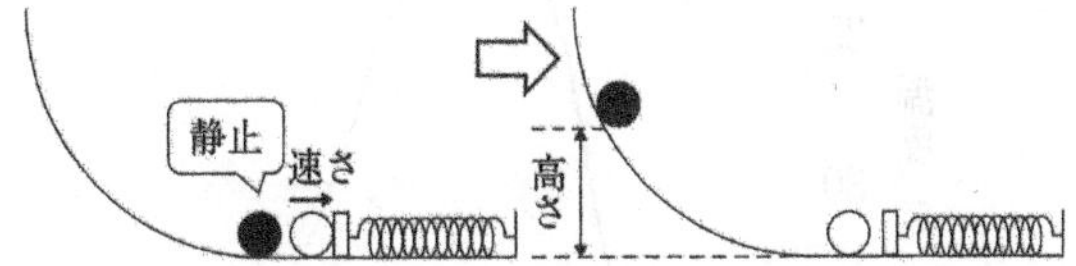

(7)　下図のように，縮めたばねに触(ふ)れるようにおいた白色のボールから手を離すと，白色のボールはばねから離れ，静止している黒色のボールに衝突する。その後，黒色のボールはレールを上る。このときのボールのおもさと，ばねを縮めた長さと，黒色のボールの最高点の高さの関係について，考えられることとして適切なものを，次の(ア)～(オ)から選び，記号で答えなさい。

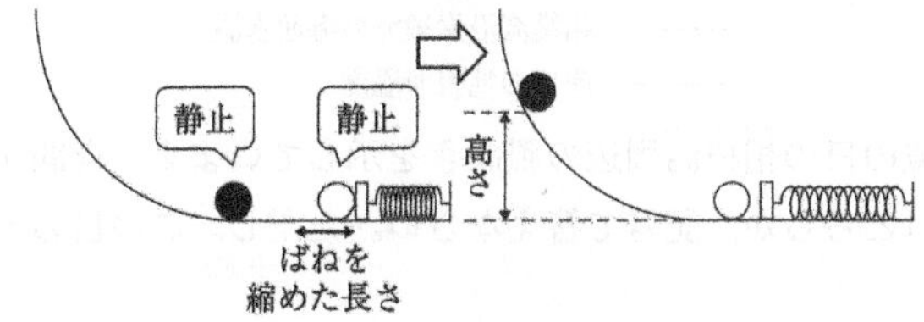

(ア)　「ばねを縮めた長さ」と「高さ」は比例の関係にある
(イ)　「ばねを縮めた長さ」と「高さ×高さ」は比例の関係にある
(ウ)　「ばねを縮めた長さ×ばねを縮めた長さ」と「高さ」は比例の関係にある
(エ)　「おもさ」と「高さ」は比例の関係にある
(オ)　「おもさ」は「高さ」に影響しない

【２】　以下の問いに答えなさい。

(1)　同じ体積で空気のおもさを比べたとき，どのような特徴(とくちょう)があると考えられますか。もっとも適切なものを，次の(ア)～(ウ)から選び，記号で答えなさい。
(ア)　暖かい空気は冷たい空気より軽い
(イ)　暖かい空気は冷たい空気より重い
(ウ)　暖かい空気と冷たい空気のおもさはほぼ等しい

(2)　次の文章は，夏の海と陸の温度変化と風について調べてまとめたものです。文章中の①～③に適する語句を，後の語群から選び，それぞれ記号で答えなさい。

次のページの図から，日中と夜間において，陸地の地表面温度は海面水温に比べて日中と夜間の寒暖差が(　①　)ことがわかった。日中は，陸の方が海より気温が高く，夜間は逆転する。このため，日中，陸で空気が（　②　）する流れが生じたときは，まわりから空気を吸いこむ風が吹(ふ)く。一方，夜間の陸と海の空気の流れは日中と逆である。

北から南に向かって吹く風を北風というように，陸から海に向かって吹く風を陸風，海から陸に向かって吹く風を海風という。右図から，海風は（　③　）に吹くことが考えられる。

〈語群〉
①：(ア)　小さい　　(イ)　大きい　　(ウ)　ほとんど変わらない

②：(ア)　上昇　　(イ)　下降　　(ウ)　とどまろうと

③：(ア)　日中　　(イ)　夜間

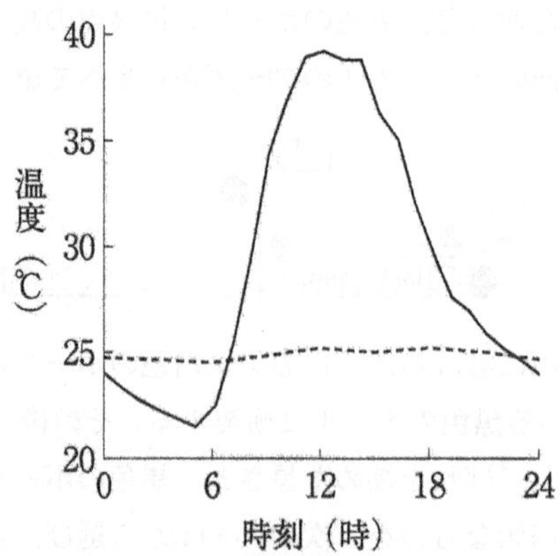

(3)　図(ア)，(イ)は，ある夏の日の相模湾周辺の風向きを示しています。夜間から明け方にかけての風向きを示しているのはどちらか，記号で答えなさい。ただし，この日の天気は快晴でした。

(ア)

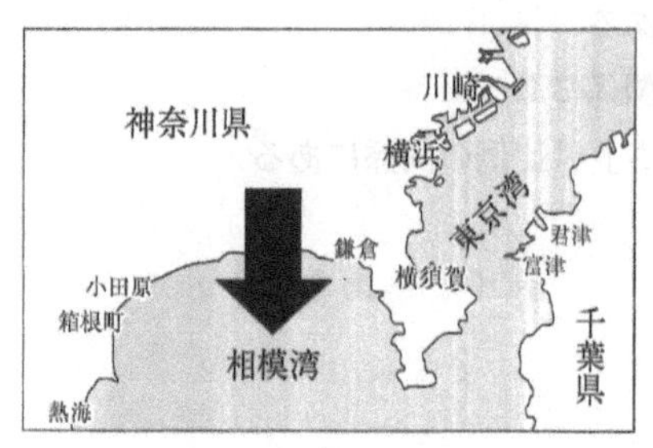

(イ)

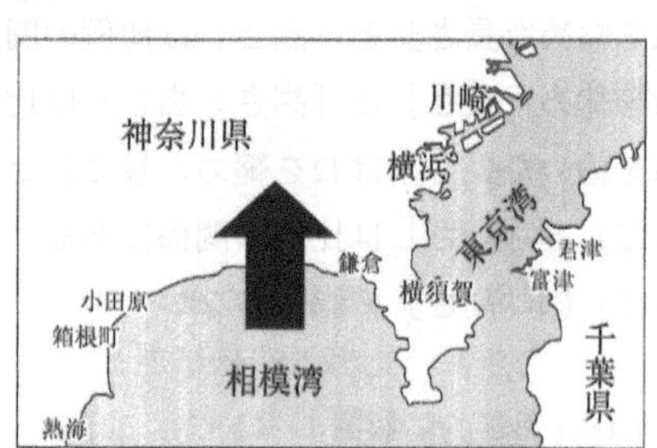

(4)　次の文章は，季節風についてまとめたものです。文章中の①～⑤に適する語句を，以下の語群から選び，それぞれ記号で答えなさい。

日本列島の西には日本海をはさんでユーラシア大陸があり，東には太平洋という海洋があるととらえることができる。夏の大陸の温度は，平均すると海洋と比べて（　①　）ため，大陸の空気が（　②　）する流れが生じる。このため，地球の表面付近では（　③　）から風が吹く。これは，いわゆる（　④　）が吹く仕組みと同じである。よって，日本の夏は（　⑤　）からの季節風が吹くと言われている。冬は，この仕組みの逆である。

〈語群〉

①：(ア)　低くなる　　(イ)　高くなる　　(ウ)　ほとんど変わらない

②：(ア)　上昇　　(イ)　下降　　(ウ)　とどまろうと

③：(ア)　大陸　　(イ)　海洋

④：(ア)　陸風　　(イ)　海風

⑤：(ア)　北東　　(イ)　北西　　(ウ)　南東　　(エ)　南西

【３】 次の文を読み，以下の問いに答えなさい。

太郎くんは，砂糖を水に溶かすと，砂糖の粒が消えて見えなくなることについて疑問に思いました。そこで，次の実験１と実験２を行って，砂糖が水に溶けるときの様子を調べることにしました。

〔実験１〕

砂糖を40ｇはかりとり，６0℃の水100ｇに入れてかき混ぜると，a砂糖はすべて溶けて見えなくなった。

〔実験２〕

実験１の砂糖水から砂糖のみを取り出そうとして（　Ⅰ　）を行った。しかし，砂糖水はすべてろ紙を通り抜けてしまった。

⑴　下線部ａについて，４0ｇの砂糖はなくなったのではなくすべて水の中に含まれていることが考えられます。このことを，水を蒸発させずに確認する方法とその結果をそれぞれ答えなさい。

⑵　文中のⅠに適する語句を答えなさい。

太郎くんは，他の物質でも砂糖と同様の結果になるかどうか確かめるために，食塩を用いて次の実験３と実験４を行いました。

〔実験３〕

食塩を40ｇはかりとり，60℃の水100ｇに入れてかき混ぜた。すると，溶け残りが生じた。

〔実験４〕

実験３の食塩水を（　Ⅰ　）すると，b溶け残りの物質がろ紙上に付着した。

⑶　下線部ｂについて，溶け残った物質はろ紙にどのように付着していますか。適切なものを次の㋐～㋔から選び，記号で答えなさい。ただし，点線はろ紙の折り目，灰色の部分は溶け残った物質を示している。

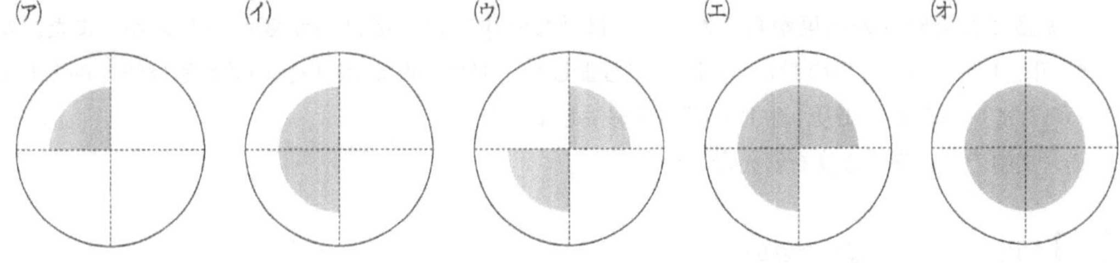

実験１～４の結果から，太郎くんは，物質ごとに溶けるおもさが違うのではないかと考え，溶け方の違いを調べるために，後の実験５～７を行いました。

〔実験５〕

60℃の水100ｇに食塩を１回につき10ｇずつ入れてかき混ぜていき，溶け残りが生じるまでの回数を調べた。砂糖に関しても同様に実験を行った。その結果，食塩は４回目を加えたときに溶け残りが生じたが，砂糖は10回目まで加えてもすべて溶けた。

〔実験６〕

実験５の食塩水を（　Ⅰ　）すると，食塩は2.8ｇ溶け残ったことがわかった。

〔実験７〕

実験６でろ紙を通り抜けた食塩水をしばらく放置して水をすべて蒸発させると，結晶（けっしょう）が生じた。生じた結晶のおもさをはかると37.2ｇであった。

実験５～７の結果から，太郎くんは，水100ｇに溶けることのできるおもさは物質ごとに異なると考えました。そこで，本で調べてみると，考えた通りでした。また，同じ物質でも温度によって溶けることのできるおもさは異なることがわかりました。なお，60℃の水100ｇに溶けることのできるおもさは，食塩水が37.2ｇ，砂糖が287.3ｇとわかりました。

⑷　実験６でろ紙を通り抜けた食塩水について，次の①，②に答えなさい。ただし，割り切れない場合は，小数第２位を四捨五入して小数第１位まで求めなさい。

①　食塩水の濃度（のうど）は何％になるか求めなさい。

②　①の水溶液（すいようえき）をしばらく放置すると，水溶液の温度は27℃まで下がり，水が一部蒸発して全体のおもさは112.2ｇになりました。新たに生じた食塩の溶け残りのおもさを求めなさい。ただし，27℃の水100ｇに溶けることのできる食塩のおもさは36.0ｇとします。

太郎くんは，学校の実験室に置いてある白色の硫酸銅（りゅうさんどう）を見つけ，砂糖や食塩と同様の結果になるかどうか確かめるために，次の実験８と実験９を行いました。

〔実験８〕

白色の硫酸銅を30ｇはかりとり，60℃の水100ｇに入れてかき混ぜると，溶け残りが生じた。

〔実験９〕

実験８の硫酸銅水溶液を（　Ｉ　）し，ろ紙を通り抜けた水溶液をしばらく放置して水をすべて蒸発させると，青色の結晶が生じた。生じた結晶のおもさをはかると44.5ｇであった。

実験８と実験９の結果から，太郎くんは「なぜ生じた結晶は色が変わったのか。また，なぜ（　Ⅱ　）。」という２つの新しい疑問を持ちました。調べてみると，白色の硫酸銅は乾燥剤（かんそうざい）として用いられていることを知り，生じた疑問は解決しました。

⑸　文中のⅡに適する文を答えなさい。

【４】 以下の問いに答えなさい。

親の特徴が子の代や孫の代に伝わることを「遺伝」といいます。遺伝に法則があることを発見したのは，メンデル（グレゴール・ヨハン・メンデル，1822-1884）です。メンデルが実験材料として用いた植物はエンドウでした。エンドウの種子の形には丸い形（丸形）のものとしわがはいった形（しわ形）のものがあります（図１）。このような種子の形の特徴がどのように子や孫に遺伝していくかを調べる実験をしました。

丸形の種子　　しわ形の種子

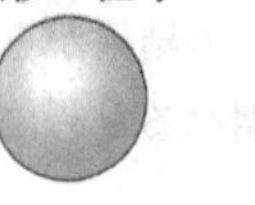

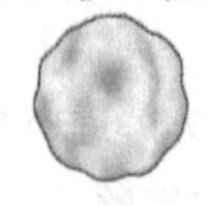

図１

〔実験〕

１）何世代も代をかさねても必ず丸形ができる種子を用意した。同じように，必ずしわ形ができる種子を用意した。

２）１）で用意した丸形の種子から成長した花のめしべの先に，しわ形の種子から成長した花の花粉をつけて，できた種子（子の代）を観察した。すると種子は，すべて丸形であった。

３）２）でできた種子から成長した花のめしべの先に，同じ花の花粉をつけて，できた種子（孫の代）を観察した。すると，丸形としわ形の両方の種子があり，丸形の種子は5474個，しわ形の種子は1850個であった。

４）２）から３）の実験を何度も繰り返したが，孫の代でできた丸形としわ形の種子の比は，いつもほぼ３：１だった。

メンデルの仮説をもとに，この実験の結果を説明する遺伝の規則をまとめました（図２）。

・種子の形を決める遺伝の要素は，丸形を決める要素（A），しわ形を決める要素（B）の２つある。
・どの種子も２つで１組の要素の型をもっている。
・親はそれぞれの要素を子に１つずつ与える。
・AとBで１組になると，種子は丸形になる。

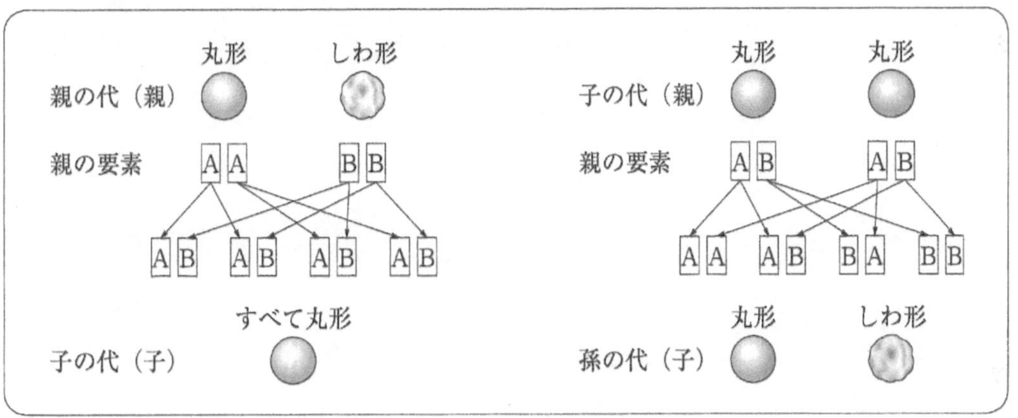

図２

(1)　エンドウの花を表した図として適切なものを，次の(ア)～(エ)から選び，記号で答えなさい。

(2)　エンドウの実を表した図として適切なものを，次の(ア)～(エ)から選び，記号で答えなさい。

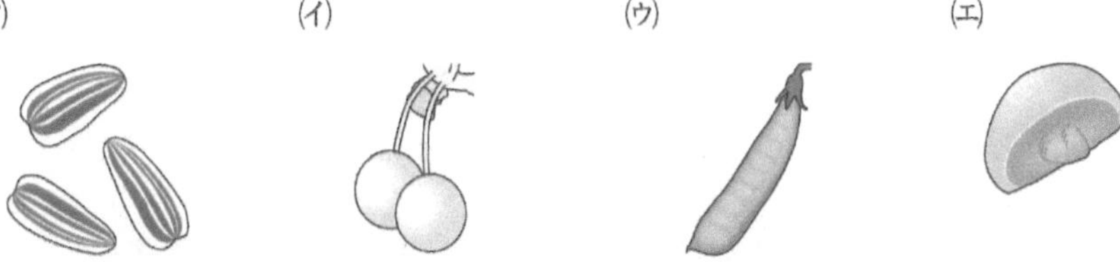

(3)　めしべの先に花粉がつくことを何といいますか。漢字２文字で答えなさい。

⑷　孫の代で，ＢＢの要素の型をもつ種子の数は，孫の代全体の何％になるか，求めなさい。

⑸　孫の代にできた丸形の種子の数は，孫の代全体の何％になるか，求めなさい。

⑹　孫の代における種子の要素の型の組み合わせには，AA，AB，BBの３種類があります。次の①，②に答えなさい。

①　種子を２つ選び，一方の種子から成長した花のめしべの先に，もう一方の種子から成長した花の花粉をつけてできた種子（ひ孫の代）を観察しました。できた丸形としわ形の種子の数の比は１：１でした。選んだ２つの種子の要素の型をそれぞれ答えなさい。

②　丸形の種子としわ形の種子を１つずつ選び，成長した丸形の花のめしべの先に，成長したしわ形の花の花粉をつけて，種子（ひ孫の代）をとりました。新たに丸形の種子としわ形の種子を１つずつ選び，成長した丸形の花のめしべの先に，成長したしわ形の花の花粉をつけて，種子（ひ孫の代）をとりました。これらの種子を合計し，まとめて観察しました。すると，丸形としわ形の種子があり，種子の数の比は１：１になりませんでした。合計したひ孫の代における種子の形の比を求めなさい。

⑺　メンデルが「要素」と表したものは，現代では何と呼ばれていますか。漢字３文字で答えなさい。

【社　会】（30分）　＜満点：50点＞

Ⅰ．以下の文章と図を見て，問に答えなさい。

図１　東京都の人口の推移

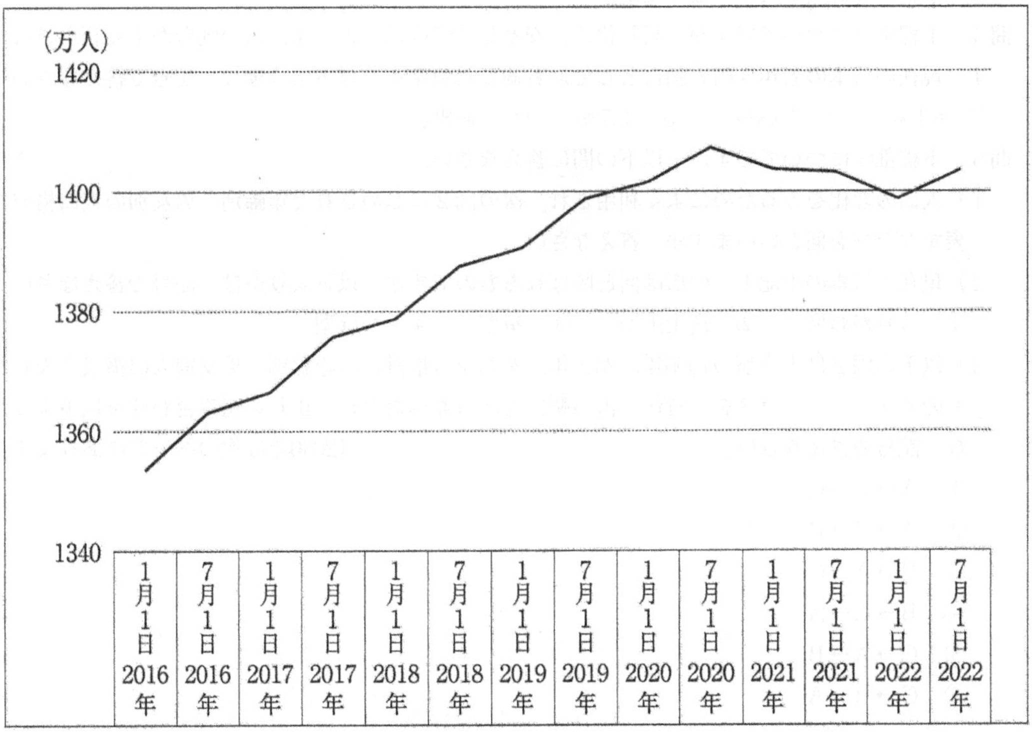

（万人）
1420
1400
1380
1360
1340

1月1日 2016年	7月1日 2016年	1月1日 2017年	7月1日 2017年	1月1日 2018年	7月1日 2018年	1月1日 2019年	7月1日 2019年	1月1日 2020年	7月1日 2020年	1月1日 2021年	7月1日 2021年	1月1日 2022年	7月1日 2022年

出典：東京都ホームページ（東京都の統計）より作成

　東京都は，日本で最大の人口⑴をかかえている。図１から東京都の人口の推移をみると，人口は増加していたが，2020年７月～2022年１月には減少に転じ，最近はまた増加傾向に戻っている。

　では，日本で少子化⑵や高齢化⑶が進行し，人口減少が大きな問題や課題となっているが，東京都の人口が増え続けたのはなぜだろう。東京都の人口の変化⑷をみていこう。

　近年，東京都でも，（　ア　）数が（　イ　）数を上回り，人口は自然減⑸に転じている。

　また，東京都では他の道府県への（　ウ　）数よりも他の道府県からの（　エ　）数が大きいため，社会増⑹が続いている。つまり，人口の自然減より社会増の方が常に大きかったため，人口の増加が続いたのである。

　2020年以降の人口減少は，一時的に（　ア　）数の増加による自然減の影響も考えられるが，それよりも（　ウ　）数の増加による社会減⑺の影響が大きいと言われている。

問１　文章中の空欄に，それぞれ最も当てはまる語句を答えなさい。

問２　下線部⑴についてですが，日本で2020年に人口が最大の都道府県は東京都です。人口が最少の県はどこですか，以下より選び，記号で答えなさい。

　①　鳥取県　　②　島根県　　③　高知県　　④　徳島県

問３　下線部⑵についてですが，日本の少子化の理由について適当でないものを次のページより選び，記号で答えなさい。

① 結婚をしない未婚率が高くなったから

② 結婚する年齢が上がったから

③ 女性の平均寿命（じゅみょう）が男性より長くなったから

④ 子育ての費用が大きくなったから

問４ 下線部⑶についてですが，高齢化の目安として65歳以上の老年人口の割合がよく利用されます。現在の日本の老年人口の割合として最も適した数字を，以下より選び，記号で答えなさい。

① 8.1%　② 16.8%　③ 28.7%　④ 36.3%

問５ 下線部⑷についてですが，以下の問に答えなさい。

１）人口の変化をみるためによく利用され，次の図２にしめされた年齢別，男女別の人口構成を表すグラフを何といいますか，答えなさい。

２）現在の日本の上記１）の形は何と呼ばれるものですか，以下より選び，記号で答えなさい。

① つりがね型　② 富士山型　③ 星型　④ つぼ型

３）以下の図２は東京都の1965年，2015年，2040年（推計）の年齢別，男女別人口構成を表したものです。このグラフを，時代の古い順に左から並べたとき，正しい組み合わせを以下より選び，記号で答えなさい。 （2040年は次のページにあります。）

① A→B→C

② A→C→B

③ B→A→C

④ B→C→A

⑤ C→A→B

⑥ C→B→A

図２　東京都の年齢別、男女別人口構成（1965 年、2015 年、2040 年）

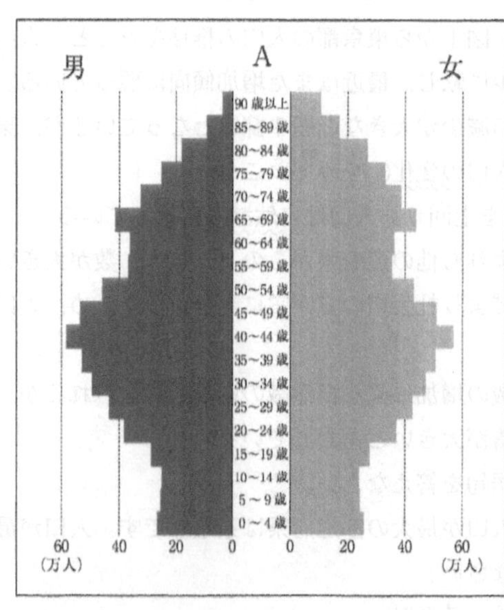

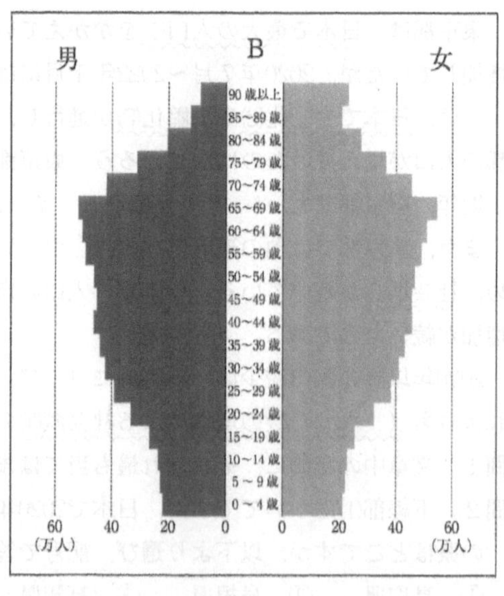

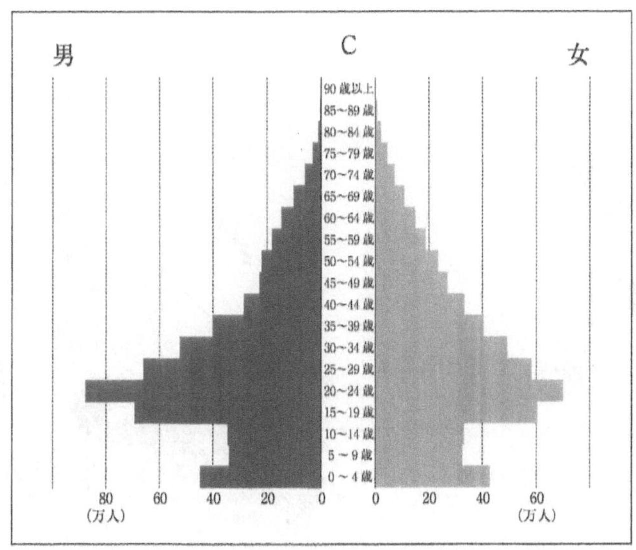

出典：東京都ホームページ（くらしの統計 2021）より作成

問６　下線部⑸についてですが，人口が自然減につながる理由として適当でないものを以下より選び，記号で答えなさい。

①　戦争により多くの犠牲（ぎせい）者が出たから

②　農産物の生産が大きく減少し多くの餓死（がし）者が出たから

③　大地震などの自然災害によって多くの犠牲者が出たから

④　多くの外国人がより良い収入を求めて働きに来たから

問７　下線部⑹についてですが，人口が社会増につながる理由として適当でないものを以下より選び，記号で答えなさい。

①　高度経済成長期に農村から都市部へ多くの人々が移動したから

②　豊富な就業機会や高い賃金を求め多くの人々が移動するから

③　より良い収入を求めて多くの人々が転職するから

④　大学・短大や専門学校などに入学するため多くの若者が移動するから

問８　下線部⑺についてですが，2020年以降の人口減少において，なぜ（　ウ　）数が増加し，社会減をもたらしたのですか，その理由を説明しなさい。

問９　次のページの図３のＸ～Ｚは，日本の各都道府県別の人口密度（2021年），老年人口率（2021年），人口の増減率（2020年）をそれぞれ高位，中位，低位の３つの区分で表したものです。図３の地図がそれぞれ何を表すか，正しい組み合わせを次のページより選び，記号で答えなさい。

図３

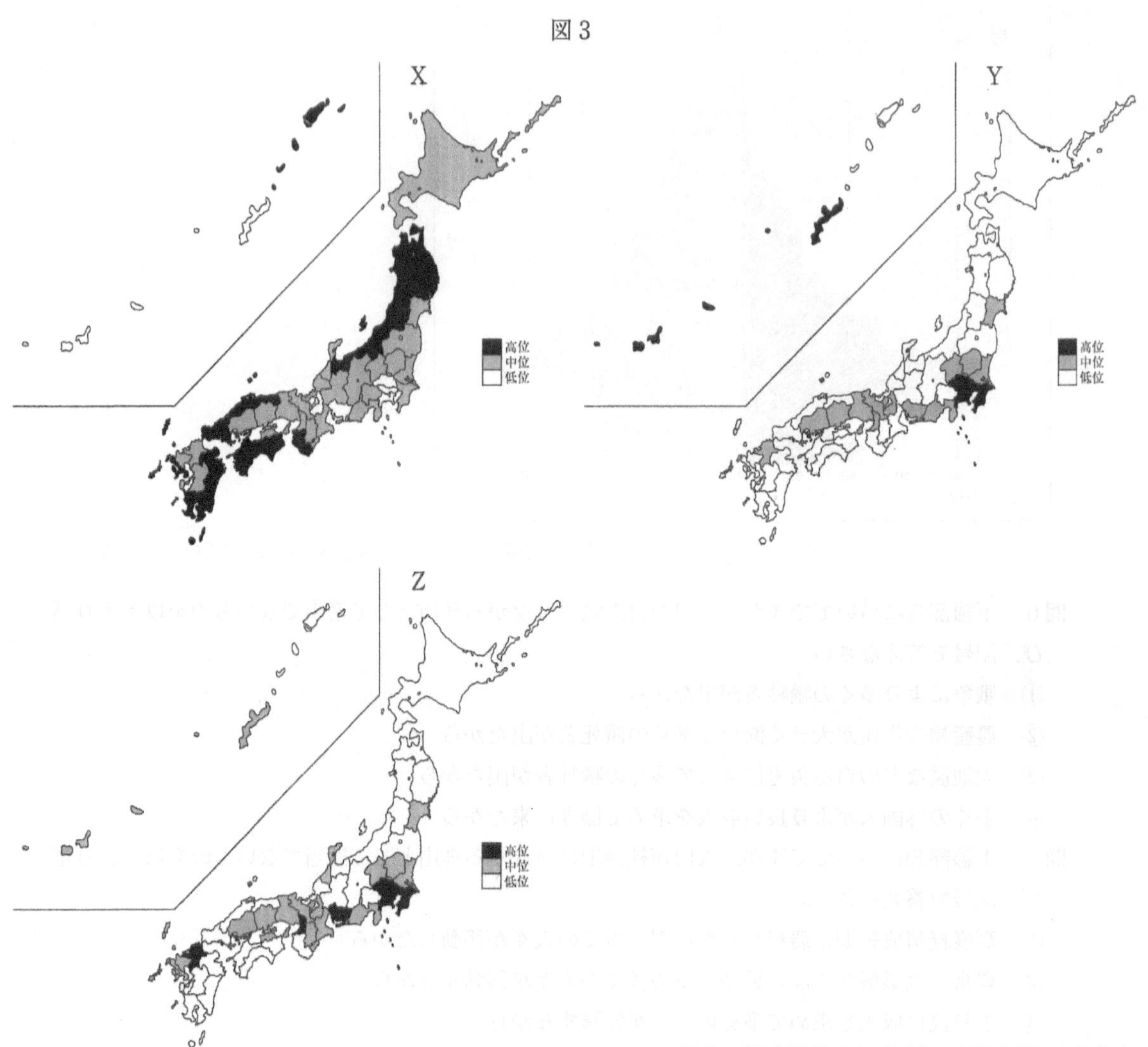

出典：『地理統計 2022 年版』（帝国書院）より作成

	X	Y	Z
①	都道府県別人口密度	都道府県別人口増減率	都道府県別老年人口率
②	都道府県別人口密度	都道府県別老年人口率	都道府県別人口増減率
③	都道府県別人口増減率	都道府県別人口密度	都道府県別老年人口率
④	都道府県別人口増減率	都道府県別老年人口率	都道府県別人口密度
⑤	都道府県別老年人口率	都道府県別人口密度	都道府県別人口増減率
⑥	都道府県別老年人口率	都道府県別人口増減率	都道府県別人口密度

Ⅱ．次の問に答えなさい。

Ａ．立教新座高等学校在学中の立教健太君は，修学旅行で訪れた沖縄について調べたレポートの内容を，模造紙にまとめて文化祭で掲示しました。

沖縄を表す言葉で，「沖縄（おきなわ）」はもちろんですが，「琉球（りゅうきゅう）」があることを知る人は少なくはないでしょう。沖縄の歴史を学ぶ上で，「琉球」という名称は，重要な表記となります。音読みの「りゅうきゅう」は中国から見た呼び方で，訓読みの「おきなわ」は，日本からの呼び方とも言えるでしょう。「りゅうきゅう」という呼び名ですが，７世紀中ごろの中国の歴史書『隋書』⑴の中に「流求国」という漢語表記で登場しますが，この表記の「流求国」が現在の沖縄であるかどうかは諸説あります。明⑵の公的な歴史書『明実録』に「琉球」と記されて以降は，この「琉球」という表記は沖縄を表すようになりました。

一方「おきなわ」という呼び方は，中国から日本にわたってきた鑑真⑶の伝記『唐大和上東征伝（とうだいわじょうとうせいでん）』の中の「阿児奈波島（あこなはじま）」が最初であると言われています。しかし音は似ていますが，沖縄を指す言葉なのかどうか，確実ではありません。漢字で表す「沖縄」は，17世紀ごろから薩摩藩の公文書などで使われていましたが，江戸時代の政治家新井白石⑷のあらわした『南島志』の中で紹介されることによって，一般にも使われるようになりました。

琉球から日本へ行くことを「ヤマト旅」と言いました。その航路は那覇港を出た後，九州の西海岸から博多を通り，瀬戸内海を経て，堺に入るルートをとりました。堺は日明貿易で栄えた町ですが，琉球を通じて東南アジアの諸都市ともつながっていました⑸。

問１　下線部⑴についてですが，この中国の歴史書には，607年，日本の大和政権から，国書を携（たずさ）えた使者が派遣されたことが記されています。この人物は誰（だれ）ですか，答えなさい。

問２　下線部⑵についてですが，15世紀初頭，この明と国交を開き，日本が貢ぎ物（みつぎもの）を持って行くという形での貿易を始めたときの日本の将軍は誰ですか，答えなさい。

問３　下線部⑶についてですが，この僧は，743年以来，５度の渡航に失敗し，失明しながら753年，来日を果たし，日本の僧の制度を整えました。この僧が平城京で開いた寺院を何と言いますか，答えなさい。

問４　下線部⑷についてですが，新井白石は，江戸幕府の６代・７代将軍に仕えた儒学者でした。かれの行った政治に当てはまるものを以下より選び，記号で答えなさい。

①　物価を下げるため，株仲間を解散させました。

②　長崎での貿易を積極的に行い，幕府の財政を安定させようとしました。

③　貨幣の質を良くして，物価の安定につとめました。

④　ききんにそなえて，村に米をたくわえさせました。

問５　下線部⑸についてですが，16世紀後半に建設され，スペインの総督府が置かれていた，東南アジアの都市はどこですか，以下より選び，記号で答えなさい。

①　ハノイ

②　バンコク

③　ホンコン

④　マカオ

⑤　マニラ

Ｂ．立教健太君は，修学旅行の行程表と旅行地図も文化祭で掲示しました。なお，【行程表】のａ～ｇは，【旅行地図】のａ～ｇに対応しています。

【行程表】

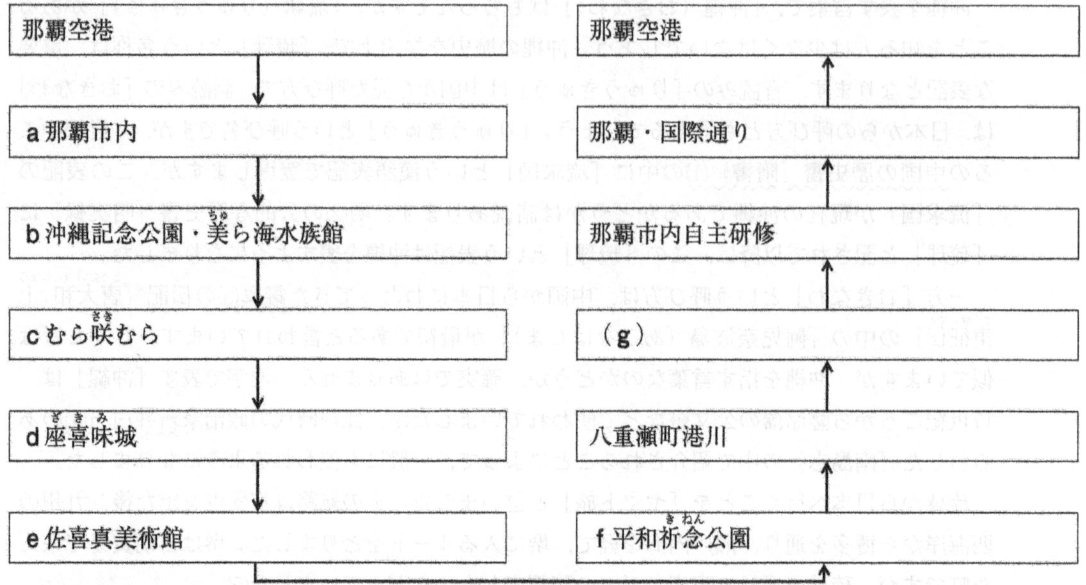

【旅行地図】　　図４

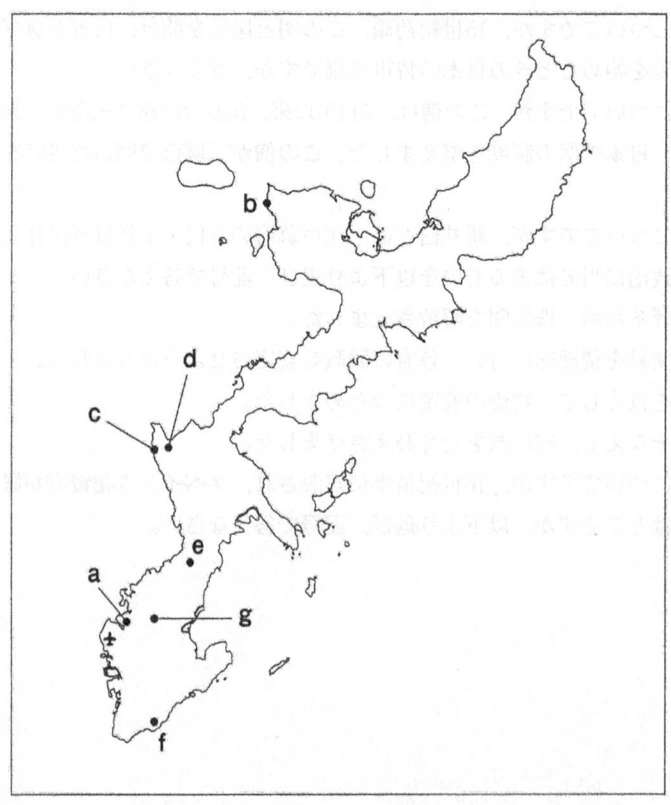

問６　ａ那覇市内に関連しますが，1853年５月，ペリーは日本との交渉の前に，琉球に来航しました。アメリカは，琉球が日本の支配下にあることに気づいており，日本との交渉が失敗した場合は，琉球を占領する計画もあったようです。

１）ペリーは，1853年６月に那覇を出航し，途中小笠原を経由して，７月には浦賀沖に到着しました。７月下旬に退去し，その半年後の1854年２月，琉球経由で再来航し，幕府との間に条約を結びます。この条約を何と言いますか，答えなさい。

２）ペリーが来航したときに用いられたアメリカ国旗が，1945年９月２日，東京湾のミズーリ号上で，日本の降伏文書の調印式が行われた際，アメリカ本国より持ち込まれました。この降伏文書には，停戦と，日本軍の無条件降伏とともに，７月にベルリン郊外の町で連合国首脳が討議した宣言文書の内容がふくまれていました。この宣言文書を何と言いますか，答えなさい。

問７　ｂ沖縄記念公園・美ら海水族館に関連しますが，この公園及び水族館は，1975年，沖縄本土復帰記念事業として本部町で開催された沖縄国際海洋博覧会の跡地に整備されました。沖縄が返還された年は，日本は国際的にも大きな外交上の成果をあげました。それは，どのような内容ですか，以下より選び，記号で答えなさい。

①　日中平和友好条約が調印される　　②　日韓基本条約が調印される
③　日ソ共同宣言が発表される　　④　日中共同声明が発表される

問８　ｃむら咲むらに関連しますが，この施設は，陳舜臣（ちんしゅんしん）原作の歴史小説『琉球の風』をドラマ化した際に使われた，オープンセットの跡地を活用した体験型のテーマパークです。『琉球の風』では，海の道を舞台に大交易時代を築いた琉球王国が侵略される場面なども描かれています。

１）17世紀初頭，薩摩藩は琉球王国を侵略し支配下におさめた一方で，中国との関係は続けさせました。その理由を答えなさい。

２）琉球王国の輸出品に砂糖がありますが，どこの国向けの輸出品となりますか，以下より選び，記号で答えなさい。

①　中国　　②　朝鮮　　③　日本　　④　スペイン　　⑤　オランダ

問９　ｄ座喜味城に関連しますが，この城は世界遺産に登録されています。この城か築かれた1420年代に起きた出来事を以下より選び，記号で答えなさい。

①　応仁の乱　　②　正長の土一揆　　③　文禄・慶長の役　　④　山城国一揆

問10　ｅ佐喜真美術館に関連しますが，この美術館は普天間市にあり，丸木位里（まるきいり）・俊（とし）夫妻の描いた「沖縄戦の図」が展示されています。屋上には６段と23段の階段があって，そこから普天間基地が見渡せます。このように，沖縄に基地がある理由となった条約は何ですか，答えなさい。

問11　ｆ平和祈念公園に関連しますが，この場所には，沖縄戦で亡くなったすべての人々の氏名を刻んだ「平和の礎（いしじ）」がたてられています。沖縄戦は，なぜ多くの犠牲者が出たのですか。その理由として誤ったものを以下より選び，記号で答えなさい。

①　民間人がさまざまな場面で戦場に動員されたから
②　10代の生徒たちも戦場に動員されたから
③　本土からの援軍（えんぐん）がおくれたから
④　住民を巻き込んだ国内唯一（ゆいいつ）の地上戦であったから

問12　（ｇ）に関連して，後の問に答えなさい。

１）（ｇ）は，1429年に統一をはたした琉球王国の国王が住んだ城です。（ｇ）に当てはまるものを答えなさい。

2）（g）の久慶門(きゅうけいもん)を出て右手に行くと，琉球王国時代の大寺院であった円覚寺の跡があります。円覚寺は臨済宗の寺ですが，日本における臨済宗の開祖は誰ですか，答えなさい。

3）この琉球王国を築いたのは何氏ですか，以下より選び，記号で答えなさい。

① 宗氏　② 尚氏　③ 楊氏　④ 李氏　⑤ 柳氏

Ⅲ．チャニングさんは地方自治体の仕事を調べています。ムーアさんとの次の会話文を読んで，以下の問に答えなさい。

チャニングさん：私が住んでいる地方自治体のホームページをみてみました。ホームページのトップに，文字といっしょに大きなアイコンが並んでいた⑴のが印象的でした。

ムーアさん：どんなアイコンが並んでいましたか？

チャニングさん：このようなアイコンです。見比べると，地方自治体の仕事の様子がわかりますね⑵。

妊娠・出産	子育て	教育	結婚・離婚	引っ越し・住まい	高齢者・介護	死亡・葬儀

ムーアさん：例えば，子育てにはどんな仕事がふくまれているのでしょうか。

チャニングさん：保育園の情報や，児童手当についてリンクがありました。私の住んでいるところでは，子どもの習い事に補助が出たり，0～5歳の保育が無償(むしょう)化されているそうです⑶。

ムーアさん：引っ越しには何がふくまれていますか？

チャニングさん：戸籍や住民票を移す手続きなどです。

ムーアさん：地方自治体の仕事は，私たちの生活に密着しているのですね。立教新座中学校がある，埼玉県新座市⑷はどうなっているのでしょう？

問１　下線部⑴のような表現をすることで，より多くの人がその意味を理解できるようになっています。アイコンを表示することで，どのような人が使いやすくなっていますか，説明しなさい。

問２　下線部⑵についてですが，以下の問に答えなさい。

1）地方自治体と国の機能を比べたときに，後のＡ～Ｄについて，地方自治体にはあって国にはない機能には㋐を，国にあって地方自治体にはない機能には㋑を，どちらにも当てはまる場合には㋒を書きなさい。

Ａ　行政の責任者は，議会の解散を命じることができます。

Ｂ　有権者が議員を直接選挙で選びます。

Ｃ　法律にもとづいて，罪の有無や刑の重さを決めます。

D　有権者が議会の解散を請求することができます。

２）地方自治体の仕事として不適切なものを以下より選び，記号で答えなさい。

①　消防署を配置し，火事や救急に対応します。

②　電線を整備し，家庭に電気を届けます。

③　水道管を整備し，家庭に水道水を届けます。

④　警察署を配置し，事件や事故に対応します。

問３　下線部⑶のようなことができるのは，地方自治体に団体自治が認められているからです。団体自治とはどのようなことですか，説明しなさい。

問４　下線部⑷についてですが，以下の問に答えなさい。

１）新座市に設置されている議会について，適切なものを以下より選び，記号で答えなさい。当てはまるものがない場合は，⑤と答えなさい。

①　新座市議会は慎重（しんちょう）な審議をおこなうために，二院制です。

②　新座市議会議員選挙に投票できるのは，新座市の住民と，そこに通勤・通学する有権者です。

③　新座市議会議員に立候補できるのは，満30歳以上の有権者です。

④　新座市議会では，埼玉県に適用される条例を採択することができます。

２）次のページの図５を参考にして，これらの地方自治体の予算について説明した文として，正しいものを以下より選び，記号で答えなさい。

①　歳入にしめる市税の割合が最も多いのが，さいたま市です。

②　新座市と夕張市の，歳入にしめる国庫支出金は同じ割合です。

③　歳入にしめる市債の割合が最も多いのが，秩父市です。

④　国からの財政的支援の割合が最も少ないのが，さいたま市です。

図5　2022年度予算（歳入）

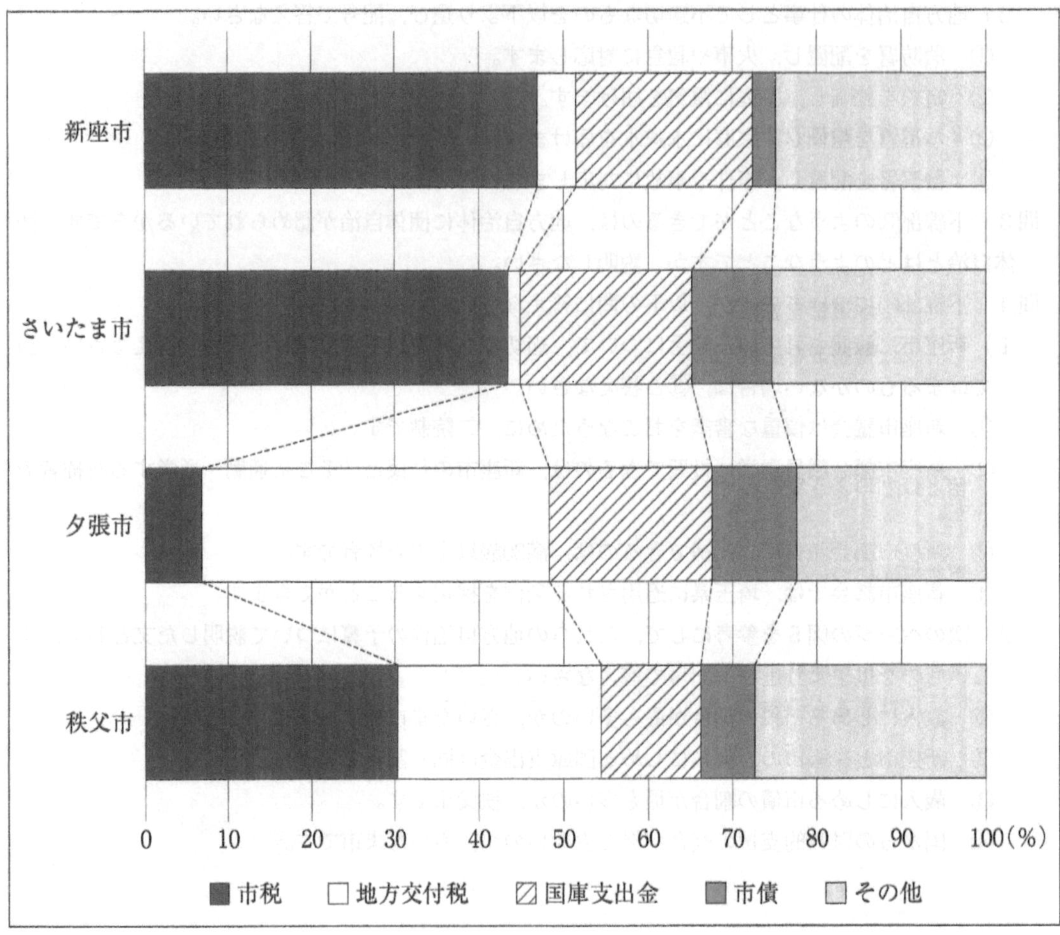

出典：各自治体ホームページより作成

から選び、記号で答えなさい。

ア　唐突に申し出て、けわしい表情を見せていること。
イ　へりくだった態度で、おびえた表情を作っていること。
ウ　顔色をうかがい、緊張した表情を浮かべていること。
エ　普段と違い、かしこまった表情をしていること。

問三　空欄 ② に当てはまる語を次の中から選び、記号で答えなさい。

ア　おずおずと　　イ　おどおどと　　ウ　びくびくと
エ　さらさらと

問四　傍線部③「怪訝そうな顔」とはどのような顔ですか。適当なものを次の中から選び、記号で答えなさい。

ア　ばかばかしくあきれたという顔
イ　不思議で納得がいかないという顔
ウ　意味が分からず困惑しているという顔
エ　からかわれて不愉快だという顔

問五　傍線部④「ぼくが無視していると」について。なぜ「ぼく」は「無視」したのですか。文中の語句を用いて答えなさい。

問六　傍線部⑤「むずかしいな」について。何が「むずかしい」のですか。文中の表現を用いて答えなさい。

問七　傍線部⑥「自分の心がそう見せた」とはどういうことですか。わかりやすく説明しなさい。

問八　空欄 ⑦ に当てはまる語を文中から抜き出しなさい。

て聞いて、怖くなって思わず手を放しちゃったんだ……」

いいんだ、とぼくは答えた。おじいちゃんが、ぼくの肩に手を置く。

「……ねえ、おじいちゃん。この鏡、本当にうそを見破る鏡だったのかな」

「来人はどう思った？」

「そんなような気がしただけかも……」

鏡が光ったのは、⑥自分の心がそう見せただけなのかもしれない。そんなふうに、ぼくは思った。だって、うそってむずかしい。当たり前のふつうの会話にだって、うそはたくさんひそんでいる。うそをつこうと思わなくたって、知らずについてるときだってある。

「サンタさんからのプレゼントだったんだよね。ほんと、ごめん」

圭一郎がうなだれる。

「気にせんとき。またなにかプレゼントしたるさかい」

おじいちゃんの言葉に、琉生と圭一郎が驚いた顔でおじいちゃんを見た。

「え？　サンタさんからのクリスマスプレゼントだったんじゃないの？」

圭一郎が言い、

「もしかして、来人のおじいちゃんがサンタ役だったんじゃない？　来人はサンタの存在を信じてたのに、ホユメ破れたり、だな」

と、琉生が首をすくませた。

「サンタのことは信じてるさ」

ぼくは堂々と胸を張った。

「琉生の言ったとおり、サンタはおじいちゃんだから」

二人がへんな顔でぼくを見る。

「おじいちゃん、三太って名前なんだよ」

「いかにも、わしがサンタじゃー。わっはっはー」

琉生と圭一郎は顔を見合わせて大きなため息をついたあと、あきれたように「うそつきめ」と言った。

ほらね、うそってほんとにむずかしい。サンタのことだって、ぼくはうそをついていないのに、勝手に二人がうそと決めつけた。

「来人、『とっておきの宝物』の作文、どうするんだよ。鏡割れちゃったじゃん」

「そうだなあ、うーん。どうしようかなあ」

「このお店のこと書けばいいよ。純喫茶パオーンのこと。どう？　だって宝物じゃない」

圭一郎が言う。

「そうだね、それいいね。それに決まり！」

「なんだよ、それもまた ⑦ がよさそうだなあ」

「ねえ、おじいちゃん。この店って、創業五十年でいいんだよね」

さっそく作文の出だしを考えようと、おじいちゃんに聞いてみた。

「いんやあ、実は創業四十年や。ばってんまあ、五十年にしといてくれ。そのほうがハクがつくけん」

ガクッとずっこけた。なぜサバを読む必要があるのか、まったくもって意味不明だ。とりあえず、間をとって創業四十五年にしておくかと、ぼくは思った。

（椰月美智子『純喫茶パオーン』）

問一　傍線部**イ**～**ホ**のカタカナを漢字に直しなさい。

問二　傍線部①「神妙な顔」の説明として適当なものを次のページの中

「ちょっ、ちょっと！　なんだよ、それ！　違うからな！　大橋なんて好きじゃない！」
　ぼくは圭一郎に対して、ひそかに鏡を向けてみた。鏡は見事光った。
「大橋彩音、かわいいもんな」
「違うって！」
「じゃあ、西川はるかのことはどう思う？」
「好きじゃないよ！」
　圭一郎が顔を真っ赤にして、首を振る。テーブルの下で、圭一郎に鏡を向けるとやっぱり光った。
「気が多いなあ」
　ぼくが笑うと、「もしかして鏡が光ったの？」と、琉生が身を乗り出した。
「うん、見事ヒットした。きらりと光ったよ」
　手鏡を掲（かか）げて、うなずいた。
「違うって！　おれは大橋も西川も好きじゃない！　そんな鏡、インチキだ！」
　圭一郎が立ち上がり、すばやい動きで鏡を奪い取った。
「おい！　よせ、返せよ」
「ふん、こんなのうそっこだ」
「うそじゃないよ、本当にうそをつくと光るんだから！」
「光るわけないだろ！　気持ち悪いこと言うなよ」
　そう言って、圭一郎がぼくに鏡を向けた。
「え？」
　鏡が一瞬光ったのを、ぼくは見逃さなかった。どういうことだ？　ぼくがうそをついている、ということだろうか。いや、そんなはずはない。今、ぼくはうそなんて、ひとつもついていない。
　もしかして、うそをつくと光るということ自体、うそということだろうか……。頭のなかが混乱して、なにがなんだかわからなくなる。
「な、なあ……、今、その鏡……、一瞬、ちょっとだけ光ったような気がするんだけど……」
　圭一郎の向かいに座っていた琉生が、しぼり出すような声で言った。恐怖の顔だった。その顔を見た圭一郎の顔も、徐々に恐怖に歪（ゆが）んでゆく。
「うわあああ、こわいっ！」
　圭一郎が鏡を放った。ぼくはハアワてて手を伸ばしたけれど、間に合わなかった。
　パリーンッ！
　鏡は床に落ちて、粉々に割れた。
「あんたたち、なにやってんの！　ケガするから二サワるんじゃないよっ。下がっといで！」
　地獄耳のおばあちゃんが、ほうきとちりとりを持ってすっ飛んで来た。
「割れてしまうたか……」
　おじいちゃんも、いつの間にか近くに来ていた。
「ごめんなさい！」
　我に返った圭一郎が頭を下げる。
「来人のおじいちゃん、おばあちゃん、お店のなかで騒いでごめんなさい！　来人もごめんっ！　とっておきの宝物だったんだよね。光ったっ

二　次の文章を読んで、後の問に答えなさい。

「琉生（りゅうせい）、来人（らいと）。ちょっと話があるんだけど、いい？」

圭一郎だ。めずらしく①神妙な顔をしている。ぼくはエプロンを外して、自分の分のジンジャーエールをもらって席に着いた。

「朝さ、おれ、サンタクロースを信じてないって言ったでしょ？　あれさ、うそなんだ。ごめんっ」

圭一郎が、がばっと頭を下げる。

「そうだったんだ」

「へえ」

ぼくと琉生の返答に、圭一郎は　②　「怒ってない？」と聞いた。

「怒るもなにも、そんなことどうでもいいよ」

はっきりと琉生が言う。確かにどうでもいい。

「でもさ、プレゼントの百科事典をおかあさんが用意したっていうのは、本当なんでしょ？」

ぼくは聞いてみた。

「うん、あれはおかあさんが犯人なんだけどさ。でもさ、サンタクロースっていうのはちゃんといると思うんだ。おれ、プレゼントとはべつに、もうひとつサンタさんにお願いしてたんだけど、そっちは叶（かな）ったんだよ」

「もうひとつのお願いって？」

「おばあちゃんの病気が治るようにお願いしたんだ。もう長くないって言われてたんだけどイキセキ的に回復して、今も元気なんだよ」

へえー、と、琉生と声がそろう。

「だから、おれはサンタさんのことを信じてるんだ。夏休みの宿題の、『とっておきの宝物』の作文だけど、おばあちゃんのことを書こうと思うんだ」

圭一郎が照れくさそうに首をぽりぽりとかく。

「すごくいいと思うよ」

ぼくは言った。

「おれのハワイ旅行の題材より、先生受けがよさそうじゃないかー」

琉生が続ける。

「来人の作文は、鏡だっけ？　サンタが置いていったっていう謎の鏡」

ぼくは大きくうなずいて、ポケットから手鏡を取り出した。

「この鏡は、うそを見破る鏡なんだ」

「はあ？」

琉生と圭一郎が声をそろえて、③怪訝（けげん）そうな顔でぼくを見る。

「じゃあ、試しにちょっと、なんかうそついてみてよ」

ぼくが言うと、琉生はそうだなあ、と腕を組んで、

「実はおれ、ロウチュウ人なんだ」

と言った。④ぼくが無視していると、今度は「実はおれ、八十六歳なんだ」と続けた。ぼくはこれもスルーした。

「あきらかなうそはやめてくれよ」

うんざりしながら言うと、

「うーん、⑤むずかしいな」

と、琉生は腕を組んで頭を傾（かし）げ、圭一郎もうなずいた。

「真実かもしれない微妙なうそって、案外むずかしいよ。だってさ、それを言った時点であきらかに真実っぽくなるもん。たとえばさ、圭一郎の好きな女子は二組の大橋彩音です、とか」

日本の美しさ、素晴らしさは、日本語の美しさ、素晴らしさに負うところが大きい。

どうか、一つひとつの言葉を蔑（ないがし）ろにせず、大切にしてください。

蔑ろにするというのは、例えば、知り合い程度でしかない相手に「シンユウ」と連発して呼んでみたり、ちょっと腹を立てたくらいで「シネ」と言い放ったりするようなことです。「バカやろう」で済むことではない？「おたんこなす」っていうのもありますね。使ったことないけど。あれ、どういう意味なのでしょうね。……ともかく悪口のバリエーションもいっぱいあるはず。昔友人が何かに憤慨して、七回生まれ変わったって、許さないって言うのを聞いたこともありました。それって、過激に聞こえるけど、八回目には許すかもしれないのね。

自分の気持ちにふさわしい言葉を、丁寧に選ぶという作業は、地味でパッとしないことですが、それを続けることによってしか、もう、私たちの母語の大地を再び豊かにする道はないように思うのです。

これは一見、群れのこととは関係ないようですが、群れのコミュニケーションの大きな柱は、やはり言葉なのです。もし自分の気持ちと違う言葉を言ってしまった、と思ったら、できるだけ早く、そのことを相手に伝えた方がいい。

（梨木香歩『ほんとうのリーダーのみつけかた』）

問一　傍線部**イ**～**ホ**のカタカナを漢字に直しなさい。

問二　空欄［Ａ］～［Ｃ］に当てはまる語を次の中から選び、それぞれ記号で答えなさい。

ア　例えば　　イ　だから　　ウ　つまり　　エ　けれど

問三　傍線部①「こういう視座」とは何ですか。文中の表現を用いて答えなさい。

問四　傍線部②について。「マイナスの威力を発揮」するのはなぜですか。文中の表現を用いて三十五字以内で答えなさい。

問五　空欄［③］に当てはまる語を次の中から選び、記号で答えなさい。

ア　はしたない　　イ　心もとない　　ウ　むなしい　　エ　腹立たしい

問六　空欄［④］に当てはまる四字熟語を次の中から選び、漢字に直して答えなさい。

イクドウオン　　オンコチシン　　ガデンインスイ　　フワライドウ　　リンキオウヘン

問七　空欄［⑤］に当てはまる語句を文中から四字で抜き出しなさい。

問八　次のア～オそれぞれについて。本文の内容に当てはまるものには○、当てはまらないものには×をつけなさい。

ア　発せられる言葉が実態とかけ離れている場合、その言葉は持っている力を失ってしまう。

イ　現代の政治家は言葉の力を信じ、その力によって国を動かそうとしてきた。

ウ　お互いの違いを認め合うことによって、今の日本は成り立っているといえる。

エ　日本への愛国心を表す言葉は、ほんのささやかなものでも十分に伝わる。

オ　今の日本には、周囲の人と同じであると安心だという空気が広がっている。

「走れ」など。反対の言葉も想像できるでしょう？　「しね」とか言われればこたえますね。動きを表す言葉は、気をつけなければならないけれど、使い方はシンプルです。

　C　形容する言葉は、じつに使い方が難しいです。②大きな容量のある言葉を大した覚悟もないときに使うと、マイナスの威力を発揮します。「今までに例のない」「いまだかつてない」「不退転の（決意で）」などなど、実際はそれほどのこともないのに大袈裟な言葉を使うと、実態との間に隙間ができるのです。そこにヒューヒュー風が吹き荒んで、虚しさを掻き立てる。言葉が、張子の虎のように内実のないものになってしまう。だから、効果がないばかりか、じつに逆効果なのです。マイナスです。言ってみれば、言霊を殺しているような状況です。こういう言葉遣いをするのは現代の政治家に多い。インパクトの強い言葉で聴衆の気を惹きつけないといけないという気持ちが強すぎるのでしょう。その結果、ほとんど真実でないことまで繰り出してくる羽目になってきた。私は、今の政権の大きな罪の一つは、こうやって、日本語の言霊の力を繰り返し繰り返し、削いできたことだと思っています。それが知らないうちに、国全体の「大地の力のようなもの」まで削いできた。母語の力が急速に失われてきた。この「大地の力のようなもの」こそ、ほんとうのその国固有の「底力」だと思うのです。

　同じメカニズムで、国の底力を奪ってきたものに、ことさらに大袈裟な「日本すごい」連呼シリーズがあると思います。以前はなかった現象ですが、あるときから急に目立つようになりました。この大袈裟な言葉も、言葉の価値を虚しくさせます。

　そんなこと、わざわざ言われなくても日本という国に誇りが持てた時代があったのです。外国へ行ってそこの治安の悪さや大都市のあちこちにゴミ屑が散らばっていることに慣れ、日本へ帰ってくると、なんてきれいなんだろう、夜も安心して歩けるって、なんてほっとするんだろう、と、嬉しくなったものです。国にプライドを持つ、というのはそういう小さなことが積み重なって、自分の背景の一部をなしていくようなもので、でもことさら声高に言うものでもない。だって、　③　じゃないですか、自分の家族自慢ばかりしているようなもので。自分というアイデンティティの一部、家族のようなものだから、だめなところも目につく。ついグチも言いたくなる。でも心のなかではこの国に生まれてよかった、と思っている。愛国心、ってそういう「ささやかだけれども堅固」なものだと思うのです。

　なんだかんだ言ってもオリンピック中継を見れば、無意識に日本を応援しているし、勝ったら嬉しい。でも、そこで陶然として「だから日本は素晴らしい！」と叫んで回るのは変。その人の脳内で、選手は素晴らしい、選手は日本人である。自分も日本人である。だから自分は素晴らしい、と変換されていっているのが目に見えるようです。ちょっとおかしいでしょう？　素晴らしいのはそこまで努力した選手本人です。その選手を称え、同じ日本人として誇らしい、というならまだわかりますが。何かあるたびに、「日本はすごい」と無理な　④　で叫ばれるのは、大袈裟な形容詞で心が虚しくなるのと同じマイナスの効果があります。言ってる本人たちは国力を増すくらいのつもりでしょうが、それはかえって健やかな国力をねじ曲げ、国のほんとうの底力を低下させてしまうのです。　⑤　を大きくするだけ。

【国　語】（五〇分）〈満点：一〇〇点〉

一　次の文章を読んで、後の問に答えなさい。

「私と小鳥と鈴と」という金子みすゞの有名な詩があって、そのなかに「みんなちがって、みんないい」という言葉があります。ここ数十年、教育の現場ではしょっちゅう出てくる言葉だと思うので、知らない方はいないかと思うのです。けれど、

みんなちがって、みんないい、ってほんと？　ほんと？

みんなちがって、みんないい、って、ほんとにそう思ってる？

みんなとちがっていたら、不安ではない？　みんなおなじで、みんなあんしん、っていうのが、今の日本の空気なんじゃないかと思います。なのに、いまだにこの言葉が生き残っているのは、やはり、この言葉が、真実の一面をついているからだと思います。ほんとうは、これはだれでも言える言葉ではない。うんと歳をとって、世界のすべてを愛しく思い、しみじみ感慨に耽ったときに出てくる祝福の言葉です。例えば祖父母が様ざまなタイプの元気な孫たちに目を細めて、かける言葉だと思うのです。リアルタイムで社会を駆け抜けようとしているときに①こういう視座を持ってこられると、そこですべてがイハンダン停止になってしまう。［Ａ］「みんなちがって、みんないい」と言われたときに感じる、受容された感覚、社会的なロコウテイ感は、大切に自分のなかに保ちつつ、それはそれ、これはこれで現実に対処しなければならない。この言葉がいまだにあちこちで引き合いに出されるのは、「群れの長老に優しく微笑まれ、受け入れてもらえた」ような、温もりがあるからだと思います。つまり、群れというのは、生きていくときに大切な、そういう温もりをハキョウキュウできるものでもあるのですね。

「みんな同じになるべき」という同調圧力や「優秀なほど偉い」という能力主義があまりにも強烈に現場をニシバり始めたときに初めて、「みんなちがって、みんないい」という一言が発せられることで、緊張感をホカンワする力を持つのです。

怖いのは、「みんな同じであるべき」「優秀なほど偉い」という考え方が当たり前のように場を支配しているのに、指導者が「みんなちがって、みんないい」と、その言葉のほんとうの意味も考えず、さして慈愛の気持ちも持たずに、型どおりにそれを繰り返していることです。そうすると、言葉が空疎になり、なんの力も持たなくなります。そんな言葉の形骸化が起きると、その言葉自体が陳腐なものになってしまうのです。空洞化し、無力になる。

言葉の力とはなんでしょう。

［Ｂ］ＳＮＳなどを使いこなすみなさんなら、だれかから書き込まれた一言で、死にたくなったり、嬉しくて飛び上がりたくなるほどの力をもらったり、ということを経験されていると思います。それを書き込んだ本人は、軽い気持ちで書いたかもしれないのに、受け取ったほうは、心の真芯で捉えてしまう。

太古の昔から、日本では言葉には言霊という、霊的な力があると信じられていました。言霊は、言葉のなかに満ちていて、呪術的な言葉を無造作に発してしまうと、それが現実のものになるとさえ思われていたのです。言葉も、じつは品詞によって力の発揮具合が違います。大きな力を発揮するのはやはり動きを表す言葉ですね。「頑張れ」「愛してるよ」

大切なことはメモしておこうネ！

第1回

2023年度

解　答　と　解　説

《2023年度の配点は解答欄に掲載してあります。》

＜算数解答＞《学校からの正答の発表はありません。》

[1]　(1)　$1\frac{1}{7}$　(2)　①　8分45秒　②　11分24秒　(3)　①　21個　②　57個
(4)　32°　(5)　体積 527.52cm³　表面積 508.68cm²　(6)　①　45個　②　28通り
[2]　(1)　880個　(2)　5個　(3)　17個分
[3]　(1)　84cm²　(2)　230.79cm²　(3)　706.5cm²
[4]　(1)　96cm³　(2)　30cm²　(3)　48cm　(4)　2.25cm²
[5]　(1)　9個　(2)　9100　(3)　1091　(4)　1782　(5)　11個

○推定配点○
各4点×25　計100点

＜算数解説＞

[1]　(四則計算，割合と比，仕事算，数の性質，鶴亀算，単位の換算，消去算，平面図形，相似，図形や点の移動，立体図形，規則性)

(1)　$\frac{83}{7}\div\left(7.7+1\frac{7}{8}+\frac{4}{5}\right)=\frac{83}{7}\div\frac{83}{8}=\frac{8}{7}$

重要　(2)　全体の仕事量…21，15の公倍数105とする。太郎君1分の仕事量…105÷21＝5　次郎君1分の仕事量…105÷15＝7　①105÷(5＋7)＝8.75(分)すなわち8分45秒　②(12×15.4－105)÷7＝79.8÷7＝11.4(分)すなわち11分24秒

(3)　それぞれの箱の個数…A～Eで表す。A＋B＋C＋D＋E＝144　A＋B＋C＝48　C＋D＋E＝117　D－B＝A×2　E－A＝B×3　①A＋B＋C＋C＋D＋E－(A＋B＋C＋D＋E)＝C＝48＋117－144＝21(個)　②A＋B＝48－21＝27　D＋E＝117－21＝96　D＝A×2＋B　E＝A＋B×3　D＋E＝A×2＋B＋A＋B×3＝A×3＋B×4＝96　A×3＋B×3＝27×3＝81　B…96－81＝15　A…27－15＝12　したがって，Eは12＋15×3＝57(個)

やや難　(4)　図1…弧PQについて角QAP，QRPが等しく角PQR，PARが共に13度　したがって，角xは180－(74＋61＋13)＝32(度)

重要　(5)　三角形AEF，ABG…図2より，相似比1：2，面積比1：4，体積比1：8
回転体の体積　…6×6×3.14×8÷3÷8×(8－1)×2＝168×3.14＝527.52(cm³)
回転体の表面積…6×6×3.14×2＋6×10×3.14÷4×(4－1)　×2＝162×3.14＝508.68(cm²)

図2

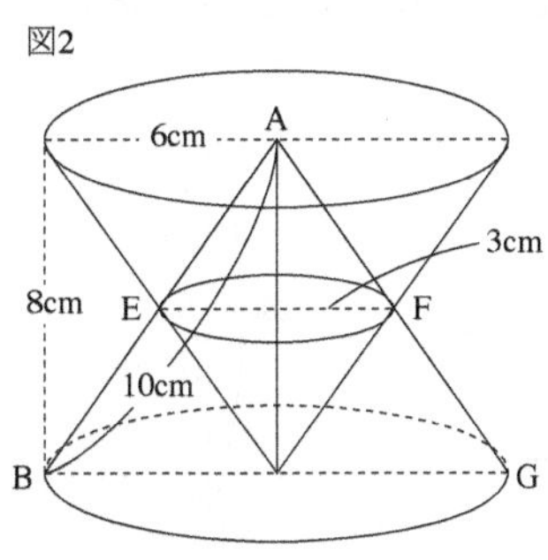

図1

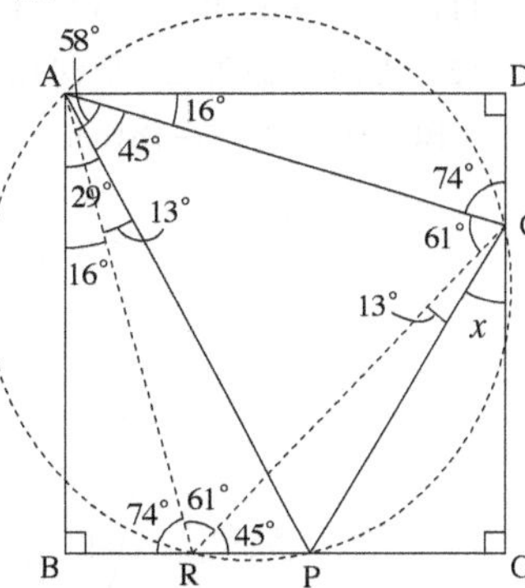

(6)　①2の倍数…100÷2＝50(個)　偶数ではない7の倍数…7，21，35，～，91の7個　8の倍数…96÷8＝12(個)　したがって，求める個数は50＋7－12＝45(個)　②　①より，57－56＝1(個)　したがって，Aは52から100までの偶数50－25＝25(通り)に63，77，91の3通りを加えた28通り

重要 [2]　(割合と比，鶴亀算，数の性質)

定価…120×1.25＝150(円)　売り値…150×0.9＝135(円)　定価で売った利益…150－120＝30(円)　売り値で売った利益…135－120＝15(円)

(1)　(148200－135×1000)÷(150－135)＝13200÷15＝880(個)

(2)　1000個の利益…148200－120×1000＝28200(円)　返金額…28200－27045＝1155(円)　したがって，(1155－135×8)÷15＝5(個)

(3)　追加の返金額…27045－25755＝1290(円)　定価で返金した個数を○，売り値で返金した個数を△とする。返金額の式…150×○＋135×△＝1290より，10×○＋9×△＝1290÷15＝86　△＝4，○＝(86－36)÷10＝5　したがって，不良品の個数は8＋4＋5＝17(個)

重要 [3]　(平面図形，図形や点の移動)

(1)　三角形ABC の面積…図1より，430.185－21×21×3.14÷4＝430.185－346.185＝84(cm^2)

(2)　色がついた部分＋おうぎ形アの面積…図2より，21×21×3.14÷6＝230.79(cm^2)

(3)　CHの長さ…図3において(1)より，84×2÷21＝8(cm)　したがって，求める面積は(17×17－8×8)×3.14＝225×3.14＝706.5(cm^2)

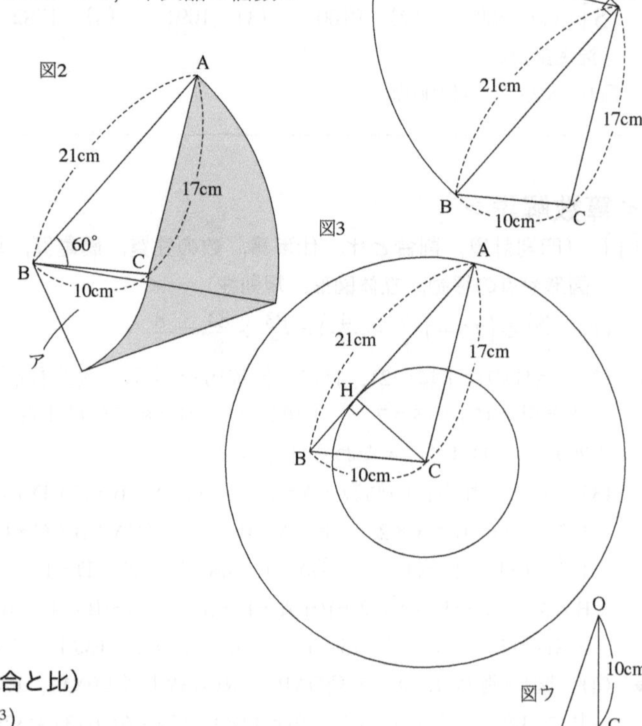

重要 [4]　(平面図形，相似，立体図形，割合と比)

(1)　図ア…6×8÷2×12÷3＝96(cm^3)

(2)　図イ…直角三角形QDEとEBOは相似であり，EB：BOは16：24＝2：3　BO…12÷2×3＝18(cm)　図ウ…10×6÷2＝30(cm^2)

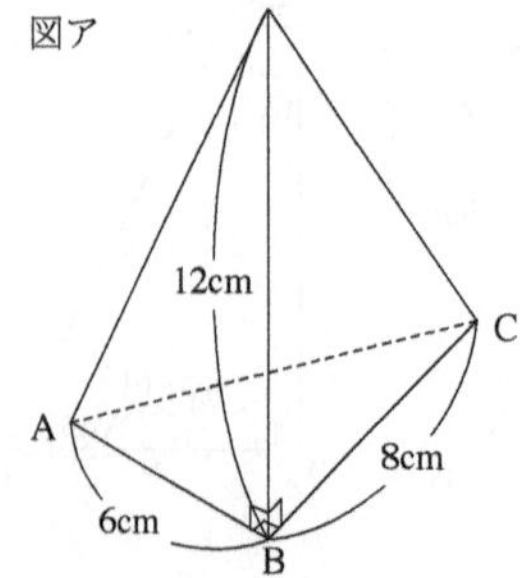

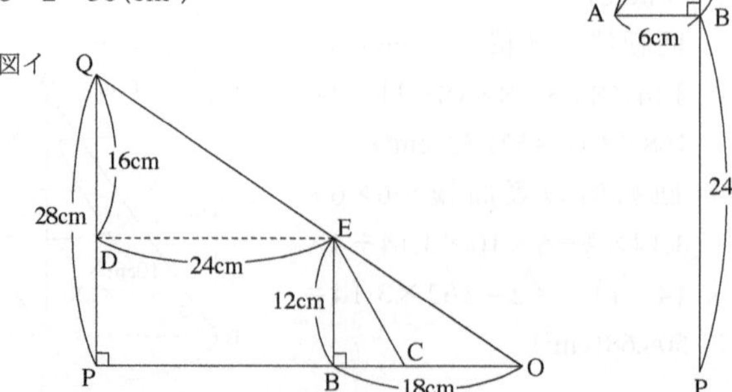

(3)　QD…図エより，24÷8×12＝36(cm)
　したがって，棒の高さは36＋12＝48(cm)

(4)　壁の影の高さ…図オより，3cm
　壁の影の底辺…図カより，1.5cm
　したがって，図キより，壁の面積は
　1.5×3÷2＝2.25(cm^2)

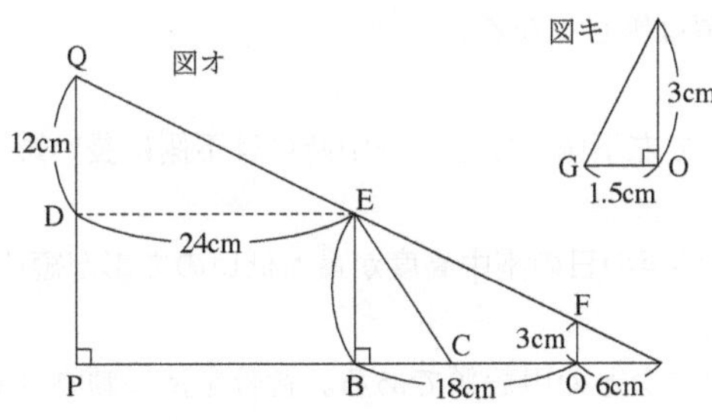

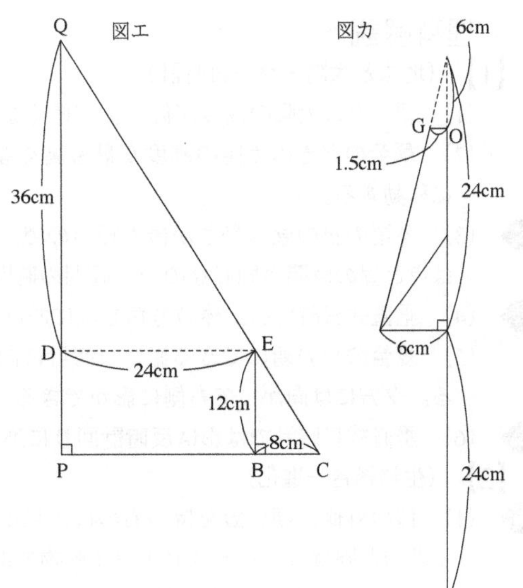

やや難 [5]　(数の性質，場合の数)

(1)　商Aが最大になる数N…1000，2000，～，9000より，A＝1000，Nは9個

(2)　商Aが2番目に大きくなる数N…9100，A＝9100÷10＝910

(3)　商Aが99になる最小の数N…1091，A＝1091÷11＝99余り2

(4)　商Aが99，余りBが0になるN…99×11＝1089，99×12＝1188，99×13＝1287，～，これらの積の各位の数の和は18　したがって，求めるNは99×18＝1782

(5)　商Aが100になるN…1009，1109，～，1909より，10個　さらに1918が条件に適合するのでNは10＋1＝11(個)

★ワンポイントアドバイス★

[1](3)「ビー玉の個数」の問題が容易ではなく，(4)「角度」の問題は難しい。
[5]「4ケタの整数」も簡単ではなく，[2]「売買算」，[3]「三角形の回転」，
[4]「影の面積」でどれだけ得点できるか，これらで差がつく。

<理科解答>《学校からの正答の発表はありません。》

【1】(1)　エ　(2)　ア　(3)　ウ，エ　(4)　ウ　(5)　イ　(6)　①　イ　②　イ

【2】(1)　a　オ　b　イ　(2)　アンモナイト　(3)　オ　(4)　Ⅰ　ウ　Ⅱ　エ　Ⅲ　ア　Ⅳ　イ　(5)　イ

【3】(1)　2kg　(2)　イ，2回転　(3)　イ　(4)　4kg　(5)　①　ア　②　ア　③　イ　④　ア

【4】(1)　ウ　(2)　88mL　(3)　ア，ウ，オ，カ　(4)　75%　(5)　2.4g　(6)　ウ，10.8g

○推定配点○

【1】(6)　各1点×2　他　各2点×5　【2】(4)　各1点×4　他　各2点×5
【3】(5)　各1点×4　他　各2点×4((2)完答)　【4】(6)　各1点×2　他　各2点×5
計50点

＜理科解説＞

【1】（地球と太陽・月－日時計）

(1) 朝，夕は太陽の高度が低く影が長くなり，太陽の移動に伴って影が短くなる。

(2) 夏至のときの太陽の高度が最も高くなるので，影も春分の日に比べて全体的に短くなりA側に移動する。

基本 (3) 冬至の日の昼の長さが最も短いので，昼間の時間間隔も最も短くなる。春分の日と秋分の日は夜と昼の時間が同じなので，昼間の時間間隔は等しくなる。

基本 (4) 垂直式日時計は，棒の方角を南に向ける。

(5) 夏至の日の朝にできる影は日時計に向かって左下側にでき，南中時には下側に長い影ができる。夕方には向かって右側に影ができる。

基本 (6) 垂直式日時計では影は反時計回りに進み，冬至の日の南中高度が最も低いので影が短くなる。

【2】（生物総合－進化）

基本 (1) 体の外側に硬い殻を持つものは，昆虫やカニなどの甲殻類である。背骨を持つ動物はセキツイ動物と呼ばれ，ヒトはセキツイ動物である。イソギンチャク，クラゲは腔腸動物，ナマコはきょくひ動物，タコは軟体動物と呼ばれ，いずれも無セキツイ動物である。

基本 (2) 図の化石は，アンモナイトの化石である。

(3) 種Aから種BとCが生じ，Cから種DとEに分かれるので(オ)の図がこれを示す。

(4) セキツイ動物と無セキツイ動物に分かれ，原始的な魚は現在のヤツメウナギと同じく上下に動くあごを持たなかった。これからあごを持つ魚が生じたとされるので，(Ⅳ)はヤツメウナギ，(Ⅲ)はメダカである。魚類から両生類と爬虫類が誕生し，爬虫類と鳥類は卵生，ほ乳類は胎生なので，(Ⅰ)が鳥類と共通の先祖を持つことからヤモリ，(Ⅱ)はヒトである。

(5) クジラの胸びれ，ヒトの腕，コウモリの翼は相同器官である。昆虫の羽はこれらとは相似器官の関係になる。サイの角は骨ではなく皮膚が硬くなったものであり，イッカクの角は牙である。

【3】（てこ・てんびん・滑車・輪軸－輪軸・自転車のギア）

基本 (1) (輪軸の半径)×(輪軸にかかる重さ)の値が等しくなる。半径10cmの輪軸に1kgのおもりをつるし，半径5cmの輪軸に□kgのおもりをつるすとつりあったので，10×1＝5×□　□＝2kgである。

重要 (2) ギア1をXの向きに回転させると，ギア2，3はその反対向きに回転し，ギア4はイの向きに回転する。1つの歯車が1つの歯車とかみ合うので，かみ合う歯の数が等しくなる。ギア1を1回転するとかみ合う歯の数は40個なのでギア2は$\frac{4}{3}$回転し，ギア3も同じ回転数になる。よってギア4の回転数は，$\frac{4}{3}$×60＝□×40　□＝2回転する。

(3) 前ギアが1回転するとき後ろギアは2回転する。1時間で14km進むには1分あたり後輪が14000÷(0.3×2×3.14)÷60＝123.8回転しなければならない。この時前ギアは123.8÷2＝61.9回転し，ペダルも同じ回転数になる。よって約60回転させる。

重要 (4) チェーンの両側にかかる力は同じ大きさになる。図6で後ろギアにかかる力は，1×30＝□×5　□＝6kgであり，おもりBの重さは6×10＝□×15　□＝4kgになる。

(5) 後輪にかかる力を一定とすると，後ろギアの半径が大きいほどチェーンを引く力は小さくなる。それで後ろギアの歯数は多いほど小さい力でペダルを漕げる。また，前ギアの歯数が多いほどペダルにかける力が大きくなる。坂を上るときは，前ギアの歯数を少なくした方がチェーンにかかる力が大きくなり，後ろギアの歯数を多くする方が後輪にかかる力が大きくなる。

【4】(気体の発生・性質―化学変化の量的関係)

基本 (1) マグネシウムに塩酸を加えると水素が発生する。水素は水に溶けないので，水上置換法で捕集する。

重要 (2) 3.6gのマグネシウムが全て反応したとき発生する水素は3.3Lである。この時必要な塩酸の体積は，20：1.0＝□：3.3　□＝66mLであり，4.8gのマグネシウムが全て反応するのに必要な塩酸は，66×4.8÷3.6＝88mLになる。

(3) マグネシウムの重さを変化させなければ，すべてのマグネシウムが反応するので発生する水素の体積は等しい。マグネシウムを粉末状にしても，反応の速さが速くなるが発生する水素の量は変わらない。

重要 (4) 3.6gのマグネシウムが酸素と反応すると6.0gになる。0.48gのマグネシウムのうち，□gが酸素と反応すると，その重さは$□\times\frac{6.0}{3.6}$gになる。この時反応せずに残っているマグネシウムが(0.48−□)gなので，$□\times\frac{6.0}{3.6}+(0.48-□)=0.72$より，□＝0.36gである。よってマグネシウム全体のうち，(0.36÷0.48)×100＝75％が酸素と反応した。

重要 (5) 混合物中のマグネシウムの重さを□gとすると，銅の重さは(4.0−□)gである。それぞれが燃焼すると$□\times\frac{6.0}{3.6}$gと$(4.0-□)\times\frac{4.0}{3.2}$gになる。よって$□\times\frac{6.0}{3.6}+(4.0-□)\times\frac{4.0}{3.2}=6.0$より，$□=\frac{12}{5}=2.4$gである。

重要 (6) 水素6.0Lと酸素2.4Lが反応して水が3.6g生じ，未反応の水素が1.2L残った。これより，水素4.8Lと酸素2.4Lが過不足なく反応し，2：1の体積比で反応することがわかる。合計21.6Lの混合気体がこの比率で混ざり合っているとき，水素の体積は$21.6\times\frac{2}{3}=14.4$L，酸素の体積は$21.6\times\frac{1}{3}=7.2$Lになり，この時生じる水の重さは4.8：14.4＝3.6：□　□＝10.8gであり，これが最大量になる。この変化を表すグラフは(ウ)である。

★ワンポイントアドバイス★
問題文の分量が多く，必要な部分を読み取る文章の読解力や思考力が求められる。計算問題にやや難しい内容が取り上げられる。類題を演習しておくことが大切である。

＜社会解答＞《学校からの正答の発表はありません》

Ⅰ 問1 エネルギー革命　問2 ③　問3 ⑤　問4 西之島　問5 弘前
問6 ④　問7 ③　問8 ⑨　問9 (例) 北海道にはもともとアイヌ民族が住んでいたので，アイヌ語に関係した名前が多くなっているから。　問10 飛騨　問11 ④
問12 ③　問13 ③　問14 ③→(1980年)→①→②

Ⅱ 問1 ③　問2 北条時政　問3 ②　問4 連歌　問5 関白
問6 1) ①　2) 朱子学　問7 1) ①　2) 高野長英　3) 松下村塾
問8 1) ③→①→④→②　2) ②　3) ソ連　問9 1) 光明皇后　2) ⑤
問10 渡良瀬川

Ⅲ 問1 ④　問2 知る権利　問3 1) ③　2) クーリング・オフ　問4 ②
問5 1) 二院制　2) ④　問6 1) 北大西洋条約機構　2) ②
問7 1) 日本国民統合の象徴　2) ②

○推定配点○
Ⅰ　問1～問9　各2点×9　　他　各1点×5(問14完答)　　Ⅱ　各1点×16(問8 1)完答)
Ⅲ　各1点×11　　　計50点

＜社会解説＞

Ⅰ　(日本の地理—昔の曲名から見た日本)

問1　エネルギー革命とは，燃料や動力の主なエネルギー源の中心が急激に変化して経済や社会に大きな影響を与えることである。日本では1960年代まで石炭がエネルギー源の中心であったが，1960年代以降に輸送などの取り扱いに便利で効率が良い石油や天然ガスへと転換されたことを指す。

問2　各都市の緯度は，①の札幌が北緯43.3度，②の秋田が北緯39.43度，③の福島が北緯37.45度，④の東京が北緯35.41度，⑤の和歌山が北緯34.13度である。したがって，サンフランシスコの緯度(北緯37.6度)に最も近い都市は福島である。

問3　のり類の養殖生産量が多い道県は，第1位が佐賀県(選択肢⑤)，第2位が兵庫県，第3位が福岡県である。その中で佐賀県ののり類の養殖生産量は，全国の約4分の1を占めている。

問4　西之島は小笠原諸島にある無人の火山島であり，父島の西北西の約130kmに位置する。この島はこれまで何度も噴火しており，特に1973～1974年にかけての噴火と2013～2016年までの噴火はいずれも噴出物によって新たな陸地ができる程の激しい噴火で，新たな陸地はそれまでの西之島と一体となって陸地面積が大きく拡大した。

基本　問5　弘前市は青森県西部にあり，日本で最初に市制を行った都市の1つである。この都市は弘前藩の城下町として発展し，現在も津軽地方の中心都市として弘前都市圏を形成している。

基本　問6　関門海峡は本州と九州を隔てる海峡で，この海峡には関門鉄道トンネル(1944年に全線開通)，山陽新幹線用の新関門トンネル(1974年完成)という2つの海底鉄道トンネルが通っている。また，この海峡には関門国道トンネルという国道2号線の自動車用のトンネルもある。なお，①の鳴門海峡は兵庫県淡路島と四国の徳島県鳴門市の間の海峡，②の明石海峡は兵庫県明石市と淡路島の間にある海峡，③の対馬海峡は長崎県の対馬と壱岐の間の海峡，⑤の大隅海峡は鹿児島県南部の大隅半島と種子島の間の海峡である。

問7　北岳は山梨県と静岡県の県境にある，標高3193mの日本で2番目に高い山である。北岳は赤石山脈北部に位置し，白根三山の一峰でその山頂付近は岩稜をなし，雄大な山容をみせているが，「甲斐富士」という別名で呼ばれていることはない。

問8　襟裳岬(地図中のウ)は北海道幌和泉郡えりも町にあり，太平洋に面している。日高山脈の最南端で，太平洋に向かって南へ突き出している。宗谷岬(地図中のイ)は北海道稚内市にあり，日本の本土における最北端の地である。納沙布岬(地図中のエ)は北海道根室市にある岬で，日本の本土の最東端の場所である。なお，地図中のアは白神岬である。

やや難　問9　現在の北海道にはもともとアイヌ民族が居住しており，彼らの言葉でそれぞれの土地を呼んでいた。北海道の地名はその歴史からアイヌ語に関係した名前がとても多く，北海道の市町村のうち約80%がアイヌ語に由来しているといわれる。そして北海道ではもともとあった地名が，現在までそのまま残されている場合が多い。アイヌの地名は，その土地の形状や環境を素直に表現したものが多いが，アイヌは文字を持たないため文字によって表記されることはなかった。

問10　飛驒山脈は富山，新潟，岐阜，長野の各県にまたがって連なる山脈で，通称は北アルプスと呼ばれている。この山脈の最高峰は標高3190mの奥穂高岳で，山脈の主要部分は中部山岳国立公園になっている。

重要 問11　北上川水系(選択肢④)は，北上川を本流とする水系である。北上川は岩手県の中央部を北から南に流れ，宮城県東部の石巻市で追波湾に注いでいる。北上川(249km)は東北地方の河川の中では最大で，全国では4番目の規模である。なお，①は渡川水系，②は石狩川水系，③は荒川水系，⑤は信濃川水系である。

基本 問12　鯖江市は福井県にある，鎌倉時代以降の門前町から発展した都市である。同市の特産品は眼鏡枠(選択肢③)，漆器，繊維の3つが地場産業であるが，特に福井県は眼鏡枠の生産で全国の90%以上を占めており，鯖江市はその生産の中心を担っている。なお，①の包丁で有名な都市は堺市(大阪府)・三条市(新潟県)・関市(岐阜県)，②の金属洋食器で有名な都市は燕市(新潟県)である。

問13　モロッコはアフリカ大陸(選択肢④)，スペインはユーラシア大陸(選択肢①)，カナダは北アメリカ大陸(選択肢②)にそれぞれ位置している。したがって，これらの3か国がいずれも位置しない大陸は，南アメリカ大陸である。

重要 問14　日本とアメリカ合衆国との貿易は，1960年(表③)では日本からの輸出品目は，衣類，がん具，はき物などの軽工業の関連の製品も多く，輸入品目もそれらの製品の製造に必要な原料，また食料品が占めていた。1980年になると，輸出品目では専ら機械工業関連の製品になり，中でも重化学工業のものが増加した。他方，輸入品目では機械類が一番ではあるが，原料や食料品なども一定の割合を占め，加工貿易の特色を濃厚に示すようになった。その後，2000年(表①)になると輸出品目の項目は1980年とあまり変化ないが，輸出品目と輸入品目の両方で機械類の占める割合が非常に高くなった。さらに2020年(表②)では輸出品目と輸入品目でともに機械類が一番になっている点は2000年と同じであるが，輸出品目では部品の占める割合が高くなっていること，輸入品目でも工業製品の占める割合が増えている。したがって，これらの表①～③を古いものから順に並べると，③→(1980年)→①→②となる。

Ⅱ　(日本の歴史―足利学校から見た歴史)

基本 問1　阿倍仲麻呂(698～770年)は遣唐使の留学生として唐に渡り，唐の玄宗に仕えて，役人として高い地位を得た。その後，彼は帰国を望んだが渡航に失敗し，帰国できずに唐で亡くなった。したがって，帰国後，聖武天皇の下で政治家として活躍したことはない。

問2　「尼将軍」として承久の乱で重要な役割を果たしたのは北条政子で，その父にあたる鎌倉幕府の執権は北条時政である。彼は鎌倉幕府の初代執権で第2代将軍の源頼家を殺害し，さらに第3代将軍の源実朝も退けようとしたが，失敗し引退させられた。

問3　鎌倉公方は，室町幕府が関東の8カ国と伊豆，甲斐の合計10ヵ国を支配するために置いた鎌倉府の長官である。室町幕府の初代将軍の足利尊氏の子どもである足利基氏が初代の鎌倉公方であり，以後は基氏の子孫が世襲した。また鎌倉公方の補佐役として，関東管領が置かれた。なお，①の六波羅探題は承久の乱後に京都に設置された役職，③の鎮守府は蝦夷征伐のために陸奥国に設置された役所，④の関東郡代は江戸幕府の幕領で10万石以上の広域の民政を担当する代官，⑤の侍所別当は侍所の長官である。

問4　連歌は数人の者が，和歌の上の句と下の句を次々に重ねて合作をするものである。和歌に代わって庶民の間で流行し，応仁の乱のころに宗祇によって大成された。

基本 問5　関白は，天皇の成人後も天皇を補佐して政治を行う役職である。887年に宇多天皇の時の藤原基経に対する任命が最初で，令外官であるが実質上の公家の最高位であった。

問6　1)　御三家とは，徳川氏一族の大名である親藩の中でも徳川家康の子から出た大名のことで，尾張藩・紀州藩(選択肢⑤)・水戸藩(選択肢①)の三藩である。これらの藩は，将軍に跡継ぎがいない場合には，将軍を出すことができた。なお，②の越前藩は現在の福井県，③の会津藩は現在の福島県，④の甲府藩は現在の山梨県にあったいずれも親藩である。　2)　朱子学は儒学の一派で，中国で南宋(1127～1276年)の時代に朱熹が大成した学問である。その内容は君臣・父子などの別を明確にして，主従関係や親子関係などの上下の秩序を重視した。そのため封建社会に適合し，江戸時代の寛政期に幕府の学問所では朱子学以外の学問を教えることが禁止された。

重要　問7　1)　石舞台古墳は，奈良県明日香村にある古墳時代後期の壮大な方形墳で，蘇我馬子の墓とされる。空堀の外堤ではかると，南北83m，東西81mある。現在は上部の封土は無くなり，横穴式石室が露出している。なお，②の稲荷山古墳は埼玉県行田市，③の大山古墳は大阪府堺市，④の箸墓古墳は奈良県桜井市，⑤の誉田御廟山古墳は大阪府羽曳野市にある，いずれも前方後円墳である。　2)　高野長英(1804～1850年)は，江戸時代後期の医者・蘭学者であり，シーボルトに学んだ。彼はモリソン号事件(1837年)に際して『戊戌夢物語』を著して，幕府の鎖国政策を批判したので，蛮社の獄で幕府によって処罰された。　3)　松下村塾は江戸時代末期に長州藩の萩城下にあった私塾である。吉田松陰のおじが開いたが，1856年に吉田松陰が受け継ぎ，高杉晋作，久坂玄瑞，伊藤博文などの幕末から明治期に日本を主導した人材を多く出した。

重要　問8　1)　①の立憲改進党を結成したのは1882年，②の中国に二十一ヵ条の要求を突き付けたのは1915年，③の地租改正事業を進めたのは1873年，④の日本初の政党内閣を組織したのは1898年のことである。したがって，これらの出来事を古いものから順に並べると，③→①→④→②となる。　2)　井上馨が外務卿や初代外務大臣を務めたのは1879～1887年である。彼は条約改正のために1882年に東京で列国共同の条約改正予備会議を開き，その結果に基づいて1886年から正式な交渉を開始した。そのため，その手順は多くの国の人々を招待し，いっせいに条約改正交渉を行うというものであった。　①　特定の国の人々を招待し，個別に条約改正交渉を行ったのは大隈重信である。　③　日清戦争の講和条約交渉を行ったのは，伊藤博文と陸奥宗光である。　④　日露戦争の講和条約交渉を行ったのは，小村寿太郎である。　⑤　韓国併合に関する交渉を周辺諸国と行ったのは統監の寺内正毅である。　3)　日本は1923年の関東大震災からの復興の必要もあり，隣接する海洋資源の分配や相互の経済交流を活発にした方がよいと判断した。そこでそれまでのソ連の敵視を改めて国交を開くために，1925年に日ソ基本条約を結んでソ連を認めた。

問9　1)　聖武天皇の皇后は，光明皇后(701～760年)である。彼女は仏教を深く信仰し，東大寺や国分寺の建設を聖武天皇に進言したとされ，また救貧施設である「悲田院」や医療施設である「施薬院」を設置して民衆の救済にあたった。　2)　寺院が今の市役所のような役割を果たしたのは，江戸時代(選択肢⑤)の寺請制度によるものである。寺請制度は，すべての人を寺院の檀家として所属させ，キリスト教や幕府が禁じている宗教の信者でないことを，寺院に証明させた制度である。そのため江戸時代の仏教は本来の仏教ではないと批判されることが多く，「仏教の堕落した時代」とされる。

基本　問10　渡良瀬川は北関東を流れる利根川水系の利根川の支流で，その長さは107.6kmであり，利根川の支流の中で鬼怒川，小貝川に次いで3番目の長さである。1890年ごろに栃木県の足尾銅山精錬所の鉱毒が流出して，渡良瀬川流域の農民や漁民に大きな被害が出た足尾銅山鉱毒事件が発生した。

Ⅲ　(政治―イギリス新国王の演説に関する問題)

基本　問1　日本銀行は，法律によって日本政府から独立した組織であることが保障されている。またその仕事は一般の銀行と区別され，日本銀行券(不換紙幣)を発行する発券銀行，一般の銀行(金融機関)に資金を融通する銀行の銀行，政府に資金を融通し，税金などの政府の収入を預かる政府の銀行といった特別な働きをしている。さらに市場に出回る通貨の量を調節することで物価を安定させる役割も果たしている。なお，①の日本政府は日本の行政を行う機関，②の財務省は国の予算・決算，国税・関税などに関する企画・立案する機関，③の内閣府は内閣の重要政策に関する企画・立案などをする国の機関，⑤の全国銀行協会は銀行の健全な発展を図ることなどを行う一般社団法人である。

問2　情報を知る権利(知る権利)とは，主権者である国民が正確な情報を得た上で政治に参加できるように，国や地方自治体などが持っている情報の公開を求める権利である。この権利は新しい人権と呼ばれるものの1つで，日本国憲法に明確に規定されていないが，社会の変化に伴って主張されるようになった基本的人権である。

基本 問3　1)　国会における法案審議の過程は，まず法案が一方の議院の議長に提出され，次いで議長から関係する委員会にまわされて審議される。委員会で議決されると本会議で議決され，他の議院に送られる。他の議院でも同様の委員会での審議・議決と本会議での議決が行われ，最終的に法案が成立する。　①　成立した法律は，首相ではなく天皇の名で公布される。　②　法律案はまず衆議院に送られるのではなく，衆議院と参議院のどちらに先に送ってもよい。　④　衆議院と参議院のどちらかの議院で否決された法案はただちに廃案となるわけではなく，まずは両院協議会が開かれる。それでも一致しない場合，衆議院において出席議員の3分の2以上の賛成で再可決すれば法律として成立する。　2)　クーリング・オフは訪問販売や電話勧誘販売などで，購入契約を結んだ消費者が一定期間内ならば，無条件で契約を取り消すことができる制度である。

問4　通貨の価値と物価の上昇には関連性があり，通貨の価値が下がれば物価は上昇し，逆に通貨の価値が上がれば物価は下落する。すなわち，それまで額面100円の通貨1枚で買うことができた商品は，その額面100円の通貨の価値が1枚50円に下がってしまうとその商品を買うためには額面100円の通貨2枚払う必要がある。したがって物価は200円となり，以前より上昇することになる。　①　円安とは1ポンド＝160円が1ポンド＝140円になった場合ではなく，1ポンド＝140円が1ポンド＝160円になった場合である。　③　日本を訪れるイギリスの旅行者にとって，円高ではなく円安になった方が旅行費用を安くおさえることができる。　④　デフレーションは，社会に出回る通貨の量が増えすぎた時ではなく，減りすぎた時に起こる傾向にある。

重要 問5　1)　日本では衆議院と参議院の二院制が採用されている。衆議院と参議院の関係は，参議院は「良識の府」・「再考の府」と呼ばれており，衆議院が決めたことついて行き過ぎを抑えたり，不足点を補ったりする役割が求められている。　2)　弾劾裁判は裁判官の職務上の義務違反などによって，裁判官を辞めさせるか否かを決めるための裁判で，この裁判は衆議院と参議院から7名ずつ選ばれた合計14人の裁判員による弾劾裁判所が国会に設置され，審査に関わった裁判員の3分の2以上が罷免に賛成した時にその裁判官は辞めさせられる。　①　国会議員の被選挙権の年齢は両院とも満25歳以上ではなく，衆議院は満25歳以上，参議院は満30歳以上と定められている。　②　首相は国会議員の中から国会で指名されるので，国会議員以外の者が国会で指名されることはない。　③　国会議員には不逮捕特権があるが，不逮捕特権が及ぶのは国会の会期中なので，議員を辞職するまで逮捕されないということはない。また会期中でも，各議院の許可があれば逮捕されることもある。

問6　1)　北大西洋条約機構(NATO)は，1949年にアメリカ合衆国を中心とする西側陣営が結成した軍事同盟である。2023年4月の時点で，北米の2ヵ国とヨーロッパの29ヵ国の合計31ヵ国が加盟している(2023年4月にフィンランドが正式加盟した)。　2)　WTO(世界貿易機関)加盟国が進める自由貿易は国と国とが協定を結ぶことで行われ，この自由貿易に関する協定が自由貿易協定(FTA)と呼ばれるものである。自由貿易協定は特定の二国間，または複数国間で関税や数量制限などが決められるので，WTO加盟国が同じ品目について，どの国も同じ関税率を適用することにはなっていない。なお，世界貿易機関はそれまでの「関税及び貿易に関する一般協定〔GATT〕」に代わって，ウルグアイで開催された多国間貿易交渉(ウルグアイ・ラウンド)で合意された成果を実施するために1995年に設立された国際機関である。その本部はスイスのジュネーブに置かれ，加盟国・地域による閣僚会議を最高意思決定機関としている。

重要 問7 1) 日本国憲法の第1条には，「天皇は，日本国の象徴であり日本国民統合の象徴であって，この地位は，主権の存する日本国民の総意に基づく。」とある。 2) 日本国憲法第96条1項で「この憲法の改正は，各議院の総議員の三分の二以上の賛成で，国会が，これを発議し，国民に提案してその承認を経なければならない。この承認には，特別の国民投票又は国会の定める選挙の際行はれる投票において，その過半数の賛成を必要とする。」とある。また同条2項では「憲法改正について前項の承認を経たときは，天皇は，国民の名で，この憲法と一体をなすものとして，直ちにこれを公布する。」とある。したがって，空欄aには「各議院の総議員の三分の二」，bには「発議し」，cには「天皇は，国民の名で」が入る。

★ワンポイントアドバイス★

地理・歴史・政治の各分野から大問1題ずつの合計3題という形式は昨年と変わらず，それぞれの分野の割合もやや歴史が多めであるが，その出題の割合に大きな変化は見られないので，過去問を有効に利用しよう。

＜国語解答＞《学校からの正答の発表はありません。》

一 問一 イ 圧勝 ロ 露骨 ハ かか(げて) ニ 患者 ホ 達成
問二 Ⅰ エ Ⅱ イ Ⅲ ア 問三 イ 問四 ② ウ ③ イ
問五 他人に押し付けるもの 問六 (例) 望ましい成果が実現するとは限らない
問七 B

二 問一 イ 民芸 ロ あこが(れて) ハ たましい ニ 告(げる) ホ 鮮魚
問二 本物のアイドルの帰還(だから。) 問三 ウ 問四 ア 問五 愛されていた
問六 (最初)小学校一年 (最後)なおもちゃ 問七 (例) 星野百貨店から，百パーセントを超えるレベルと熱量の

○推定配点○
一 問一・問四 各3点×7 問二 各2点×3 問六 8点 他 各5点×3
二 問一 各3点×5 問七 10点 他 各5点×5 計100点

＜国語解説＞

一 (論説文－要旨・論理展開・細部の読み取り，接続語，空欄補充，漢字の読み書き，記述力)

基本 問一 傍線部イは相手に大きな差をつけて一方的に勝つこと。ロはそのまま外にはっきり表すこと。ハの音読みは「ケイ」。熟語は「掲示」など。ニは病気にかかって治療を受ける人。ホは目的を果たすこと。

問二 空欄Ⅰは直前の内容の具体例が続いているのでエ，Ⅱは直前の内容とは相反する内容が続いているのでイ，Ⅲは直前の内容を言いかえた内容が続いているのでアがそれぞれ入る。

問三 傍線部①は「ヒマラヤ山脈」が「『教育』についての意図をもって……働きかけてくれたわ

けではない」ということなのでイが適当。①直前の内容をふまえていない他の選択肢は不適当。

問四　空欄②は，子ども「本人の側に焦点を当て」る考え方なので「一人一人の」という意味のウ，③は「今の子どもにこういうことを学んでほしい」という考え方なので，②の対義語でもあるイがそれぞれ当てはまる。

問五　傍線部④前で「教育」は「他人に押し付けるもの(10字)」であるという意味で，権力性を持っているということを述べている。

やや難 問六　傍線部⑤・⑥のある段落で，⑤の「治療する」と「治癒する」が違うように，望ましい結果が得られるとは限らず，⑥の「教育する」も同じように，その成果が実現するというのとは違う，ということを述べているので，これらの内容をふまえ，⑤と⑥に共通することを指定字数以内でまとめる。

重要 問七　ぬけている一文は，「教え方」をめぐる最近の「対立の例」について「『アクティブ・ラーニング』……の議論も」と挙げていることから，「経験主義対系統主義の果てしない対立がずっと続いてい」ることの例の「『ゆとり教育』改革」と同様のこととして，「アクティブ・ラーニング」も例に挙げるという文脈になるので，「教育学の……」で始まる段落直後のBに入れるのが適当。

二　(小説－心情・情景・細部の読み取り，空欄補充，ことばの意味，記述力)

基本 問一　傍線部イはその地方に特有の風土や風物などを表現した芸術。ロは強く心が引かれること。ハの音読みは「コン」。熟語は「商魂」など。ニの音読みは「コク」。熟語は「申告」など。ホは新しく鮮度の良い魚。

重要 問二　傍線部①は鷹城夫妻が星野百貨店のひとびとに「大歓迎を受けた」ということで，最後の「鷹城，という名字は……」で始まる場面で，立派な人物になって帰ってきた『お利口くん』が大歓迎されるのは「本物のアイドルの帰還(10字)」なのだから，ということが描かれている。「語られる……」で始まる段落で，鷹城夫妻は「かつてふたりはアイドルだった」と描かれていることも参考にする。

問三　傍線部②は「『……百貨店そのものの魂みたいなものに，歓迎されているような気持ちになっちゃったんですよ。……』」と，夫人とともに涙ぐみながら話す鷹城氏に対する結子の様子なのでウが適当。鷹城氏の話から，百貨店が大歓迎している気持ちが鷹城氏に伝わったことが結子にはわかったということを説明していない他の選択肢は不適当。

問四　傍線部③の「物語」は「鷹城夫妻は，その昔……」から始まる場面で描かれている，『お利口くん』が弟と妹にクリスマスのプレゼントを星野百貨店に買いに来た時のことで，このことを「だから，彼は……」から続く2段落で，百貨店のたくさんの人々が時間と頭を使って少年のために贈り物を選んだこと，「優しい精霊が見守るように，……見守っていた」と描かれていることから，アが適当。この段落の描写をふまえ，『お利口くん』と百貨店の人々との関係を説明していない他の選択肢は不適当。

問五　空欄④は，星野百貨店のひとびとの鷹城夫妻に対するもので，「語られる……」で始まる段落で，子どものころの鷹城夫妻は，この店で働くひとびとに「愛されていた(6字)」年若いお客様だったことが描かれている。

重要 問六　傍線部⑤は「『小学校一年生……』」で始まるせりふで『お利口くん』が話しているように「小学校一年生の男の子と，二年生の女の子が喜ぶようなおもちゃ(29字)」のことである。

やや難 問七　傍線部⑥の理由を説明している文の「サービス」は，「そう思ったとき……」で始まる段落で，結子の心情として描かれている「百パーセントを超えるレベルと熱量の」サービスのことなので，この部分を空欄に当てはまるよう，指定字数以内でまとめる。

★ワンポイントアドバイス★

論説文では，段落同士のつながりを確認し，筆者がどのように論を進めているかを確認していこう。

第2回

2023年度

解 答 と 解 説

《2023年度の配点は解答欄に掲載してあります。》

＜算数解答＞《学校からの正答の発表はありません。》

[1] (1) 6 (2) 太郎君200個 花子さん180個 (3) ① 71問 ② 204問
(4) 線の長さ 78.5cm 面積 193cm^2 (5) ① 47面 ② 121面

[2] (1) 2：3 (2) 88cm^2 (3) 11：3 (4) $11\frac{4}{7}$cm^2

[3] (1) 108cm^3 (2) 180cm^3 (3) 108cm^3 (4) 153cm^3

[4] (1) 29 (2) 8個 (3) 5個 (4) ア1，イ1，ウ3

[5] (1) 112° (2) $6\frac{6}{29}$秒，$37\frac{7}{29}$秒 (3) 50秒，$53\frac{13}{29}$秒
(4) 5分$42\frac{18}{31}$秒，6分$11\frac{19}{31}$秒

○推定配点○

[1] 各3点×8((2)完答) 他 各4点×19([4](4)完答) 計100点

＜算数解説＞

[1] (四則計算，割合と比，相当算，鶴亀算，平面図形，図形や点の移動，立体図形)

(1) $\left(0.5+\frac{4}{3}-\frac{1}{30}\right)\times\left(2\frac{2}{3}+\frac{3}{4}-\frac{1}{12}\right)=1.8\times10\div3=6$

(2) 最後…太郎君は$\frac{1}{10}$を渡したので$\frac{9}{10}$が126個に相当し，渡す前には$126\div\frac{9}{10}=140$(個)持っていて，渡した個数は140－126＝14(個) その前…花子さんは$\frac{1}{7}$を渡したので$\frac{6}{7}$が254－14＝240(個)に相当し，渡す前には$240\div\frac{6}{7}=280$(個)持っていて，渡した個数は280－240＝40(個) その前…太郎君は140－40＝100(個)持っていた。 最初…太郎君は100×2＝200(個)，花子さんは126＋254－200＝180(個)持っていた。

(3) ① 不正解の問題数…(5×100－297)÷(5＋2)＝203÷7＝29(問) したがって，正解だったのは100－29＝71(問) ② 4問正解して1問不正解だった場合…5×4－2×1＝18(点) したがって，実際に正解したのは4×918÷18＝204(問)

(4) 右図より，計算する。

周… {10÷4＋(6＋8)÷360×150}×3.14×3＝25×3.14＝78.5(cm)

面積… [4×3＋{5×5÷4＋(9＋16)÷360×150}×3.14]×3＝36＋50×3.14＝193(cm^2)

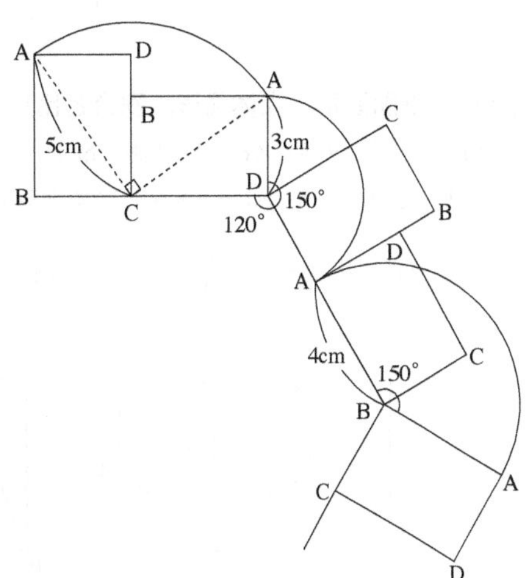

(5) ① 色が塗られた面…図1より，7＋10×4＝47(面)

② 色が塗られていない面…図2より，6×36－(11＋21×4)＝121(面)

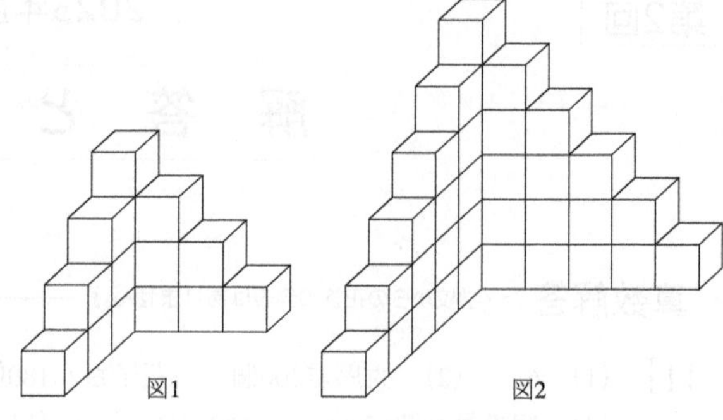

重要 [2] (平面図形，相似，割合と比)

(1) 三角形AEC…図1より，240÷2－48＝72(cm²)

したがって，BE：ECは48：72＝2：3

(2) 三角形FEC…図2より，240÷3÷5×3÷2＝24(cm²)

三角形AFD…240÷3×2÷2＝80(cm²)　したがって，

三角形AEFは240－(48＋24＋80)＝88(cm²)

(3) 三角形BJEとCFE…図3より，相似比は2：3　したがって，三角形AJGとCFGの相似比は(3×3＋2)：3＝11：3であり，AG:GCも同じ

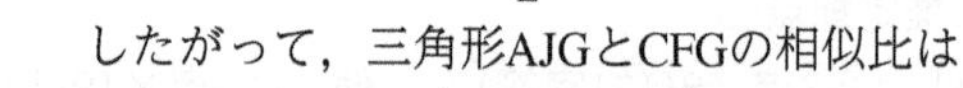

(4)三角形AHDとCHE…図4より，相似比は5：3　AC…5＋3＝8，11＋3＝14の公倍数56とする。　AH…56÷8×5＝35　HG…56÷14×11－35＝9　したがって，(1)より，三角形HEGは72÷56×9＝$\frac{81}{7}$(cm²)

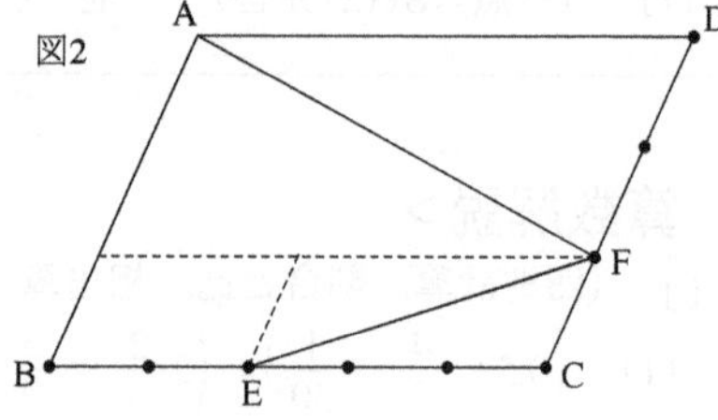

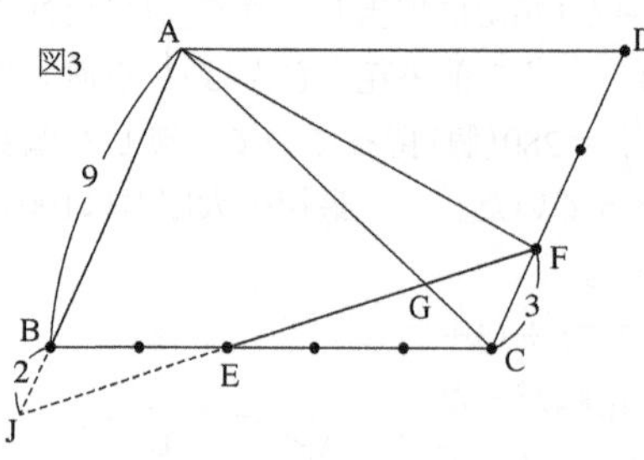

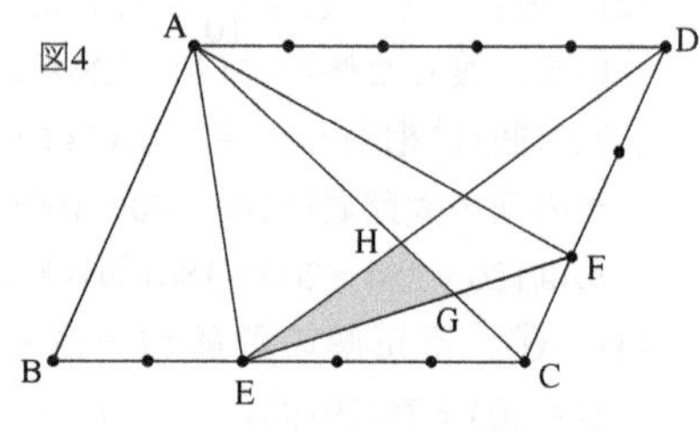

重要 [3] (平面図形，立体図形，割合と比)

(1) 図①…6×6×6÷2＝108(cm³)

(2) 図②…6×6×6－6×6÷2×6÷3＝36×5＝180(cm³)

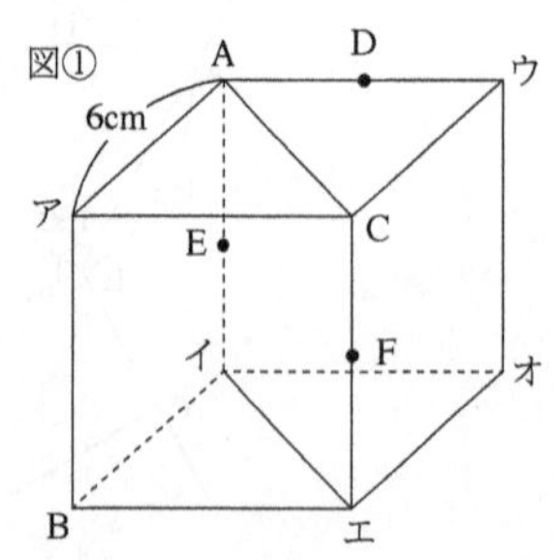

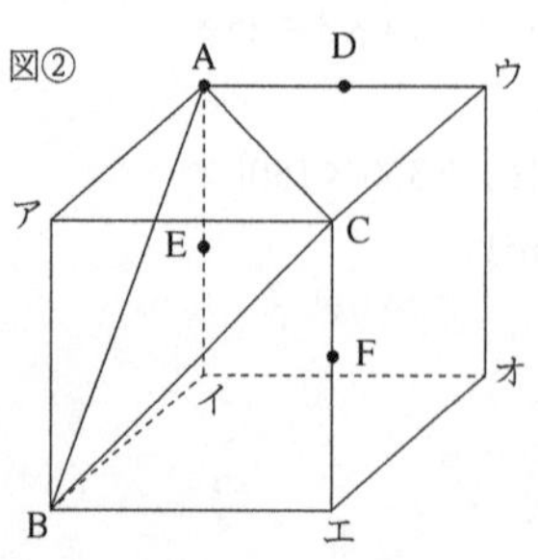

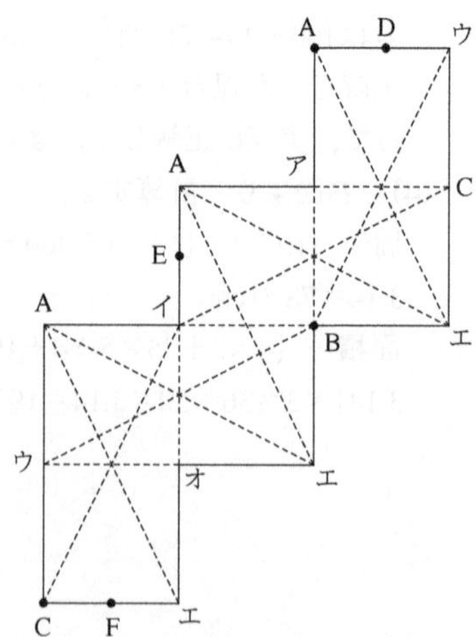

(3)　図③…DEとFJ，KJとDG，EKとGFはそれぞれ平行であり，正六角形により，立方体が2等分される。したがって，求める体積は$108cm^3$

(4)　図④より，計算する。三角錐O－アABとO－CGF…相似比が2：1，体積比が8：1

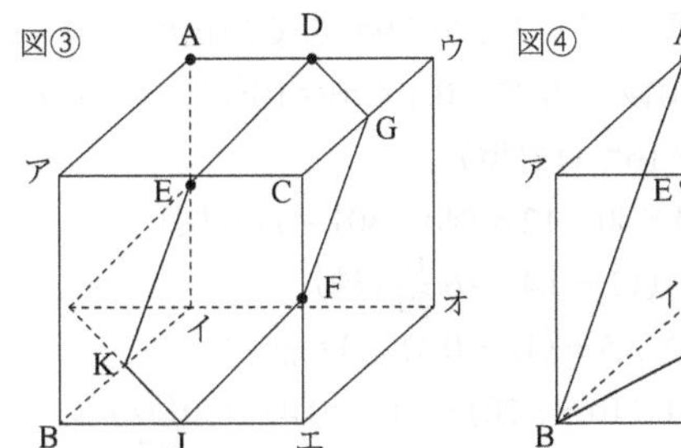

三角錐O－アABの体積…6×6÷2×12÷3＝72(cm^3)　　三角錐台CGF－アABの体積…72÷8×(8－1)＝63(cm^3)　　したがって，求める体積は216－63＝153(cm^3)

[4]　(平面図形，統計と表，推理)

重要　(1)　図Ⅰ…1×15＋2×7＝29

	あ	い	う	え	お	か
A	1	1	0	0	0	0
B	⓪	1	0	0	0	0
C	1	1	0	0	0	0
D	0	0	0	0	0	0
E	0	0	0	0	0	0
F	0	0	0	0	0	0

	あ	い	う	え	お	か
A	1	1	0	0	0	0
B	1	2	1	0	0	0
C	2	①	1	0	0	0
D	1	1	1	0	0	0
E	0	0	0	0	0	0
F	0	0	0	0	0	0

	あ	い	う	え	お	か
A	1	1	0	0	0	0
B	1	2	1	0	0	0
C	2	1	1	0	0	0
D	2	2	2	0	0	0
E	1	⓪	1	0	0	0
F	1	1	1	0	0	0

	あ	い	う	え	お	か
A	1	1	0	0	0	0
B	1	2	1	0	0	0
C	2	1	1	0	0	0
D	2	2	2	0	1	1
E	1	0	1	0	1	⓪
F	1	1	1	0	1	1

図Ⅰ

	あ	い	う	え	お	か
A	1	1	0	0	0	0
B	1	2	1	0	0	0
C	2	1	1	0	0	0
D	2	2	2	0	1	1
E	2	1	1	0	1	0
F	①	2	1	0	1	1

(2)　例えば，[Bい・Bお・Eい・Eお]の4マスを選んだ後に，4マスを選べばよいので合計8個のマスを選ぶ。

やや難　(3)　図Ⅱ…［Aか・Bえ］を選ぶ。図Ⅲ…［Cう・Dう・Dえ］を選ぶ。したがって，合計5個のマスを選ぶ。

図Ⅱ

	あ	い	う	え	お	か
A	0	0	1	1	2	0
B	0	0	1	0	2	1
C	0	0	1	1	1	0
D	0	0	0	0	0	0
E	0	0	0	0	0	0
F	0	0	0	0	0	0

図Ⅲ

	あ	い	う	え	お	か
A	0	0	1	1	2	0
B	0	1	2	1	2	1
C	0	2	3	4	2	0
D	0	2	2	2	1	0
E	0	1	2	2	1	0
F	0	0	0	0	0	0

図Ⅳ

	あ	い	う	え	お	か
A	1	2	1	0	0	0
B	2	1	1	0	0	0
C	1	1	1	0	0	0
D	0	0	0	0	0	0
E	0	0	0	0	0	0
F	0	0	0	0	0	0

図Ⅴ

	あ	い	う	え	お	か
A	1	2	1	0	0	0
B	2	1	2	1	1	0
C	2	3	3	1	1	0
D	0	2	1	2	1	0
E	1	2	1	1	0	0
F	0	0	0	0	0	0

図Ⅵ

	あ	い	う	え	お	か
A	1	2	1	0	0	0
B	2	1	2	1	1	0
C	2	3	3	1	1	0
D	0	2	1	3	2	1
E	1	3	3	4	1	1
F	0	1	1	2	2	1

(4)　図Ⅳ…［Aあ・Bい］を選ぶ。図Ⅴ…［Cえ・Dあ・Dう］を選ぶ。図Ⅵ…［Eお・Fう・Fえ］を選ぶ。したがって，[Bい]アは1，[Cお]イは1，[Eい]ウは3

[5]　(速さの三公式と比，時計算，割合と比)

長針…1周30秒かかり，毎秒360÷30＝12(度)回転する。

短針…1周15分かかり，毎分360÷15＝24(度)すなわち毎秒24÷60＝0.4(度)回転する。

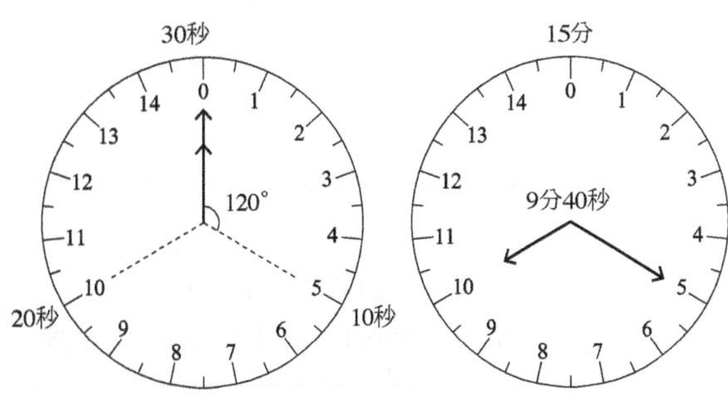

重要 (1) 図アより，計算する。5分から9分までの角度…$24\times(9-5)=96$(度)　短針40秒の角度…$0.4\times40=16$(度)　したがって，求める角度は$96+16=112$(度)

【別解】$24\times9+0.4\times40-12\times(40-30)=112$(度)

(2) 図イ…$24\times3\div(12-0.4)=6\frac{6}{29}$(秒)

図ウ…$30+24\times3.5\div(12-0.4)=37\frac{7}{29}$(秒)

(3) 図エ…$30+(24\times10.5-20)\div(12-0.4)=50$(秒)

$30+(24\times10.5+20)\div(12-0.4)=53\frac{13}{29}$(秒)

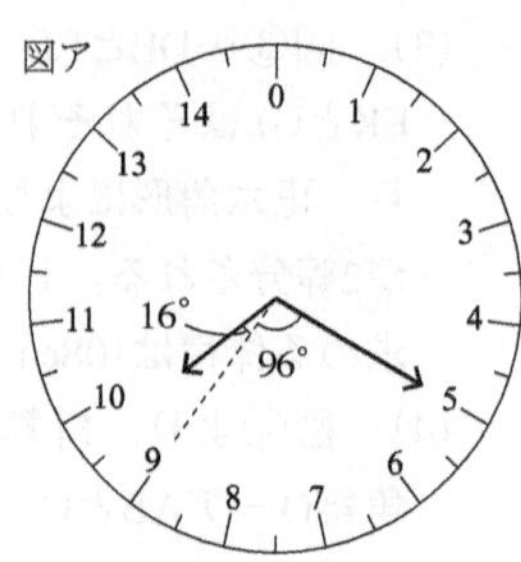

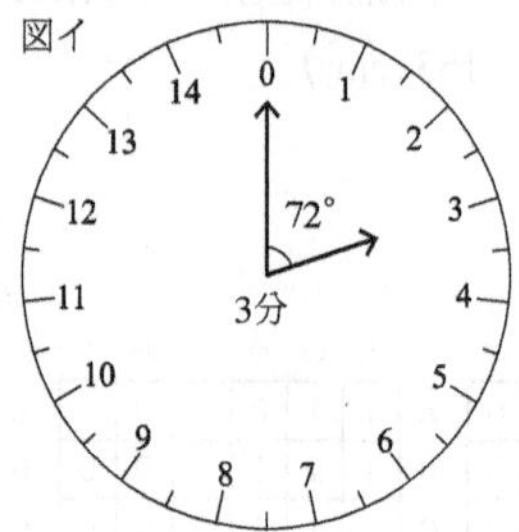

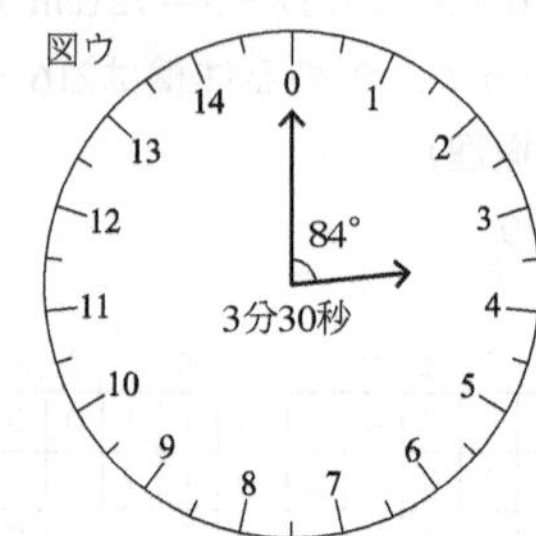

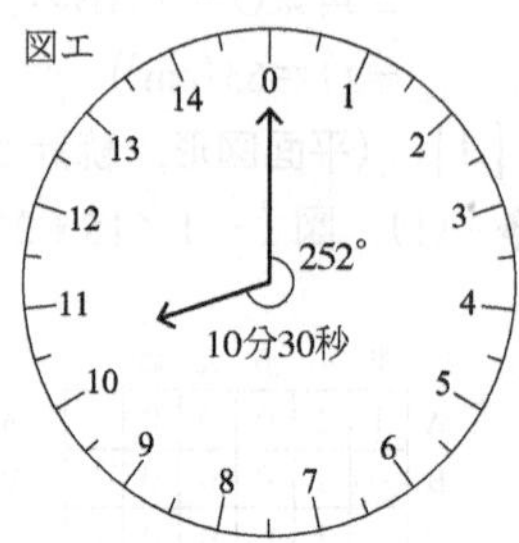

やや難 (4) 長針と短針が等しい時間に回転する角度の比…$12:0.4=30:1$

図オ…㉚は$24\times6+12-$①$=156-$①に等しい。①…$156\div(30+1)=\frac{156}{31}$(度)

したがって，1回目の時刻は5分台の$30+\frac{156}{31}\div0.4=42\frac{18}{31}$(秒)

図カ…$24\times6=144$(度)が…㉚＋①＝㉛に等しい。①…$144\div31=\frac{144}{31}$(度)

したがって，2回目の時刻は6分台の$\frac{144}{31}\div0.4=11\frac{19}{31}$(秒)

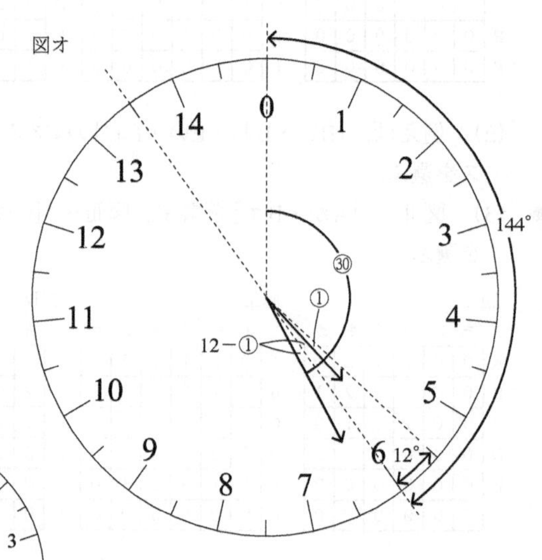

★ワンポイントアドバイス★

[1](1)「ビー玉のやり取り」の問題は，最後の個数から最初の個数へとさかのぼって計算していくことがポイントになり，[4]「6×6マス目」(2)・(3)は簡単ではない。[2]「平面図形」，[3]「立方体」の問題で得点しよう。

＜理科解答＞《学校からの正答の発表はありません。》

【1】 (1) ウ (2) 秒速50cm (3) ア，イ，ウ (4) ウ，オ (5) ウ，オ
(6) ウ，オ (7) ウ

【2】 (1) ア (2) ① イ ② ア ③ ア (3) ア
(4) ① イ ② ア ③ イ ④ イ ⑤ ウ

【3】 (1) (方法) 水溶液の重さを測る[水溶液をなめてみる] (結果) 水のときより重くなっている[甘い味がする] (2) ろ過 (3) イ (4) ① 27.1% ② 7.5g
(5) 硫酸銅の重さが増えたのか

【4】 (1) ア (2) ウ (3) 受粉 (4) 25% (5) 75% (6) ① ABとBB
② 丸い種子：しわの種子＝3：1 (7) 遺伝子

○推定配点○

【1】 (1),(2) 各1点×2 他 各2点×5 【2】 (1),(3) 各2点×2 他 各1点×8
【3】 各2点×6((1)完答) 【4】 (1),(2) 各1点×2 他 各2点×6 計50点

＜理科解説＞

【1】 (物体の運動―エネルギー)

基本 (1) 実験結果より，衝突後の白色のボールは静止する。

基本 (2) 衝突後の黒色のボールの速度は衝突前の白色のボールの速度に等しいので，秒速50cmになる。

(3) ボールの重さが同じものどうしで「発射した速さ」と「もっとも縮んだ長さ」に関係を見ると，比例関係になる。また，「発射した速さ」と「ばねから離れたときの速さ」は等しい。さらに，「もっとも縮んだ長さ」と「ばねから離れたときの速さ」は比例する。また，発射した速さを同じにして比べると，「おもさ」は「もっとも縮んだ長さ」の2乗に比例する。また，「ばねから離れたときの速さ」は，「おもさ」に関係なく発射した速さに等しくなる。

(4) 「おもさ」が同じものどうしで比べると，「速さ×速さ」が「高さ」に比例する。「発射した速さ」を同じにして比較すると，「おもさ」に関係なく「高さ」は等しくなる。

(5) 実験1から，白色のボールが黒色のボールに衝突すると，黒色のボールの速さが白色のボールの速さに等しくなる。よって黒色のボールの動きは実験3でボールを発射したときと同じ結果になる。よって，(4)と同じ結果になる。

(6) ばねにはね返された白色のボールの速さは，はじめと同じ大きさになる。これが黒色のボールと衝突すると(5)と同様の結果になる。よって(4)と同じ関係が成り立つ。

(7) 3つの条件がある場合，どれか1つを同じにして他の2つの関係を考える。(ア)では，ボールの重さを一定にして「ばねを縮めた長さ」と「高さ」の関係を考える。「ばねを縮めた長さ」が2倍になると「ばねから離れたときの速さ」も2倍になる。この速さが2倍になると高さは4倍になる。よって，「ばねを縮めた長さ」と「高さ」は比例していない。この関係を正しく示しているのは(ウ)の，「ばねを縮めた長さ×ばねを縮めた長さ」と「高さ」が比例するというものである。「おもさ」と「高さ」の関係を比べるには，「ばねを縮めた長さ」を一定にして比較する。「ばねを縮めた長さ」が同じとき，「おもさ」が重いほど「ばねから離れたときの速さ」が遅くなり，「高さ」も低くなる。

【2】 (気象―風の吹き方)

基本 (1) 温かい空気は膨張して体積が大きくなる。そのため，同体積で比べると暖かい空気は冷たい

空気より軽い。

基本 (2) ① グラフより，日中は陸地の温度の方が海より高くなる。 ② 暖められた空気は軽くなり上昇する。 ③ 陸地で空気が上昇すると，海から陸地へ空気が流れ込んで風が生じる。それで，日中に海風が吹く。

基本 (3) 夜間から明け方では海の方が温度が高いので，陸から海に向かって風が吹く。

基本 (4) 夏は大陸の温度が高くなり空気が上昇するので，海洋から大陸に向かって風が吹く。これは海風と同じ仕組みで，日本の夏には南東からの風が吹く。

【3】（ものの溶け方ー水溶液の濃度）

(1) 水と砂糖水溶液では重さが異なる。溶けた砂糖の分だけ重さが重くなる。砂糖水とわかっていれば，危険はないのでなめてみて甘いかどうかを確認することもできるが，一般的な確認方法とは言えない。

基本 (2) ろ紙を用いて固体と液体を分離する方法をろ過という。

(3) ろ紙は4つ折りにして開くので，(イ)のように4つに折れた部分の2つの部分に付着する。

(4) ① 40gの食塩を加えたとき，2.8gが溶け残ったので40－2.8＝37.2gが溶けた。この分が実験7で結晶として出てきた。ろ液の食塩水の濃度は水100gに37.2gの食塩が溶けているので，(37.2÷137.2)×100＝27.11≒27.1％である。 ② 27℃の水100gに36.0gの食塩が溶ける。この時水溶液の重さは136.0gである。27℃の飽和食塩水112.2g中に溶けている食塩の重さは，$\frac{36.0}{136.0}=\frac{\square}{112.2}$より□＝29.7gであり，新たに生じた食塩の溶け残りは37.2－29.7＝7.5gであった。

(5) 水に溶かしたときの硫酸銅は白色で，重さが30gであった。水を蒸発させると生じた結晶は青色で重さが44.5gになった。重さが増えた理由は，硫酸銅が水を吸収したためである。

【4】（植物ー遺伝の法則）

基本 (1) (ア)がエンドウの花である。

基本 (2) (ウ)がエンドウの実で，この中に丸い種子が入っている。

基本 (3) めしべの先に花粉がつくことを受粉という。

基本 (4) 孫の代の種子の要素の割合は，AA：AB：BB＝1：2：1になるので，BBは全体の4分の1つまり25％になる。

重要 (5) 種子の要素がAAのものとABのものが丸形の種子になるので，全体の4分の3つまり75％を占める。

やや難 (6) ① 3種類の種子から2つを選んで掛け合わせるとき，しわ形の種子ができるためには親の一方がBBでないといけない。もう一方の親がAAであれば子供はすべてABになり，すべて丸形の種子になる。よってABとBBの組み合わせとわかる。この時，子供の種子の要素はAB：BB＝1：1になり，丸形：しわ形＝1：1になる。 ② 丸形にはAAとABがあり，しわ形はBBのみである。AAとBBを掛け合わせるとひ孫の4つの要素はすべてAB(丸形)になる。ABとBBを掛け合わせるとひ孫の4つの要素はAB(丸形)が2個とBB(しわ形)が2個になる。これらの種子を合計すると丸形：しわ形＝6：2＝3：1になる。

(7) メンデルが「要素」と呼んだものは，現在では「遺伝子」と呼ばれている。

★ワンポイントアドバイス★

しっかりとした基礎知識と応用力が求められる。また時間のわりに問題数が多い。解ける問題から解答し，基本問題で得点できるようにしたい。

<社会解答>《学校からの正答の発表はありません》

Ⅰ 問1 ア 死亡 イ 出生 ウ 転出 エ 転入 問2 ① 問3 ③ 問4 ③ 問5 1) 人口ピラミッド 2) ④ 3) ⑤ 問6 ④ 問7 ③ 問8 (例) テレワークの広がりによって在宅勤務が増え，大都市から地方へ移住する人がみられたから。 問9 ⑥

Ⅱ 問1 小野妹子 問2 足利義満 問3 唐招提寺 問4 ③ 問5 ⑤ 問6 1) 日米和親条約 2) ポツダム宣言 問7 ④ 問8 1) (例) 琉球王国を通じて中国との貿易で利益を得ようとしたから。 2) ③ 問9 ② 問10 日米安全保障条約 問11 ③ 問12 1) 首里城 2) 栄西 3) ②

Ⅲ 問1 (例) 日本語が十分に理解できない外国人の住民や文字を読むのに困難がある障害者の人々である。 問2 1) A ウ B ウ C イ D ア 2) ② 問3 (例) 地方公共団体に団体としての独立性を認め，団体内部の行政を自ら行うようにすること。 問4 1) ⑤[③] 2) ④

○推定配点○

Ⅰ 問8 2点 問9 1点 他 各1点×12

Ⅱ 問1～問7 各1点×8 問8 1) 2点 他 各1点×7

Ⅲ 各2点×9 計50点

<社会解説>

Ⅰ (日本の地理―人口の推移に関する問題)

問1 ア・イ ある地域で死亡数(空欄ア)が出生数(空欄イ)を上回ることを，人口の自然減という。逆にある地域の出生数が死亡数を上回る場合は，人口の自然増という。 ウ・エ ある地域において，その地域からの転出数(空欄ウ)よりも他の地域からの転入数(空欄エ)が大きいことを人口の社会増という。また転入数よりも転出数が大きいことは，人口の社会減という。

基本 問2 選択肢中の2020年の各県の人口は，①の鳥取県が約55万3千人，②の島根県が約67万1千人，③の高知県が約69万2千人，④の徳島県が約72万人である。したがって，人口が最少の県は鳥取県である。

問3 日本の少子化の理由としては，1)結婚をしない未婚率が高くなったこと(選択肢①)，2)結婚する年齢が上がる晩婚化(選択肢②)，3)子育ての費用が大きくなったこと(選択肢④)，4)仕事と育児の両立が難しいこと，などがあるとされる。したがって，③の「女性の平均寿命が男性より長くなったから」いうことは，少子化の理由ではない。

問4 老年人口とは65歳以上の人口のことで，現在の日本の老年人口の割合は28.7%(2021年，選択肢③)であり，2000年の17.3%に比べて増加している。さらに2065年には，その割合が38.4%に増加すると予測されている。

重要 問5 1) 人口構成を性別，年齢別に表したグラフのことを人口ピラミッドという。人口ピラミッドは，縦軸に年齢，横軸に構成割合をとり，年齢ごとに示している。 2) 日本の人口ピラミッドは，多産多死の富士山型(選択肢②，1935年)→少産少死で人口停滞のつりがね型(選択肢①，1960年)→少産少死で人口減少のつぼ型(選択肢④，2020年)のように変化した。したがって，現在の日本の人口ピラミッドの型はつぼ型である。なお，③の星型とは，つぼ型の人口ピラミッドが，出生数の回復によって再び「人口ピラミッド」のすそ野が広がった状態のことである。

3) 1965年のグラフは，第二次世界大戦の終結から20年後のことなので，1947～1949年の第1次ベビーブームの世代が20歳前後になっているため，20歳代が最も多くなっているグラフCである。2015年のグラフは，1965年から50年後のことなので，第1次ベビーブームの世代は70歳前後になっている。また第1次ベビーブームの世代の子どもである1971～1974年の第2次ベビーブームの世代も40歳前後になっている。したがって，人口ピラミッドの中で，70歳前後と40歳前後の人口が多くなっているグラフAがそれにあたる。2040年のグラフは，2015年から25年後のことなので，第2次ベビーブームの世代も65歳前後になっている。したがって，その世代の人口が最も多くなっているグラフBがあたる。これらのグラフを時代の古い順に並べると，C→A→Bとなる。

問6 多くの外国人がよりよい収入を求めて働きに来たのは，経済的な要因による人口の移動であり，それによって生じる人口の変動は人口の社会増減であり，人口の自然減ではない。人口の自然減が発生するのは，戦争(選択肢①)などの出来事や農産物の生産不足で餓死者(選択肢②)が出たり，自然災害(選択肢③)で多くの犠牲者が出て，死亡数が出生数を上回った場合である。

問7 人口の社会増につながる理由は様々な原因で人々が，農村から都市部へのようにある地域から他地域に移動することである。他方，人々が転職するのはそれまでの職業から別の職業に変わることで，そのことによって人々が移動するとは限らないので，人口の社会増につながる理由とはならない。

やや難 問8 インターネットなどの情報通信技術(ICT)を利用して，役所や会社へ行かなくても自宅などで仕事をするテレワーク(リモートワーク)が広がった。そのため出勤しなくても離れた場所にいる複数の人が同時に参加できるオンラインの会議などが広く行われるようになり，新型コロナウイルスの感染の危険性が高い東京などの大都市を離れて地方に移住する人がみられるようになった。そのため東京都では，転出数の増加による人口の社会減が起こった。

重要 問9 X 東北，山陰，四国などの地方が高位を占めているので，都道府県別老年人口率を表したものである。 Y 東京大都市圏と沖縄県が高位を示し，北海道・東北・四国・九州などで低位となっているので，都道府県別人口増減率を表したものである。 Z 東京大都市圏・名古屋大都市圏・京阪神大都市圏が高位を示しているので，都道府県別人口密度を表したものである。

Ⅱ (日本の歴史―沖縄から見た歴史)

基本 問1 小野妹子は，大和政権の聖徳太子の命令によって607～608年，608～609年の2回にわたって遣隋使として隋に派遣された。

基本 問2 室町幕府第3代将軍の足利義満(任1368～1394年)は，有力守護大名を抑えて幕府の権力を確立するとともに，南北朝の統一や倭寇と呼ばれた海賊を取り締まり，15世紀初頭に日明(勘合)貿易を始めた。

問3 743年以来，5度の渡航に失敗しながら753年に来日を果たした僧は鑑真であり，鑑真が平城京で開いた寺院は唐招提寺である。唐招提寺は奈良県奈良市にある律宗の寺院で，奈良時代に建てられた金堂や講堂をはじめ，多くの文化財がある。1989年には古都奈良の文化財の一部として，ユネスコの世界遺産に登録されている。

問4 新井白石が行った政治は，正徳の治と呼ばれた文治政治である。彼は貨幣の質をもとに戻して良くすることで物価の安定に努めたり(選択肢③)，金銀の流出を防ぐための長崎貿易の制限，朝鮮通信使の待遇の簡略化などを行った。 ① 物価を下げるため，株仲間を解散させたのは水野忠邦による天保の改革である。 ② 長崎での貿易を積極的に行い，幕府の財政を安定させようとしたのは田沼意次の政治である。 ④ ききんにそなえて村の米をたくわえさせたのは，松平定信の寛政の改革である。

問5 マニラは現在のフィリピン共和国の首都で，ルソン島中西部にあり，マニラ湾の東岸に位置している。16世紀後半にスペイン人によって総督府が置かれ，植民地化された時からフィリピンの首府であり，独立後も一貫して首都である。なお，①のハノイはベトナムの首都，②のバンコクはタイの首都，③のホンコンと④のマカオは中国の特別行政区である。

問6　1)　日米和親条約(1854年)は，ペリーの来航によって結ばれた条約である。この条約によって，アメリカ船への水・食料・燃料などの供給，下田と箱館(函館)の2港の開港，下田に領事を置くことなどが定められた。　2)　ポツダム宣言は，1945年7月にアメリカ・イギリス・中国の3国によって出された日本に降伏を求めた文書である。この宣言が出された当初，日本は宣言を受け入れると天皇の地位を守ることができないと考えてこれを無視していたが，同年 8月6日の広島への原子爆弾投下，8月8日のソ連軍の対日参戦，8月9日の長崎への原子爆弾投下などにより，8月14日にこの宣言を受け入れた。

基本　問7　沖縄が返還された年は，1972年である。日中共同声明は1972年に田中角栄首相が中国を訪問して発表したもので，中華人民共和国との国交が正常化した。しかし，台湾の中華民国との国交は断絶した。なお，①の日中平和友好条約は1978年，②の日韓基本条約は1965年，③の日ソ共同宣言は1956年のことである。

やや難　問8　1)　1605年に薩摩藩は江戸幕府に琉球への出兵の許可を願い出て，翌年にその許可が出た。薩摩藩は1609年に琉球に武力侵攻して支配下に置いたが，その後も薩摩藩は財政の立て直しのために琉球王国による中継貿易の利益を利用することを考え，琉球王国に中国との関係を続けさせた。　2)　江戸時代の初期に琉球王国は中国に使いを出して砂糖の製造方法を学んで，黒糖の製造を開始した。その後，琉球王国をはじめ，奄美大島や徳之島などでもさとうきびの製造が増産され，それを管轄していた薩摩藩に大きな利益を与えた。したがって，琉球王国の砂糖は，日本向けの輸出品ということになる。

基本　問9　正長の土一揆は，1428年に現在の滋賀県にあたる近江の馬借(馬を用いた運送業者)の蜂起をきっかけとして発生した日本最初の土一揆とされるものである。この時，人々は室町幕府に借金帳消しのための徳政令を出すことを要求して，当時は金貸し業も行っていた酒屋や土倉などの高利貸しに押しかけて借金証文を奪った。なお，①の応仁の乱は1467～1477年，③の文禄・慶長の役は1592～1593年，1597～1598年，④の山城国一揆は1485～1493年のことである。

問10　日米安全保障条約は，当時の社会主義勢力の国々から東アジアと日本を守るために，日本の主権回復後もアメリカ軍が日本に駐留することを認めた条約である。この条約は，1951年のサンフランシスコ平和条約と同時に日米間で結ばれた。

問11　沖縄戦は，太平洋戦争末期の1945年3月～同年6月にかけて沖縄諸島に上陸したアメリカ軍を主体とした連合国軍と日本軍との間で行われた戦いである。アメリカ軍は1945年3月26日に慶良間列島に上陸を開始し，次いで4月1日に沖縄本島に上陸した。以後，主な戦闘は沖縄本島で行われ，組織的な戦闘は日本側の敗北で6月23日に終了した。この戦いで日本軍は沖縄を本土防衛の最前線として準備し，防備を固めていたため，住民を巻き込んだ国内唯一の地上戦となった(選択肢④)。また戦闘の際には民間人がさまざまな場面で戦場に動員され(選択肢①)，特に青壮年の県民だけでなく，10代の中学生や女学生，師範学校の生徒たちも戦場に動員された(選択肢②)。そのため日本側は約10万人の日本守備軍が全滅し，同時にほぼ10万人の住民が戦闘に巻き込まれて死亡したとされる。したがって，多くの犠牲者が出たのは，本土からの援軍がおくれたからではない。

重要　問12　1)　首里城は琉球王国の王宮で，首里は同王国の都として整備された。首里城は1945年に太平洋戦争中に起こった沖縄戦で焼失したが，1992年に正殿などが再建された。その後，首里城跡が世界遺産に登録されたが，2019年10月に再度，火災で焼失した。　2)　栄西(1141～1215年)

は，鎌倉時代に中国の宋から臨済宗を伝えた僧侶である。彼は宋に2度わたり，帰国後に京都で教えを広めようとしたが，比叡山の反対にあったために鎌倉幕府の保護を受けて鎌倉で活動を行った。　3）琉球王国を築いたのは，尚氏一族の尚巴志である。尚氏は1609年に島津氏の配下になったが，1872年に琉球藩が置かれると藩王となった。しかし1879年の琉球処分で，東京に移住させられた。なお，①の宗氏は対馬藩藩主，③の楊氏は中国の姓，④の李氏と⑤の柳氏は中国と朝鮮の姓である。

Ⅲ（政治—地方自治体の仕事に関連する問題）

やや難　問1　アイコンは物事を簡単な絵柄で記号化して表すもので，主にコンピュータ上の記号表記に使用されることが多い。したがって，地方自治体のホームページの場合には，日本語が十分に理解できない外国人の住民や文字を読むのに困難がある障害者の人々にとって使いやすいものとなっている。

問2　1）A　国の行政の責任者である内閣総理大臣は，衆議院で内閣不信任案が可決，または内閣信任案が否決された時，衆議院の解散を命じることができる。また地方自治体の行政の責任者である首長は，議会が不信任決議をした時に議会の解散を命じることができる。したがって，議会の解散を命じることは，国と地方自治体のどちらにも当てはまる。　B　国会議員である衆議院議員・参議院議員，地方自治体の地方議会議員はいずれも有権者による直接選挙で選ばれる。したがって，有権者が議員を直接選挙で選ぶことは，国と地方自治体のどちらにも当てはまる。　C　法律にもとづいて，罪の有無や刑の重さを決めるのは国家機関である裁判所なので，国にあって地方自治体にはない機能である。　D　国会の場合，衆議院の解散を請求できるのは内閣総理大臣であり，参議院の場合には解散がない。他方，地方議会の場合には，有権者の3分の1以上の署名により，有権者が議会の解散を請求することができる。したがって，地方自治体にはあって国にはない機能である。　2）地方自治体の仕事には，大きく自治事務と法定受託事務の2種類がある。自治事務には消防署を配置して火事や救急に対応すること（選択肢①），水道管の整備などの水道事務（選択肢③），警察署を配置し，事件や事故に対応する警察事務（選択肢④）などがある。また法定受託事務は国が地方自治体に処理を委託したことで，戸籍・パスポートの交付，国道の管理，国の指定統計などがある。他方，電線を整備し，家庭に電気を届けるのは民間の電力会社の仕事なので，地方自治体の仕事ではない。

やや難　問3　団体自治とは，国内の一定地域を基礎とする地方自治体に団体としての独立性を認め，その地域内での諸問題をその地方自治体の自らの意思に基づいて必要な事柄を行い，解決させることである。このことは地方自治の1つの側面であり，日本国憲法第92条に掲げられている地方自治の本旨の1つである。

重要　問4　1）①　誤り。新座市市議会だけでなく，地方議会はすべて二院制ではなく一院制である。　②　誤り。地方議会の議員選挙に投票できるのは，その地方に住所がある満18歳以上の人である。したがって，新座市議会議員選挙に投票できるのは，新座市の住民であり，そこに通勤・通学している有権者は投票することができない。　③　誤り。地方議会の議員の被選挙権は満30歳以上ではなく，満25歳以上である。したがって，新座市議会議員にも満30歳以上ではなく，満25歳以上の有権者は立候補できる（ただし，一般に満30歳以上の有権者は地方議会の議員に立候補できるので，この選択肢は読み方によっては正解になる）。　④　誤り。条例は，地方議会が法律の範囲内で制定することができる，その地域内で適用される法である。したがって，新座市議会では新座市で適用される条例は採択できるが，埼玉県に適用される条例は採択することはできない。　2）地方自治体の予算の中で国からの財政的支援は，図5中の地方交付税と国庫支出金の2つである。図5中の自治体の地方交付税と国庫支出金の合計の割合は，新座市が約25%，さいたま市が約20%，夕張市が約60%，秩父市が約35%なので，これらの中で国からの財政的支援が最も少ないのは，さいたま市である。 ① 歳入にしめる市税の割合が最も多いのは，さいたま市(約42%)ではなく新座市(約45%)である。 ② 歳入にしめる国庫支出金の割合は，新座市が約25%，夕張市が約20%なので，同じ割合ではない。 ③ 歳入にしめる市債の割合は，新座市が約3%，さいたま市が約10%，夕張市が約10%，秩父市が約5%なので，その割合が最も多いのは，秩父市ではなくさいたま市や夕張市である。

★ワンポイントアドバイス★

昨年の大問2題の形式から，本年は第1回と同様に地理・歴史・公民の各分野大問1題ずつ，合計3題となった。そのうえ1行の短文の説明問題も全部で4問あるので，要領よく取り組むようにしよう。

＜国語解答＞《学校からの正答の発表はありません。》

一 問一 イ 判断 ロ 肯定 ハ 供給 ニ 縛(り) ホ 緩和 問二 A イ B ア C エ 問三 (例) 慈愛の気持ちで「みんなちがって，みんないい」と感慨に耽る視座。 問四 (例) 実態との間に隙間ができる大袈裟な言葉は，虚しく，内実のないものだから。 問五 ア 問六 我田引水 問七 張子の虎
問八 ア ○ イ × ウ × エ × オ ○

二 問一 イ 奇跡 ロ 宇宙 ハ 慌(て) ニ 触(る) ホ 夢 問二 エ
問三 ア 問四 イ 問五 (例) あきらかなうそに鏡は必要ないから。
問六 (例) 真実かもしれない微妙なうそをつくのはむずかしいということ。
問七 (例) 鏡がうそを見破るのではなく，自分がうそだと思ったから，鏡が光ったように見えたということ。 問八 先生受け

○推定配点○

一 問三 8点 問四 10点 問五 3点 問六・問七 各4点×2 問八 各1点×5
他 各2点×8 二 問一 各2点×5 問五～問七 各8点×3 他 各4点×4
計100点

＜国語解説＞

一 (論説文－要旨・細部の読み取り，指示語，接続語，空欄補充，四字熟語，漢字の書き取り，記述力)

基本 問一 傍線部イは物事の善悪などを見極めて自分の考えを定めること。ロは価値があると認めること。ハは必要に応じて与えること。ニの音読みは「バク」。熟語は「束縛」など。ホはやわらげたり，ゆるめたりすること。

問二 空欄Aは直前の内容を理由とした内容が続いているのでイ，Bは直前の内容の具体例が続いているのでア，Cは直前の内容とは相反する内容が続いているのでエがそれぞれ当てはまる。

やや難 問三 傍線部①は①までで述べているように「みんなちがって，みんないい」という言葉に対するもので，この言葉が「……しみじみ感慨に耽ったときに出てくる祝福の言葉」であること，また「怖いのは……」で始まる段落で，この言葉を「慈愛の気持ちを持たずに」指導者が繰り返していると述べていることもふまえ，「みんなちがって，みんないい」という言葉が持つ視座を説明

する。「視座」は物事を見る姿勢や視点のこと。

重要 問四　傍線部②について②直後で，「大袈裟な言葉を使うと，実態との間に隙間ができ……虚しさを掻き立て……内実のないものになってしまう」と述べていることをふまえ，②の「マイナスの威力を発揮」する理由を指定字数以内でまとめる。

問五　空欄③には，下品で見苦しい，みっともない，という意味のアが当てはまる。

問六　空欄④には，自分に都合のいいように言ったりしたりすることという意味の「我田引水(ガデンインスイ)」が当てはまる。「異口同音(イクドウオン)」は多くの人の意見が一致すること。「温故知新(オンコチシン)」は古い教えから新しい知識を学ぶこと。「付和雷同(フワライドウ)」は自分の意見を持たず，他人の意見に簡単に同調すること。「臨機応変(リンキオウヘン)」は場合に応じて，対応を変えること。

問七　空欄⑤には，オリンピックの選手を称えるだけでなく「日本はすごい」と叫ぶのは，大袈裟な形容詞と同じマイナス効果があり，国の底力を低下させてしまう，ということをふまえた語句が入るので，「 C ……」で始まる段落の，外見だけで中身が伴わないことという意味の「張子の虎」が当てはまる。

重要 問八　「 C ……」で始まる段落で，アと，「大袈裟」で「インパクトの強い」言葉遣いをする「現代の政治家」のことを述べているが，イの「言葉の力……によって国を動かそうとしてきた」とは述べていない。「みんなとちがっていたら……」で始まる段落前半の内容に，ウは当てはまらないが，オは当てはまる。「そんなこと……」で始まる段落で「愛国心」について述べているが，エは述べていない。

二 **(小説－心情・情景・細部の読み取り，空欄補充，ことばの意味，漢字の書き取り，記述力)**

基本 問一　傍線部イは常識では考えられないような不思議な出来事。ロの「宇」の下の形は「于」であることに注意。ハは落ち着きを失うこと。ニの訓読みは他に「ふ(れる)」。ホの音読みは「ム」。熟語は「夢中」など。

問二　傍線部①の「神妙」は，普段とは違っておとなしくかしこまった様子という意味なのでエが適当。

問三　空欄②は，恐れてためらいながらする様子という意味のアが当てはまる。

問四　傍線部③の「怪訝」は，不思議に思い，納得がいかないことという意味なのでイが適当。

重要 問五　「『うそを見破る鏡』」を試そうとしているのに，琉生が「『あきらかなうそ』」をついたため，「ぼく」は傍線部④のようになっているので，④前のやり取りをふまえて，④の理由を説明する。

重要 問六　傍線部⑤直後で「『真実かもしれない微妙なうそって，案外むずかしいよ』」と琉生が話していることをふまえ，⑤を具体的に説明する。

やや難 問七　傍線部⑥前で，「『この鏡，本当にうそを見破る鏡だったのかな』『そんなような気がしただけかも……』」と「ぼく」がおじいちゃんに話していることをふまえ，「自分の心がそう見せた」すなわち，自分がうそだと思ったから，鏡が光ったように見えた，ということを説明する。

問八　空欄⑦直前に「『それもまた』」とあることから，「『おれのハワイ……』」でも琉生が話している「先生受け」が当てはまる。

★ワンポイントアドバイス★

小説では，誰の会話かなど場面の状況を正確にとらえよう。

2022年度

★★★★★★★★★★★★★★★★★★★★★★★★

入　試　問　題

2022
年
度

2022年度

立教新座中学校入試問題（第１回）

【算　数】（50分）　＜満点：100点＞

【注意】 １．答はできるだけ簡単にしなさい。また，円周率は，3.14を用いなさい。
２．三角定規，分度器，計算機の使用はいけません。

〔１〕以下の問いに答えなさい。

(1)　次の計算をしなさい。

$$\left(1\frac{1}{8}+\frac{5}{6}\right)\div\left(1.625-1\frac{7}{12}\right)+4.5-3\frac{1}{3}\times0.8+1\frac{1}{6}$$

(2)　太郎君は，日本がＡオリンピックとＢオリンピックで獲得（かくとく）した金，銀，銅の３種類のメダルの個数を調べました。Ａオリンピックで獲得したメダルの合計の個数とＢオリンピックで獲得したメダルの合計の個数の比は８：５でした。そして，ＡオリンピックとＢオリンピックで獲得した金メダルの個数の比は５：３，銀メダルの個数の比は２：１でした。また，Ａオリンピックで獲得したメダルの中では，銅メダルの個数が最も多く14個でした。Ｂオリンピックで獲得した金メダルと銅メダルの個数をそれぞれ求めなさい。

(3)　３つの数294，449，728を，それぞれ同じ整数Ａで割ったところ，あまりがすべて等しくなりました。整数Ａと，これら３つの数を整数Ａで割ったときのあまりを求めなさい。

(4)　１目盛りが１㎝の方眼紙にコンパスと定規を使って図形をかきました。図の中の•はコンパスの針を置いた位置を表します。次の問いに答えなさい。

①　図１は，正方形と円をかいたもので，正方形の内部に円がぴったりと入っています。影（かげ）のついた部分の面積を求めなさい。

②　図２において，影のついた部分の面積を求めなさい。

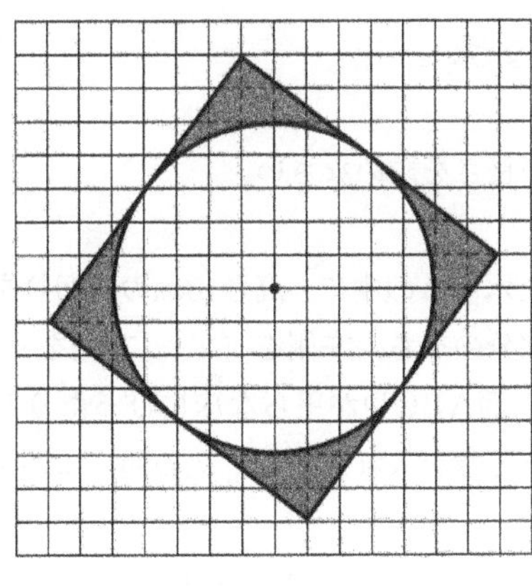
図１

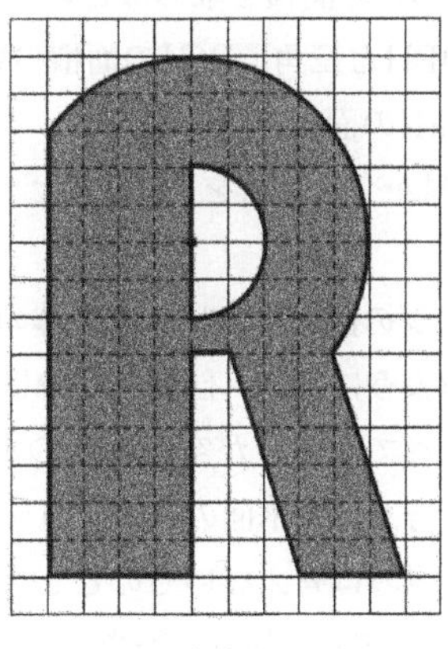
図２

(5) 右図は，半円と直角二等辺三角形を重ねた図形です。次の問いに答えなさい。

① 影（かげ）のついた部分の面積を求めなさい。

② 影のついた部分を，直線ℓの周りに１回転させてできる立体の体積を求めなさい。ただし，円すいの体積は，(底面積)×(高さ)÷３で求めるものとします。

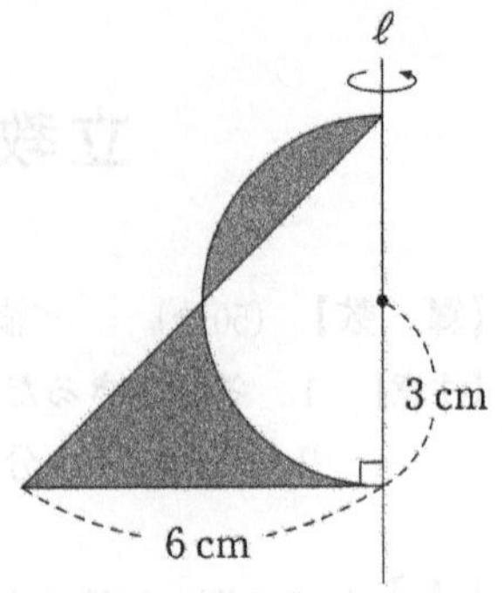

〔２〕三角形ABCは，AB＝15cm，AC＝15cm，BC＝18cmの二等辺三角形で，面積は108cm²です。４点D，E，F，Gは辺ABを５等分する点，２点H，Iは辺ACを３等分する点，点Mは辺BCの真ん中の点です。また，三角形ABCの底辺をBCとすると，AMはその高さとなります。次の問いに答えなさい。

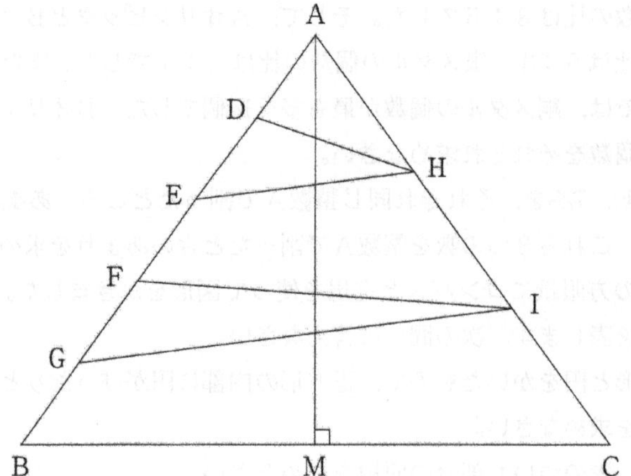

(1) 四角形EFIHの面積を求めなさい。

(2) 三角形DEHと三角形FGIの面積の和を求めなさい。

(3) 三角形FMIの面積を求めなさい。

(4) FHとAMが交わる点をPとするとき，PMの長さを求めなさい。

〔３〕次のページの図のように，直方体の形をした水そうの中に，高さ10cmの仕切りを水そうの側面と平行になるようにつけ，仕切りで分けられた部分のうち，左側を（ア），右側を（イ）とします。太郎君は，すべての部分が空（から）の状態の水そうを，面ABCDが平らな床（ゆか）にぴったりとつくように置き，(ア) の部分だけに水面の高さが９cmになるまで水を入れました。次の問いに答えなさい。ただし，仕切りの厚みは考えないものとします。

(1) 太郎君は，(ア) の部分に石を完全に沈（しず）めたところ，(ア) の部分から（イ）の部分に水が流れ，(イ) の部分の水面の高さが２cmになりました。石の体積を求めなさい。

(2) (1)の状態から，太郎君は，(イ)の部分の水面の高さが６cmになるまで水を入れました。その後，高さ15cmの直方体の形をしたおもりを，おもりの底面が水そうの底面にぴったりとつくように

（イ）の部分に入れたところ，水面の高さは８cmになりました。おもりの体積を求めなさい。

(3)　(2)の状態から，太郎君が，この水そうに毎分一定の割合で水を入れたところ，25分で水そうが満水になりました。毎分何cm^3の水を入れましたか。

(4)　(3)の状態から，太郎君は，石とおもりを取り除き，再び水そうが満水になるまで水を入れました。その後，辺ADを床につけたまま水そうを45°傾けたとき，水そうの中に残った水の体積を求めなさい。

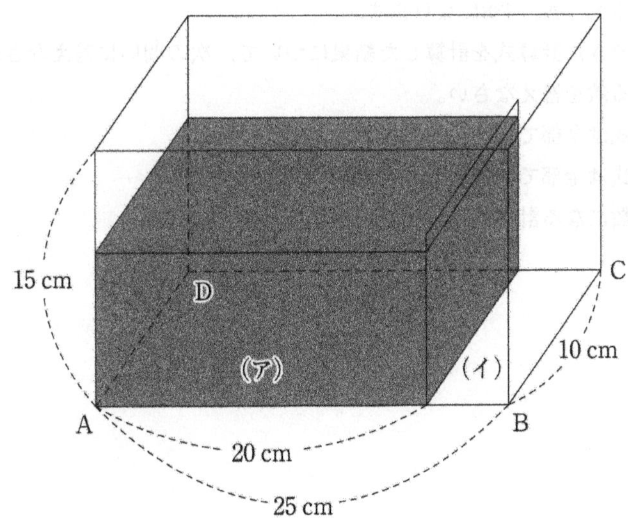

〔4〕R中学校の部活動で，ある作業をします。１年生２人，２年生２人，３年生２人がこの作業をすると60分かかります。１年生８人，２年生２人，３年生３人がこの作業をすると30分かかります。１年生12人と３年生７人がこの作業をすると20分かかります。次の問いに答えなさい。ただし，同じ学年の部員１人あたりの作業量は，それぞれ同じであるものとします。

(1)　１年生６人と３年生１人がこの作業をすると，何分かかりますか。

(2)　３年生全員がこの作業をすると，15分かかります。３年生は何人いますか。

(3)　２年生１人あたりの作業量と３年生１人あたりの作業量の比を求めなさい。

(4)　部員16人がこの作業をしたところ，20分かかりました。作業をした１年生の人数が奇数のとき，作業をした３年生の人数は何人ですか。ただし，どの学年の部員も必ず１人以上は作業をしたものとします。

〔5〕１から９までの異なる１桁の整数が書かれた計９枚の数字のカードが入った袋Aと，＋，－，×，÷が書かれた計４枚の記号のカードが入った袋Bがあります。次の①から③の手順でカードを取り出し，取り出したカードを置いて計算式をつくります。

①　袋Aから１枚ずつ続けて２枚のカードを取り出します。１枚目に取り出したカードが十の位，２枚目に取り出したカードが一の位となるように２枚のカードを置き，２桁の整数をつくります。

②　袋Bから１枚のカードを取り出し，２桁の整数のカードの右側に置きます。

③　袋Aに入っている残り７枚のカードから１枚のカードを取り出し，記号のカードの右側に置

きます。

例えば，以下のような計算式ができます。

これらを計算すると，29，438になります。

このようにしてできた計算式を計算した結果について，次の問いに答えなさい。

(1) 最も大きくなる数を答えなさい。

(2) 97になる計算式は全部で何通りありますか。

(3) 48になる計算式は全部で何通りありますか。

(4) ３桁で５の倍数になる計算式は全部で何通りありますか。

【理　科】（30分）　＜満点：50点＞

【注意】 計算機，分度器を使用してはいけません。

【１】 以下の問いに答えなさい。

気象庁は2021年から熱中症警戒アラートを発表しています。暑さ指数が33以上になることが予測される場合に発表し，熱中症への警戒を呼びかけます。暑さ指数とは，気温，湿度，輻射熱の３つを取り入れた温度の指標です。輻射熱とは，日射しを浴びたときに受ける熱や，地面，建物，人体などから出ている熱で，黒球温度計で測定します。暑さ指数を求めるには，図１のような暑さ指数測定装置を用いて，乾球温度（気温），湿球温度，黒球温度を測定します。また，暑さ指数は次のように算出します。

屋外の暑さ指数＝0.7×湿球温度＋0.2×黒球温度＋0.1×乾球温度

屋内の暑さ指数＝0.7×湿球温度＋0.3×黒球温度

(1) 気温は乾球温度計で測定します。乾球温度計は，百葉箱と同じような条件で設置します。百葉箱の設置条件として当てはまるものを，次の(ア)～(エ)からすべて選び，記号で答えなさい。

(ア) 地上から1.5mに設置

(イ) できるだけ建物の近くに設置

(ウ) 扉は南向きに設置

(エ) 風通しのよい場所に設置

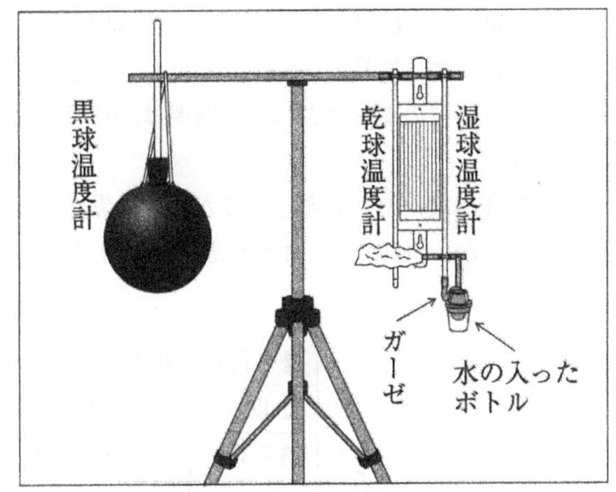

図１　暑さ指数測定装置

(2) 湿度は乾球温度と湿球温度から湿度表（表１）を用いて求めます。例えば，乾球温度が26℃，湿球温度が24℃の場合，湿度は84％となります。

表１　湿度表

乾球温度〔℃〕	乾球温度と湿球温度の差〔℃〕										
	0.0	0.5	1.0	1.5	2.0	2.5	3.0	3.5	4.0	4.5	5.0
35	100	97	93	90	87	83	80	77	74	71	68
34	100	96	93	90	86	83	80	77	74	71	68
33	100	96	93	89	86	83	80	76	73	70	67
32	100	96	93	89	86	82	79	76	73	70	66
31	100	96	93	89	86	82	79	75	72	69	66
30	100	96	92	89	85	82	78	75	72	68	65
29	100	96	92	89	85	81	78	74	71	68	64
28	100	96	92	88	85	81	77	74	70	67	64
27	100	96	92	88	84	81	77	73	70	66	63
26	100	96	92	88	84	80	76	73	69	65	62
25	100	96	92	88	84	80	76	72	68	65	61

① 次の文章は，乾球温度，湿球温度，黒球温度と暑さ指数の関係を説明しています。文章中のⅠ～Ⅳに適する語句を，以下の語群から選び，それぞれ記号で答えなさい。

前のページの図１のように，湿球温度計は水で湿らせたガーゼを巻いています。湿らせたガーゼを巻いておくと，その水が蒸発するときに（　Ⅰ　）ので，乾球温度と湿球温度を比べると，湿球温度のほうが低くなります。空気中に含むことができる水蒸気の量は気温によって決まっています。空気中の水蒸気の割合が高い場所では，湿球温度と乾球温度の差は（　Ⅱ　）。また，黒球には特殊な塗料が塗られており，外部からの熱をほとんど（　Ⅲ　）しません。

屋外の暑さ指数と屋内の暑さ指数の数式から，熱中症には（　Ⅳ　）の影響が大きいと考えられます。

〈語群〉

Ⅰ：(ア) 熱がうばわれる　(イ) 熱が均一になる　(ウ) 熱が加わる

Ⅱ：(ア) 大きくなります　(イ) 小さくなります

Ⅲ：(ア) 反射　(イ) 吸収

Ⅳ：(ア) 気温　(イ) 湿度　(ウ) 輻射熱

② ある日の湿度は72％で，気温は30℃でした。このとき湿球温度計は何℃を示していましたか。

(3) 乾球温度が31℃で湿球温度が29℃，黒球温度が36℃でした。このとき屋外で運動してよいでしょうか。表２のア～オから選び，記号で答えなさい。

表２

暑さ指数	熱中症予防運動指針
31 以上	(ア) 運動は原則中止
28～31	(イ) 厳重警戒（激しい運動は中止）
25～28	(ウ) 警戒（積極的に休憩）
21～25	(エ) 注意（積極的に水分補給）
21 未満	(オ) ほぼ安全

【２】 次の会話文を読み，以下の問いに答えなさい。

父　森の中のキャンプは日陰だから涼しいなあ。

太郎　学校で，植物が育つには光が必要と習ったけど，森の中のうす暗いところに生えている樹木もあるんだね。

父　植物は種類によって成長するのに必要な光の強さが違うんだ。このグラフ（図１）を見てごらん。違う種類の樹ＸとＹについて，ある時間あたりに，あるおもさの樹木が吸収する二酸化炭素の量と光の強さの関係を表しているよ。

太郎　二酸化炭素吸収量ってどういうこと？

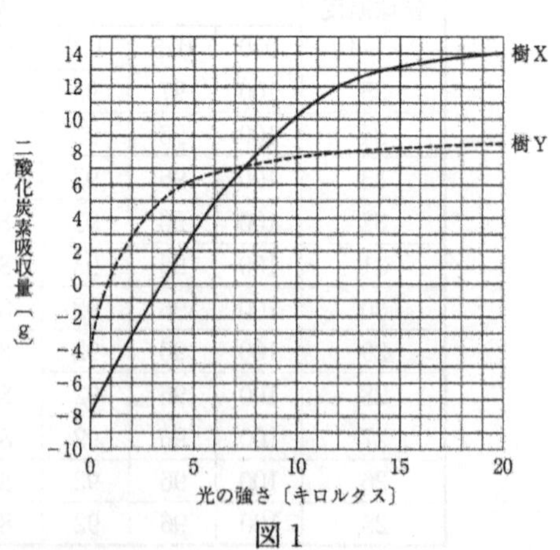

図１

父　植物は吸収した二酸化炭素からデンプンをつくって成長するんだよ。だから，二酸化炭素吸収量は樹木の成長に影響するんだ。どちらの樹木も二酸化炭素吸収量が同じなら同じように成長するよ。

太郎　なるほどね。あれ，光の強さが３キロルクスのときは樹Ｘの二酸化炭素吸収量の値がマイナス（－）になっているよ。

父　マイナスの部分は，樹木が二酸化炭素を吸収せず放出した場合なんだ。例えば，２ｇの二酸化炭素を放出すると二酸化炭素吸収量は－２ｇと表されるよ。これは植物の（　①　）のはたらきによるんだ。

太郎　光が当たっていてもある強さを超えないと成長できないってことか。そうしたら，樹ＸとＹが同じ場所で育つとどんな違いが出るのかな。

父　このグラフをもとに予想してみよう。日当たりのよい空き地に樹ＸとＹの苗木を植えた絵（図２）を描いてみたよ。ここに20キロルクスの強さの光が当たり続けたとき，20年後にはどうなっているか描いてごらん？

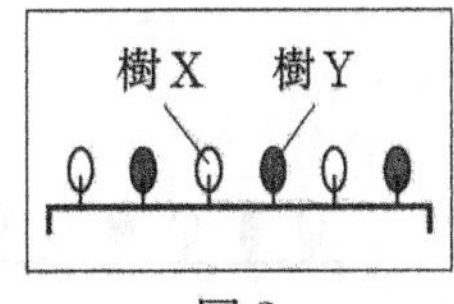

図２

太郎　ａこんな感じかな？

父　そうなりそうだね。じゃあさらにずっと時間がたって，500年後くらいだとどうなっているかな？どちらの樹木も寿命は100年くらいで，寿命で倒れると下で育っていた次世代の樹木と入れ替わっていくよ。葉が茂った樹木の下の地面は３キロルクス未満の光の強さになるとして考えてみよう。あ，実際にはこの間に環境が変わったり，台風なんかも起こりそうだけど，今は考えなくていいよ。

太郎　ｂこうなりそうだね。植物の生育には光の環境が大きく影響することがわかったよ。

父　正解。光だけじゃないよ。他の環境も植物の成長に大きく関わっているから，環境の違いでそこで育つ植物の種類が変わって，生態系の様子も変わるんだ。例えばこの世界地図（図３）のＥの地点では，（　②　）ので，植物が大きく育ち，種類も増えるんだ。

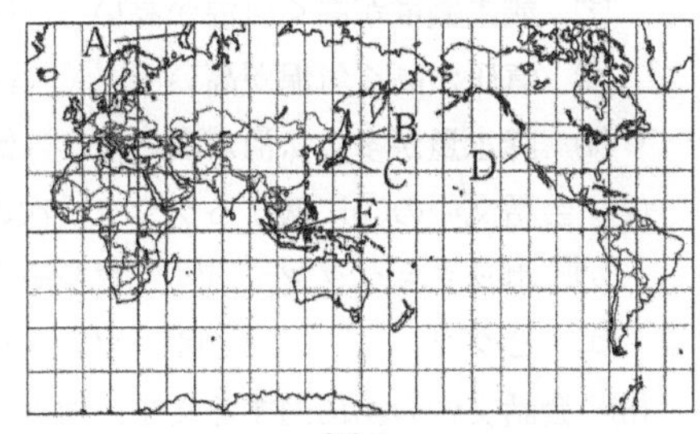

図３

太郎　世界にいろいろな景色があるのは環境の違いで存在する植物が変わるからなんだね。

父　もっというと，環境の違いは植物だけじゃなくて生態系に生息する動物にも影響を与えるんだ。このクマたち（図４）はそれぞれ，Ａ～Ｅの違う地点に生息しているよ。どの地点にどのクマが生息しているかわかるかな？

図４

太郎　わかるよ。例えばＣには（　③　）でしょ。

父　大丈夫そうだね。じゃあ，生息地の環境とクマの様子からは，何が言えそうかな？

太郎　もしかして，（　④　）のかな。

父　その通り！生物と環境との関係がわかったね。

(1)　会話文中の①に適する語句を答えなさい。

(2)　同じ大きさの樹ＸとＹに，ある強さの光を当て続けたとき，同じように成長しました。このときの光の強さとしてもっとも適切なものを，次の(ア)～(オ)から選び，記号で答えなさい。

(ア)　2.5キロルクス　(イ)　5.0キロルクス　(ウ)　7.5キロルクス

(エ)　12.0キロルクス　(オ)　20.0キロルクス

(3)　樹ＸとＹを，ある同じ強さの光の下に12時間置き，その後，光が全く当たらない状態に12時間置いたところ，その間に樹ＸとＹそれぞれが吸収した二酸化炭素の量は等しくなりました。このときの光の強さとしてもっとも適切なものを，(2)の(ア)～(オ)から選び，記号で答えなさい。

(4)　会話文中の下線部ａについて，太郎君が描いた絵としてもっとも適切なものを，次の(ア)～(エ)から選び，記号で答えなさい。

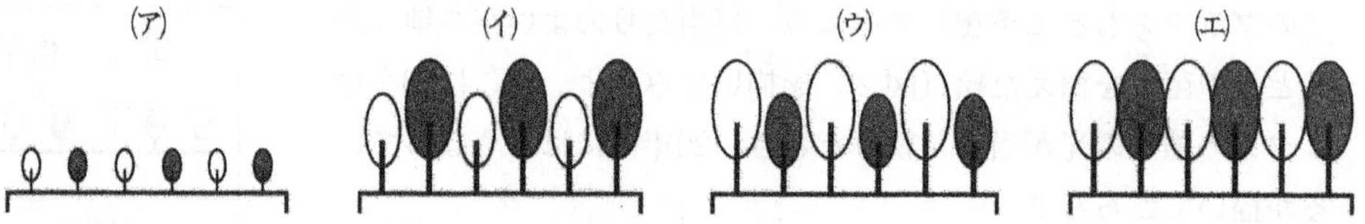

(5)　会話文中の下線部ｂについて，太郎君が描いた絵としてもっとも適切なものを，次の(ア)～(エ)から選び，記号で答えなさい。

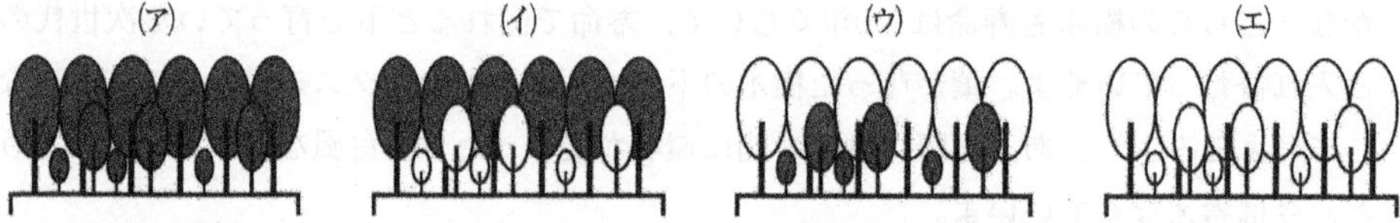

(6)　会話文中の②に適する文を，次の(ア)～(カ)から選び，記号で答えなさい。

(ア)　酸素濃度（のうど）が高く気温が高い　(イ)　酸素濃度が高く気圧が高い

(ウ)　気圧が高く気温が高い　(エ)　気圧が高く降水量が多い

(オ)　降水量が多く気温が高い　(カ)　降水量が多く酸素濃度が高い

(7)　会話文中の③に適するクマを，次の(ア)～(オ)から選び，記号で答えなさい。

(ア)　ホッキョクグマ　(イ)　マレーグマ　(ウ)　アメリカグマ

(エ)　ヒグマ　(オ)　ツキノワグマ

(8)　会話文中の④に適する文を，次の(ア)～(カ)から選び，記号で答えなさい。

(ア)　寒い地域ほど体が大きくなる　(イ)　暖かい地域ほど体が大きくなる

(ウ)　寒い地域ほど草食性が強くなる　(エ)　暖かい地域ほど肉食性が強くなる

(オ)　寒い地域ほど体毛が少なくなる　(カ)　暖かい地域ほど体毛が少なくなる

【３】　次の会話文を読み，あとの問いに答えなさい。

父　昨年は東京オリンピック・パラリンピックで盛り上がったね。太郎は何が印象に残ったかな？

太郎　いろいろな競技でどの選手も頑張（がんば）っていたから，決めきれないなあ。そうだ，聖火リレーも印象に残っているよ。そういえば，なぜ聖火って傾（かたむ）けたり，風が吹（ふ）いたりしても消えないんだろう。

父　せっかくだから，調べてごらん。

太郎　こんな記事があったよ。

図１のような聖火のトーチは，２種類の炎(ほのお)を組み合わせることによって，簡単に炎が消えないよう工夫(くふう)されています。トーチの内部機器の構造は図２のようになっています。外から見えるa赤い炎を消さないよう，トーチ内部でもう一つのb青い炎を燃焼(ねんしょう)させ，その燃焼により赤い炎をサポートするという仕組みになっています。中央にある白金（プラチナ）ドームの下で青い炎が発生し，白金を加熱しており，白金が常に輝(かがや)くようにしているのです。白金が輝いている間は，そう簡単に外から見える赤い炎が消えることはありません。この燃焼機構は，100以上の試作とテストを繰(く)り返し，完成した燃焼機構です。

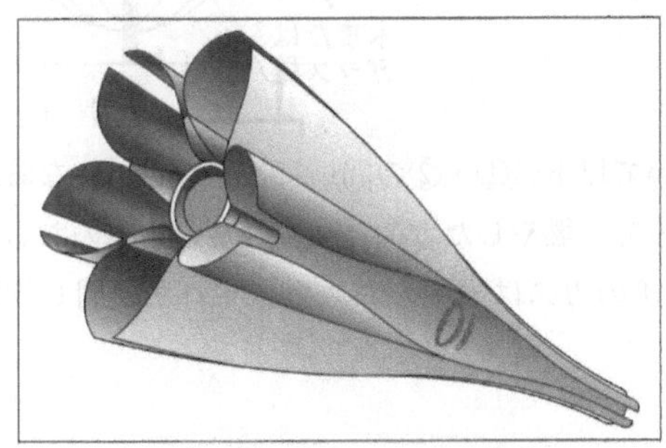

図１　聖火のトーチの外観

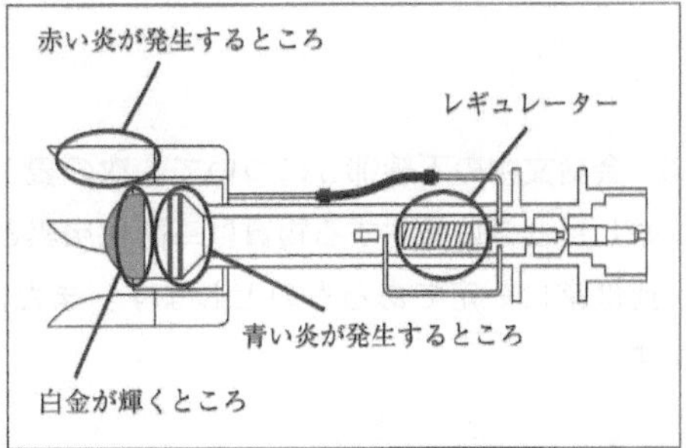

図２　トーチの内部機器の構造

（引用：「台風でも絶対消えない」桜の炎はどう実現したのか　聖火トーチに隠された秘密
毎日新聞　2020年３月５日　東京朝刊　一部改編）

太郎　炎にも，いろいろな種類があるんだね。

父　そうだ。身近なものだと，cろうそくの炎も，場所によって特徴(とくちょう)が異なるんだ。

太郎　トーチの聖火は，何を燃やして発生させているの？

父　実は，ガスを使っているんだ。トーチの下部に，ガスボンベをねじこみ，燃料を供給しているんだ。トーチ内部には，レギュレーターという装置が入っていて，どんな気温でも火力を一定にするために，ガスの量が自動で調節されるようになっているんだよ。

太郎　ガスバーナーで炎の大きさを調節できるのと似ているね。

父　トーチの燃料にはガスが使われているけれど，d燃やしたガスのおもさと，ガスを燃やしたときに発生する物質のおもさの比を比べることで，ガスの種類を特定することができるんだ。

太郎　なるほどね。ところで，eトーチのおもさはどのくらいなの？

父　いい所に目をつけたね。片手で持てるように，軽量化する工夫が凝(こ)らしてあるんだ。

太郎　細かい所まで計算されているんだね。

父　ちなみに，f開会式で点火された聖火台の燃料は，このトーチの燃料と違うって知っていたかい？

太郎　うん。ニュースで，燃やしても二酸化炭素が発生しないから環境にやさしいって言っていたよ。

(1)　会話文中の下線部a・bについて，「赤い炎」と「青い炎」を比べたときに，「赤い炎」の特徴としてもっとも適切なものを，次のページの(ア)～(エ)から選び，記号で答えなさい。

(ア) 温度が高く，酸素の多い炎　(イ) 温度が高く，酸素の少ない炎
(ウ) 温度が低く，酸素の多い炎　(エ) 温度が低く，酸素の少ない炎

(2) 会話文中の下線部ｃについて，水で湿らせた木，またはガラス棒を右図のようにろうそくの炎に入れたとき，次の①・②にあてはまる部位として適切なものを，右図の(A)～(E)からすべて選び，それぞれ記号で答えなさい。
① 水で湿らせた木が焦(こ)げる部位
② ガラス棒を通したときにすすで黒くなる部位

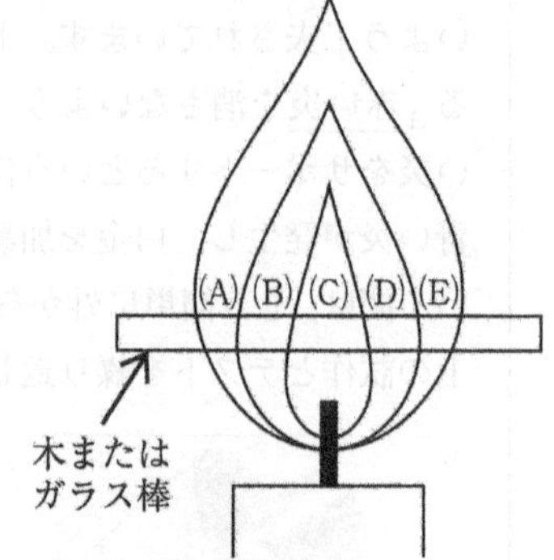

(3) 会話文中の下線部ｄについて，次の表１を用いて以下の①・②の問いに答えなさい。なお，燃やしたときに発生する物質は二酸化炭素と水のみで，燃やしたガスと発生した各物質のおもさの比は常に一定であるものとします。また，トーチのガスは表中のガスのいずれかと同じ物質です。

表１

	燃やしたガスのおもさ	発生した二酸化炭素のおもさ	発生した水のおもさ
都市ガス	16 g	44 g	36 g
LP ガス	44 g	132 g	72 g
アセチレンガス	26 g	88 g	18 g

① トーチのガス121 g を燃やすと，198 g の水が発生しました。トーチのガスと同じ物質を次の(ア)～(ウ)から選び，記号で答えなさい。
(ア) 都市ガス　(イ) ＬＰガス　(ウ) アセチレンガス
② ①のとき，発生した二酸化炭素のおもさを求めなさい。

(4) 会話文中の下線部ｅについて，トーチ全体のおもさを，次の資料を用いて求めなさい。

・トーチ全体は，アルミニウムの装飾(そうしょく)部分と，内部機器およびボンベから構成される
・内部機器およびボンベのおもさの合計は200 g である
・アルミニウムの装飾部分を広げると，一辺60㎝の正方形，厚さ１㎜のアルミニウムに相当する
・アルミニウム１㎤あたりのおもさは2.7 g である

(5) 会話文中の下線部ｆについて，聖火台の燃料として使われた物質を答えなさい。

【４】 次の会話文を読み，以下の問いに答えなさい。ただし，水１㎤あたりのおもさは１ｇとします。また，割り切れない場合は小数第３位を四捨五入して小数第２位まで求めなさい。

太郎　この前乗った船は大きかったね。あの大きくて重い船が浮(う)かんでいるって不思議だよ。
父　液体中の物体は，その物体がおしのけた液体のおもさと同じ大きさの浮力(ふりょく)を受けることは知ってるかい。

太郎　うん，知っているよ。わかってはいるけど，やっぱり不思議だなぁ。
父　　じゃあ，浮力の実験や計算をしてみよう。まずは氷を氷山に見立てて計算してみるよ。

図１のように，底面積20cm²の円筒形のコップに150cm³の水と55cm³の氷を入れたところ，底からの水位は10cmであった。

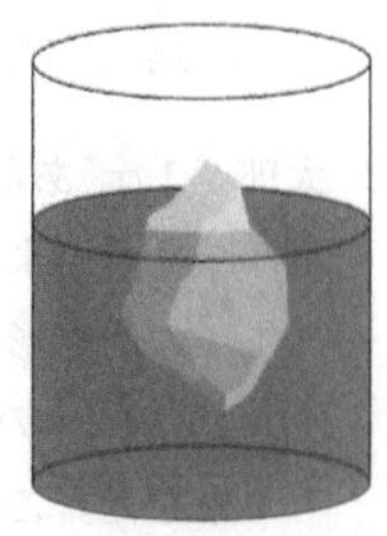
図１

(1)　水中に沈んでいる氷の体積を求めなさい。
(2)　氷１cm³あたりのおもさを求めなさい。

太郎　氷山は見えている部分より，見えていない部分の方が大きいんだね。
父　　そうだね。これで「氷山の一角」という言葉の意味がわかったね。次は「ものの浮き沈み」を考えてみよう。鉄球とスイカを水に入れるとどうなるかな？
太郎　鉄球は重いから沈む。スイカも結構重いから沈むんじゃないかな。
父　　鉄球は沈むけど，スイカは浮かぶんだよ。「ものの浮き沈み」はもののおもさではなく，ものの１cm³あたりのおもさが水よりも小さければ浮かぶんだ。じゃあ，鉄球とスイカの１cm³あたりのおもさはどうやったら求められるかな？
太郎　そのためには体積を求めないといけないね。鉄球は簡単だよ。「王冠が純金かどうか」を調べるときにアルキメデスが考えた方法で，水が入った容器に鉄球を沈めて増えた体積をはかればいいんだ。でも浮かぶスイカはどうやって体積を求めればいいんだろう。
父　［実験１］のようにすれば求められるよ。

［実験１］
１．台はかりに水入りバケツをのせ，おもさをはかると6000ｇであった。
２．１の水入りバケツにスイカを浮かべ，おもさをはかると8000ｇであった。
３．２のスイカを手で押し，すべて水中に沈めておもさをはかると8100ｇであった。

(3)　［実験１］の結果から，スイカ１cm³あたりのおもさを求めなさい。

太郎　　浮かんでいるものも，この方法なら１cm³あたりのおもさを求められるね。
父　　そうだね。次は「水に沈むもの」を使って実験してみよう。

［実験２］
図２のように，ばねはかりにつるした直方体の金属Ａを水の入ったビーカーの中にゆっくりと沈めた。表１はそのときのばねはかりの値，表２はいろいろな金属の１cm³あたりのおもさの表である。

表１

水中に沈めた深さ〔cm〕	0	1	2	3	4	5	6
ばねはかりの値〔g〕	480	468	456	444	432	420	420

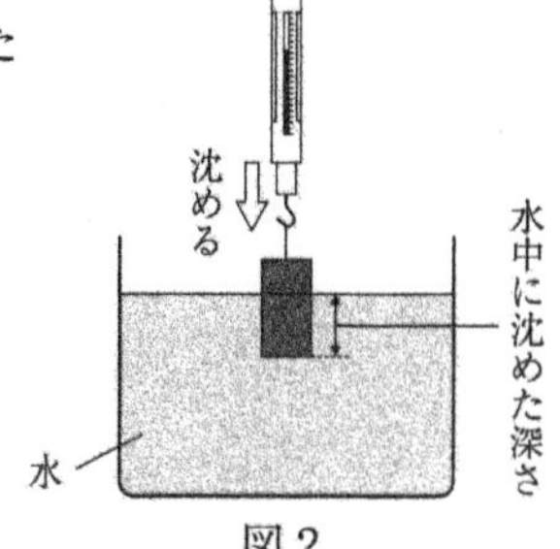

図２

表２

金属の種類	銅	鉛	鉄	亜鉛	アルミニウム
１cm³あたりのおもさ〔g〕	9	11.3	7.9	7.1	2.7

(4) ［実験２］で用いた金属Ａの種類としてもっとも適切なものを，次の(ア)～(オ)から選び，記号で答えなさい。

(ア) 銅　(イ) 鉛　(ウ) 鉄　(エ) 亜鉛　(オ) アルミニウム

太郎　１㎤あたりのおもさでどんな金属かわかるんだ。

父　そうだよ。ちなみに１㎤あたりのおもさによって「浮き沈み」が決まるけど，「水に沈むもの」も形を変えれば水に浮かぶようになるんだよ。試(ため)してみよう。

(5) ［実験２］の金属Ａを加工して，図３のような入れ物Ｂをつくりました。この入れ物Ｂのおもさは金属Ａと等しく，厚さは均一でした。

① 入れ物Ｂの厚さとしてもっとも近いものを，次の(ア)～(オ)から選び，記号で答えなさい。

(ア) 0.1㎜　(イ) 1㎜　(ウ) 2㎜

(エ) 5㎜　(オ) 1㎝

② 入れ物Ｂを水に静かに置くと図４のように浮かびました。図４中のＸの長さを求めなさい。

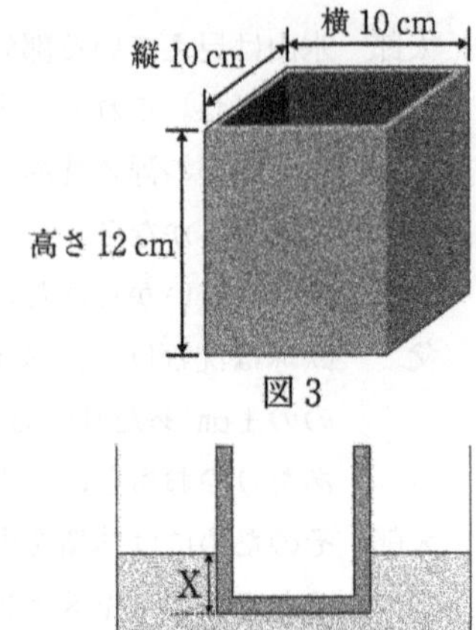

図３

図４

太郎　そっかあ。だから大きくて重い船であっても水に浮かぶことができるんだ。

父　そうだね。縦250m，横30m，高さ８mの入れ物を船として考えてみるよ。この入れ物全体がおしのける水の体積は（　①　）m^3となり，その体積分の水のおもさは（　②　）t（トン）になるんだ。実はこれが船の大きさの指標になるんだよ。

太郎　へぇ，そうなんだ。浮力って船と大きく関わっているんだね。

(6) 会話文中の①・②に適切な数値を答えなさい。

【社　会】（30分）　＜満点：50点＞

Ⅰ．次の地図を見て，以下の問に答えなさい。

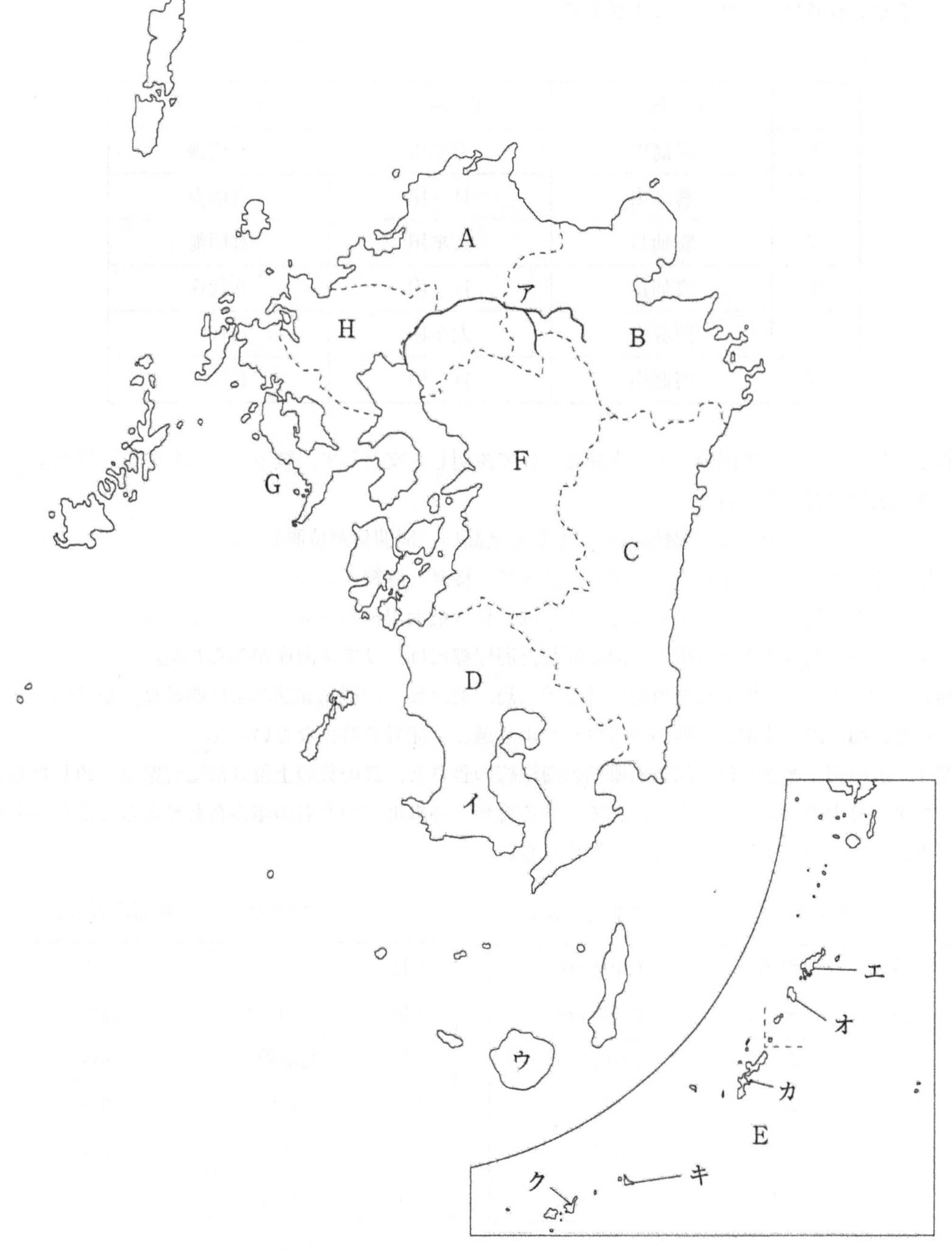

問１　次のページの文は，地図中のアの河川について説明したものです。文中の（　）にあてはまる語の組み合わせとして正しいものを，あとから選び，記号で答えなさい。

この河川は，その源を，世界的にカルデラで有名な（　あ　）の外輪山に発し，けわしい山岳地帯を流れ下り，スギの美林でも有名な（　い　）市にいたります。途中，玖珠川（くすがわ）などの数々の支川と合流しながら，山間の盆地や豊かな筑紫平野を流れ，潮の干満の差が日本で一番大きいことで有名な（　う　）に注ぎます。

	（ あ ）	（ い ）	（ う ）
①	霧島山	大牟田	八代海
②	霧島山	日　田	有明海
③	雲仙岳	大牟田	有明海
④	雲仙岳	日　田	八代海
⑤	阿蘇山	大牟田	八代海
⑥	阿蘇山	日　田	有明海

問２　前のページの地図中のイの半島について説明した文として，誤っているものを，以下より選び，記号で答えなさい。

①　この半島の南には，「薩摩富士」として名高い，開聞岳が位置している。

②　この半島は，大正時代の大噴火によって，桜島と陸続きになっている。

③　この半島の東側の湾に面した場所には，世界最大規模の石油備蓄基地がある。

④　この半島の南西部の東シナ海に面した海岸線には，リアス海岸がみられる。

問３　2021年７月，世界自然遺産に「奄美大島，徳之島，沖縄島北部および西表島」が登録されました。徳之島の位置を，地図中のウ～クより選び，記号で答えなさい。

問４　次の表１と表２は，都道府県別の海岸線の長さと，島の数の上位６都道府県をしめしたものです。表中の（え）～（か）にあてはまる九州・沖縄地方の県名の組み合わせとして正しいものを，次のページより選び，記号で答えなさい。

表１　海岸線の長さ（上位６都道府県）

1位	北海道	4,402 km
2位	（ え ）	4,196 km
3位	（ お ）	2,643 km
4位	（ か ）	2,027 km
5位	愛媛県	1,633 km
6位	山口県	1,503 km

表２　島*の数（上位６都道府県）

1位	（ え ）	971
2位	（ お ）	605
3位	北海道	508
4位	島根県	369
5位	（ か ）	363
6位	東京都	330

*外周 0.1 km 以上のもの。

出典：国立天文台編『理科年表　平成 29 年』（丸善出版、2016 年）より作成

	（ え ）	（ お ）	（ か ）
①	沖縄県	長崎県	鹿児島県
②	沖縄県	鹿児島県	長崎県
③	長崎県	沖縄県	鹿児島県
④	長崎県	鹿児島県	沖縄県
⑤	鹿児島県	沖縄県	長崎県
⑥	鹿児島県	長崎県	沖縄県

問５　次の図１は，北海道，東北，北陸，関東・東山（山梨・長野），東海，近畿，中国，四国，九州，沖縄の各地域別の農業産出額と，農業産出額の割合をしめしたものです。九州地方をしめすものを図中の①～⑦より選び，記号で答えなさい。

図１　地域別の農業産出額の割合（2019年）

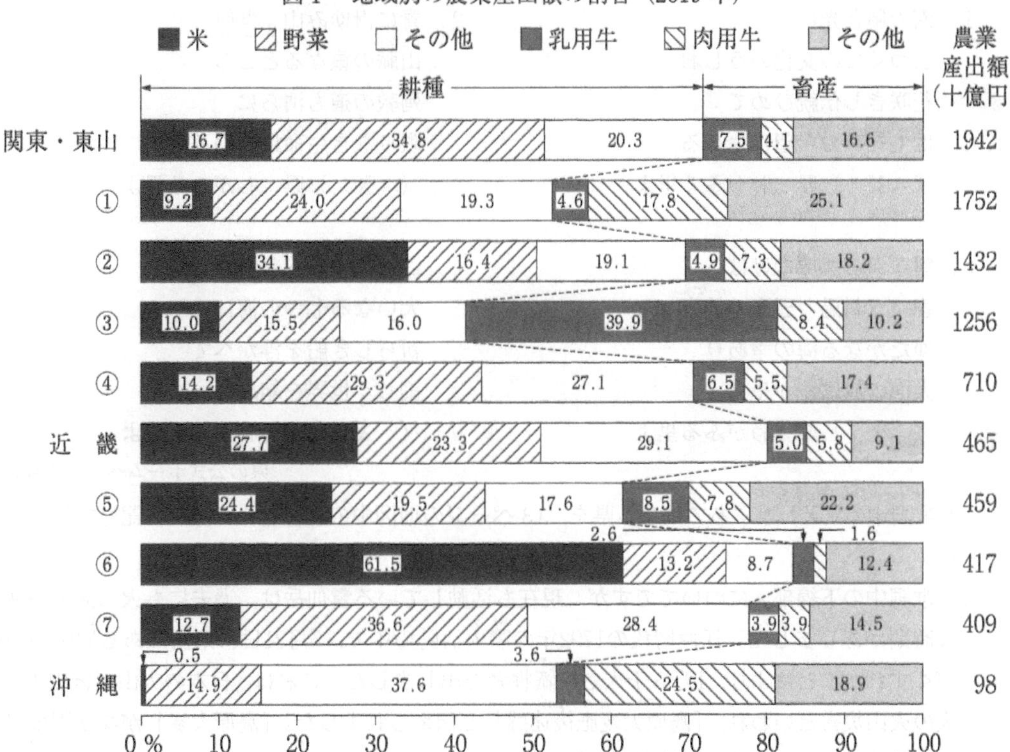

出典：矢野恒太記念会編『日本国勢図会 2021/22 年版』（公益財団法人矢野恒太記念会、2021 年）より作成

問６　次のページの表３は，2018年におけるきゅうり・茶（生葉）・メロンの収穫量と，肉用牛・豚の飼育頭数の上位５つの都道府県をしめしたものです。表中の（く）・（け）にあてはまる県を，13ページの地図中のＡ～Ｈよりそれぞれ選び，記号で答えなさい。

表３　きゅうり・茶（生葉）・メロンの収穫量と肉用牛・豚の飼育頭数

きゅうりの収穫量（2018）	茶（生葉）の収穫量（2019）	メロンの収穫量（2018）	肉用牛の飼育頭数（2019）	豚の飼育頭数（2019）
１位　（き）	１位　（く）	１位　茨城県	１位　北海道	１位　（く）
２位　群馬県	２位　静岡県	２位　（け）	２位　（く）	２位　（き）
３位　埼玉県	３位　三重県	３位　北海道	３位　（き）	３位　北海道
４位　福島県	４位　（き）	４位　山形県	４位　（け）	４位　群馬県
５位　千葉県	５位　京都府	５位　青森県	５位　岩手県	５位　千葉県

出典：『データブック オブ・ザ・ワールド2021年版』（二宮書店、2021年）より作成

問７　次の歌詞は，九州・沖縄地方の（Ｘ）県の県民歌「南の風（みんなみのかぜ）」です。これを読んで，以下の問に答えなさい。

１．南の風と光に
とつくにの文化のうしお
花咲きし伝統ひめて
はて知らぬ希望に生くる
（　Ｘ　）県　わがふる里よ

２．青に冴（さ）ゆみ山 a 雲仙
山脈（やまなみ）の重なるところ
殉教（じゅんきょう）の道も清らに
限りなき生命（いのち）は映（は）ゆる
（　Ｘ　）県　わがふる里よ

３．雲ながる海原（うなばら）ゆけば
壱岐　対馬　五島の彼方（かなた）
ゆたかなる海の幸あり
大漁の旗はかがやく
（　Ｘ　）県　わがふる里よ

４．こだまする b 造船の業（わざ）
大いなる七つの海に
新らしき船を浮かべて
美しく世界を結ぶ
（　Ｘ　）県　わがふる里よ

県の公式ホームページより作成

１）歌詞中の（Ｘ）県にあてはまる県を，13ページの地図中のＡ～Ｈより選び，記号で答えなさい。

２）歌詞中の下線部ａについてですが，現在も活動している雲仙岳は，過去にも火山活動が活発な時期がありました。江戸時代の1792年の噴火（ふんか）活動の中で，5月21日に東側にある眉山（まゆやま）の山体がくずれたことにより，1万５千人もの犠牲者（ぎせいしゃ）を出しました。これは，日本の火山災害史上，最大の火山災害といわれ，「島原大変肥後迷惑（しまばらたいへんひごめいわく）」と伝えられました。「島原大変」がなぜ肥後（現在の熊本県）にも多くの犠牲者（全体の犠牲者の約３分の１をしめる）を出したのか，その理由を簡潔に説明しなさい。

３）歌詞中の下線部ｂについてですが，次のページの４つの地図は，セメント工場（2020年），高炉一貫製鉄所（2020年７月），おもな造船所（2017年４月），おもなIC工場（2020年）の分布を表したものです。おもな造船所の分布をしめすものを，次のページより選び，記号で答えなさい。

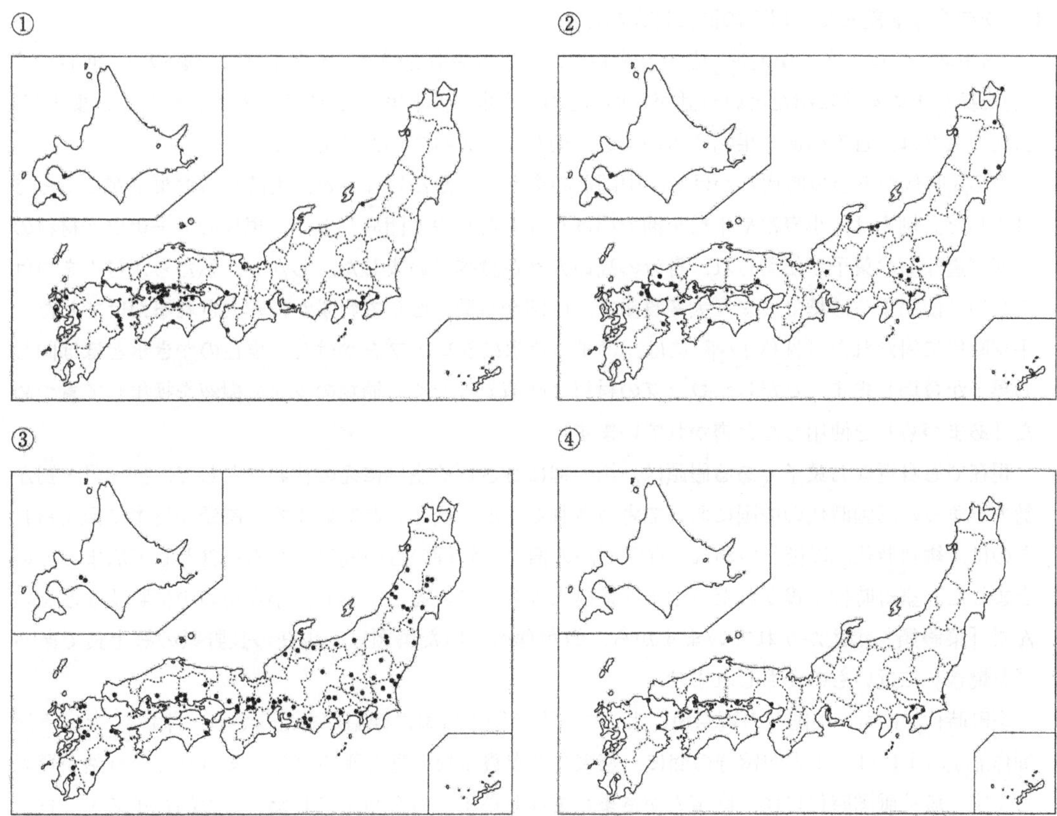

問８　次の表は，九州・沖縄地方の各県の2017年における製造品出荷額，業種別製造品出荷額，工業比率（重工業，化学工業，軽工業各分野の出荷額にしめる割合）をしめしたものです。表中の②，③にあてはまる県を，13ページの地図中のＡ～Ｈよりそれぞれ選び，記号で答えなさい。

	製造品出荷額（十億円）	業種別製造品出荷額（十億円）					工業比率（%）		
		食料品	化学工業	鉄鋼業	電子部品デバイス電子回路	輸送用機械器具	重工業	化学工業	軽工業
①	9,738	994	452	921	200	3,380	63.1	11.6	25.2
②	4,095	159	577	521	199	616	57.9	30.3	11.8
熊本県	2,839	366	162	56	363	416	58.5	16.6	24.3
鹿児島県	2,068	700	27	5	317	17	30.4	4.7	64.9
佐賀県	1,866	354	178	37	165	201	48.3	19.1	32.6
③	1,830	283	13	36	306	434	74.0	2.2	23.7
宮崎県	1,692	383	168	19	185	52	31.4	22.5	46.2
④	480	187	8	25	X*	3	20.5	5.7	74.6

＊　Xは数値が公表されていないもの。

出典：『データブック オブ・ザ・ワールド2021年版』（二宮書店、2021年）より作成

Ⅱ．次の文章を読んで，以下の問に答えなさい。

『古事記』には，多遅摩毛理(1)という人物が，天皇の命令を受け，不老不死の力を持つ「非時香木実」を探し求める旅に出たという話が登場します。「非時香木実」は，橘の実ともいわれていますが，古代の人々は，甘みのある果物や木の実を，楽しんで食べていたのでしょう。

飛鳥(2)時代から奈良時代にかけて，中国との交流がさかんになると，大陸からお菓子がもたらされました。例えば，小麦粉や米粉を油で揚げた「ぶと」や「団喜」など，現在のドーナツと材料の一部が重なるお菓子が伝えられ，身分の高い人々が食べていました。しかし，私たちが甘みをつけるために使用する砂糖は，まだ大変貴重で，中国から薬(3)としてわずかに輸入されるだけでした。平安時代に書かれた『枕草子(4)』には，けずった氷にシロップをかけた，現在のかき氷とほぼ同じお菓子が登場します。ただしシロップの材料は砂糖ではなく，植物のツタの樹液を採集して煮つめた「あまづら」を使用したと書かれています。

現在でも身近なお菓子である饅頭は，川の神にささげる生けにえの代わりとして，魏・呉・蜀が勢力を争った三国時代の中国において考案された，とも伝えられています。饅頭が日本に伝えられたのは，鎌倉時代(5)以後といわれ，禅宗寺院の僧が，修行の合い間に食べる軽食として広まっていきました。室町時代に書かれた『七十一番職人歌合』によると，蒸した小麦粉の中に野菜などを包んだ「菜饅頭」がえがかれていますから，僧が食べていた饅頭は，現在の長野県の郷土食である「お焼き」に近いものかもしれません。

室町時代(6)にも，中国との貿易船によって，引き続き日本に砂糖がもたらされ，「附子」という演劇作品(7)の中には，主人が留守の間に，家来たちが貴重な砂糖を平らげてしまったという話が登場します。続く戦国時代には，南蛮人がさまざまなお菓子をもたらしました。宣教師ルイス・フロイスが，織田信長(8)に「金平糖」を献上していることから，布教や貿易の許可を得る交渉の場などで，お菓子が効果的に用いられた様子が伝わってきます。

江戸時代に入ると，中国とオランダから輸入する砂糖に加え，薩摩藩からも砂糖が供給されるようになりました。そして17世紀後半以降，公家や武家などからの注文に応じて，「上菓子」と呼ばれる高級なお菓子が，京都を中心に作られていくようになります。こうして，甘いお菓子に対する人々の需要は拡大していき，18世紀初頭には，江戸幕府の将軍(9)が，サトウキビの苗を取り寄せ，砂糖の国産をすすめるようになりました。国内における砂糖生産が拡大していくと，甘いお菓子は，身分の高い人々だけではなく，庶民にとっても身近なものになっていきました。

明治時代に入ると，日本のお菓子に西洋の素材を取り入れた，新たなお菓子が登場します。例えば洋食(10)のパンに和菓子のあんを包んだアンパンは，1874（明治７）年に考案されました。パンをふくらませる酵母には，饅頭をふくらませるために使われていた酒種が，使用されたのです。

第一次世界大戦が始まると，当時日本と敵対していた国の人々が捕虜としてとらえられ，日本の収容所に連行されました。1919（大正８）年３月，捕虜の作った品物を展示・販売する催しが，山陽地方の県の物産陳列館(11)で開かれましたが，この催しがきっかけとなり，日本に紹介されたお菓子がバウムクーヘン(12)です。

昭和時代に，中国との戦争が始まると，物資の不足(13)から1940（昭和15）年以後，砂糖は切符制となりました。こうして1952（昭和27）年に統制が解除されるまで，甘いお菓子は，ぜいたくな食べ物になりました。

問１　下線部(1)についてですが，『古事記』によると，多遅摩毛理の祖先にあたる天之日矛は，地図中のＡの国からやって来たと伝えられています。４世紀末頃の朝鮮半島の様子をしめした以下の地図のうち，Ａの国名を答えなさい。

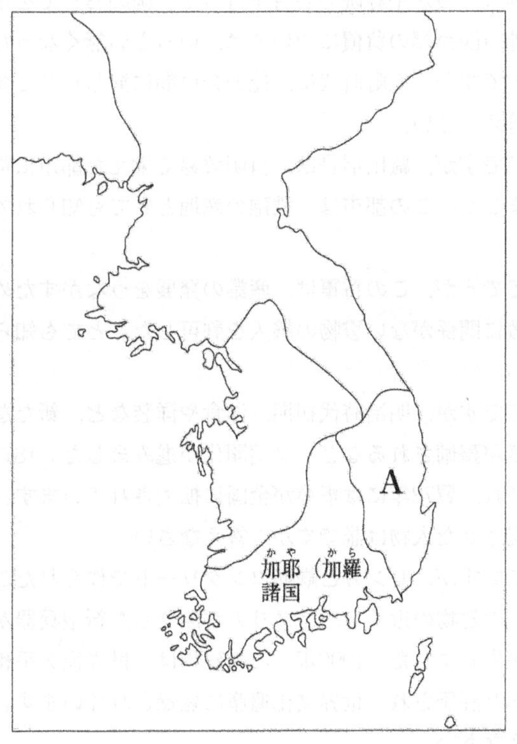

問２　下線部(2)についてですが，飛鳥地方に都がおかれた７世紀末から８世紀初め頃に築かれた古墳のうち，石室に人物図や星座などの壁画がえがかれている，奈良県明日香村にある古墳を何といいますか。以下より選び，記号で答えなさい。

①　大山古墳　②　稲荷山古墳　③　五色塚古墳　④　江田船山古墳　⑤　高松塚古墳

問３　下線部(3)についてですが，奈良県の正倉院には，薬として収められた品々をまとめた『種々薬帳』という文書が残されています。その中に砂糖が含まれていることから，当時の人々が，砂糖を薬の一種として考えていたことが分かります。正倉院は何という寺院の宝物庫ですか，答えなさい。

問４　下線部(4)についてですが，『枕草子』の作者は誰ですか，答えなさい。

問５　下線部(5)についてですが，鎌倉時代の1221年，朝廷から以下の命令書が出されました。後鳥羽上皇の命令で討伐の対象とされた，命令書の空欄に当てはまる人物は誰ですか，答えなさい。

　近ごろ「関東（幕府）の政務である」と称して，幕府が天下の政治を乱している。将軍と呼ばれる者はいるか，まだ幼い。こうした中，（　　　）は，好きかってに政治の決定をくだし，朝廷による法の秩序を忘れたかのようである。これは朝廷に対する謀反というべきであろう。速やかに諸国に命令をくだし，（　　　）を討つように。

問６　下線部(6)についてですが，室町時代の様子を伝える史料の内容として，適切でないものはどれですか。以下より選び，記号で答えなさい。

①　村の森で，かってに木を切った者は，村人ならば，村の寄合からはずすこと。

② 新たに田地を切り開いた場合は，三世代や一世代という期限に関係なく永久に私有を認める。

③ 今日，山城国の国人たちが平等院で会合を行った。国のおきてを定めるためであるという。

④ 正長元年以前の神戸四カ郷の負債については，いっさい無くなった。

問７ 下線部(7)についてですが，室町時代に，能の合い間に演じられて発達した，こっけいな演劇を何といいますか，答えなさい。

問８ 下線部(8)についてですが，織田信長は，日明貿易で栄えた都市に軍資金を要求し，要求をかなえることに成功しました。この都市は，鉄砲の産地としても知られていますが，何という都市ですか，答えなさい。

問９ 下線部(9)についてですが，この将軍は，産業の発展をうながすため，中国語に翻訳(ほんやく)された洋書のうち，キリスト教に関係がない書物の輸入を許可したことでも知られています。この人物は誰ですか，答えなさい。

問10 下線部(10)についてですが，明治時代初期，洋食や洋装など，新たな風俗が取り入れられ，近代的な交通・通信制度が整備されるなど，文明開化が進みました。1871年には，東京・大阪間の官営郵便事業が開始され，翌72年には事業が全国に拡大されています。近代的な郵便制度の確立を政府に提案し，実現させた人物は誰ですか，答えなさい。

問11 下線部(11)についてですが，レンガと鉄筋コンクリートで作られたこの建物は，1915年に完成しました。1945年，この建物の近くで，アメリカが開発した新型兵器が使用され，建物の周辺を含めて，大きな被害が生じました。1996年，この建物は，世界恒久(こうきゅう)平和の実現への希望を表してきた強力な象徴であると評価され，世界文化遺産に登録されています。この建物は，現在何と呼ばれていますか，答えなさい。

問12 下線部(12)についてですが，バウムクーヘンを出品した人物は，捕虜になる前，中国の青島(チンタオ)で菓子店をいとなんでいました。第一次世界大戦が始まると，日本政府は参戦を決め，青島を占領します。中国からある国が借り受けていた都市が青島であり，青島を借り受けていた国が，日本の対戦国であったためです。第一次世界大戦当時，青島を借り受けていた国はどこですか。以下より選び，記号で答えなさい。

① フランス　② ドイツ　③ イギリス　④ ロシア　⑤ アメリカ

問13 下線部(13)についてですが，1941年に太平洋戦争が始まると，日本の砂糖不足は，さらに深刻になりました。日本が海外の植民地で作らせた砂糖を，国内に輸送することが難しくなったためです。日本が1895年の下関条約で得た，この植民地はどこですか，答えなさい。

Ⅲ．次の文章を読んで，以下の問に答えなさい。

中学生の健児君は，８月下旬になっても，社会科の自由研究のテーマをなかなか決められませんでした。なやみを抱えつつテレビ番組を見ていたところ，2021年９月でアメリカ同時多発テロから20年を迎えることを知りました。そこで健児君は，2021年から10年ずつさかのぼってその年の出来事を調べ，レポートを書くためのメモとして，次ページの表を作成しました。

問１ 下線部(1)についてですが，原敬内閣は，1920年に衆議院議員選挙法を改正し，有権者になるための資格を拡大させました。その結果，それまで全人口の2.2%にすぎなかった有権者が，5.5%まで増えました。有権者の割合が増えたのはなぜですか，説明しなさい。

100年前（1921年）	［７月］中国共産党成立	［11月］原敬首相(1)暗殺事件
90年前（1931年）	［９月］満州事変	［12月］金本位制(2)停止〔日本〕
80年前（1941年）	［４月］日ソ中立条約調印	［10月］東条英機内閣成立(3)
70年前（1951年）	［４月］マッカーサー解任(4)	［９月］日米安全保障条約調印
60年前（1961年）	［４月］世界初の有人宇宙飛行成功(5)	［８月］ベルリンの壁建造開始
50年前（1971年）	［３月］バングラデシュ(6)独立を宣言	［６月］沖縄返還協定調印
40年前（1981年）	［６月］メジャーリーグベースボールでストライキ(7)決行	
30年前（1991年）	［12月］ソビエト連邦崩壊(8)	
20年前（2001年）	［９月］アメリカ同時多発テロ	
10年前（2011年）	［３月］東日本大震災(9)・福島第一原子力発電所事故	

問２　下線部(2)についてですが，金本位制とは，国の通貨の価値を決める制度のひとつです。この制度を採用する国では，政府が金庫に保管している金の価値（すべての金を通貨に替えた場合の合計金額）と同じ額を上限として，通貨を発行することができます。この制度の特徴を説明した文として適切でないものを，以下より選び，記号で答えなさい。

①　日本が金本位制を採用していたとき，日本銀行が発行する紙幣は，銀行に持っていくと，いつでも同じ価値の金に交換することができました。

②　日本は，1931年に金本位制を停止してから現在にかけて，政府や日本銀行が円の価値をコントロールする管理通貨制度を採用しています。

③　金本位制を採用する国の間で貿易をするとき，どちらの国の通貨も急に価値が変わる心配がないので，いつでも安心して取引ができます。

④　金本位制を採用すると，不景気のため世の中が急に大量の通貨を必要とするとき，政府の判断で，景気がよくなるまで紙幣を発行し続けることができます。

問３　下線部(3)についてですが，内閣総理大臣の指名・任命方法やその権限は，大日本帝国憲法（旧憲法）の時代と現在を比べると，大きく異なります。旧憲法の時代と現在を比べたとき，その違いを説明した文として適切でないものを，以下より選び，記号で答えなさい。

①　旧憲法の時代，内閣総理大臣は，天皇に任命されれば誰でも就任することができました。一方，現在の内閣総理大臣は，必ず衆議院議員から指名しなければなりません。

②　旧憲法の時代，内閣総理大臣は，現役の軍人であっても就任することができました。一方，現在の内閣総理大臣は，必ず文民から指名しなければなりません。

③　旧憲法の時代，内閣総理大臣の任命方法を定めた法令はありませんでした。一方，現在は，その方法を定める規定が，日本国憲法に設けられています。

④　旧憲法の時代，内閣総理大臣に他の国務大臣をやめさせる権限はありませんでした。一方，現在は，理由を問わずその権限の行使を認める規定が，日本国憲法に設けられています。

問４　下線部(4)についてですが，当時のマッカーサーは，日本を占領する連合国軍最高司令官と，ある戦争の指揮官を兼任していました。しかし，この戦争の戦い方をめぐってトルーマン大統領と意見が対立し，最高司令官と指揮官を解任されました。その後，この戦争は，決着がつかないまま休戦状態になったため，戦いの現場となった地域は，現在も分断されたままとなっています。この戦争とは何ですか，答えなさい。

問５　下線部(5)についてですが，当時，アメリカとソ連との間で，宇宙開発競争が激しく行われました。その理由のひとつに，ロケットを飛ばす技術が，核兵器を運ぶミサイルを開発する技術に応用できることがあげられます。ミサイル開発と並行して，核兵器の開発競争も起こりましたが，それを批判する国際世論におされて，開発や使用などを制限する国際条約が，いくつか結ばれました。それらの条約のうち，署名・承認する国が少ないためにまだ発効していないものを，以下より選び，記号で答えなさい。

①　核兵器禁止条約〔TPNW〕　　②　核拡散防止条約〔NPT〕

③　部分的核実験禁止条約〔PTBT〕　　④　包括的核実験禁止条約〔CTBT〕

問６　下線部(6)についてですが，バングラデシュのとなりのある国では，ロヒンギャと呼ばれるイスラム系住民が，嫌がらせを受けたり住む場所を追われたりしています。ロヒンギャのなかには，難民となって，イスラム教徒が多いバングラデシュに流れ込む人々もいます。2021年２月，そのある国で軍事クーデターが起こったことにより，ロヒンギャをめぐる問題が，より悪化するのではないかと心配されています。ある国とはどこですか，その国名を答えなさい。

問７　下線部(7)についてですが，ストライキとは，労働者が，使用者（雇い主）に対して，自分たちの要求を受け入れさせる目的で，団結して仕事を拒否することをいいます。使用者よりも弱い立場に置かれやすい労働者の利益を守るため，日本国憲法も，ストライキをする権利を保障しています。この権利を何といいますか，答えなさい。

問８　下線部(8)についてですが，この約２年前，ソ連のゴルバチョフ書記長が，ある国の首脳と会談しました。これは，マルタ会談と呼ばれ，それ以降の国際社会を大きく変える内容が合意されました。どの国とどのような内容が合意されましたか，答えなさい。

問９　下線部(9)についてですが，東日本大震災からの一刻も早い回復，特に被災地の生活や経済を立て直すため，翌年，ある省庁が置かれました。この省庁は，2021年３月に廃止される予定でしたが，後に10年間の延長が決まっています。この省庁とは何ですか，答えなさい。

エ　反感をおぼえながらも、正論に対して反論できないことがふがいない気持ち。

問四　空欄 ③ に当てはまる語を次の中から選び、記号で答えなさい。

ア　せばめる　　イ　すくめる　　ウ　ひそめる

エ　ほそめる　　オ　くるめる

問五　傍線部④「泰子先生は、なんだかきまり悪そうにそっぽを向き」とありますが、それはなぜですか。適当なものを次の中から選び、記号で答えなさい。

ア　えな先生に驚かれたことで、思わず言い訳のように聞こえる言葉を発してしまったから。

イ　えな先生に対して申し訳ないと思いつつも、素直に謝ることができないと思ったから。

ウ　えな先生を叱った後で、彼女をかばうような行動をしていたことが本人に知られたから。

エ　理不尽にえな先生を叱ったことが、保護者との話で明らかになってしまったから。

問六　空欄 ⑤ に当てはまる言葉を次の中から選び、記号で答えなさい。

ア　オシャレしたい気持ちも、時には大切ね

イ　がんばってるっていうのは、本当でしょ

ウ　萌香ちゃんは成長したから、安心したわ

エ　私も言い過ぎたなと思って、反省したの

問七　「私」は、幼稚園教諭の仕事をどのようなものと考えるようになりましたか。解答欄の形式に合うように、文中の表現を用いて説明しなさい。

も、必ずしもいい方向に行くとは限らないし、すべての保護者さんが受け入れてくれるかはわからない。かんじんの子どもたちにとって何がいいかは、私たちがそのつど肌で感じるしかないのよ」

私はうなずいた。不思議なくらい心が落ち着いていた。

ひとつひとつがライブなんだ。試行錯誤で、体当たりで、合っているかどうかわからない正解を探し続ける。毎日毎日、音を立てるように大きくなっていく子どもたち。ひとりひとりと向き合いながら、きっと私も、伸びていく。

「難しいですね。すごく大変だけど……でも、やりがいってこういうことを言うんだなって、わかった気がします」

私が言うと、泰子先生は「あら、生意気」とちょっとおどけた。

「私、ずっとえな先生のこと気になっちゃって、つい厳しすぎること言ってたかもしれないわ。あなた、私の若いころに似てるのよね」

「え」

反射的に体がのけぞる。

「なに嫌がってるのよ！」

「嫌がってませんよ！」

私たちは笑い合った。そんなことは初めてだったけど、ほんとうは私も、もうずいぶん前から泰子先生とこんなふうに話したかったような気がする。

ああ、見つけた、と私は思った。

今は仕事を辞めない。しばらく、ここでがんばる。だって、こんなにうれしいもの。萌香ちゃんがきれいな手になりたいと思ってくれたことも、萌香ちゃんのお母さんがあんなに安らいだ顔で笑ったことも、そして、泰子先生を近くに感じられることも。

私のやりたいことは、まだこの幼稚園にたくさんある。それが私の、ここにいる「理由」だ。

泰子先生と並んで、帰っていく親子たちを見送る。また明日ね、元気で会おうね。萌香ちゃんが門でくるりと向きを変え、私たちに大きく手を振ってくれた。

（青山美智子「のびゆくわれら」）

（注）　＊マコちゃん……「私」の従姉（いとこ）で、小さいころから憧れの存在だった。

問一　傍線部**イ**～**ホ**について。カタカナは漢字に直し、漢字は読みをひらがなで記しなさい。

問二　傍線部①「翌日も、その次の日も、私はネイルをつけたまま出勤した」のはなぜですか。その理由がわかる一文を文中から探し、最初の五字を抜き出しなさい。

問三　傍線部②「私はぎゅうっと拳を握った」とありますが、このときの「私」の気持ちとして適当なものを次の中から選び、記号で答えなさい。

ア　自分の行いが理解されず、一方的に否定されたことを悔しく思う気持ち。

イ　正解だという自信のないままに、ネイルを取らなかったことを後悔する気持ち。

ウ　ネイルを取ることで、瑠々ちゃんをがっかりさせてしまうことが申し訳ない気持ち。

さん笑って、たくさん食べて、なんでも楽しくがんばっていると、えな先生みたいにきれいな爪になるよ。大人になってから、爪に色を塗ってオシャレしたいなと思ったとき、元気な爪だったら素敵だよって」

……泰子先生が、そんなこと？

びっくりして、何も言えなかった。萌香ちゃんのお母さんは、自分の手をじっと見る。

「爪って健康のバロメーターですもんね。私、しばらく自分の爪なんか見てなかった。夫は仕事が忙しくてほとんど家にいなくて、ひとりで育児を背負ってる気がして……キリキリしてたなあって気づきました。転勤先では、もっと家族一緒にいられると思うんです。私も萌香ときれいなピンクの爪になれるように、元気で、笑顔でいたいと思います」

お母さんが笑ったときの目元は、萌香ちゃんとよく似ている。

おかあさーん、と萌香ちゃんの明るい声がして、こちらに向かって走ってくるのが見えた。

「さびしいわねぇ、お別れなんて」

振り返るといつのまにか泰子先生がいて、私は「ひっ！」と飛び上がった。道端で突然ヘビに出くわしたみたいな私に、泰子先生が眉を［　③　］。

「そんなに驚かなくても。挨拶しようと思ってさっきからそばにいたけど、出て行ける雰囲気じゃなかったから」

④泰子先生は、なんだかきまり悪そうにそっぽを向き、門に向かって歩き出した萌香ちゃん親子に目をやった。

私は「あの……」と切り出したが、かぶせるように泰子先生は言う。

「べつに、あなたのことかばったわけじゃないから。まあ、でも……」

泰子先生はやっと、私の顔を見た。

「［　⑤　］」

泰子先生がいつになく穏やかな口調で言うので、私は面食らってしまった。もしかしたら、私のことを意外とわかってくれているのかもしれない。そう思ったら、なんだかジンときた。そんな私をちらりと見ると、泰子先生は強い口調で言った。

「だいたいねぇ、ちゃんと説明してくれれば私だって頭ごなしに注意したりしなかったのよ。ふてくされた顔で黙ってないで、ちゃんと話してくれたらよかったのに」

いつものようにきつく言われているのに、威圧的には感じなかった。泰子先生自身じゃなくて、私の受け止め方が変わったからだと気づく。

「どう説明すればいいのか、よくわからなかったんです。瑠々ちゃんのお母さんが怒るのも無理ないって思うし」

私が答えると、泰子先生はふと真剣な表情を浮かべた。

「わからなくても、話してほしい。私も経験があるの。あなたぐらいのころ、色付きのリップクリームを塗っててね。口紅ってほどじゃなかったんだけど、子どもを抱っこした拍子に、シャツについてしまって。男の子だったの。その子のお母さんからいかがわしいって非難されたわ」

「そんな……」

「ううん、私が悪い。だからなるべく体に色をつけないようにしてきたの。一方で、ちょっとはお化粧するのが大人の身だしなみだって言うお母さんもいる。いろんな考え方があるからね。あなたのネイルにしたって、萌香ちゃんの爪噛み治しにひと役買ったのは間違いないと思う。で

たし、私にはそれが正解なのかも自信がなかった。
「とにかく、ネイルは取りなさい」
「……わかりました」
やっとのことでそれだけ言い、②私はぎゅうっと拳を握った。ピンクの爪を隠すみたいに。

〈中　略〉

萌香ちゃんが退園すると園長から聞かされたのは、10月も半ばに差しかかったころだ。
お父さんの急な転勤で、来週には引っ越しするという。
「えな先生」
お迎えのとき、萌香ちゃんのお母さんから呼び止められた。普段口数が少なくて控えめな彼女から、声をかけられたのは初めてだった。
「萌香がお世話になりました」
「……萌香ちゃん、お引っ越ししちゃうんですね」
「ええ」
ほんの少し間があって、何か言わなくてはと思ったところでお母さんが口を開いた。
「えな先生。萌香ね、爪噛みが治ったんですよ」
お母さんが静かな笑みをたたえて言う。
「あの子、前は指の爪ぜんぶ噛んでしまって、ひどいときは血が出るくらいで……。悩みました。育児書を読むと、やめなさいと叱ってはいけないとか、愛情不足が原因だとかって書いてあるし。こんなに大事に想ってるつもりなのにどうしてって、まるで自分が責められているようにも思いました」
「……………」
「一ヵ月ぐらい前、えな先生の爪はきれいなピンクなんだよって、うれしそうに話してました。萌香もあんなきれいな手になりたいって。だから爪はもう噛まないって、自分から。ギザギザで伸びる間もなかった爪が、今ではちゃんと揃ってます」
萌香ちゃんのお母さんは声を震わせる。私も胸がいっぱいになって、涙がこぼれそうだった。ああ、よかった。私の願いは通じていた。私が*マコちゃんに憧れたように、萌香ちゃんが私のピンクのネイルを素敵だと感じてくれたなら、爪噛みしなくなるかもしれないと思ったのだ。
「ありがとうございます」
深々とお辞儀をするお母さんに、私はしどろもどろになって言った。
「でも、私、すぐにネイル取っちゃったから、萌香ちゃんガッカリしたんじゃないかと思います」
お母さんは身体を起こす。
「いいえ。萌香がきれいだと言ってたのは、ネイルを取ったあとの爪のことです」
「え？」
「泰子先生から、聞いてません？」
聞いていない、何も。泰子先生の名前が出てくること自体、予想外だった。
「最初はネイルをかわいいと思ったみたいで、それがきっかけだったのはたしかです。でも、えな先生がネイルを取ったあと、泰子先生がみんなに言ったんですって。えな先生の手は、働き者の手だよねって。たく

し、私の指に見入った。瑠々ちゃんのきつく結んだおさげの先が牛乳に入りそうになって、私はコップをよけた。

「えな先生もお店でやってもらったの？」

瑠々ちゃんは私の指をつかむ。こうなるともう逃げられなかった。

「ううん、お店じゃなくておうちで、自分でやったよ」

「自分でできるの？」

「できるよ、簡単だよ」

私はコップを配り終え、ひきつった笑顔だけ残して退散した。

帰り際、萌香ちゃんがおずおずとやってきて、ささやくように言った。

「えな先生、また明日もおてて見せてね」

はにかみながら私を見上げる萌香ちゃんの手を見て、私は「あっ」と声をあげそうになった。すんでのところで、それをこらえる。

「……うん、明日ね」

①翌日も、その次の日も、私はネイルをつけたまま出勤した。

「事務室に来て」

閉園のあと、片づけをしていたら泰子(やすこ)先生が私の耳元でぼそりと言った。金曜日の夕方のことだ。同僚数人から心配と好奇の混ざった視線で見送られつつ、私は泰子先生の後についていった。

泰子先生は勤続15年のベテランで、「化粧をしない先生」だ。眉毛さえ描(か)かない。顔立ちは整っているから、メイクしたらけっこう美人なのにと思う。だけど彼女にしてみれば大きなお世話だろう。いつも高圧的で、私は最初からなんとなく彼女に好かれていないだろうなと感じていた。事務室でふたりになり、ドアを閉めると泰子先生は言った。

「あなたねぇ、手、見せてごらんなさいよ」

前置きもなく、第一声、それだった。言われるまま右手を差し出すと、泰子先生は乱暴に私の指をつかんだ。

「何考えてるの、ネイルなんかして！」

そう言い放つと、今度は汚いものを捨てるように私の手をはらう。

「添島瑠々ちゃんのお母さんから苦情がきてるのよ。あなたのせいで、瑠々ちゃんが爪にマジックを塗って困るって。あなた、子どもたちに、お店に行かなくても自分で簡単にできるって言ったらしいわね。どうしてそんなけしかけるようなことするの」

そういえばさっき、瑠々ちゃんのお母さんとすれ違った。私が挨拶(あいさつ)したら、ふいっと顔をそむけられたっけ。彼女がよく着ているボーダーシャツの後ろ姿を私は思い出す。

「けしかけたわけじゃ……」

「言い訳しないで。他のお母さんたちだって気づいてるわよ。あなただけじゃなくて園全体の印象が悪くなるのよ？」

私は奥歯をかみしめた。そんなふうに頭ごなしで私が悪いと断定されたら何も言えない。黙っていると、泰子先生は勝手に話を進めていく。

「仕事が終わったら彼氏とデートとかでオシャレしたいんだろうけど、仕事は仕事、プライベートはプライベートできっちり分けないとだめよ」

違う。ぜんぜん違う、違います。否定しようとして、やめた。泰子先生は常に自分が正解なんだろう。話しても無駄な気がした。私だって、自分なりに一生懸命仕事に取り組んでいる。でも、私がどうしてネイルを取らなかったか、その「理由」をどう説明すればいいのかわからなかっ

時に自分に変化をもたらすことである。

エ　相手のために何かをしようとする時には、目的や必要性を明らかにして、余裕をもって実行することが大切である。

二　次の文章を読んで、後の問に答えなさい。

「えなせんせい、おててみせて」

萌香（もえか）ちゃんにせがまれて、私はちょっとだけ躊躇（ちゅうちょ）した。くりくりした瞳が私を見上げている。朝、幼稚園に来てからお母さんの姿が見えなくなったとたん、萌香ちゃんは待ちきれなかったというように私めがけて飛んできたのだ。

「おてて、ね。はい」

私がぱっと手を広げると、萌香ちゃんの顔にも落胆した表情が広がった。

「ピンク、もうぬらないの？」

私はほほえんでみせる。

「うん、もうぬらないの」

「なんで？」

ダメって言われたから。

その言葉を飲み込んで、私は萌香ちゃんと手をつなぐ。

「あっちで絵本読もうか」

萌香ちゃんはうなずいたけど、きっと納得していない。イチュウに浮かんだままの「なんで？」が、ふわふわとロ漂いながら私にまとわりついていた。

先週の火曜日のことだ。

９月の三連休に中学の同窓会があって、私は久しぶりに塗ったネイルをオフするのを忘れて出勤してしまった。短大ハソツギョウ後、幼稚園教諭の仕事にニ就いて一年半になる。ちょっと気がゆるんでいたのかもしれない。

一応、ネイル禁止という規則はない。でもそれはなんとなく暗黙のルールになっていて、ネイルはおろか化粧もしてこない先生もいる。

ネイルの色はピンクだった。そんなに派手な色ではない。爪は短く切りそろえてあるし、ストーンやラメもつけていないから、はがれて食事に入ったり園児をひっかいたりすることもない。安全だ。今日だけ、ごまかして過ごそう。先生や園児の視界に手がなるべく入らないよう心がけながら、私は午前中を乗り切った。

お弁当の時間だった。私が牛乳の入ったコップを配っているとき、萌香ちゃんが「わあ」と声をあげた。

「えな先生、おててキレイ」

はっと手をひっこめようとしたがそうもいかない。配らなければならない牛乳のコップがまだトレイに載っていた。他の先生に聞こえていないのを確認すると私は、「ありがとう」と小さく言って笑いかけ、急いでコップをテーブルに置いた。

萌香ちゃんのホ隣に座っていた、きのこ頭の拓海くんが得意気に言う。

「僕のおかあさんもやってるよ。爪にお絵かきしてくれるお店があるんでしょ」

それを受けて、向かいにいた瑠々ちゃんも食いつくように身を乗り出

つくり手の思いが過剰にあらわれているうつわほど、まずいものはありません。特定の目的や必要があらかじめ決められているケアが「押しつけの利他」でしかないように、条件にあったものしか「享け」ないものは、うつわではない。「いる」が肯定されるためには、その条件から外れるものを否定しない、意味から自由な余白が、スペースが必要です。

（伊藤亜紗「『うつわ』的利他―ケアの現場から」）

（注）　＊ハリファックス……アメリカの人類学者。
＊アタリ……フランスの経済学者。　＊アナキズム……無政府主義。
＊レベッカ・ソルニット……アメリカの作家、評論家。

問一　傍線部**イ**～**ホ**について。カタカナは漢字に直し、漢字は読みをひらがなで記しなさい。

問二　空欄 ① に当てはまる語を文中から抜き出しなさい。

問三　空欄 ② に当てはまることわざを答えなさい。

問四　傍線部③「このようなこと」が指す内容として適当なものを次の中から選び、記号で答えなさい。

ア　平常時ならば個人情報を出すことにはためらいがあるが、混乱した状況ではやむを得ないと考える人が多いということ。

イ　平常時より混乱した状況の時の方が、かえって他の人のためにできることをしようと考える人が多いということ。

ウ　平常時にはアナキズムを支持していた人が、混乱した状況では相互扶助のために立ち上がるということ。

エ　平常時よりも混乱した状況の方がユートピアへの憧れを強く持ち、その実現に向けて努力するということ。

問五　傍線部④「『思い』が『支配』になりやすい」について。［Ⅰ］「思い」［Ⅱ］「支配」に当たるものを次の中から選び、それぞれ記号で答えなさい。

ア　相手は喜ぶか　　イ　相手は喜ぶべきだ

ウ　相手は喜ぶだろう　　エ　相手は喜ぶはずだ

問六　傍線部⑤「他者をケアすること」とありますが、その内容として**当てはまらない**ものを次の中から一つ選び、記号で答えなさい。

ア　相手の生活のために、「介助」や「介護」を十分に行うこと。

イ　相手の意外な行動に隠されている積極的な可能性を引き出すこと。

ウ　相手の見えていない部分に対して、距離と敬意を持って気づかうこと。

エ　相手の言葉や反応に対してしっかり耳を傾け、「聞く」ということ。

問七　傍線部⑥「『計画倒れをどこか喜ぶ』態度」とはどういうことですか。それをわかりやすく述べた一文を文中から探し、最初の五字を抜き出しなさい。

問八　空欄 ⑦ に当てはまる語を文中から抜き出しなさい。

問九　次のア～エそれぞれについて。本文の内容に当てはまるものには○、当てはまらないものには×をつけなさい。

ア　自分の行為に対して相手の感情を予測できないことが、他者を支配しないための想像力につながっているともいえる。

イ　相手のことを知ったつもりにならないように、相手の言葉を熱心に聞き、さらに話し合いを重ねていくことが重要だ。

ウ　よき利他とは聞くことを通じて相手の隠れた可能性に気づき、同

の、「他者を発見した」という感触。「宅老所よりあい」の村瀬孝生さんは、お年寄りたちと関わるなかで、⑥計画倒れをどこか喜ぶ」態度が重要だと言います。

たとえば「一〇時までに全員入浴」という計画を立てたとします。けれども、それを実行することを優先してしまうと、それがまるで「納期」のようになってしまって、お年寄りを物のように扱うことになる。お年寄りは、そんなビジネスの世界には生きていません。計画を立てないわけではないけれど、計画どおりにいかないことにヒントがあるのだと村瀬さんは言います。

とくに「ぼけ」のあるお年寄りはこちらの計画に全く乗ってくださらないし、それを真面目に乗せようとすればするほど、非常に強い抗いを受けます。その抗いが、僕たち支援する側と対等な形で決着すればいいのですが、最終的には僕らが勝ってしまう。下手をするとお年寄りの人格が崩壊するようなことになります。だから計画倒れをどこか喜ぶところがないと。計画が倒れたときに本人が一番イキイキしていることがあるんです。

（伊藤亜紗、村瀬孝生「ぼけと利他（1）」、「みんなのミシマガジン」二〇二〇年八月一三日）

あるいは村瀬さんは、「車に乗ってください」と言っても乗ってくれないお爺さんのことを語っています。家に帰りたいのに、あるいは施設に行きたいのに、車に乗ってくれないお爺さん。

ところがそのお爺さんは、「そろそろ船が出ますよ」と言うと乗ってくれることが分かったのだそうです。お爺さんは太平洋戦争の敗北を北朝鮮で迎えた方だそうです。すでにソ連軍の支配下にあった港には、日本の船が邦人救出のために寄港することができませんでした。当時、若かりしお爺さんは同朋と闇舟を手配して命からがら脱出してきたのだそうです。

利他についてこのように考えていくと、ひとつのイメージがうかびます。それは、利他とは「　⑦　」のようなものではないか、ということです。相手のために何かをしているときであっても、自分で立てた計画に固執せず、常に相手が入り込めるような余白を持っていること。それは同時に、自分が変わる可能性としての余白でもあるでしょう。この何もない余白が利他であるとするならば、それはまさにさまざまな料理や品物をうけとめ、その可能性を引き出すうつわのようです。

哲学者の鷲田清一は、患者の話をただ聞くだけで、解釈を行わない治療法を例にあげて、ケアというのは、「なんのために？」という問いが失効するところでなされるものだ、と主張しています。他者を意味の外につれだして、目的も必要もないところで、ただ相手を「享ける」ことがケアなのだ、と言うのです。

他人へのケアといういとなみは、まさにこのように意味の外でおこなわれるものであるはずだ。ある効果を求めてなされるのではなく、「なんのために？」という問いが失効するところで、ケアはなされる。こういうひとだから、あるいはこういう目的や必要があって、といった条件つきで世話をしてもらうのではなくて、条件なしに、あなたがいるからという、ただそれだけの理由で享ける世話、それがケアなのではないだろうか。

（『「聴く」ことの力』）

＊レベッカ・ソルニットの「災害ユートピア」という言葉があります。これは、地震や洪水など危機に見舞われた状況のなかで、人々が利己的になるどころか、むしろ見知らぬ人のために行動するユートピア的な状況を指した言葉です。

③このようなことが起こるひとつのポイントは、非常時の混乱した状況のなかで、平常時のシステムが機能不全になり、さらに状況が刻々と変化するなかで、自分の行為の結果が予測できなくなることにあるのではないかと思います。どうなるか分からないけど、それでもやってみる。混乱のなかでこそホジュンスイな利他が生まれるようにみえる背景には、この「読めなさ」がありそうです。

他方で平常時は、こうした災害時に比べると、行為の結果が予測しやすいものになります。少なくとも、平時の私たちは、自分の行為の結果は予測できるという前提で生きています。

でも、だからこそ「こうだろう」が「こうであるはずだ」に変わりやすい。実際には相手は別のことを思っているかもしれないし、いまは相手のためになっていても、一〇年後、二〇年後にはそうではないかもしれない。

にもかかわらず、どうしても私たちは「予測できる」という前提で相手と関わってしまいがちです。④「思い」が「支配」になりやすいのです。利他的な行動をとるときには、とくにそのことに気をつける必要があります。

そのためにできることは、相手の言葉や反応に対して、真摯に耳を傾け、「聞く」こと以外にないでしょう。知ったつもりにならないこと。自分との違いを意識すること。利他とは、私たちが思うよりも、もっとずっと受け身なことなのかもしれません。

さきほど、信頼は、相手が想定外の行動をとるかもしれないという前提に立っている、と指摘しました。「聞く」とは、この想定できていなかった相手の行動が秘めている、積極的な可能性を引き出すことでもあります。「思っていたのと違った」ではなく「そんなやり方もあるのか」と、むしろこちらの評価軸がずれるような経験。

他者の潜在的な可能性に耳を傾けることである、という意味で、利他の本質は⑤他者をケアすることなのではないか、と私は考えています。

ただし、この場合のケアとは、必ずしも「介助」や「介護」のような特殊な行為である必要はありません。むしろ、「こちらには見えていない部分がこの人にはあるんだ」という距離と敬意を持って他者を気づかうこと、という意味でのケアです。耳を傾け、そして拾うことです。

ケアが他者への気づかいであるかぎり、そこは必ず、意外性があります。自分の計画どおりに進む利他は押しつけに傾きがちですが、ケアとしての利他は、大小さまざまなよき計画外の出来事へと開かれている。この意味で、よき利他には、必ずこの「他者の発見」があります。

さらに考えを進めてみるならば、よき利他には必ず「自分が変わること」が含まれている、ということになるでしょう。相手と関わる前と関わった後で自分がまったく変わっていなければ、その利他は一方的である可能性が高い。「他者の発見」は「自分の変化」の裏返しにほかなりません。

他者の潜在的可能性に耳を傾け、そして想定外の反応に出会ったとき

【国　語】〈五〇分〉〈満点：一〇〇点〉

一　次の文章を読んで、後の問に答えなさい。

利他的な行動には、本質的に、「これをしてあげたら相手にとって利になるだろう」という、「私の思い」が含まれています。

重要なのは、それが「私の思い」でしかないことです。思いは思い込みです。そう願うことは自由ですが、相手が実際に同じように思っているかどうかは分からない。「これをしてあげたら相手にとって利になるだろう」が「これをしてあげるんだから相手は喜ぶはずだ」に変わり、さらには「相手は喜ぶべきだ」になるとき、利他の心は、容易に相手を支配することにつながってしまいます。

つまり、利他の大原則は、「自分の行為の結果はコントロールできない」ということなのではないかと思います。やってみて、相手が実際にどう思うかは分からない。分からないけど、それでもやってみる。この不確実性を意識していない利他は、押しつけであり、ひどい場合には暴力になります。

「自分の行為の結果はコントロールできない」とは、別の言い方をすれば、「［　①　］は期待できない」ということです。「自分がこれをしてあげるんだから相手は喜ぶはずだ」という押しつけが始まるとき、人は利他を自己犠牲ととらえており、その見返りを相手に求めていることになります。

私たちのなかにもつい芽生えてしまいがちな、見返りを求める心。＊ハリファックスは、警鐘（けいしょう）を鳴らします。「自分自身を、他者を助け問題を解決する救済者と見なすと、気づかぬうちに権力志向、うぬぼれ、自己イ陶酔へと傾きかねません」（『Compassion』）。

＊アタリの言う合理的利他主義や、「［　②　］」の発想は、他人に利することがめぐりめぐって自分にかえってくると考える点で、他者の支配につながる危険をはらんでいます。ポイントはおそらく、「めぐりめぐって」というところでしょう。めぐりめぐっていく過程で、私の「思い」が「予測できなさ」にロキュウシュウされるならば、むしろそれは他者を支配しないための想像力を用意してくれているようにも思います。

どうなるか分からないけど、それでもやってみる。ブレイディみかこは、コロナ禍の英国ブライトンで彼女が目にした光景について語っています。

ブレイディによれば、町がロックダウンしているさなか、一人暮らしのお年寄りや自主ハ隔離に入った人に食料品を届けるネットワークをつくるために、自分の連絡先を書いた手づくりのチラシを自宅のニカベに貼ったり、隣人のポストに入れて回ったりしていた人がいたそうです。普通ならば「個人情報が悪用されるのではないか」などと警戒するところですが、そうではなく、とりあえずできることをやろうと動き出した人がいた。

ブレイディは、これは一種の＊アナキズムだと言います。アナキズムというと一切合切破壊するというイメージがありますが、政府などの上からのコントロールが働いていない状況下で、相互扶助のために立ち上がるという側面もある。コロナ禍において、とりあえず自分にできることをしようと立ち上がった人は、日本においても多かったように思います。

2022年度

立教新座中学校入試問題（第２回）

【算　数】（50分）　＜満点：100点＞

【注意】　１．答はできるだけ簡単にしなさい。また，円周率は，3.14を用いなさい。
　　　　　２．三角定規，分度器，計算機の使用はいけません。

［１］ 以下の問いに答えなさい。

(1)　次の計算をしなさい。

$$\left(0.375+2\frac{7}{20}\right)\div 025-\left(2\frac{4}{5}\div 0.7-3\times\frac{9}{10}\right)\div\frac{1}{3}$$

(2)　次の問いに答えなさい。

①　８で割ると３余り，９で割ると４余る数のうち，最も小さい数はいくつですか。

②　６で割ると２余り，７で割ると３余る数のうち，５番目に小さい数はいくつですか。

(3)　６年生のＡ組34人，Ｂ組30人の全員が受けた算数のテストについて，Ａ組の平均点，Ｂ組の平均点，64人全員の平均点をそれぞれ求めます。平均点は小数第２位を四捨五入して小数第１位まで求めるものとします。平均点を求めた結果，Ａ組の平均点は70.3点，64人全員の平均点は75.9点でした。次の問いに答えなさい。

①　Ａ組の合計点として考えられる点数のうち，最も高い点数と最も低い点数を答えなさい。

②　Ｂ組の合計点として考えられる点数のうち，最も高い点数を答えなさい。

(4)　右図のように，AD＝４㎝，BC＝６㎝，CD＝６㎝の台形ABCDと，EF＝10㎝，EG＝10㎝ の直角二等辺三角形EFGがあります。台形ABCDが直線に沿って矢印の方向へ毎秒１㎝の速さで動きます。次の問いに答えなさい。

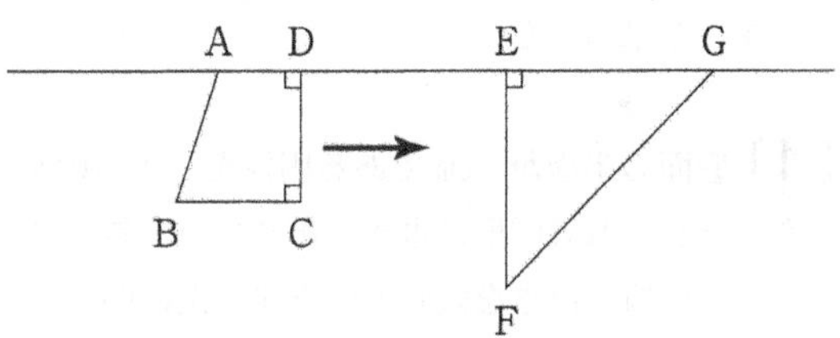

①　点Dと点Eが重なってから５秒後に，台形ABCDが直角二等辺三角形EFGと重なる部分の面積を求めなさい。

②　点Dと点Eが重なってから11秒後に，台形ABCDが直角二等辺三角形EFGと重なる部分の面積を求めなさい。

(5)　１辺の長さが６㎝ の白い立方体３個と同じ大きさの黒い立方体１個を，図のようにすき間なくはりあわせて作った立体について，次の問いに答えなさい。ただし，三角すいの体積は，（底面積）×（高さ）÷３で求めるものとします。

①　この立体を３点A，B，Cを通る平面で切断するとき，点Dをふくむ立体の体積を求めなさい。

②　この立体から黒い立方体を取り除き，３点A，B，Cを通る平面で切断するとき，点Dをふくむ立体の体積を求めなさい。

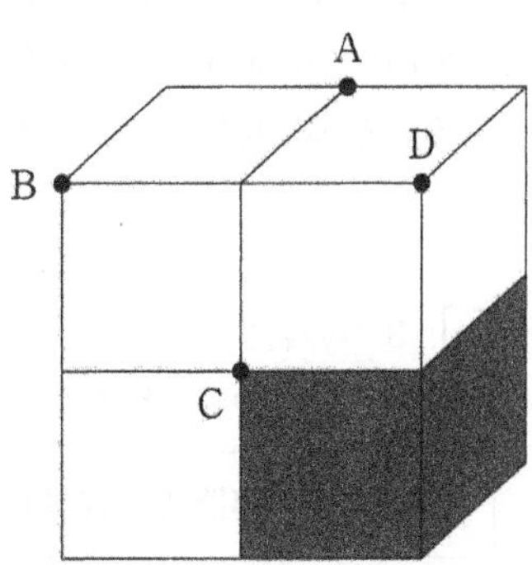

〔２〕整数が，ある決まりによって以下のように並んでいます。

1，2，3，2，4，6，3，6，9，4，8，12，5，10，15，…

次の問いに答えなさい。

(1)　１回しか出てこない１桁(けた)の数は何個ありますか。

(2)　最後に出てくる１桁の数は，はじめの数から数えて何番目ですか。また，はじめの数からその数までの和を求めなさい。

(3)　２回目に出てくる2022は，はじめの数から数えて何番目ですか。

(4)　はじめの数から順番にたしていき，ある数までたすと2022を超(こ)えたのでたすのをやめました。最後にたした数を答えなさい。

〔３〕図はAB＝12cm，AD＝16cmの長方形です。点PはBを出発して長方形の辺上をC，Dの順にDまで動き，Bを出発してから８秒後にDに到着(とうちゃく)して止まります。また，点PがCからDまで動くときの速さは，BからCまで動くときの速さの1.5倍になります。次の問いに答えなさい。ただし，点PがBからCまで動くときの速さと，CからDまで動くときの速さはそれぞれ一定であるものとします。

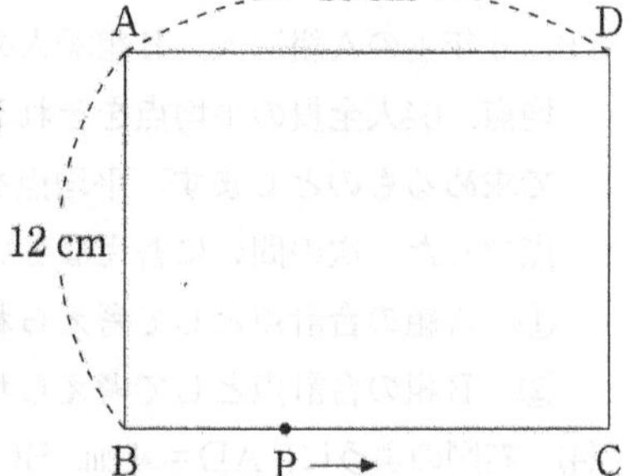

(1)　点PがBからCまで動くときの速さは毎秒何cmですか。

(2)　三角形APCの面積が$42cm^2$になるのは，点PがBを出発してから何秒後ですか。
すべて求めなさい。

(3)　四角形ABPDの面積が$123cm^2$になるのは，点PがBを出発してから何秒後ですか。
すべて求めなさい。

〔４〕底面の半径が３cmである円柱を，１つの平面で切断し，図のように立体Aと立体Bに分けました。それぞれの図形に書きこまれている長さは，２つの立体の底面から最も低い位置の高さと，最も高い位置の高さを表しています。次の問いに答えなさい。

(1)　もとの円柱の表面積を求めなさい。

(2)　立体Bの体積を求めなさい。

(3)　立体Aと立体Bの体積の比を求めなさい。

(4)　立体Bを，切り口と平行な平面で切断し，体積の等しい２つの立体に分けました。もとの円柱の底面をふくむ立体において，底面から最も高い位置の高さを求めなさい。

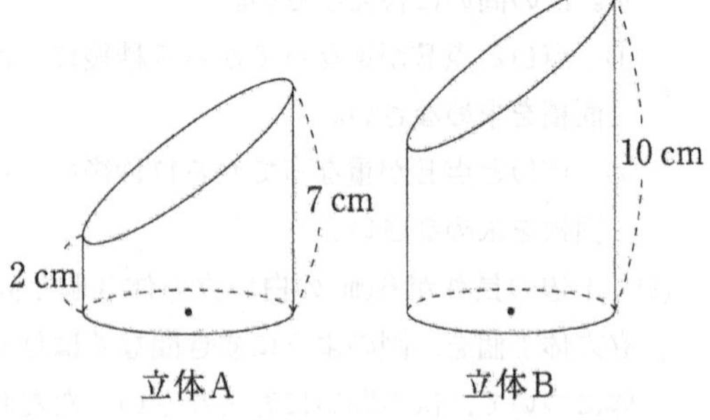

〔５〕３つの容器A，B，Cの中にそれぞれ食塩水が入っています。太郎君と次郎君はこれらの食塩水を使って３つの実験を順番に行っていきます。あとの問いに答えなさい。

【実験１】　容器A，容器Bに入っている食塩水をよく混ぜ合わせよう。

太郎　「容器Ａに入っている食塩水300ｇと容器Ｂに入っている食塩水200ｇを，空の容器Ｐに入れてよく混ぜ合わせたら，食塩水の濃（こ）さは９％になったよ。」

次郎　「容器Ａに入っている食塩水100ｇと容器Ｂに入っている食塩水200ｇを，空の容器Ｑに入れてよく混ぜ合わせたら，食塩水の濃さは13％になったよ。」

(1)　容器Ａ，容器Ｂに入っていた食塩水の濃さをそれぞれ求めなさい。

【実験２】　容器Ｐ，容器Ｑに入っている食塩水と，容器Ｃに入っている濃さが５％の食塩水をよく混ぜ合わせよう。

太郎　「容器Ｐに入っている食塩水200ｇと容器Ｑに入っている食塩水150ｇと容器Ｃに入っている食塩水の半分の量を，空の容器Ｘに入れてよく混ぜ合わせたら，食塩水の濃さは10％になったよ。」

次郎　「その後に，３つの容器Ｐ，Ｑ，Ｃに残っているすべての食塩水を，空の容器Ｙに入れてよく混ぜ合わせたよ。」

(2)　はじめに容器Ｃには何ｇの食塩水が入っていましたか。また，容器Ｙに入っている食塩水の濃さを求めなさい。

【実験３】　容器Ｘ，容器Ｙに入っている食塩水の濃さを同じにしよう。

太郎　「容器Ｘに入っている食塩水に91ｇの水を加えた後に，食塩を加えてよく混ぜ合わせたら，容器Ｙに入っている食塩水の濃さと同じにできるよ。」

次郎　「別の方法だと，容器Ｙに入っている食塩水から水を蒸発（じょうはつ）させてよく混ぜたら，容器Ｘに入っている食塩水の濃さ10％と同じにできるよ。」

(3)　太郎君は容器Ｘに入っている食塩水に何ｇの食塩を加えようとしましたか。また，次郎君は容器Ｙに入っている食塩水から何ｇの水を蒸発させようとしましたか。

【理　科】（30分）　＜満点：50点＞

【注意】　計算機，分度器を使用してはいけません。

【１】　以下の問いに答えなさい。

植物の水の通り道を調べるために，ホウセンカを根がついたままほり上げて，図のように食紅を溶（と）かした色水に入れました。しばらく置いてから，くきや葉を切って観察したところ赤く染まっている部分がありました。

(1)　くきを横や縦に切った断面を観察した模式図として適切なものを，次の(ア)～(ク)から選び，それぞれ記号で答えなさい。ただし，色水で赤く染まった部分はぬりつぶして表しています。

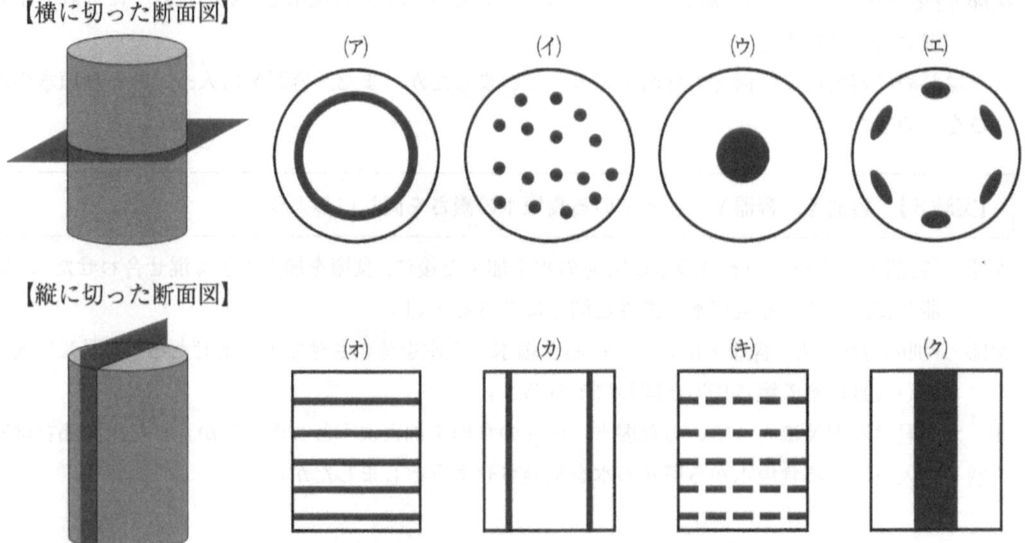

(2)　ホウセンカの葉を観察すると葉脈と呼ばれるすじ模様が見られました。ホウセンカの葉の特徴（とくちょう）がわかるように，解答用紙の葉の図に葉脈をかきなさい。

図のように葉がついたままのホウセンカと，葉をとったホウセンカにポリエチレンのふくろをかぶせてしばらく放置すると，葉がついたままのホウセンカにかぶせたふくろにだけ水滴（すいてき）がついていました。

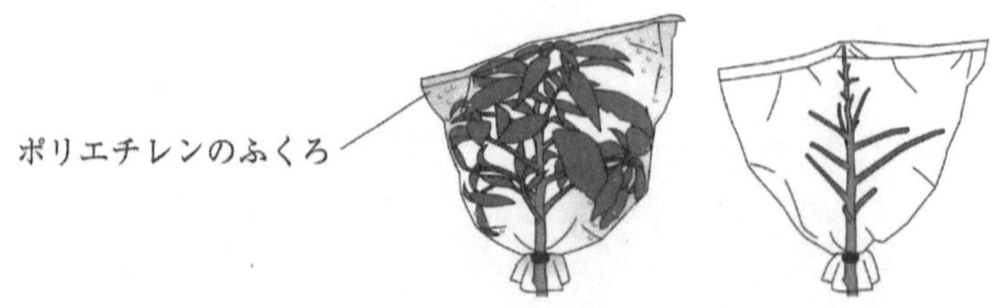

(3)　次のページの文章は，植物の水の通り道についてまとめたものです。文章中の①～④に適する

語句を答えなさい。

これまでの観察から，植物は（　①　）で水を吸収し，吸収された水は（　②　）を通って（　③　）に伝わり，（　③　）から体の外に出ていくことがわかりました。このように植物の体の中の水が，水蒸気となって出ていくことを（　④　）といいます。

また植物の（　③　）の裏側を顕微鏡（けんびきょう）で観察すると，右図のような水蒸気が出ていくあながあり，これを気孔（きこう）といいます。気孔はつねに開いているわけではなく，植物の体の中の水の量や明るさによって，気孔をつくる部分に水が出入りすることで開いたり閉じたりします。

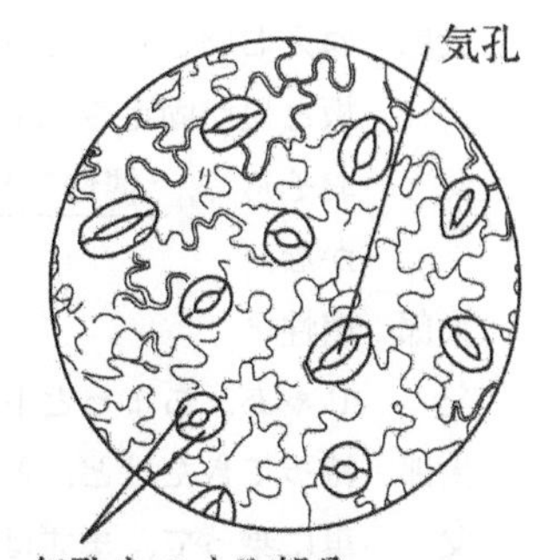

(4) 気孔が開く様子を再現するために，細長くふくらむ風船を使って実験を行いました。まず，同じ大きさにふくらませた２つの風船①・②のある部分にセロハンテープをはりつけてから，図１のように並べました。さらに風船をふくらませると，風船は変形しながらふくらみ，図２のように２つの風船の間が開きました。このとき図１において風船①・②にセロハンテープをはった部分を，以下の(ア)~(エ)から選び，それぞれ記号で答えなさい。

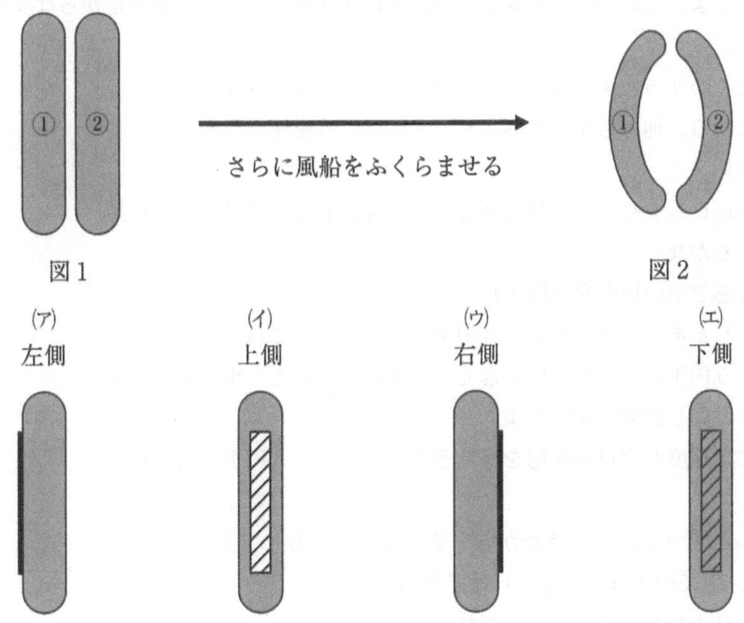

(5) 気孔について説明した文として適切なものを，次の(ア)~(オ)からすべて選び，記号で答えなさい。

(ア) 気孔をつくる部分は，気孔に面する側がのびにくい

(イ) 気孔をつくる部分は，気孔に面する側と反対側がのびにくい

(ウ) 気孔をつくる部分は，どの部分ものびやすさに違（ちが）いはない

(エ) 気孔が開くときは，気孔をつくる部分に水が入って開く

(オ) 気孔が閉じるときは，気孔をつくる部分に水が入って閉じる

【２】 次の会話文を読み，以下の問いに答えなさい。

太郎　ねえお父さん，オリンピック競技を見ていて不思議に思ったんだけど…。スケートボードは板と足が固定されていないのに，なんでジャンプしたときに板が足からはなれないのかな。

父　おそらく，“慣性”という，物体が速度を一定に保とうとする性質が関係しているんじゃないかな。

太郎　慣性？

父　じゃあ，ちょっとドライブをしながら確かめてみようか。５円玉を持って行こう。

太郎　持ってきたけど，どうするの？

父　車に乗って，まずは車が止まっているときに５円玉を真上に投げてみようか。

太郎　投げたよ。

父　ちゃんと手元に戻(もど)ってきたね。次に，一定の速度で走っているときに，同じように５円玉を真上に投げてみようか。どうなると思う？

太郎　５円玉だけ取り残されて，後ろに行っちゃうかな。

父　じゃあ，やってみよう。さあ今だ。真上に投げて。

太郎　あれ，車が止まっているときと同じように手元に戻ってきちゃったよ。

父　手元からはなれた５円玉が，車の進む方向に，車と同じ速度を保っていたから手元に戻ってきたんだよ。これが，ジャンプしたときにスケートボードの板が足からはなれない理由の１つだよ。

太郎　何となくわかったような気がするけど，まだ納得できないなあ。

父　そうしたら，他にも試してみよう。今度はこれを使おうか。

太郎　それは何？

父　５円玉にひもをくくりつけたんだ。手を伸(の)ばした状態で，これを持ってくれるかな。

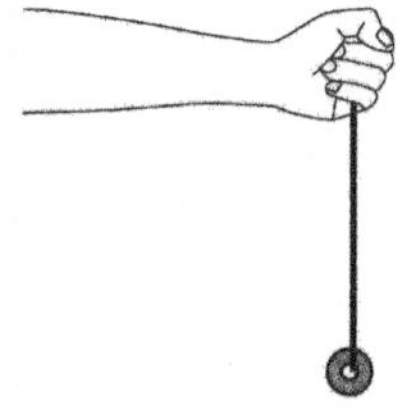

図１

太郎　こんな感じでいいかな（図１）。

父　ＯＫ。じゃあ，発進するよ。５円王をよく見ていてね。

太郎　あれ，５円玉が僕(ぼく)に近づいてきて，しばらくすると，車が止まっていたときと同じ状態に戻ったよ。

父　はじめは速度がゼロの状態を保とうとしたから，５円玉が近づいたんだよ。

太郎　ちょっとずつわかってきたかも。そうしたら，もしブレーキをかけたら，（　①　）を保とうとして，5円玉は（　②　）はずだね。

父　その通り！わかってきたようだね。

(1) 会話文中の下線部が関係している現象として適切なものを，次の(ア)～(オ)からすべて選び，記号で答えなさい。

(ア) スピードを出しすぎた車がカーブで横転する

(イ) 伸ばしたゴムがもとの長さに戻る

(ウ) 容器に残ったわずかなケチャップを，容器を振(ふ)って出す

(エ) ふりこが一定の時間で往復する

(オ) ダルマ落としで，下の積み木をたたき出してもダルマが倒(たお)れない

(2)　会話文中の①・②に適する語句を，次の語群から選び，それぞれ記号で答えなさい。

〈語群〉

①：(ア)　速度がゼロの状態　　(イ)　減速直前の車の速度　　(ウ)　減速途中の車の速度

②：(ア)　僕に近づいてくる　　(イ)　動かない　　(ウ)　僕から遠ざかる

慣性に興味をもった太郎君は，慣性を測定する実験装置をつくることにしました。図２はその装置で，透明なパイプの中でおもりのついたばねの一端が固定されており，ばねの伸び縮み（変形）によって慣性の程度が測定できるようになっています。なお，装置のばねが固定されている面をA，逆の面をBとします。

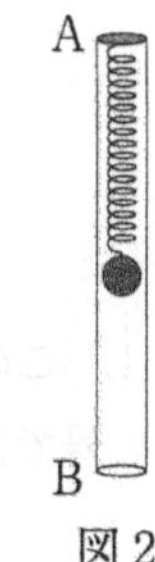

図２

(3)　図２の装置を，Aが上になるように持って展望台のあるビルのエレベーターに乗りました。このとき，ばねがよく縮む場面として適切なものを，下図の(ア)～(カ)からすべて選び，記号で答えなさい。

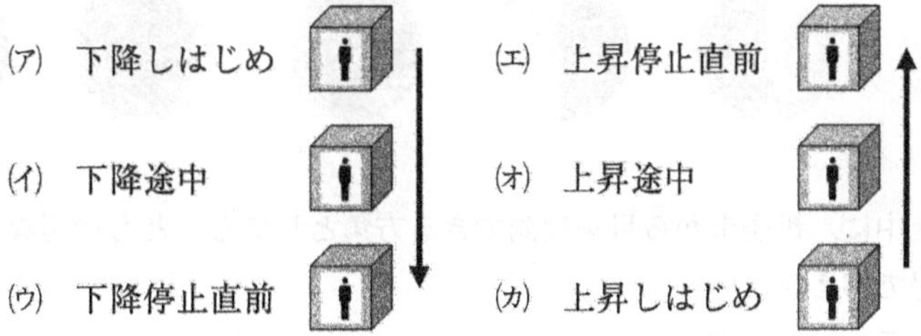

次に，図２の装置を２つ用意し，車内で図３のように置いて運転中のばねの様子を記録したところ，表１のようになりました。なお表１は，ばねの様子をそれが起きた順に表しており，ばねがよく伸びたときを「＋」，よく縮んだときを「－」，変形が見られなかったときを「０」にしてあります。

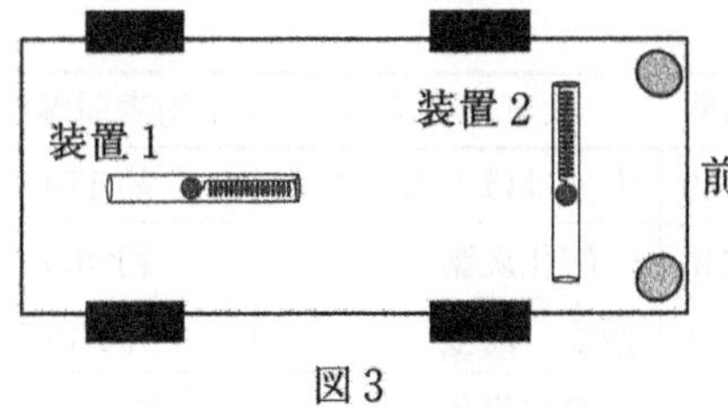

図３

表１

順番	1	2	3	4	5	6	7
装置１	－	0	＋	0	＋	0	＋
装置２	0	－	0	0	0	＋	0

(4)　前方に進んでいた車がブレーキをかけたとき，ばねがよく変形するのはどちらの装置ですか。また，ブレーキをかけた直後のばねの変形の様子を説明しなさい。

(5)　表１から想定される車の進み方としてもっとも適切なものを，次の(ア)～(エ)から選び，記号で答えなさい。ただし，車は図の位置から動き出したものとします。

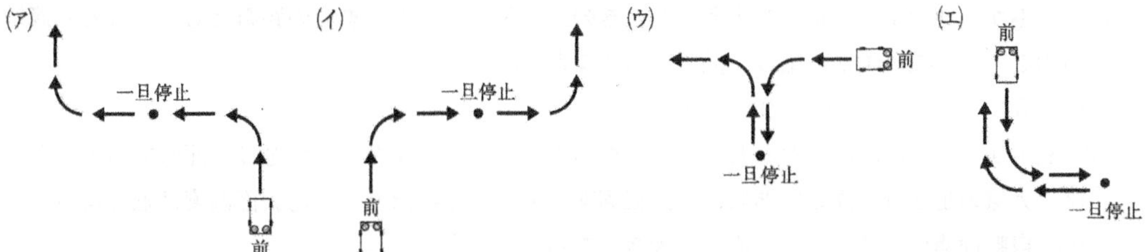

【３】 以下の問いに答えなさい。

図１はある日の太陽と地球，月の位置関係を，地球の北極側から見た図です。ただし，大きさの比は実際とは異なります。

図１

(1) この日の夜，新座市から見える月の形としてもっとも適切なものを，次の(ア)～(カ)から選び，記号で答えなさい。

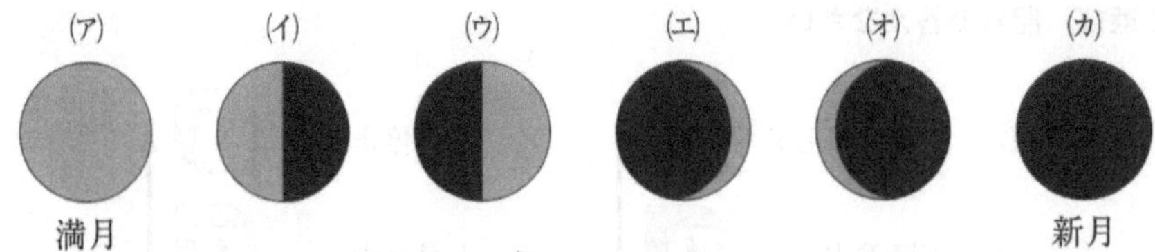

(2) この日の真夜中に，新座市から月を観測できる方角としてもっとも適切なものを，次の(ア)～(エ)から選び，記号で答えなさい。

(ア) 東　(イ) 西　(ウ) 南　(エ) 北

表１は太陽の周りを回転している惑星（わくせい）について，太陽からの距離（きょり），直径，おもさ，公転周期，自転周期，大気の主成分，平均表面温度をまとめた表です。表中の平均表面温度以外の値は，地球の値を１とした場合の値で示しています。

表１

名称（めいしょう）	太陽からの距離	直径	おもさ	公転周期	自転周期	大気の主成分	平均表面温度
水星	0.4	0.38	0.06	0.2	60	大気はほとんどない	約 170 ℃
金星	0.7	0.95	0.8	0.6	240	二酸化炭素	約 460 ℃
地球	1	1	1	1	1	窒素（ちっそ）、酸素	約 15 ℃
火星	1.5	0.5	0.1	2	1	二酸化炭素	約 − 50 ℃
木星	5.2	11	320	12	0.4	水素、ヘリウム	約 − 145 ℃
土星	9.6	9.5	95	30	0.4	水素、ヘリウム	約 − 195 ℃
海王星	30	4	17	165	0.7	水素、ヘリウム	約 − 220 ℃

(3) 太陽から地球までの距離を１としたときの，太陽から天王星までの距離としてもっとも適切なものを，次の(ア)～(エ)から選び，記号で答えなさい。

(ア) 3　(イ) 8　(ウ) 19　(エ) 32

(4) 表１から読み取れることとして適切なものを，次の(ア)～(オ)から２つ選び，記号で答えなさい。

(ア) 大気の主成分が同じであれば，公転周期が大きくなるほど，平均表面温度は低くなる

(イ) 自転周期が小さいほど，直径が大きくなる

(ウ) 大気に二酸化炭素が多く含まれると，平均表面温度が低くなる

(エ) おもさが大きいほど，直径も大きくなる

(オ) 太陽からの距離が小さいほど，地球から観測した際に明るく見える

火星は地球と同じように太陽の周りを回転している惑星で，図２はある日の太陽と地球，火星の位置を地球の北極側から見た図です。ただし，大きさの比は実際とは異なります。

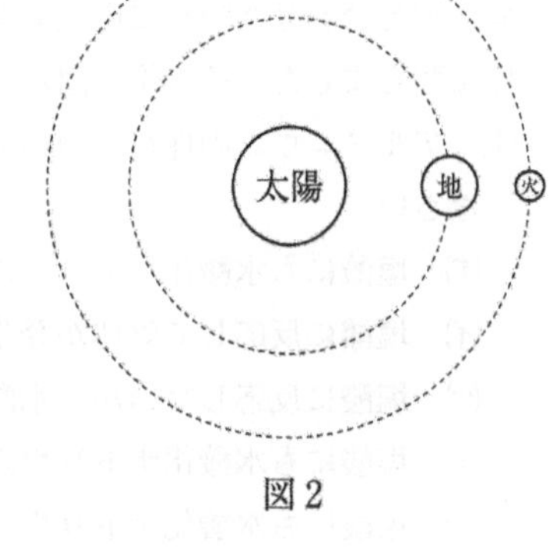

図２

(5) この日の真夜中に，新座市から火星を観測できる方角としてもっとも適切なものを，次の(ア)～(エ)から選び，記号で答えなさい。

(ア) 東　(イ) 西　(ウ) 南　(エ) 北

(6) 図２の日から２か月後の真夜中に，新座市から火星を観測できる方角としてもっとも適切なものを，次の(ア)～(エ)から選び，記号で答えなさい。

(ア) 東　(イ) 西　(ウ) 南　(エ) 北

(7) (6)の日から１年間かけて毎日，真夜中に新座市の同じ地点から夜空を観測しました。この観測結果として適切なものを，次の(ア)～(オ)から選び，記号で答えなさい。

(ア) 火星は星座の中を西向きに動いていき，あるときから観測できなくなる

(イ) 火星は星座の中を東向きに動いていき，あるときから観測できなくなる

(ウ) 火星は星座の中を西向きに動いていき，あるときから観測できなくなるが，しばらくすると再び観測できる

(エ) 火星は星座の中を東向きに動いていき，あるときから観測できなくなるが，しばらくすると再び観測できる

(オ) 火星は１年を通して同じ位置に観測できる

【４】 次の文章を読み，以下の問いに答えなさい。

アルミニウムの粉末と赤色の酸化鉄（鉄と酸素が結びついた物質）の粉末を混ぜ合わせた物質に点火すると多量の熱が発生します。これは，テルミット反応と呼ばれ，鉄道のレール溶接などに利用されます。

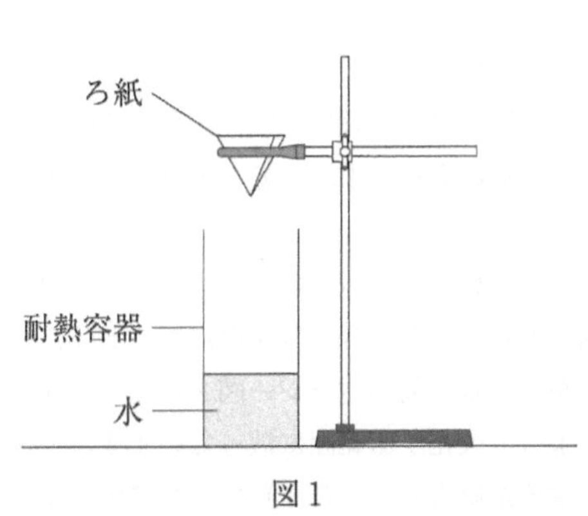

図１

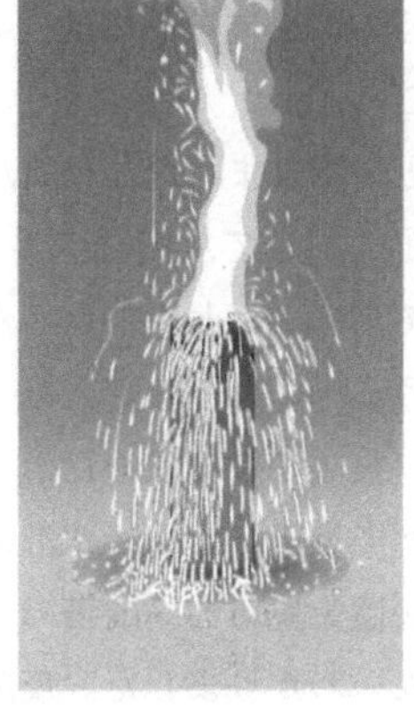
図２

太郎君は，テルミット反応で生じる熱の大きさを求めるために，反応で生じた熱によって水がどれくらい温度上昇するかを慎重に実験をして調べることにしました。

前のページの図１はその実験装置であり，容積3.0Ｌの耐熱容器に水が1.0Ｌ入っています。ろ紙の中にはアルミニウムの粉末2.7ｇと赤色の酸化鉄の粉末8.0ｇを混ぜ合わせた物質が入っています。混ぜ合わせた物質に点火すると，図２のように炎をあげて反応し，ろ紙ごと耐熱容器内の水の中に落ちました。その後，耐熱容器内の水をかき混ぜながら30秒ごとに水温を測定しました。

(1) アルミニウムの性質について述べた文として適切なものを，次の(ア)～(オ)から選び，記号で答えなさい。

(ア) 塩酸にも水酸化ナトリウム水溶液にも反応しない

(イ) 塩酸に反応して気体が発生するが，水酸化ナトリウム水溶液には反応しない

(ウ) 塩酸に反応しないが，水酸化ナトリウム水溶液には反応して気体が発生する

(エ) 塩酸にも水酸化ナトリウム水溶液にも反応するが，発生する気体の種類は異なる

(オ) 塩酸にも水酸化ナトリウム水溶液にも反応し，発生する気体の種類は同じである

(2) 次の会話文は，太郎君が先生に実験結果の報告をしたときの内容です。以下の①～③の問いに答えなさい。

太郎　先生，実験結果を表にしてみました。表１を見ると，かき混ぜ始めてからの水温は（　Ⅰ　）秒までは上がっているのに，（　Ⅰ　）秒以降は下がっています。

表１　水温の時間変化

時間〔秒〕	0	30	60	90	120	150	180	210	240
水温〔℃〕	21.0	24.9	27.1	28.2	28.0	27.8	27.6	27.4	27.2

先生　そうだね。（　Ⅰ　）秒以降の水温の下がり方には特徴があるね。

太郎　あっ。（　Ⅱ　）秒ごとに0.2℃ずつ下がっています。

先生　熱が（　Ａ　）から，（　Ｂ　）に移動したためだね。かき混ぜ始めてから（　Ⅰ　）秒後までも同じ割合で水温が下がっていると考えられるね。したがって，その影響がなかったと仮定すると，かき混ぜ始めてから（　Ⅰ　）秒後の水温は何℃になるかな？

太郎　（　Ⅲ　）℃です。

先生　そうだね。では，この値を用いて生じた熱の大きさを求めてみよう。水１ｇの温度を１℃上げるのに必要な熱の大きさを１カロリーとし，水１cm^3あたりのおもさは１ｇとして考えてごらん。

太郎　えーと…できました。（　Ⅳ　）カロリーです。

先生　その通り。さて，実はテルミット反応で生じる熱の大きさは，実験をしなくても計算によって求めることができるんだ。計算によって求めた値と実験をして求めた値を比較してみよう。

太郎　あれ，実験をして求めた値の方が（　Ｃ　）なっています。おかしいな。ろ紙の中の物質はすべて反応したし，水温の測定もちゃんとできたはずなんだけど…。

先生　実験装置を見ると，改善の余地があるね。前のページの図２を見て何か気づかないかな？

太郎　うーん…わかりました。反応によって火花が広範囲に散っています。

先生　そうだね。これが計算によって求めた値より（　Ｃ　）なった要因の１つかな。あとは，

反応によって生じた熱がすぐに水に伝わるように改善できると良いね。

太郎　ということは，使用する水の量を今回の実験と同じにして行う場合は，耐熱容器の底面積や高さを変えて，実験装置をこんな感じに変えれば良いということですか。

先生　良いと思います。

太郎　わかりました。再度実験してみます。

①　会話文中のⅠ～Ⅳに適する数値を答えなさい。

②　会話文中のＡ～Ｃに入る語句の組み合わせとして適切なものを，次の(ア)～(エ)から選び，記号で答えなさい。

	A	B	C
(ア)	容器内の水	容器や空気中	大きく
(イ)	容器内の水	容器や空気中	小さく
(ウ)	容器や空気中	容器内の水	大きく
(エ)	容器や空気中	容器内の水	小さく

③　会話文中の下線部について，太郎君が考えた実験装置としてもっとも適切な図を，次の(ア)～(エ)から選び，記号で答えなさい。ただし，耐熱容器の底面積は図１と比べて，(ア)と(イ)は小さく，(ウ)と(エ)は大きいものとします。

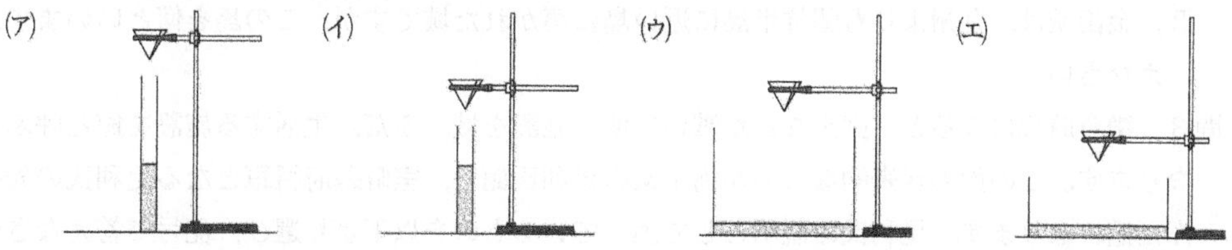

【社　会】（30分）　＜満点：50点＞

Ⅰ．「日本100名城」および「続日本100名城」に指定されている城に関して，以下の問に答えなさい。

問１　敵が攻め込むのを防ぐために造られた施設を城だと考えると，日本列島における城の始まりは，弥生時代の環濠集落にあると考えられ，吉野ヶ里（遺跡）も「日本100名城」に入っています。この時期の様子を「倭の国内で争いが起こり，長年の間，たがいに攻撃しあっていた。そこで相談して１人の女王をたてることになった。」と記している中国の書物は何ですか。以下より選び，記号で答えなさい。

①『宋書』倭国伝　②『魏志』倭人伝　③『後漢書』東夷伝　④『漢書』地理志

問２　飛鳥時代になると，大陸からの攻撃を想定して城が築かれました。白村江の戦いの後に築かれた水城や大野城・金田城は代表的なものです。

１）白村江の戦いで，ヤマト政権軍が敗れた相手は次のうちどれですか。当てはまるものを全て選び，記号で答えなさい。

①　隋　②　唐　③　高句麗　④　新羅　⑤　百済

２）水城や大野城は，大宰府を守るために築かれました。しかし，大宰府は平安時代中頃に起きた反乱により，攻め落とされました。この反乱を起こした人物はだれですか，答えなさい。

３）金田城は，九州よりも朝鮮半島に近い島に築かれた城ですが，この島を何といいますか，答えなさい。

問３　鎌倉時代になると，武士などが戦いに使う施設を城，ふだん生活する施設を館と呼ぶようになります。この館の代表的なものが栃木県の足利氏館で，室町幕府将軍となる足利氏の先祖が住んだ館になります。足利氏の説明として誤っているものを以下より選び，記号で答えなさい。

①　足利尊氏は，最初は後醍醐天皇に協力したが，のちに対立した。

②　足利義満は，明だけでなく，朝鮮とも貿易を行った。

③　足利義政は，世阿弥を保護して，能をさかんにした。

④　足利義昭は，織田信長によって京都から追放された。

問４　南北朝時代には，国内で多く戦いが行われたので，城も多く築かれます。その中でも代表的なものが，大阪府の千早城です。

１）この城を拠点として鎌倉幕府軍と戦い，建武の新政では重要な役割を果たした人物はだれですか，答えなさい。

２）この時代の城は，敵から攻められにくいように，周囲より高くなった部分に築かれたものが多いです。このような谷と谷にはさまれて周囲より高くなった地形で，等高線が低い方に向かって張り出しているところを何といいますか，答えなさい。

問５　戦国時代になると，戦いの時だけでなく，ふだん生活する場としても城が使われるようになります。そして，城の大きさが城主の力をしめすことにもなりました。次の人物と住んだ城の組み合わせとして誤っているものはどれですか。以下より選び，記号で答えなさい。

①　上杉謙信－春日山城（新潟県上越市）　②　徳川家康－岡崎城　（愛知県岡崎市）

③　毛利元就－郡山城　（広島県安芸高田市）　④　北条氏康－小田原城（神奈川県小田原市）

⑤　島津義久－高知城　（高知県高知市）

問６　各地で特徴のあった戦国時代の城は，天下統一によって，石垣の上にしっくいで固められた白壁が築かれるような，統一した形のものになっていきます。この頃の日本と，同じような特徴を持つ石垣が，16世紀終わり頃の朝鮮半島でも造られました。それはなぜですか，20字程度で説明しなさい。

問７　戦国時代から江戸時代にかけては，「築城の名手」と呼ばれる人物が多く現れました。

１）藤堂高虎は，多くの名城を築いたことで知られており，中でも，今治城は瀬戸内海をおさえる重要な役割を果たしました。今治城のある今治市は，四国の各県庁所在地に次いで第５位の人口を有する重要な都市です。次の表は，四国の各県庁所在地と今治市の，工業生産額をしめしたものです。今治市はどれですか。以下より選び，記号で答えなさい。なお，資料がととのっていない部分は表中で空欄になっています。

表　四国人口上位５市の製造品出荷額等（2019年，単位：万円）

	化学工業	繊維工業	輸送用機械器具製造業	電気機械器具製造業
①	8,911,420	560,769	620,577	994,603
②	27,955,002	620,655		38,748
③	442,090	4,577,252	31,563,480	
④	630,901	187,183	1,834,911	135,982
⑤	1,072,511	745,919	3,575,444	7,129,227

出典：経済産業省『2020年工業統計表』地域別統計表データより作成

２）加藤清正は，熊本城を築いたことで知られます。熊本城は1877年に，鹿児島の士族によって攻められますが，落城しなかったことから，改めてその名城ぶりがたたえられました。南九州一帯が戦場になったこの戦争を何といいますか，答えなさい。

３）黒田孝高（官兵衛）は，堀が海とつながった中津城を築いたことで知られます。次のうち，堀が海とつながってる城（海城）はどれですか。以下より選び，記号で答えなさい。

①　高松城（香川県高松市）　②　山形城（山形県山形市）
③　岐阜城（岐阜県岐阜市）　④　会津若松城（福島県会津若松市）
⑤　伊賀上野城（三重県伊賀市）

問８　江戸時代になると，城は大名の住むところだけでなく，役所としての役割を担うようになっていきます。そのため，大名の居城があった地が，現在も県庁所在地として受け継がれている場所も多くあります。

１）徳島城の城下町で行われている盆踊りの一種で，現在では新座市の大江戸新座祭りでも行われるものは何ですか，答えなさい。

２）県庁所在地となっている城下町では，現在は伝統的工芸品として認定されているものも生産されました。次の伝統的工芸品のうち，盛岡城・金沢城・福岡城・鹿児島城の位置する各都市の産物として誤っているものはどれですか。以下より選び，記号で答えなさい。

①　薩摩焼　②　加賀友禅　③　津軽塗　④　南部鉄器　⑤　博多人形

３）次の県庁所在地のうち，港町からではなく城下町から発達した都市はどこですか。あとから選び，記号で答えなさい。

① 青森市　② 横浜市　③ 神戸市　④ 佐賀市　⑤ 長崎市

問９　幕末になると，外国船の接近に備えるため，大砲を置いた台場が築かれるようになりました。品川台場が代表的なものですが，この台場はペリーの来航に際して築かれたものです。この時に結ばれた条約によって開港した港のうち，最も西にあるのはどこですか，答えなさい。

問10　江戸時代から明治時代へと移るとき，北海道の五稜郭で最後の戦いが行われた，旧江戸幕府軍と明治新政府軍の戦いを何といいますか，答えなさい。

問11　明治時代になると，多くの城が取り壊されました。それは，かつての藩主が東京へ移住することが定められ，保存が難しくなったことも原因としてあります。旧藩主が東京へ移され，新しく県令が任命されたできごとを何といいますか，答えなさい。

問12　取り壊されずに残った城も，名古屋城のように，太平洋戦争でのアメリカ軍空襲で天守が焼失したところもありました。日本各地への空襲の拠点となった，1944年にアメリカ軍が占領した太平洋の島はどこですか。以下より選び，記号で答えなさい。

① ハワイ諸島　② 沖縄島　③ ソロモン諸島　④ サイパン島　⑤ アッツ島

問13　現在，天守が国宝に指定されている城は，姫路城・犬山城・彦根城・松本城・松江城の５つです。

１）次の文は，５つの城の所在地のうち，ある都市の気候を説明したものです。ある都市とはどこですか，都市名で答えなさい。

他の都市に比べて標高が高いため，年間の気温差や一日の気温差が大きく，年間降水量が少ない。

２）５つの城の天守のうち，しじみの産地で有名な宍道湖が見える城はどこですか，答えなさい。

問14　「古都京都の文化財」の一部として世界文化遺産に認定されている城で，大政奉還が発表された場所としても知られるのはどこですか。以下より選び，記号で答えなさい。

① 安土城　② 二条城　③ 名護屋城　④ 原城　⑤ 多賀城

問15　城は敵の攻撃を防ぐために，あらゆる地形を活用しています。

１）群馬県の沼田城は，この地域を流れる利根川とその支流沿いに発達した，階段状の地形の最上段部に位置しています。このような地形を何といいますか，答えなさい。

２）長野県の上田城や小諸城は，川によってつくられた地形をうまく利用して防御に役立てています。下流では信濃川と呼ばれるこの川を何といいますか，答えなさい。

３）鹿児島県の志布志城など南九州の城は，非常に深い堀で城が区切られている特徴があります。南九州の城の堀が深いのは，地面が柔らかくて削りやすいためですが，この地域の柔らかい土壌を何といいますか，答えなさい。

問16　大阪城は，上町台地と呼ばれる台地の先端に築かれた城です。

１）上町台地のような地形は，水はけが良い特徴があります。上町台地と同じような特徴を持つ地形として誤っているものはどこですか。以下より選び，記号で答えなさい。

① 秋吉台　② 武蔵野　③ 牧ノ原　④ 三方原

２）大阪城が豊臣秀吉によって築かれる前に，この地には織田信長と10年以上にわたって戦った一向一揆の中心地となる寺院がありました。この寺院を何といいますか，答えなさい。

問17　城のあるところは，桜の名所としても知られることが多いです。次の城のうち，例年，5月の大型連休の頃に桜が見頃をむかえるのはどこですか。以下より選び，記号で答えなさい。

①　高遠城（長野県伊那市）　②　岡城（大分県竹田市）　③　松前城（北海道松前町）
④　高岡城（富山県高岡市）　⑤　津山城（岡山県津山市）

問18　城のあるところには庭園があることも多いです。日本三名園と呼ばれる庭も，いずれも城の近くにつくられたものです。日本三名園のうち，降雪の被害（ひがい）を防ぐための「雪吊（づ）り」で知られる旧前田家の庭園を何といいますか，答えなさい。

Ⅱ．世界のリーダーに関連する，以下の問に答えなさい。

問１　李登輝（りとうき）は，1923年に生まれ，2020年に亡くなった台湾の政治家です。台湾の行政院政務委員＊であるオードリー・タンは，李登輝について，次のように語っています。文章を読んで，以下の問に答えなさい。

＊インタビュー時

> …私は14歳で中学生でした。当然，彼が総統だと知っていましたが，選挙で直接選ばれた総統ではなかった(1)ので，前総統の後継者，と認識していました。ところが素晴らしいことが起きたのです。彼は台湾を独裁主義から民主主義へと移行させました(2)。そして総統を，自由選挙で直接選べるようにしました。
>
> 私の父は，別の候補だった陳履安（ちんりあん）氏の広報担当者でした。私はインターネットの擁護（ようご）者として対立候補の側から初の自由な総統選挙に参加したこと，そして李登輝氏が移行を非常にうまくやり遂げたことをとても誇らしく思いました。民主主義への移行は，間違いなく大成功でした。私より若い世代の中には戒厳（かいげん）令を知らず，言論の自由や，集会の自由(3)，総統選挙を当たり前のこととして捉えている人もいるでしょう。しかし，15歳の時に李登輝氏が初めて総統選挙に立候補したのを見た私にとっては違います。李登輝総統がいなければ，我々は全く違う運命をたどっていて，今も独裁主義だったであろうことは明らかです。彼はミスター・デモクラシーと呼ばれていますが，本当にその通りだと思います。

出典：HUFFPOST　NEWS　オードリー・タン【インタビュー全文：その①】より抜粋

１）下線部(1)についてですが，日本において，人々が直接投票をして選んでいる役職は何ですか。以下より選び，記号で答えなさい。

①　衆議院議長　②　都道府県知事　③　国務大臣　④　内閣総理大臣補佐官

２）下線部(2)についてですが，独裁主義から民主主義に移行していく時の変化として，当てはまらないものを以下より選び，記号で答えなさい。

①　選挙では，複数の政党から立候補者が出るようになる。
②　政府が，出版物や放送の内容をチェックし，その内容に関し，介入するようになる。
③　政権を批判するような言論を発表しても，罰せられることはなくなる。
④　政府は，デモなど，政策に反対する世論形成の動きを，認めるようになる。
⑤　選挙の結果に基づいて政権が交代していくようになる。

３）下線部(3)についてですが，日本国憲法第21条第１項には，次のページのように定められています。文中の〔X〕にあてはまる語を答えなさい。

第21条
① 集会，結社及び言論，出版その他一切の［　　X　　］は，これを保障する。

問２　アンゲラ・メルケルは，1954年に生まれたドイツの政治家で，2005年から首相をつとめました。彼女は，ドイツで初めての女性の首相です。これに関連し，以下の問に答えなさい。

１）ドイツは，日本と同じ議院内閣制の国です。なぜ，メルケルは16年間，首相をつとめることができたのですか。その可能性として，考えられるものを以下より選び，記号で答えなさい。

① メルケルが首相選挙に立候補し，国民の過半数の支持を得続けたため。

② ヨーロッパ議会の議員が，メルケルを首相として指名し続けたため。

③ メルケルの所属政党が他の政党と連立を組み，議会の多数派であり続けたため。

④ 州議会の議員が，メルケルを首相として選び続けたため。

２）日本において，女性の社会進出は発展途上にあります。現在，以下の分野において，日本における女性の比率はどれくらいでしょうか。女性の比率が最も低いものから，高いものへ，順番に並べ替え，記号で答えなさい。

① 小学校教員　　② 衆議院議員　　③ 医師

問３　マハティール・ビン・モハマドは，1925年に生まれた，東南アジアのある国の政治家です。1981年から2003年まで首相をつとめ，2018年には議会選挙を経て，92歳で首相に就任しました。これは，民主的な選挙によって選ばれたリーダーとしては，世界最高齢でした。これに関連し，以下の問に答えなさい。

１）日本では，60歳未満の定年は，2021年４月から施行された高年齢者雇用安定法という法律で禁止されています。この法律を制定した目的として，明らかに誤っているものを以下より選び，記号で答えなさい。

① 高年齢者が継続して働けるようにすることで，高年齢者の職業を安定させる。

② 高年齢者が継続して働けるようにすることで，高年齢者の福祉を増進させる。

③ 働く意欲のある人が年齢に関係なく，能力を発揮していくことで，社会や経済を発展させていく。

④ 70歳以上の定年を義務づけることで，社会保障費の支出を抑制していく。

２）日本において，少子・高齢社会への対策や，労働者の雇用の安定などに関わる仕事を行っているのは，何という省ですか，答えなさい。

３）この国は，戦後イギリスの植民地支配から独立しました。さらに1965年に，この国からシンガポールが分離・独立しています。古くから海上交通の要衝（ようしょう）であり，ASEANの原加盟国でもあるこの国はどこですか。以下より選び，記号で答えなさい。

① インド　　② アフガニスタン　　③ マレーシア

④ オーストラリア　　⑤ ホンコン

問４　アレクサンダー・ハミルトンは，1755年に生まれ，1804年に亡くなったアメリカの政治家です。アメリカ合衆国憲法の起草や，中央銀行にあたる機関を創設する際，中心的な役割を果たしました。ハミルトンが執筆した，次のページの文章を読んで，問に答えなさい。なお，文中の語は，一部やさしい言葉に置き換えています。

裁判所の独立は，権力を制限する憲法にとって，欠かせないものです。…権力を制限する憲法とは，立法権に特定の例外を認めないことを定めた憲法です。特定の例外とは，例えば，立法府が，財産権など人々の私的な生活に関する権利を奪ってしまうような法を定めてしまうことを指しています。こうした例外を認めないために，立法府の権力を制限することは，現実的には，裁判所を仲介（ちゅうかい）しなければできません。つまり，憲法の明白な趣旨（しゅし）に反するあらゆる立法行為を無効であると宣言する(4)ことは，裁判所の義務なのです。

出典：A．ハミルトン，J．ジェイ，J．マディソン『ザ・フェデラリスト』（岩波文庫，1999年）より

1）下線部(4)についてですが，裁判所に与えられ，日本にも導入されているこの権限を何といいますか，漢字７字で答えなさい。

2）筆者がこの文章で述べようとしているのはどんなことですか。最も当てはまるものを以下より選び，記号で答えなさい。

① 権力の分立は，立憲主義に欠かせない要素の一つである。

② 立法府に特別な権限を与えることは，民主主義にとって欠かせない要素の一つである。

③ 立法府が司法府を監視することは，基本的人権の尊重のために欠かせない要素の一つである。

④ 国民主権は，民主的な憲法には欠かせない要素の一つである。

明しなさい。

問三　空欄 ② に当てはまるものを次の中から選び、記号で答えなさい。

ア　学校では飼えないから、里親を探そう
イ　犬が人を信頼するように大切に育てよう
ウ　自分たちでは飼えないから、学校で飼おう
エ　私立でやっていることを公立でもやろう

問四　空欄 ③ に当てはまる語を文中から抜き出しなさい。

問五　傍線部④「早瀬が校長にコーシローを差し出した」のはなぜですか。適当なものを次の中から選び、記号で答えなさい。

ア　自分の作業に集中したいので、早く校長に決断してほしかったから。
イ　校長にコーシローの命の重みを実感してほしかったから。
ウ　コーシローを保護する義務と責任を校長に理解してほしかったから。
エ　校長に捨て犬にしてはおとなしいことを知ってほしかったから。

問六　コーシローを家で飼えない理由について、［Ⅰ］五十嵐、［Ⅱ］藤原、［Ⅲ］優花の三人はそれぞれどのように述べていますか。答えなさい。

問七　校長が「コーシローの世話をする会」の生徒たちに伝えたかったことはどういうことですか。適当なものを次の中から選び、記号で答えなさい。

ア　犬を保健所に引き渡すことは必ずしも無責任な行動ではない、ということ。
イ　校長としては、前例がないことを許可するのは責任が持てない、ということ。
ウ　課題を解決する具体策を見つけ、責任を持って解決してほしい、ということ。
エ　責任や命を預かることについて、身をもって考えてほしい、ということ。

言いすぎた気がする。しかも何の解決にもならないことを言ってしまった。

突然、部屋の隅から拍手のような音がした。

その音に勇気づけられ、優花は顔を上げる。

イーゼルの前にいる早瀬と目が合った。まっすぐな眼差しでこちらを見ている。

小気味よい音を響かせ、彼は指で紙をニハジいていた。

指先を布で拭きながら、「ちょっといいですか」と早瀬が立ち上がった。

「三年生の早瀬光司郎です。僕はその犬とはまったく関係ないんですけど……」

早瀬がケージに近づき、眠っているコーシローを抱き上げた。

「正直、それほど愛着もない。でも勝手に僕の名前をつけられたあげくに保健所で殺処分。それは非常に気分が悪い」

目覚めたコーシローが早瀬の肩に前脚を置き、首筋の匂いを嗅いでいる。愛着はないと言うわりに、優しくそのホセを撫でると、④早瀬が校長にコーシローを差し出した。

意外にも手慣れた様子で校長が受け取り、小さなため息をもらす。

「早瀬君、保健所に引き渡したらすぐに殺処分になるわけではないよ。無事に里親が見つかるケースもある」

そうかもしれませんが、と早瀬が校長の前に立つ。

「公立の小学校でうさぎや鶏を飼っているのに、どうして公立の高校で犬を飼ってはいけないんですか？」

「それはそうだな」

五十嵐が何度もうなずき、校長に顔を向けた。

「小学生でもちゃんと飼育してますからね。八高の生徒なら、それはきちんとやれるでしょう。ハチコウに犬。しゃれもきいてる、なあ、コーシロー」

「僕に言ってるんですか、それとも犬？」

両方だ、と五十嵐が手を伸ばし、校長からコーシローを受け取った。

「いかがでしょう、生徒が責任持って面倒を見るなら、しばらくの間、美術部の部室の一角を提供してもいい。顧問の私はそんなふうにも考えるんですが」

「前例がない」

五十嵐に抱かれたコーシローが、校長のもとに戻ろうとしている。その様子を見ながら、校長が言葉を続けた。

「しかし……いいでしょう。飼い主が現れるまで飼育を許可する。ただし、他の生徒や学校側に迷惑をかけるようなことがあれば、即座に新たな対応を検討するが」

先生、と藤原が手を挙げた。

「つまり、それってＯＫってことですか。……言い直しますね。コーシローに居場所を提供していただけるということですか」

「そういうことだ。至急、世話人の窓口を決めて私に報告するように」

校長が立ち上がり、全員を見回した。

「責任とは何か。命を預かるというのはどういうことか。各自、身をもって、それを考えていきなさい」

（伊吹有喜『犬がいた季節』）

問一　傍線部**イ**～**ホ**のカタカナを漢字に直しなさい。

問二　傍線部①「校長がためらいがちに口を開いた」のはなぜですか。説

ません」

塩見さん、と校長がおだやかな目をこちらに向けた。

「この犬はこれからさらに大きくなっていく。成犬になったら、いよいよ里親は出てこないだろう。たとえば、塩見さんの家では飼えないの？」

「うちは家で食べものを扱っているので、動物は飼えないって言われて」

藤原が再び手を挙げた。

「すみません、藤原です。校長先生、よろしいですか。僕ら『コーシローの世話をする会』では、このまま八高で飼えないかって意見が出ています。餌代や予防注射代などのカンパを集めました。家からペットフードやトイレグッズを持ってきてくれる人もいます」

「藤原君の家では飼えないのか？」

校長の問いかけに、藤原が一瞬、言葉に詰まった。

「妹にアレルギーがあって。それ以前にうちの親、犬が大嫌いなんです」

「生徒のなかにもアレルギーを持っている人がいる。そこへの配慮は？　それから仮にこの犬が誰かを噛（か）んだら、その責任は誰が負うんだ？」

用務員の蔵橋が「おとなしいコです」とコーシローを見た。

「無駄吠えもしないし。ずっと大切にされてきたんでしょう。人を信頼しています」

うちで飼うことも考えたんですが、と五十嵐が校長に語りかける。

「ペット禁止の住まいでしてね。管理組合にもかけあったんですが、駄目でした。引き続き我々も里親を探しますから、それまで学校に置いてやるってのは無理ですかね？」

「私立ならそれもできるだろうが、うちは公立だからね。前例がない」

校長がスーツのポケットをさぐって煙草（たばこ）を出した。すぐに思い直したような顔で再びポケットに戻す。

「それに今回の一件で、八高に捨てたら面倒を見てもらえると、犬や猫をどんどん捨てていかれたらどうするんだ？　そもそも［　②　］という発想がおかしくないか。安易でしょう」

安易という言葉に、優花はケージのなかのコーシローを眺める。

生後間もない可愛い子犬だったら、引き取ってもらえたのだろうか。

外に目をやると、窓ガラスに自分の姿が映っていた。

子どもではないが、大人でもない。飛び抜けて優秀ではないが、まったくできないわけでもない。

［　③　］な存在。コーシローは自分とよく似ている。

言葉が口をついて出た。

「安易かもしれませんが」

全員の視線が集まり、優花は言葉に詰まる。深く息を吸い、もう一度同じ言葉をイクり返した。

「安易かもしれませんが、では、学校に迷い込んできた犬を見て見ぬふりをして、見殺しにすればよかったんでしょうか。私たちは、どうするべきだったんでしょう？　どうすることが、安易ではないやり方なんでしょうか」

「ロムズカしい質問だ」

そう言ったきり、校長が考えこむ。それから皆が黙った。

沈黙にハタえきれず、優花はうつむく。

ウ　空気に「ふれる」というときには、気体側の流れ込んでくるというアプローチが不可欠である。

エ　「さわる」という接触は、人の幸福感に影響し、常に不快感を与える。

オ　手を中心とした触覚は、人間関係に大きな役割を果たすため、五感のうち最も重要である。

二　次の文章を読んで、後の問に答えなさい。

　コーシローの里親になってくれる人は週末になっても現れなかった。

　月曜日の放課後、顧問の五十嵐と用務員の蔵橋に案内され、校長がコーシローを見がてら部室に来た。生徒会長の藤原が起ち上げた「コーシローの世話をする会」のメンバー十六人とともに、部室の椅子を集め、優花は話し合いの席を設ける。

　部室の隅では、早瀬が制服の上着を脱ぎ、カーキ色の作業服に腕を通していた。着替え終わると席に座り、今度はゴミ箱を引き寄せ、その上で黒い棒をナイフで熱心に削っている。

　早瀬の邪魔をしないように声をひそめ、ここ二週間、犬の里親を探したが見つからないと、藤原が校長に説明をした。

　藤原の話を補足するように、犬の飼育に詳しい蔵橋が、コーシローは捨て犬の可能性が高いという話を続けた。

　ゲージのなかで眠っているコーシローに蔵橋が目をやった。

「あのコはここに来たときは砂まみれでした。もしかしたら海に捨てられて、そこから歩いてきたのかもしれません」

　鈴鹿山麓にある中学出身の女子が不思議そうに聞いた。

「あれ？　海って、ここから近いんですか」

「近くはないがな」

　五十嵐が駅の方角を指さした。

「まっすぐに行ったらそのうち出てくる。校歌にもあるだろう、『めぐる潮の音』って。ただその間に近鉄とＪＲの線路が走っているし幹線道路もある。この犬にとっては、かなりの距離だな」

　席の後方から男子の声がした。

「そんな距離を必死になって、こいつは八高まで歩いてきたってことですよね」

　校長が、声がした方に語りかけた。

「しかし君、捨て犬だとしたら、いくら待っても飼い主は現れないぞ」

　藤原が校長に向かって手を挙げながら、周囲を見回した。

「みんな、発言するときはちゃんと手を挙げて。先生にまず自分の名前を名乗ろうや。僕は生徒会長の藤原、藤原貴史です」

　よく通る声で堂々と名乗ると、藤原がなめらかに話し出した。

「実は近所で何人か里親に名乗りを上げてくれた人もいたんです。でも実際にコーシローを見ると、みんなやめてしまう。子犬ならいいんだけど、こいつ、ほとんど成犬になりかけてるから。中途半端に大きくなった犬って、いまいち情がわかないらしいんです」

「それもあって捨てられたのかもな」

　五十嵐が腕を組む。①校長がためらいがちに口を開いた。

「では、引き取り手がないとなると、最終的には保健所のほうに連絡を」

　待ってください、と優花は手を挙げる。

「三年生の塩見優花です。まだ、これから引き取り手が現れるかもしれ

「もちあげる」など、さまざまな接触的動作に移行することもあるでしょう。こうしたことすべてをひっくるめて、⑤接触面には「人間関係」があります。

この接触面の人間関係は、ケアの場面はもちろんのこと、子育て、教育、性愛、スポーツ、看取りなど、人生の重要な局面で、私たちが出会うことになる人間関係です。そこで経験する人間関係、つまりさわり方／ふれ方は、その人の幸福感にダイレクトに影響を与えるでしょう。

「よき生き方」ならぬ「よきさわり方／ふれ方」とは何なのか。触覚の最大のポイントは、それが親密さにも、暴力にも通じているということです。人が人の体にさわる／ふれるとき、そこにはどのような緊張や信頼、あるいは交渉や譲歩が交わされているのか。つまり触覚の倫理とは何なのか。

触覚を担うのは手だけではありませんが、人間関係という意味で主要な役割を果たすのはやはり手です。さまざまな場面における手の働きに注目しながら、そこにある触覚ならではの関わりのかたちを明らかにすること。これが本書のテーマです。

（伊藤亜紗『手の倫理』）

問一　傍線部**イ**～**ニ**のカタカナを漢字に直しなさい。

問二　空欄［A］～［D］に当てはまる語を次の中から選び、それぞれ記号で答えなさい。

ア　あるいは　　イ　たとえば　　ウ　つまり

エ　ところが　　オ　なぜなら

問三　傍線部①「傷口に『さわる』というと、何だか痛そうな感じがします」とありますが、その理由が述べられている一文を探し、最初と最後の五字を句読点を含めて抜き出しなさい。

問四　空欄［②］に当てはまる語を文中から漢字二字で抜き出しなさい。

問五　空欄［③］に当てはまる語句を次の中から選び、記号で答えなさい。

ア　感覚の根源　　イ　科学の対象　　ウ　救済の目標

エ　医療の消費者　　オ　人間的な存在

問六　傍線部④「暴力性を感じる」のはなぜですか。その理由として適当なものを次の中から選び、記号で答えなさい。

ア　ケアする側の気持ちが善意であっても一方的な接触であり、ケアされる側にとっては苦痛な接触でしかないから。

イ　ケアされる側はいつくしむような接触の仕方を求めているのに、ケアする側が相手に対して配慮なく接触してくるから。

ウ　ケアされる側は自然に接触してほしいと思っているのに、ケアする側は専門的な観点で接触してくるから。

エ　ケアされる側は人間らしい接触を願っている一方で、ケアする側は責任感に満ちた態度で厳しく接触してくるから。

問七　傍線部⑤について。ここでの「人間関係」は、どのようなことで成立しますか。解答欄の形式に合うように、文中から五十字以内で探し、最初と最後の五字を抜き出しなさい。

問八　次のア～オそれぞれについて、本文の内容に当てはまるものには〇、当てはまらないものには×をつけなさい。

ア　スライムや布地の質感を確かめるときには、「ふれる」を使う。

イ　「ふれる」という言葉は、他者をいつくしむような人間的なかかわりを持つときに使う。

言い換えれば、「ふれる」は人間的なかかわり、「さわる」は物的なかかわり、ということになるでしょう。そこにいのちをいつくしむような人間的なかかわりがある場合には、それは「ふれる」であり、おのずと「ふれ合い」に通じていきます。逆に、物としての特徴や性質を確認したり、味わったりするときには、そこには相互性は生まれず、ただの「さわる」にとどまります。

重要なのは、相手が人間だからといって、必ずしもかかわりが人間的であるとは限らない、ということです。坂部があげている痴漢の例のように、相手の同意がないにもかかわらず、つまり相手を物として扱って、ただ自分の欲望を満足させるために一方的に行為におよぶのは、「さわる」であると言わなければなりません。傷口に「さわる」のが痛そうなのは、それが一方的で、さわられる側の心情を無視しているように感じられるからです。そこには「ふれる」のような相互性、［C］相手の痛みをおもんぱかるような配慮はありません。

もっとも、人間の体を「さわる」こと、つまり物のように扱うことが、必ずしも「悪」とも限りません。たとえば医師が患者の体を触診する場合。お腹の張り具合を調べたり、しこりの状態を確認したりする場合には、「さわる」と言うほうが自然です。触診は、医師の専門的な知識を前提とした触覚です。ある意味で、医師は患者の体を［③］として見ている。この態度表明が「さわる」であると考えられます。

同じように、相手が人間でないからといって、必ずしもかかわりが非人間的であるとは限りません。物であったとしても、それが一点物のうつわで、作り手に思いを馳（は）せながら、あるいはイコワれないように気をつけながら、いつくしむようにかかわるのは「ふれる」です。では「外の空気にふれる」はどうでしょう。対象が気体である場合には、ふれようとするこちらの意志だけでなく、実際に流れ込んでくるという気体側のアプローチが必要です。この出会いの相互性が「ふれる」という言葉の使用を引き寄せていると考えられます。

人間を物のように「さわる」こともできるし、物に人間のように「ふれる」こともできる。このことが示しているのは、「ふれる」は容易に「さわる」に転じうるし、逆に「さわる」のつもりだったものが「ふれる」になることもある、ということです。

相手が人間である場合には、この違いは非常に大きな意味を持ちます。たとえば、障害や病気とともに生きる人、あるいはお年寄りの体にかかわるとき。ロボウトウに出した傷に「ふれる」はよいが「さわる」は痛い、という例は、より一般的な言い方をすれば「ケアとは何か」という問題に直結します。

ケアの場面で、「ふれて」ほしいときに「さわら」れたら、勝手に自分のハリョウイキに入られたような④暴力性を感じるでしょう。逆に触診のように「さわる」が想定される場面でニカジョウに「ふれる」が入ってきたら、その感情的な湿度のようなものに不快感を覚えるかもしれません。ケアの場面において、「ふれる」と「さわる」を混同することは、相手に大きな苦痛を与えることになりかねないのです。

あらためて気づかされるのは、私たちがいかに、接触面のほんのわずかな力加減、波打ち、リズム等のうちに、相手の自分に対する「態度」を読み取っているか、ということです。相手は自分のことをどう思っているのか。［D］、どうしようとしているのか。「さわる」「ふれる」はあくまで入り口であって、そこから「つかむ」「なでる」「ひっぱる」

【国語】（五〇分）〈満点：一〇〇点〉

一　次の文章を読んで、後の問に答えなさい。

日本語には、触覚に関する二つの動詞があります。

①　さわる
②　ふれる

英語にするとどちらも「touch」ですが、それぞれ微妙にニュアンスが異なっています。

［Ａ］、怪我をした場面を考えてみましょう。①傷口に「さわる」というと、何だか痛そうな感じがします。さわってほしくなくて、思わず患部を引っ込めたくなる。

では、「ふれる」だとどうでしょうか。傷口に「ふれる」というと、状態をみたり、薬をつけたり、さすったり、そっと手当てをしてもらえそうなイメージを持ちます。痛いかもしれないけど、ちょっと我慢してみようかなという気になる。

虫や動物を前にした場合はどうでしょうか。「怖くてさわれない」とは言いますが、「怖くてふれられない」とは言いません。物に対する触覚も同じです。スライムや布地の質感を確かめてほしいとき、私たちは「さわってごらん」と言うのであって、「ふれてごらん」とは言いません。

不可解なのは、気体の場合です。部屋の中の目に見えない空気を、「さわる」ことは基本的にできません。［Ｂ］窓をあけて空気を入れ替えると、冷たい外の空気に「ふれる」ことはできるのです。

抽象的な触覚もあります。会議などで特定の話題に言及することは「ふれる」ですが、じっくり話すわけではない場合には、「ほんのさわりだけ」になります。あるいは怒りの感情はどうでしょう。「逆鱗（げきりん）にふれる」というと怒りを爆発させるイメージがありますが、「神経にさわる」というと必ずしも怒りを外に出さず、イライラと腹立たしく思っている状態を指します。

つまり私たちは、「さわる」と「ふれる」という二つの触覚に関する動詞を、状況に応じて、無意識に使い分けているのです。もちろん曖昧（あいまい）な部分もたくさんあります。「さわる」と「ふれる」の両方が使える場合もあるでしょう。けれども、そこに私たちは微妙な意味の違いを感じとっている。同じ触覚なのに、いくつかの種類があるのです。

哲学の立場からこの違いに注目したのが、坂部恵です。坂部は、その違いをこんなふうに論じています。

愛する人の体にふれることと、単にたとえば電車のなかで痴漢が見ず知らずの異性の体にさわることとは、いうまでもなく同じ位相における体験ないし行動ではない。

一言でいえば、ふれるという体験にある相互嵌入（かんにゅう）の契機、ふれることは直ちにふれ合うことに通じるという相互性の契機、あるいはまたふれるということが、いわば自己を超えてあふれ出て、他者のいのちにふれ合い、参入するという契機が、さわるということの場合には抜け落ちて、ここでは内－外、自－他、受動－能動、一言でいってさわるものとさわられるものの区別がはっきりしてくるのである。

「ふれる」が［②］的であるのに対し、「さわる」は一方的である。ひとことで言えば、これが坂部の主張です。

第1回

2022年度

解 答 と 解 説

《2022年度の配点は解答欄に掲載してあります。》

<算数解答>《学校からの正答の発表はありません。》

1 (1) 50 (2) (金メダル) 6個 (銅メダル) 10個
(3) (整数A) 31 (あまり) 15 (4) ① $21.5cm^2$ ② $98.97cm^2$
(5) ① $9cm^2$ ② $169.56cm^3$

2 (1) $28.8cm^2$ (2) $21.6cm^2$ (3) $25.2cm^2$ (4) $6\frac{6}{7}$cm

3 (1) $300cm^3$ (2) $187.5cm^3$ (3) 毎分$50.5cm^3$ (4) $1500cm^3$

4 (1) 60分 (2) 20人 (3) 5：6 (4) 11人

5 (1) 783 (2) 9通り (3) 17通り (4) 99通り

○推定配点○

4・5 各5点×8 他 各4点×15(1(2)・(3)各完答) 計100点

<算数解説>

1 (四則計算，割合と比，数の性質，平面図形，相似，図形や点の移動，立体図形)

(1) $\frac{47}{24}\times24+5\frac{2}{3}-2\frac{2}{3}=47+3=50$

重要 (2) A，Bにおける金メダルの個数の比が5：3，銀メダルの個数の比が2：1であり，Aにおいて銅メダル14個が最多であるから，Aにおける金メダルの個数は偶数の10個。このとき，10＋14＝24(個)とAにおける銀メダルの個数との和は8の倍数であり，Aにおける銀メダルの個数は2×4＝8(個)
Aにおけるメダルの個数の合計…24＋8＝32(個)
Bにおけるメダルの個数の合計…32÷8×5＝20(個)
したがって，Bにおける金メダルは10÷5×3＝6(個)，銅メダルは20－(6＋8÷2)＝10(個)

重要 (3) ア＝A×カ＋B，イ＝A×キ＋Bのとき，アーイはA×(カーキ)となり，449－294＝155，728－449＝279，728－294＝434の公約数は31…割る整数A
したがって，求めるあまりは294÷31＝9…15より，15

重要 (4) ① 図1より，14×14－6×8×2－5×5×3.14＝21.5(cm^2)
② 図2より，全体の図形の面積…5×5×3.14÷2＋(6＋12)×8÷2＋2×6÷2＝117.25(cm^2) 内部の図形の面積…2×2×3.14÷2＋(1＋3)×6÷2＝18.28(cm^2) したがって，求める面積は117.25－18.28＝98.97(cm^2)

図1

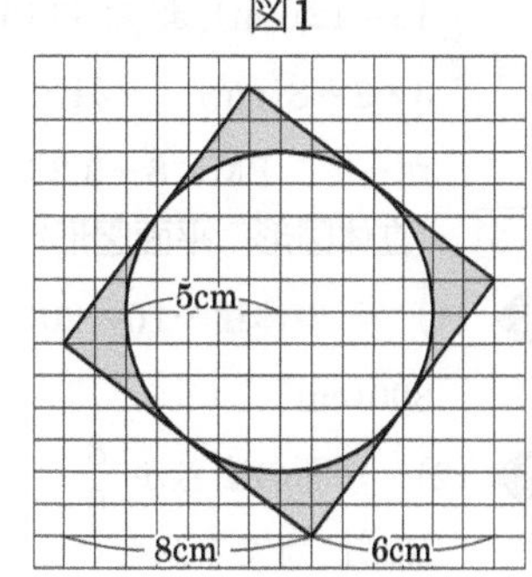

図2

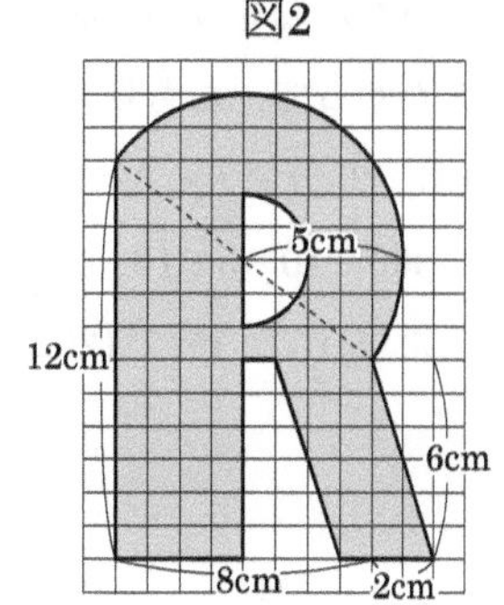

重要 (5) ① 右図より，$3\times3=9(\text{cm}^2)$

② 右図より，$6\times6\times3.14\times6\div3\div8\times(8-1\times2)=169.56(\text{cm}^3)$

…相似比が1：2の2つの立体の体積比は1：8であることを利用する。

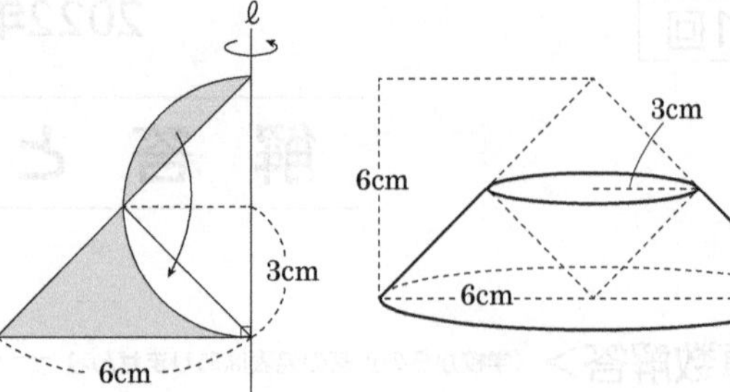

重要 **2** **(平面図形，相似，割合と比)**

(1) 三角形AFI…図1より，$108\times\frac{3}{5}\times\frac{2}{3}=43.2(\text{cm}^2)$ 三角形AEH…$43.2\times\frac{2}{3}\div2=14.4(\text{cm}^2)$ したがって，四角形EFIHは$43.2-14.4=28.8(\text{cm}^2)$

(2) 三角形DEH…図2より，$108\times\frac{2}{5}\div3\div2=7.2(\text{cm}^2)$ 三角形AGI…$108\times\frac{4}{5}\times\frac{2}{3}=57.6(\text{cm}^2)$ 三角形AFI…$108\times\frac{3}{5}\times\frac{2}{3}=43.2(\text{cm}^2)$ したがって，求める面積は$7.2+57.6-43.2=21.6(\text{cm}^2)$

(3) 三角形AFI…(1)より，43.2cm^2 三角形FBM…図3より，$108\times\frac{2}{5}\div2==21.6(\text{cm}^2)$ 三角形IMC…$108\div3\div2=18(\text{cm}^2)$ したがって，三角形FMIは$108-(43.2+21.6+18)=25.2(\text{cm}^2)$

(4) 図4において，BM＝MC＝⑮とする。JH…⑤ FK…⑮÷5×3＝⑨ JP：KP…5：9 AM…$108\times2\div18=12(\text{cm})$ または$15\div5\times4=12(\text{cm})$ JM…$12\div3\times2=8(\text{cm})$ JK…$8-12\div5\times2=3.2(\text{cm})$ したがって，PMは$8-3.2\div(5+9)\times5=6\frac{6}{7}(\text{cm})$

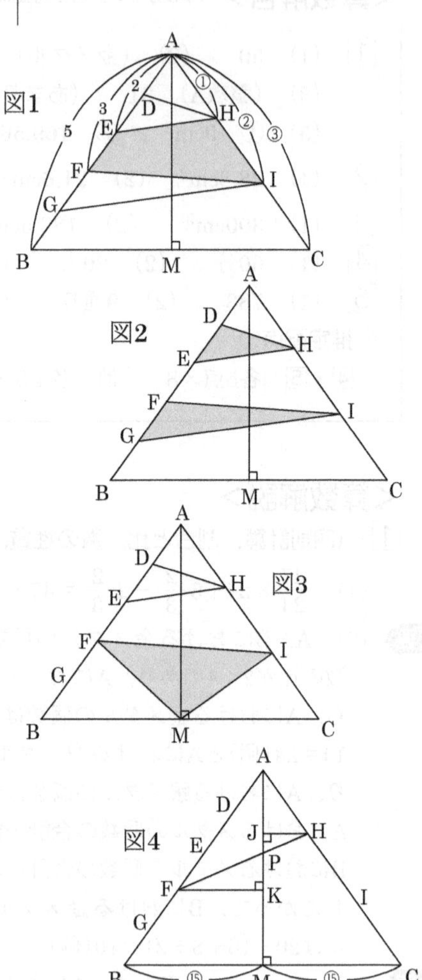

3 **(立体図形，平面図形)**

基本 (1) 石の体積…$10\times20\times(10-9)+10\times(25-20)\times2=300(\text{cm}^3)$

重要 (2) 水面の高さが$\frac{8}{6}=\frac{4}{3}$(倍)になったので，(イ)の底面積に対するおもり以外の部分の底面積が$\frac{4}{3}$倍になった。おもりの底面積…$10\times5\div4=12.5(\text{cm}^2)$ したがって，おもりの体積は$12.5\times15=187.5(\text{cm}^3)$

(3) 25分で入った水量…$10\times25\times15-\{10\times20\times9+300+10\times5\times(6-2)+187.5\}=1262.5(\text{cm}^3)$ したがって，1分で$1262.5\div25=50.5(\text{cm}^3)$給水した。

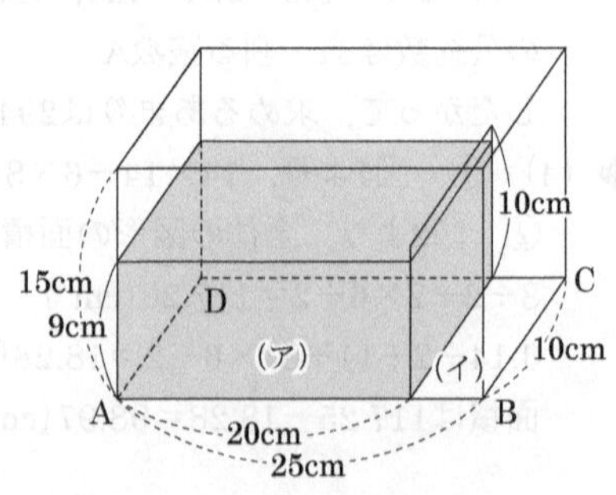

(4)　右図より，残った水は$\{15\times15+(10+5)\times5\}\div2\times10=1500(\text{cm}^3)$

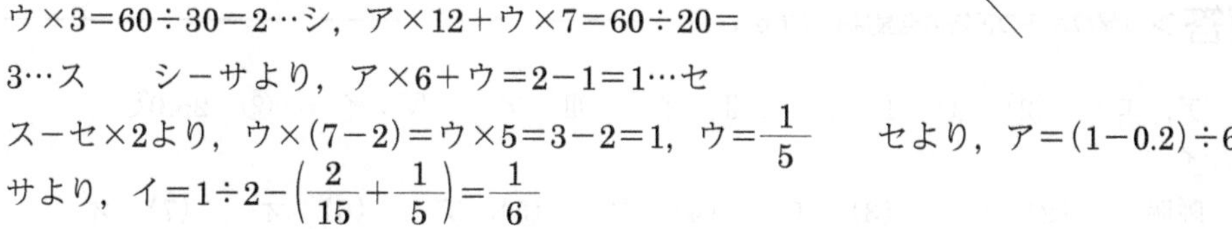

重要 4　(割合と比，仕事算，消去算)

全体の仕事量を60，1年生，2年生，3年生それぞれ1人1分の仕事量をア，イ，ウとする。ア×2＋イ×2＋ウ×2＝60÷60＝1…サ，ア×8＋イ×2＋ウ×3＝60÷30＝2…シ，ア×12＋ウ×7＝60÷20＝3…ス　シ－サより，ア×6＋ウ＝2－1＝1…セ

ス－セ×2より，ウ×(7－2)＝ウ×5＝3－2＝1，ウ＝$\frac{1}{5}$　セより，ア＝(1－0.2)÷6＝$\frac{2}{15}$

サより，イ＝$1\div2-\left(\frac{2}{15}+\frac{1}{5}\right)=\frac{1}{6}$

(1)　$60\div\left(\frac{2}{15}\times6+\frac{1}{5}\right)=60$(分)

(2)　$60\div15\div\frac{1}{5}=20$(人)

(3)　$\frac{1}{6}:\frac{1}{5}=5:6$

(4)　$\frac{2}{15}:\frac{1}{6}:\frac{1}{5}=4:5:6$より，1年生，2年生，3年生それぞれ1人1分の仕事量を4，5，6とする。このとき，(2)より，全体の仕事量は6×20×15＝1800　16人1分の仕事量…1800÷20＝90　右図より，カ＋2×キ＝90－4×16＝26　カ＝2×(13－キ)…1年生の人数が奇数であり，キも奇数。したがって，条件にあてはまるのはキ＝11，カ＝4より，3年生は11人(1年生は1人)

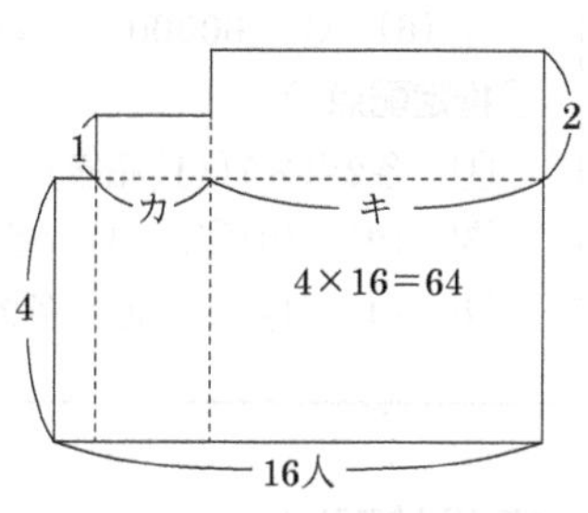

5　(数の性質，場合の数)

2ケタの数＋1ケタの数，2ケタの数－1ケタの数，2ケタの数×1ケタの数，2ケタの数÷1ケタの数　これらのうち，どれかの計算をする…1～9の数字が書いたカードが1枚ずつある。

基本 (1)　最大の数…87×9＝783

(2)　以下の9通りがある。

96＋1，95＋2，94＋3，93＋4，92＋5，91＋6，98－1，97×1，97÷1

重要 (3)　以下の17通りがある。

47＋1，46＋2，45＋3，43＋5，42＋6，41＋7，49－1，51－3，52－4，54－6，56－8，57－9，48×1，16×3，12×4，48÷1，96÷2

やや難 (4)　以下より，8＋49＋3＋15＋24＝99(通り)

98＋7，98＋2，97＋8，97＋3，96＋4，94＋6，93＋7，92＋8…8通り

21×5，23×5，24×5，26×5，27×5，28×5，29×5…7通り

30台，40台，60台，70台，80台，90台…7×6＝42(通り)

15×7，15×8，15×9…3通り

25×4，25×6，25×7，25×8，25×9…5通り

35×4～45×9…5×2＝10(通り)

65×2，65×3，65×4，65×7，65×8，65×9…6通り

75×2～95×8…6×3＝18(通り)

★ワンポイントアドバイス★

2(1)～(3)「三角形と面積比」の問題が連続して出題されており，解き方をマスターしている生徒とそうでない生徒で，ここで大きな差がついてしまう。
5「数の性質・場合の数」は，問題自体は難しくないがミスも出やすい。

＜理科解答＞《学校からの正答の発表はありません。》

1 (1) ア，エ　(2) ① Ⅰ ア　Ⅱ イ　Ⅲ ア　Ⅳ イ　② 26.0℃
(3) イ

2 (1) 呼吸　(2) ウ　(3) エ　(4) ウ　(5) ア　(6) オ　(7) オ
(8) ア

3 (1) エ　(2) ① A，E　② B，D　(3) ① イ　② 363g　(4) 1172g
(5) 水素

4 (1) 50cm^3　(2) 0.91g　(3) 0.95g　(4) ウ　(5) ① イ　② 4.8cm
(6) ① 60000　② 60000

○推定配点○

1 各2点×7((1)完答)　2 (1),(3) 各2点×2　他 各1点×6
3 (2)，(3)②，(4) 各2点×4((2)完答)　他 各1点×3
4 (4) 1点　他 各2点×7　計50点

＜理科解説＞

1 (総合─小問集合)

(1) 百葉箱は，地表からの熱の影響を避けるため，地表から1.5mの高さに設置する。 また建物からの熱の影響を避けるため，建物から離して設置する。扉を開けたときに太陽の光が差しこまないように扉は北向きにし，風通しの良い場所に設置する。

(2) ① 水が蒸発するときには，蒸発熱が奪われるので温度が下がる。表からも分かるように，湿度が高い時は，乾球温度と湿球温度に差が小さい。黒色は光を吸収し，熱もほとんど反射せず吸収する。暑さ指数の式で，湿球温度にかける数値が最も大きいので，その影響が最も大きくなる。湿球温度は湿度の影響を大きく受ける。 ② 気温が30℃で湿度が72%なので，表1より乾球温度と湿球温度の差が4.0℃になる。このときの湿球温度は，30−4.0＝26.0(℃)である。

重要 (3) 屋外での暑さ指数の式に数値を代入すると，0.7×29＋0.2×36＋0.1×31＝30.6である。表2より，(イ)の厳重警戒レベルである。

2 (生物総合─生態系)

基本 (1) 樹木も呼吸しており，このとき二酸化炭素を放出する。

(2) 樹Xと樹Yの二酸化炭素吸収量が等しい時，同じように成長する。 図2より，7.5キロルクスのとき，同じ値になる。

(3) 光が全く当たらないとき(光の強さが0ルクスのとき)，樹Xの二酸化炭素吸収量は−8，樹Yは−4で，その差が4である。同じ強さの光を当てたとき，樹Xの二酸化炭素吸収量が樹Yより4多くなると，合計の吸収量が等しくなる。差が4になるのは，12.0キロルクスのときである。

重要 (4) 20キロルクスのとき，樹Xの方が樹Yより速く成長する。そのため，(ウ)のように樹Xの方が大きくなる。

(5) 長い時間が経過すると，先に成長した樹Xが枯れたとき，樹Yの日陰になって地面は3キロルクス未満の光の強さになるので，樹Xが成長できない。しかし，樹Yはこの光の強さでも成長できるので，徐々に樹Yだけの森になっていく。樹Xのような木を陽樹，樹Yのような木を陰樹という。

基本 (6) 赤道付近では，気温が高く，湿度も高い。降水量も多い。

基本 (7) 本州に生息するクマは，ツキノワグマである。

(8) 寒い地域にいるクマほど体が大きい。体が大きく，体重が重いほど，体内で作られる熱が多く，体が大きいほど，体重あたりの表面積が小さくなるので，寒い地域で生きるのには適する。

3 (燃焼―燃焼の仕方)

基本 (1) 炎の色が赤いほど温度が低く，青いと温度が高い。温度が低いのは，酸素の量が十分ではなく，燃料が完全燃焼していないためである。

重要 (2) ① ろうそくの炎の一番外側を外炎といい，酸素が十分あるため完全燃焼し温度が高い。そのため，水で湿らせた木がこの部分では焦げる。 ② 外炎の内側の部分を内炎という。酸素が不十分なため，燃料が不完全燃焼しすすが生じる。この部分でガラス棒にすすがつく。一番内側の部分を炎心という。ここで燃料が気化する。

(3) ① それぞれの燃料1gあたりの水の発生量は，都市ガスでは，36÷16＝2.25(g) LPガスでは，72÷44＝1.63(g) アセチレンガスでは，18÷26＝0.69(g)である。トーチのガス1gあたりの水の発生量は，198÷121＝1.63(g) これより，トーチのガスはLPガスである。 ② 44gのLPガスから132gの二酸化炭素が発生するので，121gでは44：132＝121：□ □＝363(g)の二酸化炭素が発生する。

(4) アルミニウムの装飾部分を広げたときの体積は，60×60×0.1＝360(cm^3)である。よってアルミニウムの重さは360×2.7＝972(g)であり，全体の重さは200＋972＝1172(g)になる。

(5) 聖火台の燃料には，水素が使われた。

4 (力のつり合いの総合―浮力・台はかり・ばねばかり)

重要 (1) 氷を入れる前の水の高さは，150÷20＝7.5(cm)である。氷が浮いたとき，水位は10cmになったので，増加した体積は20×(10－7.5)＝50(cm^3)である。水1cm^{3}は1gなので，浮力の大きさは50gであり，氷が水に浮いているので氷の重さと浮力がつりあう。よって，氷の重さも50gである。

(2) 氷の体積は55cm^{3}なので，氷cm^{3}あたりの重さは50÷55＝0.909≒0.91(g)になる。

(3) スイカを入れたとき重さが2000g増加したので，スイカの重さは2000gである。スイカをすべて沈めたとき2100gの重さが増加したので，浮力の大きさも2100gであり，スイカの体積も2100cm^{3}である。よって，スイカ1cm^{3}当たりの重さは2000÷2100＝0.952≒0.95(g)である。

重要 (4) 金属を水に沈めた深さが5cmになるまでは，深さ1cmあたりばねばかりの値が12gずつ減少しているが，6cmのときは変化しない。よって，5cm沈めたとき，金属はすべて水に沈んだ。水につける前の重さが480gで，すべて沈めたときが420gなので，このときの浮力が60gとわかる。これより，金属の体積が60cm^{3}なので，1cm^{3}当たりの重さは480÷60＝8(g)である。この値に最も近い金属は鉄である。

やや難 (5) ① 金属板が重なった部分の長さを無視できるとして，入れ物Bの厚みを□cmとすると，入れ物の体積は，(10×12×4＋10×10)×□＝60(cm^3)より，580×□＝60 □＝0.103≒0.1(cm)

≒1(mm)になる。　② 入れ物Bの重さは480gなので，これと浮力がつりあう。10×10×X＝480　X＝4.8(cm)

(6) ① 体積は250×30×8＝60000(m^3)である。　② $1m^3$の水の重さは1tになるので，60000tである。

★ワンポイントアドバイス★

会話文の形式で問題が出題されことが多い。必要な部分を読み取る文章の読解力や思考力が求められる。類題を演習しておくことが大切である。

＜社会解答＞《学校からの正答の発表はありません。》

Ⅰ 問1 ⑥　問2 ②　問3 オ　問4 ④　問5 ①　問6 (く) D　(け) F
問7 1) G　2) (例) 山体がくずれたことによって発生した津波が，対岸の熊本県を襲って大きな被害が出たから。　3) ①　問8 ② B　③ G

Ⅱ 問1 新羅　問2 ⑤　問3 東大寺　問4 清少納言　問5 北条義時
問6 ②　問7 狂言　問8 堺　問9 徳川吉宗　問10 前島密
問11 原爆ドーム　問12 ②　問13 台湾

Ⅲ 問1 (例) 有権者の資格である納税額をそれまでの10円以上から3円以上に引き下げたから。　問2 ④　問3 ①　問4 朝鮮戦争　問5 ④　問6 ミャンマー
問7 団体行動権　問8 (例) アメリカ合衆国との間で冷戦を終結させることが合意された。　問9 復興庁

○推定配点○

Ⅰ 問7 2) 2点　他 各1点×11　Ⅱ 各2点×13
Ⅲ 問1，問8 各2点×2　他 各1点×7　計50点

＜社会解説＞

Ⅰ (日本の地理―九州地方から見た日本)

重要 問1 地図中のアの河川は，九州地方で最も長い筑後川(約143km)である。この河川の水源は世界最大級のカルデラで有名な阿蘇山(空欄あ)の外輪山で，山岳地帯を流れてスギの美林(日田杉)で有名な日田市(空欄い)にいたる。さらにいくつかの支流と合流しながら山間の盆地や筑紫平野を流れ，潮の干満の差が日本で一番大きい有明海(空欄う)に注いでいる。なお，表中の空欄あ中の霧島山は九州地方南部の鹿児島県と宮崎県の境に位置する火山，雲仙岳は長崎県島原半島に位置する火山群，空欄い中の大牟田市は福岡県の最南端に位置する都市，空欄う中の八代海は九州と天草諸島に囲まれた内海である。

問2 地図中のイの半島は薩摩半島で，大正時代の大噴火(1914年)によって桜島と陸続きになったのは，薩摩半島ではなく大隅半島である。なお，薩摩半島は鹿児島県南部にある半島で，鹿児島湾の西岸に位置する。半島の北西部には冠岳，南部には開聞岳(薩摩富士)があり(選択肢①)，南西部の東シナ海に面した坊津にはリアス海岸もみられる(④)。また半島の東側に面した喜入には，海岸を埋め立てて世界最大規模の石油備蓄基地が建設された(③)。

問3 徳之島(地図中のオ)は南西諸島の奄美群島のほぼ中央に位置する離島の1つで，鹿児島県大島郡に属している。この島は石灰岩性のカルスト地形が発達した島で，天然の海食洞や海蝕台な

どがみられる。なお，地図中のウは屋久島，エは奄美大島，カは沖縄島，キは宮古島，クは石垣島である。

問4　え　長崎県はリアス海岸が続く複雑な海岸線を持ち，また県内の島の数は全国1位であり，その海岸線の長さ(4196km)は北海道に次いで全国2位である。　お　鹿児島県は九州本土に大隅半島と薩摩半島があり，南西諸島の奄美群島もあるので，海岸線の長さは日本第3位，島の数では第2位となっている。　か　沖縄県は南西諸島の琉球諸島から構成されているので，海岸線の長さは日本第4位，島の数は日本第5位になっている。

重要 問5　九州地方の農業の特色は農業産出額では全国でも有数に多く，その種別では野菜と肉用牛の割合が多いので，グラフ中の①がそれにあたる。なお，グラフ中の②は東北，③は北海道，④は東海，⑤は中国，⑥は北陸，⑦は四国である。

問6　きゅうりの収穫量が多い上位5県(2018年)は1位が宮崎県(き)，2位が群馬県，3位が埼玉県，4位が福島県，5位が千葉県である。茶の収穫量の多い上位5県(2019年)は1位が鹿児島県(く)，2位が静岡県，3位が三重県，4位が宮崎県(き)，5位が京都府である。メロンの収穫量が多い上位5道県(2018年)は1位が茨城県，2位が熊本県(け)，3位が北海道，4位が山形県，5位が青森県である。肉用牛の飼育頭数が多い上位5道県(2019年)は1位が北海道，2位が鹿児島県(く)，3位が宮崎県(き)，4位が熊本県(け)，5位が岩手県である。豚の飼育頭数が多い上位5道県(2019年)は1位が鹿児島(く)，2位が宮崎県(き)，3位が北海道，4位が群馬県，5位が千葉県である。したがって，表中の(く)は鹿児島県(地図中のD)，(け)は熊本県(地図中のF)となる。

やや難 問7　1)　県民歌中の歌詞の2番の中の「青に冴ゆみ山雲仙」，3番の中の「壱岐　対馬　五島の彼方」，4番の中の「こだまする造船の業」といったものから，県内に雲仙や壱岐，対馬，五島列島があり，造船業が盛んな県であることがわかり，これらの条件にあてはまる九州・沖縄地方の県は長崎県(地図中のG)である。　2)「島原大変肥後迷惑」とは，1792年5月21日に起こった現在の長崎県(肥前国)島原で発生した雲仙岳の火山性地震とその後の眉山の山体崩壊(島原大変)とそれを原因とした津波が島原や対岸の熊本県(肥後国)を襲った災害(肥後迷惑)のことである。この災害による犠牲者は約1万5000人とされ，日本の歴史上でも最大規模の火山災害とされる。

3)　船は鋼板を溶接してつくるため，造船所は製鉄所のある太平洋ベルトに集中している。そのうえで日本国内で造船所が多いのは，瀬戸内地方と九州の長崎県である。それらの条件を満たしているのは，分布図①である。なお，②はセメント工場，③はIC工場，④は高炉一貫製鉄所の分布を表したものである。

問8　②　製造品出荷額が表中の2位と比較的多く，また業種別製造品出荷額と工業比率の中でも化学工業の額が一番多いことから，大分県である。　③　工業比率の中で重工業の割合が非常に高いことから，造船業が盛んな長崎県である。なお，表中の①は福岡県，④は沖縄県である。

Ⅱ　(日本の歴史―お菓子の歴史から見た日本)

問1　新羅(356～935年)は4世紀後半までに朝鮮半島東部に成立し，高句麗・百済とともに朝鮮の三国時代を現出した。7世紀後半に朝鮮半島を統一した後，律令制に基づく中央集権的な支配を行った。しかし8世紀後半から国力の衰退が始まり，935年に高麗に敗北して滅亡した。

問2　高松塚古墳は，7世紀末から8世紀初めにかけて造られた奈良県明日香村にある古墳である。1972年の発掘調査によって，鮮やかな色で描かれた女性像や四神などの壁画が発見された。なお，①の大山古墳は大阪府堺市，②の稲荷山古墳は埼玉県行田市，③の五色塚古墳は兵庫県神戸市，④の江田船山古墳は熊本県玉名郡にある前方後円墳である。

基本 問3　正倉院は本来，大切なものを入れる倉を意味するが，一般的には東大寺の高床式倉庫の宝庫を指す。この倉は断面が三角形や台形の木材を井げたに組み上げた校倉造と呼ばれる建築様式で知られ，聖武天皇の遺品などが収蔵・保管されている。

基本 問4　清少納言は清原元輔の娘で，一条天皇(位986～1011年)の中宮定子に仕え，その時の宮中での様子などを随筆の『枕草子』に著した。『枕草子』は四季の変化や人生観などを鋭い感性で描かれており，和泉式部や紫式部とともに平安時代の女流文学の代表とされている。

問5　北条義時(1163～1224年)は1205年に鎌倉幕府の第2代執権となり，第3代将軍の源実朝の死後は北条政子とともに政治の実権を握った。後鳥羽上皇によって討伐の対象とされたが，承久の乱で勝利して鎌倉幕府の基盤を固めた。

重要 問6「新たに田地を切り開いた場合は，三世代や一世代という期限に関係なく永久に私有を認める」というのは，室町時代ではなく奈良時代の墾田永年私財法である。墾田永年私財法は743年にそれまでの三世一身法に代わって出されたもので，新しく開墾した田地は永久に自分の土地にしてよいとする法律である。これによって，貴族や寺社勢力などは大規模な開墾を行って，私有地を広げていった。

問7　狂言は猿楽から発展した日本の伝統芸能で，猿楽を洗練させた笑劇である。能は舞踏性が強い音楽劇であるのに対して，狂言は物まねや道化的な要素を持ち，写実的な人物表現を通じて人間性の本質や弱さを描くことで笑いをもたらす演劇で，能の合い間に演じられた。

問8　堺は現在の大阪府泉北地域にある港町で，15世紀後半から勘合貿易や南蛮貿易で繁栄した。会合衆と呼ばれた大商人たちによる自治が行われ，平和で自由な都市として外国の宣教師たちからも注目された。また同地の刀鍛冶職人によって，鉄砲の生産も行われた。しかしその後，織田信長や豊臣秀吉に屈服し，特に豊臣秀吉が大阪城を築城した時には住民が大阪への強制移住を命じられたので，堺は衰退した。

基本 問9　江戸幕府の第8代将軍の徳川吉宗(位1716～1745年)が1720年にキリスト教に関係がない中国語に翻訳(漢訳)された洋書の輸入制限をゆるめたことで，学術書が大量に輸入されるようになり，西洋の知識や技術が急速に日本に入った。そのことが蘭学の広まりの契機となり，蘭学を学ぶ人が増えた。

問10　前島密(1835～1919年)は新潟県の出身で，1871年にそれまでの飛脚制度に代わって欧米の郵便制度にならった官営の郵便制度を創始した。それによって郵便ポストの設置，切手の導入，全国均一料金制などが実施された。

基本 問11　原爆ドームは，広島市中区にある原爆の被爆によって大破した建築物である。この建物は1913～1914年に広島県物産陳列館として建設され，後に産業奨励館となった。ドームを持った印象的な建物であったが，1945年8月6日の原爆投下によってその爆風と熱によってドームの鉄骨がむき出しになった。この建物は1966年に広島市議会が永久保存を決議し，1996年に世界遺産に登録された。

問12　青島は山東半島南西岸にあり，1897年にドイツが宣教師殺害事件を口実に占領し，翌年に租借した膠州湾に海軍基地を築いて，建設した都市である。1914年，日本は第一次世界大戦に参戦した直後に，ドイツの勢力範囲であった中国の山東半島を攻め，ドイツが租借していた青島を占領した。なお，①のフランス，③のイギリス，④のロシア，⑤のアメリカは第一次世界大戦当時，いずれも日本と同様の連合国側の国である。

基本 問13　台湾は台湾島やポンフー列島などを含む中国本土南東の島々で，台湾島の中南部には北回帰線が通過している。台湾が日本にゆずられることを決めた条約は日清戦争後に結ばれた下関条約(1895年)で，以後，日本が第二次世界大戦で敗戦する1945年まで日本による植民地支配が続いた。

Ⅲ　(政治―この100年間の出来事に関する問題)

やや難 問1　原敬内閣は，1919年に衆議院議員選挙法を改正し，1920年に実施した。それにより有権者の資格を直接国税10円以上から直接国税3円以上納めた人に引き下げたため，有権者の割合はそれまでの2.2%から5.5%まで増加した。

問2　金本位制は設問文中にもあるように，政府が金庫に保管している金の価値と同じ額を上限として，通貨を発行できる制度である。そのため中央銀行から発行される通貨である紙幣は金と交換できる兌換券で，その発行高は中央銀行の金の保有量が裏付けになっているので，紙幣の発行を金の保有量を超えて行うことはできない。したがって金本位制を採用すると，不景気のために世の中が急に大量の通貨を必要とする時になっても，政府の判断で景気がよくなるまで紙幣を発行し続けることはできないことになる。政府の判断で景気がよくなるまで紙幣を発行し続けることができるのは，管理通貨制度である。

問3　現在の日本の内閣総理大臣は国会法や議院規則などに基づいて，国会議員の中から国会によって指名され，天皇によって任命される。その手順は衆議院議員総選挙後の国会(特別国会)などで，衆議院と参議院が個別に内閣総理大臣指名の選挙を行い，各院1名の指名者を決める。両院の指名が一致すればその人物が首相となるが，一致しなければ両院協議会が開かれる。両院協議会で意見が一致するかその場で3分の2以上の多数を得た人物が出たらその人物を内閣総理大臣にする。しかしそのようにならなかった場合には，衆議院の優越により，衆議院での指名者が内閣総理大臣になる。したがって事実上，衆議院で過半数の票を得た人物が内閣総理大臣となることが多いが，必ず衆議院議員から指名されなければならないことはない。

基本 問4　朝鮮戦争は，1950年に朝鮮民主主義人民共和国(北朝鮮)が大韓民国(韓国)に侵攻して始まった戦争である。アメリカ軍を中心とする国連軍が韓国を，中華人民共和国の人民義勇軍が北朝鮮を支援したが，1953年に休戦協定が結ばれた。

問5　包括的核実験禁止条約(CTBT)は，大気圏内・宇宙空間・水中・地下を含んだあらゆる空間での核兵器の実験による爆発やその他の核爆発を禁止する条約である。この条約は1996年9月に国連総会で採択され，2019年2月までに184ヵ国が署名，168ヵ国が批准しているが，核兵器保有国を含む44ヵ国の批准が完了していないためにまだ発効していない。なお，①の核兵器禁止条約(TPNW)は2017年に国連本部で採択され2021年に発効，②の核拡散防止条約(NPT)は1968年に国連総会で採択，1970年に発効，③の部分的核実験禁止条約(PTBT)は1963年にアメリカ合衆国，ソ連，イギリスの間で結ばれた条約である。

問6　ロヒンギャとは，東南アジアのミャンマーの西部のライカン州に暮らすイスラム教徒のことである。2016年～2017年の迫害以前には約100万人がミャンマーに住んでいたが，ミャンマーでの迫害後には約60万人が隣国のバングラデシュに難民として避難している。

問7　団体行動権は組合活動を行う労働者の労働三権の1つで，日本国憲法第28条で保障されている。団体行動の典型が争議行為であることから，争議権とも呼ばれている。この権利は労働組合が労働者の労働条件の改善などの目的を実現するために，集会・デモ・ビラ貼りなどの行為を行うことである。

やや難 問8　マルタ会談は，1989年12月に地中海のマルタ島でアメリカ合衆国のブッシュ大統領とソ連のゴルバチョフ書記長との間で行われた会談である。この会談で，冷戦の終結が宣言された。

基本 問9　復興庁は東日本大震災からの復興を速やかに進めるために，2011年12月に成立した復興庁設置法に基づいて，2021年3月31日までの10年間の期間限定で設置され，内閣の下に置かれた省庁である。後に設置期間は，10年間の延長が決まった。

★ワンポイントアドバイス★

昨年の大問2題の構成から，本年は地理・歴史・政治の各分野から1題ずつの大問3題になった。ただし設問数をはじめとした全体の問題構成はほとんど変化はみられないので，基本事項はきちんとおさえるようにしよう。

＜国語解答＞《学校からの正答の発表はありません。》

一　問一　イ　とうすい　　ロ　吸収　　ハ　かくり　　ニ　壁　　ホ　純粋
問二　見返り　　問三　情けは人のためならず　　問四　イ　　問五　Ⅰ　ウ　　Ⅱ　イ
問六　ア　　問七　相手のため　　問八　うつわ
問九　ア　○　　イ　×　　ウ　○　　エ　×

二　問一　イ　宙　　ロ　ただよ　　ハ　卒業　　ニ　つ　　ホ　となり
問二　私がマコち　　問三　ア　　問四　ウ　　問五　ウ　　問六　イ
問七　日々成長する子どもたちに体当たりで向き合い，保護者にも受け入れてもらう努力も必要で大変ではあるが，周りの先生たちの協力も得て，自分も成長させてくれる仕事だ(と考えるようになった。)

○推定配点○
一　問一　各2点×5　　他　各4点×12
二　問一　各2点×5　　問七　12点　　他　各4点×5　　計　100点

＜国語解説＞

一　(論説文―要旨・大意，細部の読み取り，空欄補充，ことわざ，漢字の読み書き)

やや難　問一　イ　どちらも小学校未習の漢字である。「陶器」の「トウ」を思い出したい。　ロ　「吸」は全6画の漢字。5画目の始点は4画目の左側に少し出す。　ハ　「隔」は小学校未習の漢字。「間隔」の「カク」である。訓読みは「へだ-たる」。　ニ　「壁」は小学校未習の全16画の漢字。「幸」ではないので注意する。　ホ　「粋」は小学校未習の漢字。こめへんに「九」，「十」。

重要　問二　直後に着目する。自分がこれをしてあげたのだからと相手から求めてしまうものがあるが，それを期待できないということになる。相手から求めてしまいたくなるものは「見返り」である。

問三　「情けは人のためならず」が，めぐりめぐって自分にかえってくるという意味のことわざである。「～ためならず」という言葉を「ためにならない」と誤解して覚えないようにしよう。

問四　このようなことを一言で言えば「災害ユートピア」だ。つまり，災害など平常時より混乱して大変な状況のほうが他人のためにできることをしようと考える人が多いということなのでイだ。

やや難　問五　「思いは思い込み～」で始まる段落と「でも，だからこそ～」で始まる段落に着目する。Ⅰはどちらの段落でも「～だろう」が「思い」となっているのでウである。Ⅱは，「～はずだ」に変わりやすいとあるが，「思いは思い込み～」で始まる段落では，「～べきだ」になるとき「容易に相手を支配する」としている。「～はずだ」からさらに進んで「～べきだ」となるほうが「支配」であるのでイだ。

問六　「当てはまらないもの」という条件に注意する。直後に「介助」や「介護」のような特殊な行為である必要はないとあるので，当てはまらないのはアである。

問七　直後は「たとえば」なので，傍線⑥の具体的な例が始まっていることになる。続いて「あるいは」で始まる段落も，例示の二つ目が始まるという構成だ。「利他について『このように』考えていくと～」で始まる段落の「このように」が先に挙げた二つの事例だから，「このように」でまとめていると考える。筆者はまとめとして「相手のために～持っていること。」としている。

重要　問八　問七で考えた構成から⑦のように例えていると考える。「利他についてこのように～」で始まる段落の末尾に「『うつわ』のようです」と，そのたとえを具体的にしている。

問九　ア　冒頭の段落から続く段落で，「相手の感情を予測できない」と知ることを強調しているので当てはまる。　イ　「話し合いを重ねていく」ことは一見もっともらしいが，相手と話し合うことについては本文で触れていないので当てはまらない。　ウ　「さらに考えを～」で始まる段落で述べているので当てはまる。　エ　「計画倒れをどこか喜ぶ」というのだから，「目的や必要性を明らかにして」が誤りだ。

二　(物語―心情・情景，細部の読み取り，空欄補充，漢字の読み書き，記述力)

問一　イ　「宙」は全8画の漢字。「由」である。「田」に見えないように書く。　ロ　「漂」は音読み「ヒョウ」だ。　ハ　「卒」は全8画の漢字。1画目はたてる。「率」と混同しないようにする。　ニ　「就職」の「就」は音読み「シュウ」。　ホ　「となり」は小学校未習の漢字だが，まったく見たことがないという漢字ではない。

やや難　問二　直前の「萌香ちゃんの手を見て私は『あっ』と声をあげそうになった」が着目点になるが，この段階ではなぜ手を見て声をあげそうになったのかがわからない。しかし，このことが，翌日もネイルをつけたまま出勤する原因となっている。したがって，なぜ「あっ」と言いたくなったのかがわかる部分を探すことになる。萌香ちゃんが退園する場面に，爪噛みが治ったとお母さんから報告を受けているところがある。「あっ」と思ったのは，爪噛みでギザギザだったのだ。「萌香ちゃんのお母さんは～」で始まる段落にある「私の願いは」とあるように，願いがあったからそのまま出勤したのだということがこの段階でわかる。そして，その願いは「私がマコちゃんにあこがれたように」萌香ちゃんが自分の爪を素敵だと思ってほしいというものだ。

問三　問二で考えたように，翌日もネイルをしていったのは自分なりの考えがあったからである。しかし，それは自分でも正解かどうかわからない。さらに，康子先生はデートでオシャレをしたいのだろうと誤解した発言をしている。自分の考えをどう説明してよいかもわからないことも含めて悔しく思うのだからアだ。

基本　問四　不快感を感じて顔をしかめることを「眉を『ひそめる』」という。康子先生は「そんなに驚かなくても～」と言っている。何もそんなに驚かなくてもいいじゃないという思いだ。

重要　問五　萌香ちゃんのお母さんから，康子先生が「私」のことをほめてくれる発言を聞いた直後である。康子先生自身も「べつに，あなたのことかばったわけじゃないから～」とは言っているが，それは照れくささが言わせていると考えられる。この照れくささが「きまり悪そう」ということなのだからウである。

問六　康子先生が子どもたちに言ったという話はウソをついたわけではないから，本人に知られて照れくさくなっているのだ。康子先生が「私」を評価してくれたのは，手のことだけではない。一生懸命やっていることを認めているのである。

やや難　問七　「どのような仕事と考えるようになったか」が問われていることである。直接の着目点は「ああ，見つけた～」で始まる段落と続く「今は仕事を～」で始まる段落だが，この内容を解答に反映するには康子先生との会話の内容と，「ひとつひとつがライブ～伸びていく。」で始まる段落をおさえる必要がある。ポイントは萌香ちゃんの成長，お母さんの安らいだ顔，康子先生を近くに感じたという点と，自分も伸びていくということになる。

★ワンポイントアドバイス★

漢字は小学校で未習のものも出題される可能性が高い。小学校で習う漢字以外に関心を示さない態度ではなく，日常生活において目配りをする姿勢が大切だ。

第2回

2022年度

解　答　と　解　説

《2022年度の配点は解答欄に掲載してあります。》

＜算数解答＞《学校からの正答の発表はありません。》

1　(1)　7　(2)　①　67　②　206　(3)　①　最高点　2391点　最低点　2389点
②　2471点　(4)　①　$28cm^2$　②　$6.75cm^2$　(5)　①　$252cm^3$　②　$216cm^3$

2　(1)　3個　(2)　25番目　和　225　(3)　3032番目　(4)　52

3　(1)　毎秒3cm　(2)　3秒後，6.5秒後　(3)　1.5秒後，$7\frac{1}{4}$秒後

4　(1)　$282.6cm^2$　(2)　$211.95cm^3$　(3)　3：5　(4)　6.25cm

5　(1)　容器A　3%　容器B　18%　(2)　100g　9.8%
(3)　太郎君　9g　次郎君10g

○推定配点○
4・5　各4点×10　他　各3点×20　計100点

＜算数解説＞

1　(四則計算，数の性質，平均算，概数，平面図形，相似，図形や点の移動，立体図形，速さの三公式と比)

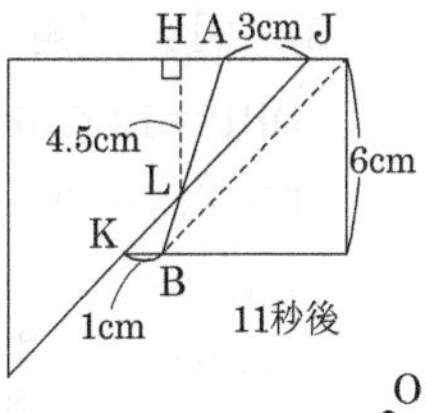

(1)　2.725÷0.25－(4－2.7)×3＝10.9－3.9＝7

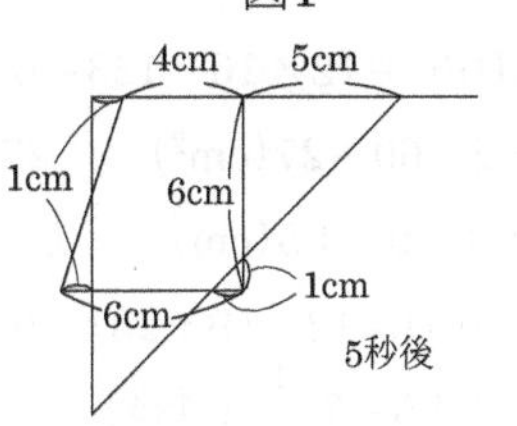

図1

図2

重要　(2)　①　8×9－5＝67　②　7で割って3余り，6で割って2余る数には38があり，5番目に小さい数は38＋7×6×(5－1)＝206

重要　(3)　①　A組の合計の最高点…70.35×34＝2391.9より，2391点　A組の合計の最低点…70.25×34＝2388.5より，2389点　②　A・B組の合計点…75.85×64＝4854.4より，4855点以上　75.95×64＝4860.8より，4860点以下　したがって，①より，B組の合計の最高点は4860－2389＝2471(点)

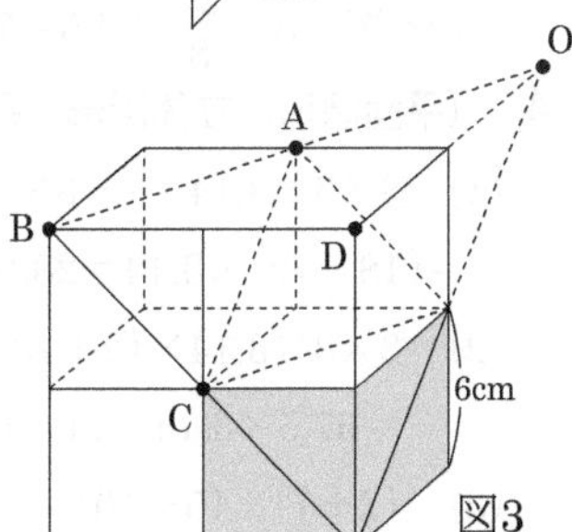

図3

重要　(4)　①　図1より，(4＋6)×6÷2－(1×3＋1×1)÷2＝28(cm²)　②　図2より，三角形ALJとBLKの相似比は3：1，HLは6÷(3＋1)×3＝4.5(cm)　したがって，求める面積は3×4.5÷2＝6.75(cm²)

重要　(5)　①　図3より，6×6÷2×6÷3＋6×6×6＝252(cm³)
【別解】12×12÷2×12÷3÷8×(8－1)＝252(cm³)
②　図4より，6×6×6＝216(cm³)

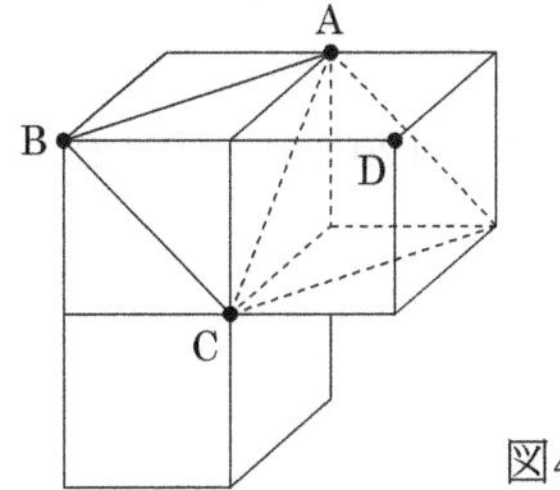

図4

2 (数の性質，数列)

1，2，3
2，4，6
3，6，9
4，8，12

重要 (1) 右の数列において，4行までに1回しか現れない1ケタの数は1だけであり，以下，5，7がある。したがって，全部で3個ある。

(2) 最後の9…9行目の最初の数であり，これは$3\times9-2=25$(番目)　この9までの数の和…$(1+8)\times8\div2\times(1+2+3)+9=225$

(3) 最初の2022…$2022\div3=674$より，674行の右端に現れる。　2回目の2022…$2022\div2=1011$より，1011行の中央に現れる。　したがって，この2022は$3\times1011-1=3032$(番目)

やや難 (4) $2022\div(1+2+3)=337$，1から□までの数の和は(1+□)×□÷2であり，(1+□)×□が$337\times2=674$であるとして，□を求める。□が25のとき…$26\times25=650$　□が26のとき…$27\times26=702$　1から□までの数の和…$27\times26\div2=351$　$351\times(1+2+3)=2106$，$2106-26\times3=2028$　したがって，最後に足した数は$26\times2=52$…26行目の中央の数

重要 3 (平面図形，図形や点の移動，速さの三公式と比，割合と比)

(1) Pの最初の秒速が2cmとすると，Dまで動く時間は$16\div2+12\div3=12$(秒)　したがって，8秒で動くとき，最初の秒速は$2\times12\div8=3$(cm)

(2) 図1…$(16-42\times2\div12)\div3=3$(秒後)　図2…$\frac{16}{3}+42\times2\div16\div4.5=6.5$(秒後)

(3) 図3…三角形DPC$=12\times16-123=69$(cm²)　三角形DBP$=12\times16\div2-69=27$(cm²)　$27:69=9:23$より，BPは$16\div(9+23)\times9=4.5$(cm)　したがって，$4.5\div3=1.5$(秒後)　図4…PDは$12\div(9+23)\times9=\frac{27}{8}$(cm)　したがって，$8-\frac{27}{8}\div4.5=7\frac{1}{4}$(秒後)

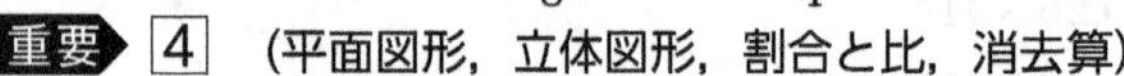

重要 4 (平面図形，立体図形，割合と比，消去算)

(1) $3\times3\times3.14\times2+6\times3.14\times(2+10)$
$=(18+72)\times3.14=282.6$(cm²)

(2) $3\times3\times3.14\times(2+10-7+10)\div2$
$=67.5\times3.14=211.95$(cm³)

(3) $(2+7):(5+10)=3:5$

(4) 右図より，(10−ア)×2＝20−ア×2がア−5＋ア＝ア×2−5に等しく，
ア＝$(20+5)\div(2\times2)=\frac{25}{4}$(cm)

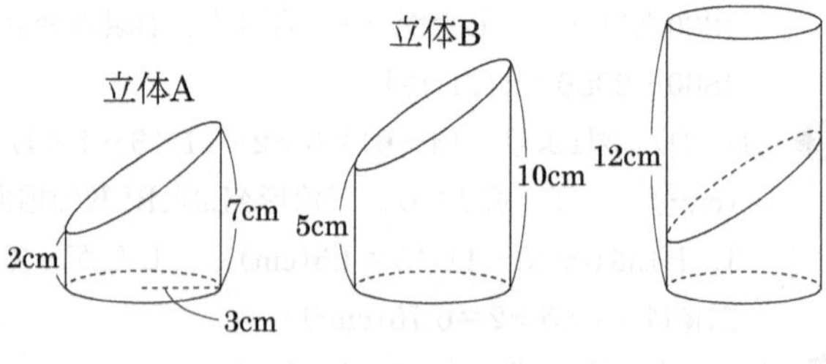

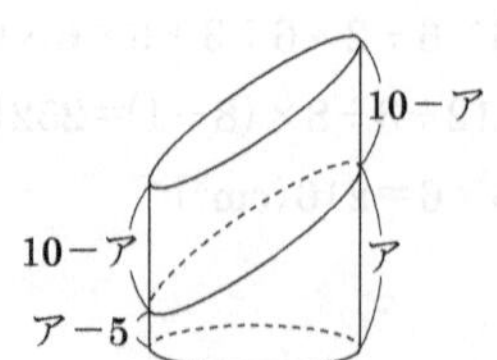

5 (割合と比，消去算)

重要 (1) それぞれの容器内の食塩水の濃さをA，Bで表す。300(g)：200(g)：100(g)＝3：2：1より，3×A＋2×B＝5×9＝45，A＋2×B＝3×13＝39　Aの濃さ…(45－39)÷(3－1)＝3(％)　Bの濃さ…(39－3)÷2＝18(％)

(2) P…500gで濃さ9％　Q…300gで濃さ13％　C…濃さ5％　200×9＋150×13＋□×5＝(200＋150＋□)×10より，3750＋□×5＝3500＋□×10　したがって，最初のCの食塩水は(3750－3500)÷(10－5)×2＝100(g)　残りの食塩水はPが500－200＝300(g)，Qが300－150＝150(g)，Cが50g　Yの濃さ…300g：150g：50g＝6：3：1より，(6×9＋3×13＋1×5)÷(6＋3＋1)＝9.8(％)

やや難 (3) X…400gで濃さ10％　Y…500gで濃さ9.8％　Xに水を加えると400＋91＝491(g)になり，濃さは10÷491×400＝$\frac{4000}{491}$＝8$\frac{72}{491}$(％)　食塩…図より，491×$\left(9.8-\frac{4000}{491}\right)$÷(100－9.8)＝(4811.8－4000)÷90.2＝9(g)　蒸発させた量…500－500÷10×9.8＝10(g)

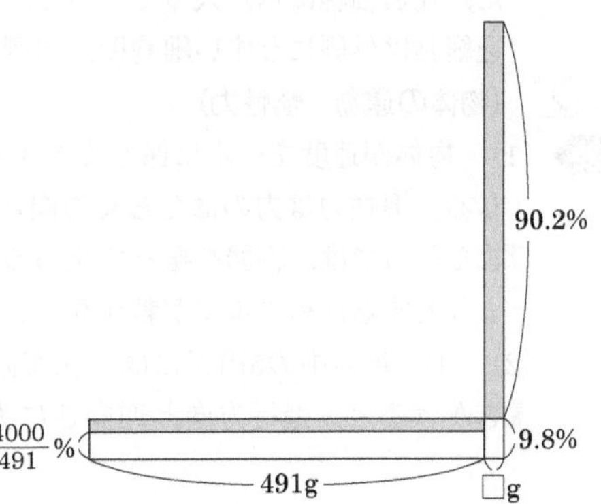

★ワンポイントアドバイス★

いわゆる基本レベルの問題がなく，2「数の性質・数列」の問題は(1)「1回しか現れない1ケタの数」でもミスが生じやすく，(3)「和が2022を超える数」も面倒である。また，5(3)「食塩の量」は，分数計算で工夫が必要である。

＜理科解答＞《学校からの正答の発表はありません。》

1 (1) 横 エ　縦 カ　(2) 右図　(3) ① 根　② 道管
③ 葉　④ 蒸散　(4) ① ウ　② ア　(5) ア，エ

2 (1) ア，ウ，オ　(2) ① イ　② ウ　(3) ア，エ
(4) 装置 1　説明 ばねは縮む　(5) ウ

3 (1) ウ　(2) イ　(3) ウ　(4) ア，エ　(5) ウ　(6) イ　(7) ウ

4 (1) オ　(2) ① Ⅰ 90　Ⅱ 30　Ⅲ 28.8　Ⅳ 7800　② イ　③ エ

○推定配点○

1 (2)・(5) 各2点×2　他 各1点×8　2 各2点×6((1)・(4)完答)
3 各2点×7((4)完答)　4 (2)②・③ 各1点×2　他 各2点×5　計50点

＜理科解説＞

1 (植物―維管束・蒸散)

基本 (1) ホウセンカは双子葉植物である。双子葉植物は茎の部分では維管束が輪状に分布し，茎を横方向に切ると(エ)，縦方向に切ると(カ)のような断面になる。

基本 (2) 双子葉植物の葉の葉脈は，網の目のような模様をした網状脈である。単子葉植物では，平行な平行脈である。

基本 (3) 植物が根から吸い上げた水分は，道管を通って葉に運ばれる。葉の裏側に多い気孔から水分が蒸発する。この働きを蒸散という。

(4) セロハンテープを張った部分は伸びないので，風船はテープを張っていない側が伸びる。①では右側が伸びず，②は左側が伸びないので，この部分にセロハンテープを張っている。

(5) 孔辺細胞に囲まれた口のように開いた部分を気孔という。気孔に面する側が伸びにくい。また，孔辺細胞に水が入ってくると，その部分がふくらみ外側が伸びて気孔が開く。植物では，孔辺細胞は外側にうすい細胞壁，内側に厚い細胞壁をもつので，外側が伸びて気孔が開く。

2 (物体の運動―慣性力)

重要 (1) 物体が速度を一定に保とうとする性質を慣性という。速度の変化が生じるとき，慣性力が生じる。慣性力は力のはたらく方向と逆向きにはたらく。(ア)は遠心力と呼ばれる慣性力である。また(ウ)では，容器を振って止めるとき慣性力がはたらく。(オ)のダルマ落としも，静止し続けようとするためダルマが動かない。

(2) ① 車の中の5円玉には，減速直前の速度を保とうとする慣性がはたらく。 ② ブレーキをかけると，進行方向と逆向きに力を加えるので，慣性力は前方にはたらき5円玉は前方に動く。

(3) 図2のばねが縮むのは，装置に下向きの力が加わるときである。そのため，エレベーターが下降するとき(ア)と，上昇停止直前(エ)でばねは縮む。

重要 (4) 前方に進んでいた車がブレーキをかけたとき，車にかかる力は後ろ向きである。よって，慣性力は前向きにはたらき，ばねは縮む。装置2では，力の向きとばねの伸び縮みの方向が違うので，ばねは変形しない。

重要 (5) 順番1で装置1が縮むので，車の進行方向は後ろ方向であった。順番2で装置2が縮むので，車はバックしながら進行方向に対して左に曲がった。順番3で装置1が伸びるので，バックしていた車が減速し，その後一旦停止した(順番4)。順番5で装置1が伸びるので前方に加速する。順番6で装置2が伸びたのは，前向きに進んでいた車が左折したためで，順番7ではさらに加速している。よって，車の進み方は，(ウ)であった。

3 (地球と太陽・月―太陽系の惑星)

基本 (1) この日の月は，向かって右側半分が光る半月である。夕方に南の空に見える。

基本 (2) 真夜中には，月は西の空に移動している。

(3) 天王星は土星と海王星の間にあるので，太陽からの位置は9.6と30の間の数になる。

(4) (ア) 正しい。金星と火星，および，木星，土星，海王星の比較から正しい。 (イ) 間違い。地球と火星では自転周期が同じだが重さは火星が地球の半分である。また，木星や土星と海王星を比較してみても，間違いであることがわかる。 (ウ) 間違い。金星の大気は二酸化炭素が主成分であるが，表面温度は高い。 (エ) 正しい。 (オ) 間違い。表からは，地球から観察したときの明るさはわからない。

基本 (5) 火星が太陽の反対側にあるので，真夜中には南の空に観察できる。

(6) 火星の公転周期が地球の2倍なので，地球の方がはやく進み火星が徐々に西の空に移動していくように見える。

重要 (7) さらに地球が公転すると火星は西の空に移動していき，太陽の影にかくれると見えなくなる。その後，さらに地球が公転すると，再び火星が見える位置にくるようになる。

4 (熱の伝わり方―熱の測定実験)

基本 (1) アルミニウムは塩酸とも水酸化ナトリウム水溶液とも反応し，水素を発生する。

(2) ① 表1より，90秒後から水温は低くなっていく。30秒ごとに0.2℃下がっている。表での最高水温は90秒後の28.2℃であるが，0秒から90秒の間にも30秒ごとに0.2℃温度が下がるので，この影響がなければ，28.2+0.2×3=28.8℃になっているはずである。水温は21.0℃から28.8℃まで上昇したので，このとき水が得た熱量は，1000×(28.8−21.0)=7800カロリーである。

② 水温が下がるのは，温められた水から熱が容器や空気中に逃げていくからである。実験で求めた数値が，計算で求めた数値と異なるのは，実験の際に何らかの誤差が生じるからである。そのため，計算値より実験値は小さくなる。 ③ 火花が容器の外に飛び散らないように，容器の口は大きいほうがよい。また，熱がすぐに水に伝わるように，ろ紙と水面を近づける方がよい。

★ワンポイントアドバイス★

しっかりとした基礎知識と応用力が求められる。また時間のわりに問題数が多い。解ける問題から解答し，基本問題で得点できるようにしたい。

<社会解答>《学校からの正答の発表はありません。》

Ⅰ 問1 ② 問2 1) ②，④ 2) 藤原純友 3) 対馬島 問3 ③
問4 1) 楠木正成 2) 尾根 問5 ⑤ 問6 (例) 豊臣秀吉の朝鮮侵略の際に朝鮮に倭城が築かれたから。 問7 1) ③ 2) 西南戦争 3) ①
問8 1) 阿波踊り 2) ③ 3) ④ 問9 下田 問10 戊辰戦争
問11 廃藩置県 問12 ④ 問13 1) 松本市 2) 松江城 問14 ②
問15 1) 河岸段丘 2) 千曲川 3) シラス
問16 1) ① 2) 石山本願寺 問17 ③ 問18 兼六園

Ⅱ 問1 1) ② 2) ② 3) 表現の自由 問2 1) ③ 2) ②→③→①
問3 1) ④ 2) 厚生労働省 3) ③ 問4 1) 違憲立法審査権 2) ①

○推定配点○

Ⅰ 問6 2点 他 各1点×28 Ⅱ 各2点×10(問2 2)完答) 計50点

<社会解説>

Ⅰ (日本の地理・歴史―「日本100名城」・「続日本100名城」に関する問題)

問1 日本の弥生時代の様子について，「倭の国内で争いが起こり，長年の間，たがいに攻撃しあっていた。そこで相談して1人の女王をたてることになった。」と記している中国の歴史書は『魏志』倭人伝である。この記述の中の「女王」は，邪馬台国の卑弥呼のことである。卑弥呼については，「卑弥呼は神につかえ，まじないによって人をひきつける力をもっている。」と記されている。なお，①の『宋書』倭国伝は5世紀頃，③の『後漢書』東夷伝は1世紀頃，④の『漢書』地理志は前1世紀頃の日本の様子を記した中国の歴史書である。

重要 問2 1) 663年の白村江の戦いで日本は百済を助けるために大軍を送ったが，唐(選択肢②)・新羅(④)の連合軍に敗れた。この戦いの後，中大兄皇子は各地に城を構えて防備を固め，さらに都を飛鳥から近江に移した。なお，①の隋(581～618年)は南朝の陳を滅ぼして中国を統一した王朝，③の高句麗(前1世紀頃～668年)は中国東北地方から朝鮮半島北部を支配した国，⑤の百済(4世紀半ば～660年)は朝鮮半島南西部にあった国である。 2) 藤原純友はもと国司であったが，後に彼は海賊を率いて，瀬戸内海周辺の国府や大宰府などを襲撃した(藤原純友の乱(939～941))。しかしこの反乱は，941年に都からの追討軍によって鎮圧された。 3) 金田城は，現在の長崎県対馬市美津島町黒瀬にあった日本の古代山城である。対馬島の中央部の城山の山上に，飛鳥時代の667年に築城された朝鮮式山城で，古代山城の中では最も朝鮮半島に近い場所に位置した。

基本 問3 世阿弥を保護して能を盛んにしたのは，足利義政ではなく足利義満である。足利義政は京都の東山に銀閣を建て，彼の時代には東山文化が盛んになった。

問4 1) 楠木正成(？～1336年)は河内(現在の大阪府)の豪族で，後醍醐天皇の呼びかけに応じて討幕の兵を挙げて大阪府の千早城などを拠点として鎌倉幕府軍と戦った。幕府滅亡後の建武の新政では摂津・河内・和泉の守護となったが，南北朝の争乱で南朝方として足利尊氏らと戦い，戦死した。 2) 尾根は谷と谷に挟まれた山地の周囲より高い部分の連なりの地形のことで，山稜や稜線とも呼ばれている。地図上で尾根は，等高線が標高の高い場所から低い場所の方へ張り出している形で表されている。

問5 島津義久(1533～1611年)は，戦国時代から江戸時代初期にかけての現在の九州の鹿児島県の薩摩国を拠点とした戦国大名である。他方，高知城は四国の高知県高知市の高知平野のほぼ中央に位置する大高坂山の上に築かれた平山城で，江戸時代には土佐藩の藩庁が置かれていた。したがって，島津義久が高知城に住んだことはない。

やや難 問6 16世紀終わり頃の朝鮮半島で日本と同じような特徴を持つ石垣が造られたのは，豊臣秀吉の朝鮮侵略である文禄の役(1592～1593年)と慶長の役(1597～1598年)が行われた際に主に朝鮮半島南部に日本軍の拠点として，日本式の倭城が築かれたことによるものである。これは自らの補給路を確保するための施設で，港湾を見下ろす山の頂上に主要部が構えられ，山頂部から湾にかけて長い「登り石垣」が造られた。「登り石垣」は港湾地域全体を守るためのもので，さらに山頂の主要部は石垣造りで櫓や櫓門，狭間のある土塀などが造られた。

重要 問7 1) 今治市は愛媛県の北西部に位置し，江戸時代からの綿織物を起源とするタオルの生産高が日本一であることで知られている。そのため，繊維工業の製造品出荷額が他と比べて非常に多い表中の③がそれにあたる。なお，①は松山市，②は徳島市，④は高知市，⑤は高松市の製造品出荷額等を示したものである。 2) 西南戦争は，1877年に鹿児島の不平士族が西郷隆盛を中心に起こした反乱である。反乱軍が熊本城の攻略に失敗すると政府軍側が有利になり，最終的に鎮圧された。 3) 高松城は1588年に生駒親正によって築城された平城で，1642年に松平頼重が城主となってから，明治維新に至るまで松平氏の居城であった。また高松城は近世城郭としては最大級の海城で，水運を押さえるために海に直面して築かれ，海水を掘に用い，その一部に船着き場を設置していた。

問8 1) 阿波踊りは阿波国(現在の徳島県)で発祥した盆踊りで，三味線や太鼓などの2拍子の伴奏によって「連」と呼ばれる踊り子の集団が踊り歩くものである。現在では，徳島県以外の地域でも大規模に開催されている。 2) 津軽塗は，青森県弘前市を中心とする津軽地方で生産される伝統的漆器である。江戸時代初期に始まり，明治時代になってから産業として発展した。なお，①の薩摩焼は鹿児島城，②の加賀友禅は金沢城，④の南部鉄器は盛岡城，⑤の博多人形は福岡城の位置する各都市の産物である。 3) 佐賀市は佐賀県の中東部に位置する都市で，市街地は佐賀平野の中心付近にある。同市は江戸時代の佐賀藩の城下町として発展し，農業地帯を中心としての地方都市，同県中部や東部の商業都市としての性格が強い。なお，①の青森市，②の横浜市，③の神戸市，⑤の長崎市はいずれも港町から発展した県庁所在地である。

基本 問9 日米和親条約(1854年)で開港された港は下田と函館の二港で，下田は伊豆半島南端の港，函館は北海道渡島半島の南端の港である。したがって，最も西にあるのは下田である。

問10 戊辰戦争(1868～1869年)は，旧幕府側の諸藩・幕臣と明治新政府軍との戦いである。1868年1月の鳥羽・伏見の戦いに始まり，その後の江戸城無血開城や会津の戦いを経て，1869年5月の五稜郭の戦いでの旧幕府側の降伏で終結した。

基本 問11 廃藩置県は1871年にそれまで存在した藩を廃止して全国に府や県を置き，旧藩主の大名を東京に移し，中央から新しく府知事・県令を派遣した制度である。

問12 サイパン島は，アメリカ合衆国の自治領である北マリアナ諸島の中心的な島である。この島は1920年から国際連盟による日本の委任統治領となっていたが，太平洋戦争中の1944年にアメリカ軍によって占領された。なお，①のハワイ諸島は1941年に日本軍が真珠湾を攻撃した場所，②の沖縄島は1945年に沖縄戦が行われた場所，③のソロモン諸島は1942～1943年に日本軍とアメリカ軍の間で激戦が行われた場所，⑤のアッツ島は1943年に日本軍が全滅した場所である。

問13 1) 姫路城は兵庫県姫路市，犬山城は愛知県犬山市，彦根城は滋賀県彦根市，松本城は長野県松本市，松江城は島根県松江市にある。他方，設問中の都市の気候の説明文には「標高が高い」,「年間の気温差や一日の気温差が大きく」,「年間降水量が少ない」といったことが記されているので，このような特徴を持つ気候は中央高地の気候である。上記の5つの都市の中で，中央高地の気候にあたるのは松本市である。 2) しじみの産地で有名な宍道湖は島根県東北部の松江市と出雲市にまたがる湖であるので，宍道湖が見える城は島根県松江市にある松江城である。松江城は，江戸時代には松江藩の政庁として出雲地方の政治・経済の中心であり，山陰地方で唯一の現存天守がある。

問14 二条城は，京都市中京区にある江戸時代に造営された平城である。現存の城は徳川氏によるものであるが，近代には京都府の府庁や皇室の離宮としても使用され，1939年に京都市に移管された。この城では徳川家康の将軍宣下や徳川慶喜による大政奉還が行われた。なお，①の安土城は滋賀県近江八幡市，③の名護屋城は佐賀県唐津市，④の原城は長崎県南島原市，⑤の多賀城は宮城県多賀城市にあった。

重要 問15 1) 河岸(河成)段丘とは，河川の中・下流域の流路に沿って発達した階段状の地形である。この地形は流域の土地が隆起することによって形成され，平坦な部分と傾斜が急な崖が交互に現れる。また平坦な段丘面は地下水面が低く，崖の下には湧き水が出ていることが多い。 2) 千曲川は，埼玉県・山梨県・長野県の県境に位置する甲武信ヶ岳の長野県側の斜面を源流とし，長野県内の諸河川を合わせて佐久盆地や上田盆地を北流する。その後，長野盆地の川中島の北端で犀川と合流した後，北東に流れ，新潟県に入ると信濃川と名前を変える。 3) シラスとは，南九州に広がる主に火山からの噴出物から成る白色の砂状の堆積物のことである。シラスの土壌は元々，水分を通しやすく，また水を含むともろく崩れやすいという性質をもっていたため，水田にするにはふさわしくなかった。このシラスは鹿児島県の約半分と宮崎県の約20％の地域を覆っている。

重要 問16 1) 上町台地のような地形は洪積台地であり，他方，秋吉台は石灰岩などの水に溶けやすい岩石でできた大地が，雨水や地表水などによって侵食されてできたカルスト地形である。秋吉台は山口県の中央部，中国山地の西端に位置し，東西13km，南北10kmの広大な面積を有し，長年の侵食によって形成された秋芳洞，大正洞，景清洞などの鍾乳洞がある。なお，②の武蔵野は関東山地の東側，③の牧ノ原は静岡県南部，④の三方原は静岡県南西部にある洪積台地である。 2) 石山本願寺は，戦国時代初期から安土桃山時代にかけて大阪市中央区にあった浄土真宗の寺院である。1533年に本願寺教団の本山となって寺内町を形成して，戦国の一大勢力となった。しかし織田信長と対立し，1570年から11年間にわたる石山合戦の結果，1580年に明け渡されて，その直後に焼失した。

問17 例年，5月の大型連休の頃に桜が見頃をむかえるのは北海道なので，この時期に桜の見頃となるのは，北海道にある松前城である。松前城は江戸時代末期に海防強化のために幕府に命じられて松前藩が築城したもので，1855年に完成した。その後の箱館戦争では，旧幕府軍と新政府軍との間で戦闘も行われた。なお，①の高遠城は4月上旬，②の岡城は3月下旬，④の高岡城は4月上旬，⑤の津山城は3月末に例年，桜の見頃となる。

問18 兼六園は石川県金沢市にある日本三名園の1つで，広さは約11.7ヘクタールある。17世紀半ば，加賀藩の旧前田家によって金沢城の外郭に造営された大名庭園を起源としている。季節ごとにそれぞれの表情をみせるが，特に雪に備えて行われる「雪吊り」は冬の風物詩となっている。

Ⅱ (政治―世界のリーダーに関連する問題)

問1 1) 都道府県の知事になるには，その地域の知事選挙で人々から直接選挙で選ばれる必要がある。その際に都道府県の知事に立候補できる(被選挙権)のは，満30歳以上の成人である。なお，①の衆議院議長は衆議院議員による選挙，③の国務大臣は総理大臣の任命，④の内閣総理大臣補佐官は内閣総理大臣の申出により内閣によって選ばれる。 2) 独裁主義はある特定の機関や人物に権力が集中し，その機関や人物の力が強くなる政治手法である。他方，民主主義は，人々が自らの意思に従って権力を行使する政治手法である。政府が出版物や放送の内容をチェックし，その内容に関し，介入するようになるのは，政府に権力が集中してその力が強くなり，人々の自らの意思を抑え込むことを意味するので，独裁主義から民主主義に移行していく時の変化ではない。 3) 日本国憲法第21条第1項には，「集会，結社及び言論，出版その他一切の表現の自由は，これを保障する。」とある。表現の自由には①集会・結社の自由，②言論・出版の自由があり，デモ活動などは集会・結社の自由にあたる。また言論・出版の自由は自分の考えや知ったことを外部に発表する自由のことで，ここにはマス・メディアによる報道の自由も含まれている。

重要 問2 1) メルケルの所属政党はキリスト教民主同盟であり，メルケルが首相を務めていた時期はキリスト教民主同盟が社会民主党や自由民主党などの政党と連立を組んで，議会の多数派を形成していた。 ① ドイツは日本と同じ議院内閣制なので，メルケルが首相選挙に立候補して国民の過半数の支持を受けることはない。 ② ドイツの首相はヨーロッパ議会ではなく，ドイツの議会で指名される。 ④ ドイツの首相はドイツの議会で選ばれるので，州議会の議員が首相を選ぶことはない。 2) それぞれの分野のおおよその女性の比率は，①の小学校教員が62.4%(2021年)，②の衆議院議員が9.7%(2021年)，③の医師が21.1%(2018年)である。したがって，女性の比率が最も低いものから高いものへ順番に並べると，②→③→①となる。

問3 1) 2021年4月から施行された改正高年齢者雇用安定法で定年が義務づけられているのは，70歳以上ではなく65歳までである。他方，70歳までを定年とすることは努力義務とされているが，義務づけられているわけではない。 2) 厚生労働省は日本の行政機関の1つで，主に健康，医療，福祉・介護などの少子・高齢社会への対策，労働者の雇用の安定などに関する仕事を行っている省庁である。2001年の中央省庁再編によって，当時の厚生省と労働省が統合されて，厚生労働省となった。 3) マレーシアはマレー半島南部とカリマンタン島の北部からなる東南アジアの国で，1957年にイギリスの植民地から独立した。1965年にシンガポールが分離・独立したが，1967年に結成されたASEANの原加盟国でもある。なお，①のインドはインド半島の大部分を占める南アジアの国，②のアフガニスタンは中央アジアの内陸国，④のオーストラリアはオーストラリア大陸とタスマニア島などからなるオセアニアの国，⑤のホンコンは中国の特別行政区の1つである。

重要 問4 1) 違憲審査権は，国会や内閣の行いが憲法に適っているか否かの訴えがあった場合に裁判所が審査の上でその判断を下す権限で，憲法の明白な趣旨に反するあらゆる行為を無効であると宣言することである。この権限は家庭裁判所，簡易裁判所，地方裁判所，高等裁判所，最高裁判所のすべての裁判所に認められている。 2) 立憲主義とは憲法に基づいて政治が行われることで，法による権力の抑制を通じて個人の権利と自由を守ろうとする政治のことである。そのためには国の権力を立法・行政・司法の3つに分け，それぞれの権力を分散・独立させることで各権力が互いに抑制しあい，均衡を保ち，権力が特定の人物や勢力に集中しないようにする権力の分立が立憲主義には欠かせない要素となる。 ② 立法府に特別な権限を与えることは，立法権に特定の例外を認めることになる。 ③ 立法府が司法府を監視するのではなく，司法府が立法府を監視する。 ④ 国民主権のことは，設問の筆者の文章中には述べられていない。

★ワンポイントアドバイス★

地理・歴史の分野は融合問題の形式となっているが，昨年は出題されていなかった説明問題もあり，全体の傾向は大きく変化していないといえる。問題の形式にとらわれることなく，基本事項を固めるようにしよう。

<国語解答>《学校からの正答の発表はありません。》

一 問一 イ 壊 ロ 冒頭 ハ 領域 ニ 過剰 問二 A イ B エ C ウ D ア 問三 (最初) 傷口に「さ (最後) からです。 問四 相互 問五 イ 問六 イ 問七 (最初) 人が人の体 (最後) されている 問八 ア × イ ○ ウ ○ エ × オ ×

二 問一 イ 繰 ロ 難 ハ 耐 ニ 弾 ホ 背 問二 捨て犬の引き取り手が現れないなら，決して自分も望むところではないが，保健所に引き渡すしかないことを言わなければならないから。 問三 ウ 問四 中途半端 問五 イ 問六 Ⅰ ペットを飼うことが禁止されている住宅に住んでいるから。 Ⅱ 妹がアレルギーのうえ，親が犬嫌いだから。 Ⅲ 家が食べ物を扱う商売をしているから。 問七 エ

○推定配点○

一 問一 各2点×4 問二・問八 各3点×9 他 各4点×5

二 問一 各2点×5 問二 7点 他 各4点×7 計 100点

<国語解説>

一 (論説文―要旨・大意，細部の読み取り，接続語の問題，空欄補充，漢字の読み書き)

やや難 問一 イ 「壊」は小学校未習の全16画の漢字。「環境破壊」などの用語で見たことがあるはずだ。 ロ 「冒」は小学校未習の全9画の漢字。「日」に「目」だ。「冒険」の「冒」。 ハ 「域」は全11画の漢字。8画目は「口」の下にやや右上に向かって書く。 ニ 「剰」は小学校未習の

全11画の漢字。「乗」に「りっとう」。

基本 問二 A 前部分は，ニュアンスが異なると言っていて，後部分では具体的に「怪我をした場面」で考えているのでイの「たとえば」。 B 前部分は基本的に空気を「さわる」ことはできないと述べていて，後部分は「ふれる」ことはできるというのだからエの「ところが」である。 C 前部分は，さわられる側の心情を無視しているように感じられると説明している。後部分は，前部分のことをまとめているのでウの「つまり」を入れる。 D 前部分は，相手がどう思っているのかで，後部分も相手がどうしようとしているのかという疑問を二つ並べているのでアの「あるいは」である。

問三 傍線①直後からしばらくのあいだ「さわる」と「ふれる」についての説明が続いている。「重要なのは～」で始まる段落でそれまでの説明をまとめる内容になる構成だ。説明を受けて「傷口にさわるのが痛そう」な理由が「～からである。」と述べられている。

問四 直後にある「～対し」に着目する。一方的に対応する言葉として考えると，「言い換えれば～」で始まる段落に，一方的のことを「相互性は生まれず」と説明しているので，対比としては「相互性」となる。

重要 問五 「もっとも，人間の～」で始まる段落に「人間の体を『さわる』こと，つまり物のように扱うこと」とある。医師が専門的な知識を前提として患者を触診することを「さわる」と言えるのは，「ある意味」で患者を「物」として扱うと言い換えられる。医師としての立場で「物」と言うのならこの場合「科学の対象」である。

問六 アとイで迷うところである。一方的と相互的で対比していたことを考えると，アも適当のように思えるが，ここでの暴力的は実際の苦痛だけを言っているのではなく，「領域に入られたような暴力性」と表現している。これは自分に対する配慮というものを感じられないということなのでイを選ぶ。

やや難 問七 傍線⑤は，「接触面に人間関係がある」としている，これは「さわり方，ふれ方に人間関係がある」ということだ。「『よき生き方』～」で始まる段落で「よきさわり方／ふれ方」とは何なのかと考えている。そして，「人が人に～交されている」かどうかを問題にしている。

問八 ア 「虫や動物～」で始まる段落にスライムなどの質感を確かめるときは「さわってごらん」と言うとあるので×。 イ・ウ 「同じように～」で始まる段落にイとウの内容があるのでいずれも○。 エ 接触は幸福感に影響するが，「さわる」が常に不快感を与えるわけではないので×。 オ 手は主要な役割とはしているが「五感のうち最も重要」というような比較はしていないので×。

二 (物語―心情・情景，細部の読み取り，空欄補充，漢字の読み書き，記述力)

やや難 問一 イ 「繰」は小学校未習の全19画の漢字。いとへんに「品」と「木」。 ロ 「難」は全18画の漢字。9画目は上に突き出さない。 ハ 「耐」は小学校未習の全9画の漢字。 ニ 「弾」は小学校未習の全12画の漢字。弓に単。 ホ 「背」は全9画の漢字。3画目は左からはらう。1～5画目は左右同じではない。

問二 「ためらう」とは，あれこれ考えて迷うことという意味の言葉だ。校長が何を言ったのかを確認すると，保健所へ連絡するということだ。この言葉を言い出すのにためらいを感じているということだから，自分も望んでいるわけではないが，引き取り手が現れないならそうするしかないという苦しい判断を言わなければならないからである。

問三 「そもそも」と言い出しているのは，最初から考えればという思いである。校長はメンバーに自分の家で飼える人はいないのかを聞いている。それぞれが飼えない理由を挙げていたが，「そもそも」自分たちで飼えないから学校で飼おうという発想になるのが安易だと言っているのである。

問四　直前の「子どもではないが～」から始まる段落の内容は，結局どちらにも属さないという話題ばかりを挙げている。このような状態を，コーシローの成長段階のように「中途半端」という。

問五　校長は「小さなため息をもらし」，「すぐに殺処分になるわけではない」と言っている。つまり，ここではみんな保健所に連絡することはコーシローが殺処分になることを前提として話しているのである。このコーシローが殺されるのだということを実感してほしい思いで手渡したのである。

重要　問六　文中に出てくる順番ではないので注意しよう。Ⅰ　五十嵐は「うちで飼うことも考えたんですが」と語りかけ「ペット禁止の住まい」と理由を挙げている。　Ⅱ「藤原君の家では～？」という校長の質問に「妹にアレルギーがあり，親が犬嫌い」と説明している。　Ⅲ「優花」は「塩見優花」と自己紹介している。「塩見さんの家は～？」という校長の質問には「家で食べものを扱っている」と答えている。

問七　生徒たちの押しきられて許可したわけではなく，いくつかの条件を出している。着目点は，校長の最後の言葉である。この言葉から，伝えたかったことはエの内容である。

★ワンポイントアドバイス★

小学校未習の漢字も多く出題される可能性があるので，漢字問題であせることなく，しっかり時間配分し読解問題で失点をおさえよう。

大切なことはメモしておこうネ！

データ対応

収録から外れてしまった年度の
問題・解答解説・解答用紙を弊社ホームページで公開しております。
巻頭ページ＜収録内容＞下方のQRコードからアクセス可。

※都合によりホームページでの公開ができない内容については，
　次ページ以降に収録しております。

体重は訊かなかった。理子はさつきの胸をさりげなく見た。ベストの前とブラウスの間には、緩い空間ができていた。盛り上がりに欠けて、男の子みたいだった。

理子はそれが羨ましかった。

相別町のプラスチック台で飛んだとき、理子はアプローチのときからバランスを取るのに神経をすり減らした。そんなことは初めてだった。冬場の台とは違い、条件が変わらない夏の台なのに、滑り降りていくにつれて加速していく体と、体が感じる重力や抵抗力などが、なんとなくしっくりこなくて、理子は助走しながら細かく体勢を調整しなくてはいけなかった。

踏み切りも、⑥会心のタイミングは取れなかった。

それでもなんとか体面を保てるくらいに飛べたのは、必死で空中姿勢を整え、低空を飛びながらぎりぎりまで接地を我慢したからだ。

（私のジャンプはこんなのじゃなかった）

心が揺れる。胸の中に静かに白くふんわり積もっていた雪が、白煙の目隠しとなって理子を惑わせる。理子は、初めて味わう［⑦］感を気取られまいと、なんでもないように振る舞った。

（乾　ルカ『向かい風で飛べ！』）

（注）　＊シャンツェ……スキーのジャンプ台。

　　　＊カンテ……踏み切り台の先端。

問一　傍線部**イ**～**ホ**のカタカナを漢字に直しなさい。

問二　傍線部①「今できるベストのジャンプをした」とありますが、理子がこの時のジャンプに抱いた思いを文中から二十字以内で抜き出しなさい。

問三　空欄［②］に当てはまる語を文中から抜き出しなさい。

問四　傍線部③について。圭介は理子に「少年団をやめた」理由をどのように言っていますか。**当てはまらない**ものを次の中から一つ選び、記号で答えなさい。

ア　女子である理子に男子である自分が勝てないことが悔しかったから。

イ　自分の将来について思いをめぐらし、進路を考えるようになったから。

ウ　理子を恋愛対象として見る人間が近くにいるのは迷惑だと思ったから。

エ　反感を抱いていた遠藤コーチにこれ以上教えられるのが嫌だったから。

問五　空欄［④］に当てはまる漢字一字を答えなさい。

問六　傍線部⑤「岡目八目、っていうんだったっけ、こういうの」とありますが、「こういうの」が指す内容を解答欄の形式に合うように文中の表現を用いて具体的に答えなさい。

問七　傍線部⑥「会心のタイミング」の説明として適当なものを次の中から選び、記号で答えなさい。

ア　実力以上の力を発揮させるタイミング。

イ　期待した通りの満足できるタイミング。

ウ　十分に注意してつかんだ最高のタイミング。

エ　周囲の期待に応えられるタイミング。

問八　空欄［⑦］に当てはまる語を文中から抜き出しなさい。

——でもこういうの、今のおまえに迷惑だろ？　俺でなくてもそういう目で見られるの、嫌だろ？　俺、おまえのこと好きだから、おまえにジャンプ全力でやってほしいから、俺がジャンプから離れる。

圭介は黙って右手を差し出してきた。圭介なりの決着のつけ方なのだろうと、理子は思った。理子も右手を差し出して、二人は握手をした。

——理子、サンキューな。おまえ、頑張れよ。

理子は頷いた。圭介はさばさばしたみたいに、教室を後にした。

そんな圭介なのだが、退団後も理子のことを、なにくれとなく気にかけてくれる。理子が嫌に思わない程度にさりげなく。しかも一歩離れたところから見ているせいか、もともとの慧眼にさらに磨きがかかったようだ。

⑤（岡目八目、っていうんだったっけ、こういうの）

理子はいつか父親と話していて教えてもらった四字熟語を、ふと思い出した。

（悩んでいる……か）

圭介のように退団していく団員もいれば、春に新しく入団してきた子もいる。その中で小学二年生の女の子は、無邪気にこう言ってくれた。

——理子ちゃんみたいに飛びたいから、入ったの。

（あの子の名前はなんていったろう）

リボンを整えるふりをして、胸元をそっと押さえる。制服は夏服に変わって、ブレザーは着ていない。白のブラウスに紺のベストが、上半身のスタイルだ。

「あ、理子理子！」

給食室まで食器を下げに行っていた、給食当番のさつきが、教室に入ってくるなり名前を呼んだ。「ねえ、体育館に行かない？　トスバレーやるみたいだよ」

体育館が使える日の昼休み、クラスの一部の女子は、丸い輪を作りバレーボールを回しあうゲームを好んでやるのだった。小学校時代からの名残みたいなものだ。男子はもう半分のスペースでミニバスケをしていることが多い。

バレーをして遊んでいるとき、頻繁に男子からの視線を感じる。

「……私は今日はいい」

「え、どうして？　具合でも悪いの？」

「ううん、違うけど」理子は少し声を小さくした。「次の時間の予習、済ませてなくて」

「そんなの、私もだよ。理子だったら予習なんてなくても平気だよ。社会、得意でしょ？」

でも、理子が体育館に行かないと知るや、さつきも教室に居残ると決めたようだ。居残り組のクラスメイトは、本を読んだり、こっそりマンガを読んだり、もっとこっそり携帯電話のゲームをしたりしている。そんな中を縫って、さつきは自分の机から社会の教科書を持ってきて、体育館へ行ったらしい前の子の席に座り、ページを繰った。一緒に予習しようというように。

「ねえ、さつき。今、身長どのくらいあるの？」

「うーんっとね」さつきは視線を斜め上に向けて、少しの間考える顔をした。

「百六十四センチ？」

（もう私と、一センチしか違わないんだ）

小学三年生の授業で、校庭でやらされるジャンプの真似ごとと、八メートルとはいえ*カンテを使うジャンプはやはり違う。授業で興味を持ったはいいものの、実際のジャンプとの相違に、「こんなのだとは思わなかった」と帰ってしまう子もいた。理子やさつきは、飛んだときの感覚にすぐ魅せられ、楽しみを見いだしたが、それが一般的な反応というわけでは決してない。人によっては「だからどうなの？」「これのどこがそんなに楽しいの？」という思いを抱いても全然不思議ではないのだ。誰もが同じではないのだから。

ジャンプそのものを好きになれなかった子が、続くはずはない。

言い方を変えれば、それなりに続けている団員は、ジャンプ競技そのものが好きなのだ。そういった子がジャンプを見限るのは、ジャンプを好きだという気持ち以上に、ジャンプに関するなにかが嫌になってしまったり、ジャンプよりも大事なものや好きなものができたりしたときだ。

もともと圭介は遠藤コーチに反発していた。きっかけは本当に些細な出来事だった。入団当初、小学三年生だった圭介は、ジャンプでアプローチを滑り降りる際にかかる重力や抵抗力、遠心力など物理学的な解説を、遠藤コーチに求めたのだが、コーチは圭介の年齢を考えたのか、詳しい説明をしなかったのである。

遠藤コーチは、当時から神童の誉れ高かった——ドーケン先生の再来と、その秀才振りを称えられてきた圭介を、特別扱いしなかった。小学三年生の他の子が圭介と同じ質問をぶつけるとは思えないが、もしそんなことがあったとしても、遠藤コーチは同じように応対しただろう。どんな子にも平等に接するコーチなのだ。理屈から入るより、まずは飛んで、ジャンプを好きになってほしいのだろうと、理子は見た。

しかし、抜群に頭の良い圭介は、軽んじられたとむくれた。結局圭介は自分で本を読んで、滑走から踏み切り、飛翔時、着地に至るまでの運動エネルギーの変化を勉強した。そして、自分への遠藤コーチの対応を「教えなかった」のではなく、「教えられなかった」のだと子どもながらに軽蔑したらしいのだ。

永井コーチの入院で、一時的とはいえ遠藤コーチが先頭に立ち、舵を取ることとなったジャンプ少年団は、圭介にとって居心地のいいものではなかったに違いない。

だが。

——でも、本当はコーチだけじゃないんだ。

ここにきて、圭介には退団を後押しする理由が、いくつもできてしまっていたのだ。

——ドーケン先生が町に来てから、ずっと考えてた。俺もドーケン先生みたいに中学を卒業したら家を出て、ちゃんと進学校に行きたい。俺さ、大学で航空工学と航空力学の勉強してさ、将来は航空機の設計に携わりたいんだ。それにはジャンプ選手の成績って別に関係ないんだよな。遅かれ早かれ、いつかはジャンプをやめるんだ、俺。

——ジャンプは好きだけど、俺にとっては一生やることじゃない。ジャンプよりも、そろそろ優先すべきことがあるんじゃないかと思う。両立できれば一番いいけれど、もしも結果が伴わなかったら、俺、自分の心にずるをして、ジャンプを逆恨みするかもしれない。

それから、もう一つ。

——あとさ。俺、おまえのこと、好きだ。

黙って聞く理子の前で、圭介は真顔で告白したのだった。

向かい風を味方につけて、スキー板と体の間で浮力を閉じ込めるように飛翔する姿。さつきは理子のジャンプはぴっとしてきれいだと言ってくれるけれど、理子はスキー板と体がヒカク的近い自分のフォームよりも、さつきの空中姿勢のほうが理にかなっているのを知っている。気をつけても近くなってしまうのだ。それでも勝ってきたが、内心ではもっとさつきみたいにすべきだと思う。

とにかく誰がどう見ても、さつきは上手くなった。一本飛ぶごとに、上手くなるのだ。

だから、これでまた、さつきは一歩自分に近づいた――理子は自分が降りたほんのちょっと手前まで飛んできたさつきの笑顔に、目をくっと細めた。

（ ② って、なんだろう）

入団しないかと誘ったとき、さつきがこんなに上手くなるなんて、理子は少しも想像していなかった。

それから、自分のジャンプに違和感を覚える日が来ることも。

「なんか悩んでんのかよ？」

月曜日の昼休みに話しかけてきたのは、冬に少年団をやめた圭介だった。圭介は理子の机に右手を置いて、顔を傾けながら目を合わせてきた。

「相別町のシャンツェ*で、上手くいかなかったわけじゃねえよな？　おまえが失敗なんかしたら、すぐ俺の耳にだって入ってくるしさ」

そう言いつつも、悩んでいるのかと訊いてきた圭介の観察眼に、理子は内心 ④ を巻く。

でも、理子の心の中に芽生えつつある不安を、男子の圭介に話すわけにはいかない。いや、男子だからじゃない。誰にも話したくないし、知られたくない。

別になんでもないとかわした理子に、「ならいいけどよ」と受け流しつつも、圭介が理子の言葉を本気に受け取った様子はなかった。

「俺は少年団やめたけど、でもおまえの味方だからな」

圭介は早口でそう言うと、照れ隠しのように肩を竦めて離れていった。

ジャンプをやめたことを、圭介は後悔していないようだった。

「どうせ続けたって、女の理子に勝てねえし」

退団直後にそんな言葉を漏らした圭介を、さつきは本気で怒った。

「理子のせいみたいに言うの、やめてよ。圭介が勝手にやめるんでしょ」

圭介の退団理由を知る者はあまり多くない。圭介も表だって言わない。だから中には、本当に理子に勝てないのがつまらないからやめたのだ、と思っている団員もいる雰囲気だ。圭介は頭が抜群によくて下級生の面倒見もよかったので、そういった圭介を慕う一部の団員から、理子は少し嫌われてしまったかもしれないと感じる。

（別に構いはしないけれど）

――遠藤コーチに教えられるのが嫌だってのもあるけどさ。

冬休みが終わったある日の放課後、圭介は理子だけに退団の理由を話した。教室には誰もいなかった。

少年団をやめていく理由は、その子によってさまざまだが、一番多いのは入団直後で、「やっぱりあんまり面白くない」というようなことだ。

ウ　国家と市場経済を両輪として成立した近代社会は、両者の相反する性質のためにその姿を大きく変えた。

エ　新型コロナウイルスによって社会は大きく変わり、国家の力は弱体化することになった。

オ　人間の生き方を考察する材料として明治時代の生きづらさを取り上げることは有益である。

二　次の文章を読んで、後の問に答えなさい。

まだ一度たりとも理子は、さつきが自分を追い抜くのをイユルしてはいない。

ジャンプに関してはずっと、才能があると称賛されることにロナれていた。自分でも普通の子とは違うと思っていた。普通の子と同じ練習をしても、理子は一番になれたのだ。ただし、一度称えられたら満足し、鼻を高くしていたわけではもちろんなかった。褒められれば、その期待を裏切りたくなくて、理子はさらなる努力をしたのだ。

周囲はどんどん変わっていった。

彼らは理子のジャンプを見て、何年か後を語るようになった。日本代表、オリンピックという言葉とセットにして。

「理子、楽しみだね。今年の夏」

さつきは天真爛漫（らんまん）に言う。「いいなあ。フィンランドのチームと合同合宿かあ。どんな練習をするんだろうね？」

ゴールデンウィーク前に、永井コーチから知らされた一件は、瞬（また）く間に沢北町に広がり、周囲のハヒョウカを確定的なものにした。

――やっぱりそうなったか。

――理子ちゃんには才能があるから。

「どんなふうだったか、帰ってきたら詳しく教えてね」

私も次は理子と一緒に行きたいなあと、さつきは天をニアオぎ、スタートゲートまでの階段をまた登りだした。

理子は才能を生まれ持ったものだと考えていた。自分の才能のみならず、広い意味合いとしてである。望むと望まざるとに関わらず、人はそれを抱えて生を受ける。

自分はジャンプの才能を持って生まれたと、ちょっと前までは信じていた。

けれど今は、理子の中でその確信が揺らぎつつある。

（才能って、もしかしたら消えてしまうものなの？）

（それとも、そんなものはもともと私には……）

プラスチックのジャンプ台で、少年団の先陣を切って理子は飛んだ。感覚を確かめるために流すのではなく、これは本番なんだと気を引き締めて、①今できるベストのジャンプをした。

記録は悪くなかった。他の団員は男女を問わず、

「さすがだね」

「今シーズンも調子良さそう」

と言ってくれた。遠藤コーチも「なかなか良かったぞ」とコーチングボックスから声を張り上げた。

ブレーキングトラックでスキー板をはずし、理子は次に飛んでくるはずのさつきを見つめる。

「はいっ」と元気のいい声をあげ、遠藤コーチの手の合図で、さつきはアプローチを滑り出す。

らを取り巻く社会について考察する補助線になればサイワ（ホ）いです。

（松沢裕作『生きづらさの正体』）

問一　傍線部イ～ホのカタカナを漢字に直しなさい。

問二　空欄［A］～［C］に当てはまる語を次の中から選び、それぞれ記号で答えなさい。

ア　しかし　イ　いわば　ウ　さらに　エ　さて

問三　傍線部①「『袋』は破られました」とはどういうことですか。適当なものを次の中から選び、記号で答えなさい。

ア　士農工商の区分がなくなったことで、人々は階層的な秩序から解放され自由に生きることができるようになったということ。

イ　職業に応じた身分集団が解体されたことで、人々は競争社会の中で自活していかなければならなくなったということ。

ウ　社会体制が急激に変わったことで混乱が生じ、人々は貧困や病気といった問題に苦しむようになったということ。

エ　明治維新によって新しい秩序が作り出されたことで、人々は現代に通じる社会制度を生み出すことになったということ。

問四　空欄［②］に当てはまる語を文中から漢字二字で抜き出しなさい。

問五　傍線部③について説明した以下の文章の空欄に当てはまる内容を答えなさい。ただし、［A］・［B］は文中の語句を用いて十五字以内で答えなさい。［C］は五字以内、［D］は十字以内で文中から抜き出しなさい。

> 通俗道徳が多くの人に信じられたのは、［A］と考えられたからである。ただし、この考え方は、貧困に陥るのは［B］からだという考え方にもつながる。ひとことで言えば［C］ということである。
>
> また、勤勉かつ倹約を心がけても貧困に陥ってしまうことがあるが、その場合も［B］と受け止められてしまう。この状況を、筆者は［D］と表現している。

問六　空欄［④］に当てはまる漢字一字を答えなさい。

問七　傍線部⑤の説明として適当なものを次の中から選び、記号で答えなさい。

ア　一人ひとりの経済状況は、国全体の経済状況の調査のみでは分からないということ。

イ　一人ひとりの経済状況は、国全体の経済成長率と一致するかどうかは分からないということ。

ウ　一人ひとりの経済活動は、国全体の経済政策の分析・調査からは分からないということ。

エ　一人ひとりの経済活動は、国全体の経済に影響するかどうか分からないということ。

問八　次のア～オそれぞれについて、本文の内容に当てはまるものには○、当てはまらないものには×をつけなさい。

ア　江戸時代の身分制度には、身分に応じた仕事をしていれば生存保障が与えられる側面もあった。

イ　明治時代の「恤救規則」は、選挙で選ばれた議員が集まった衆議院で否決され成立しなかった。

村請制では、村単位で納めていた年貢は農民が連帯責任を負ったため、足りない分を豊かな人が肩代わりして助け合いました。

［Ｃ］、明治になって③多くの人が勤勉や倹約を是とする通俗道徳を信じたことで、弱者が直面する貧困などの問題は全て当人のせいにされました。勤勉に働いていても病気になることもあれば、いくら倹約しても貯蓄するほどの収入が得られないこともあったにもかかわらずです。通俗道徳を守れば必ず成功するわけではありませんが、守っていた人の中に成功者も多く、この規範は強い支持を得たのです。

歴史学は社会の動きと無縁ではありません。新型コロナウイルスの世界的大流行を見ても思います。

明治初期、町村合併によって境界を引き直したことと市場経済を導入したことで、社会が大きく姿を変えました。境界を引いて成り立つ国家と、境界を飛び越えて商品が飛び交う市場経済は相反するようにも見えますが、両者が併存しながら近代以降の社会は成り立ったと考えています。

近年、グローバル経済の発展により、国と国との境界は実質的に消滅し、国家の力は弱体化しているとの言説が強まりました。ところが今回、国籍のない無境界的な新型コロナウイルスが猛威を振るい、うろたえた人々からは、「ロックダウン（都市封鎖）」に代表される強い国家権力の行使を望む声も上がりました。危機に対処するには、国家権力にイタヨらざるを得ないという考え方です。

ロ争いやワザワいが繰り返された歴史を踏まえれば、人々の希望の根底には「なるべく平穏無事に過ごしたい」という思いがあります。近代社会が達成した人権というハガイネンは、それぞれの人が望む平穏の形を妨げられることなく生きていく、ということに集約されるのだと思います。

コロナウイルスが引き金となり、社会は様々な面で大きく変わるでしょう。その時、明治時代のように、生きづらさで苦しむ人たちを作り出さないか、私たちは［④］を凝らさなくてはならないのです。

現在、私は恤救規則を巡り、１８８０〜90年代、老齢で夫や子供のいない一人暮らしの女性がどんな仕事をして生計を立て、生活が苦しくなった時にはどのような手続きを経て公的な扶助を受けていたのかを調べています。⑤当時の行政記録を通じたミクロな視点からのアプローチで、明治の経済成長率をマクロに分析するだけでは分からないものです。

この作業を通じ、明治の経済が当時の人々をどのように生かしていたのかを明らかにしたいと考えています。そして、特に近代において女性やジェンダー（社会的な性差）がどのように扱われてきたかも浮かび上がらせられると思っています。

世の中を良くするため、歴史を知ることは不可欠だと思います。歴史には一定のパターンが存在するからです。自分自身で解決できないつらさを感じたとき、過去の抑圧の歴史を知っていれば乗り越える力になるはずです。

江戸から明治は、後戻りできない大きな変化を遂げた時代でした。私自身は現代政治や経済のニセンモン家ではありませんが、あの時代に漂っていた漠然とした不安やストレスについて考えることが、現代の人が自

【国　語】〈五〇分〉〈満点：一〇〇点〉

一　次の文章を読んで、後の問に答えなさい。

歴史学は様々なアプローチが存在する学問ですが、私自身は、史料を基に過去の出来事を筋道立てて説明することで、人間の生き方について深く考える材料も提供したいと考えています。江戸、明治時代の地方制度を主に研究していますが、一貫してテーマにしているのは、人々が受けてきた「抑圧」です。

江戸時代の身分制度と言えば「士農工商」という階層的な秩序を思い浮かべる人が多いと思いますが、私は少し違った形で捉えています。農業を営む「百姓」は「村」という集団に属し、都市部に住む「町人」は「町」に所属するなど、職業に応じた身分集団を作っていました。身分に応じた仕事をしていれば、生存保障が与えられる構造です。

［A］単純な上下関係というより、一人ひとりが村とか町とかの「袋」に分けて入れられているイメージです。その表れとして、領主への年貢は、現在の市町村より小さな規模の集まりだった村単位で納入されていました。「村請制」と言われる仕組みです。

明治維新を機に、この秩序が大きく変わります。身分制はなくなり、①「袋」は破られました。１８７３年に始まった地租改正によって、村単位で納めていた年貢は、［②］に納入責任がある税金へと姿を変えました。さらに、政治権力によって新たな境界線が引かれ、職業とは関係ない新たな町や村などの自治体が生まれました。

市場経済の原理も導入され、自分で何かを生み出したり、商品として売ったりして生計を立てる必要が出たことで、それまでになかった社会の混乱と抑圧が現れたのです。

江戸後期から明治時代前期に現れた抑圧、言い換えれば「生きづらさ」について、私は「通俗道徳」という歴史学の用語を使って説明しています。人が貧困に陥るのは、その人の努力が足りないから、というような考え方です。

身分制と引き換えに競争社会となった明治時代には、「恤救規則（じゅっきゅうきそく）」という現在の生活保護制度と似た仕組みが存在しました。大日本帝国憲法の制定より15年前の１８７４年にできた法令です。ただ、「恤」は「あわれみ恵むこと」を意味し、相当な「上から目線」の法令で、現在の生活保護法と根本的に異なりました。

救済対象は①障害者②70歳以上の高齢者③病人④13歳以下の児童のいずれかで、［B］、働くことができず、極めて貧しく、独り身であるという厳しい条件を満たした人に限って、一定の食費を支給することとしていました。

厳しい運用を問題視した政府は１８９０年、恤救規則に代わる法令として、市町村に貧困者を助ける義務を負わせる「窮民救助法案」を帝国議会に提出しました。ところが、選挙で選ばれた議員が集まった衆議院で法案は否決されます。議員の多くが「貧困に陥ったのは、働き、貯蓄するという努力を怠った結果だ」と考えたのです。当人が怠けた結果を税金で解決するのはおかしい、貧困は自己責任であり社会の責任ではない、との主張でした。

江戸時代まで、社会は「通俗道徳のわな」にはまりきってはいませんでした。社会の基礎が個人ではなく、集団で成り立っていたからです。

の意見で市や県を動かしていくべきだ。

ウ　政治単位の人口に関するアリストテレスの考え方は、今の時代でも充分に有効であると考えられる。

エ　経済や政治や行政などすべてにおいて、地域振興や災害対策は小さい単位で考えて行動すべきである。

二　※問題に使用された作品の著作権者が二次使用の許可を出していないため、問題を掲載しておりません。

三浦　「秋田には仕事がない」というフレーズはいろんなところで聞くのですが、秋田県の今年四月の有効求人倍率は一・六〇倍、全国平均が一・五九倍ですから、実はわずかに全国より高いのです。職種によっては喉（のど）から手が出るほど人が欲しい状態でしょう。マッチングが課題です。しかし、例えば看護師など資格が必要な職種だと、やはり給料のいい都市部に人は流れてしまう。業界も行政も対策を講じていますが、待遇面で乗り越えられない壁はあるわけです。するとやはり、数字には表れない地元にいるメリットを感じてもらう必要が出てくると思うのです。

久米　そう、首都圏は給料が高いけれど、生活費も高い。人生のトータルコストを考えたとき、秋田のメリットもたくさんあるはずです。

三浦　大きな産業ではなくても、最近、私と同じくらいの年代が面白い事業を始めています。夏にはホタルがたくさん見られる山あいの集落にカフェを開いた方がいて、その方は周辺の農家と契約し、農協に卸すよりも高値で米を買い取り、仲間と袋詰めをして首都圏に売り込みに行っています。別の方は、都内でアパレル業に従事した後、帰郷し、独自のファッションブランドを立ち上げてオーガニックをテーマにしたマーケットを開催し、たくさんの人を集めている。このように新しいことを始める若手が出てくると地域にワクワク感が出てきて、好循環が生まれます。

私たちの親世代は田畑を守る、親の面倒を見なければならないと、地元に残る理由が比較的明確にありました。しかし産業構造も変わり、親世代が子を思って、「田んぼは継がなくていい」「東京から帰ってこなくていい」と言います。気持ちがわかるだけに、寂しいですよね。ですが、その思考は過去のモデルだと思うのです。生きがいは案外ささやかなところにあるのではないか。地元の友人との交流や、家族と囲む食卓……。同年代の新たな取り組みに学ぶところは多く、私たちは、そこにいなくてはいけない理由を再定義しようと今議論しているところです。

（『中央公論』二〇一八年八月号）

〔Ⅰ〕　傍線部③の「数字」とは、この座談会の中では何のことですか。最も適当なものを次の中から選び、記号で答えなさい。

ア　有効求人倍率　　イ　給料　　ウ　コスト　　エ　産業構造

〔Ⅱ〕　傍線部③の「地元にいるメリット」とは、人々がどのようなことを感じることですか。適当な語を、座談会の文章の中から抜き出しなさい。

問五　傍線部④「地域の生存戦略」とはどういうことですか。文中の語句を用いて三十五字以上四十字以内で具体的に説明しなさい。

問六　本文の内容に当てはまるものを次の中から選び、記号で答えなさい。

ア　「市」単位で課題を解決しようとすると、抽象的な議論になってしまい、有効な解決策を提示できない。

イ　数十戸単位の「集落」に注目することが今後は重要であり、「集落」

新たな参入ロソクシンや競争力の強化に取り組んでいる」という。

それに対し男鹿市職員である三浦大成は、県よりも「市」の立場に立つ。彼によれば、男鹿市がハスイタイする根本原因は、住民が自信を失い、「この地域に未来がある、明日がある」と信じることができないことだ。たとえ小さな産業や小さな工夫でも、あるいは地元の交流や家庭の談笑でも、「③数字には表れない地元にいるメリット」を住民に理解してもらわなくてはならないという。

一方で東京大学助教の工藤尚悟が重視するのは、数十戸単位の「集落」だ。集落の消滅は、地形やニテンコウに根ざした「伝統知」の消滅を意味する。その対策としては、従来型の企業誘致よりも、廃校を地域拠点に変えたり、農業やＩＴで起業するＩターン移住者をホツノったりして、地域に関わる人材を増やすべきだという。

三者の視点はどれも重要ではある。だが現代は、地域がＩＴで東京や世界と直接に交易できる時代だ。その時代に、県という単位で地域振興を論じることの有効性は下がっているのではないか。

もちろん政治や行政の単位は必要だ。だがその単位としては、県や広域市は大きすぎ、住民から遠すぎる。行政が自治会長を通じて住民を把握できた時代ならいざしらず、現代では住民ひとり一人が参加や責任の意識を持ってくれないと、行政も政治も機能しない。

そんななかで長野県飯綱町は、町議会の改革と活性化に成功した。その人口は約1万1千人だ。このことは、＊アリストテレスが「人口の多すぎる国が良い法によって立派に統治されることは非常に困難」で、政治単位の人口は「一目で全体を見渡せる程度」が望ましいと述べたことを想起させる。

結論をいおう。大きな地方単位は現代の社会に合わない。経済では国境や県境を越えて連携し、政治や行政の単位は小さくする。地域振興や災害対策は、そういう方向をめざしていくべきだ。

「グローバルに考え、ローカルに行動する」。この言葉は、かつては社会運動の標語だった。災害を機に、これを④地域の生存戦略として考え直してみたい。

（小熊英二『私たちの国で起きていること』）

（注）＊アリストテレス……古代ギリシャの哲学者。

問一　傍線部**イ**～**ホ**のカタカナを漢字に直しなさい。

問二　傍線部①「巨大な広域市」が被災地となった時の問題点として、**適当でない**ものを次の中から一つ選び、記号で答えなさい。

ア　被災地域から離れた場所で意思決定が行われ、住民の意見が反映されにくい。

イ　被災地域の実情を理解できない職員が住民から協力を得られない。

ウ　被災地域の実情とは異なる復興計画が立ち上げられてしまうこともある。

エ　被災地域に行ったことがない職員が復興業務に携わることもある。

問三　傍線部②「把握力の低下」とありますが、なぜ行政の「把握力の低下」が起こったのですか。その理由を二つ、解答欄の形式に合うように文中の語句を用いてそれぞれ二十字以内で答えなさい。

問四　傍線部③は、二重傍線部「秋田県を論じた座談会」での発言です。以下の文章を読んで、問に答えなさい。

【国　語】〈五〇分〉〈満点：一〇〇点〉

一　次の文章を読んで、後の問に答えなさい。

７月の西日本豪雨の被災地は、２００５年の「平成の大合併」で隣接の自治体に編入されたところが多い。倉敷市真備町や東広島市河内町などがそうだ。広島市や岡山市も、周辺の山村を編入した①巨大な広域市で、被災したのはおもに山あいの周辺地域である。

三陸の津波被災地を調べた経験からいえば、広域合併は災害に様々な影を落としている。合併された町は、町議会や町役場がなくなり、意思決定機能を失う。物事を決めるのは、遠く離れた中心街にある県庁や市役所、市議会などだ。結果的に復興計画なども、地域の実情と乖離した巨大土木工事などになりやすい。

とはいえ、市役所職員を責めるのは酷でもある。日本は公務員の数が少なく、人口千人当たりの公務員数は英仏やアメリカの半分程度だ。そのうえ広域合併で人減らしを進めたので、非正規職員を含めて業務に忙しく、合併で編入された周辺地域には行ったことがない職員も多い。この状況で、被災地域の事情を十分に理解するのは難しいことだ。

公務員の数が少ないぶん、負担は地域の自治会長にかかる。山村地域は、山あいに点在する数十～数百世帯の集落から成っており、各集落に自治会がある。集落の被災状況を報告したり、必要な弁当の数を申請したり、救援物資を配布したりといった仕事は、高齢の自治会長がこなすことが多い。イカロウで倒れる自治会長が出ても不思議はないだろう。

日本では、自治会や町内会が住民を把握することで、公務員が少なくてもやっていける体制を築いてきた。かつての自治会長や民生委員は、どこの家庭が貧困かといった地域事情をよく知っており、行政はその情報を頼りにしてきた。だが自治会の加入率が落ち、そのうえ広域合併で行政がカバーすべき範囲が広くなると、少ない公務員では地域社会の状況を把握できなくなる。こうした②把握力の低下が、災害では集中的に露呈しやすい。

忘れられがちなことだが、県や市は行政組織の単位であって、地域社会の単位ではない。「広島が豪雨で被災した」といっても、広島県や広島市の職員は被災した地域に詳しくないかもしれない。ものごとを「広島」という行政単位で語ると、実情を見誤りかねないのだ。

同様のことは「地方再生」についてもいえる。県の産業振興と、地域社会の活性化は必ずしも一致しない。たとえば、仙台市域の産業を集中的に振興すれば、宮城県の人口は増えるかもしれないが、県内他地域から仙台への人口流出は加速するかもしれないのだ。

地域を語る単位の問題を、秋田県を論じた座談会からみてみよう。秋田県は人口減少率と高齢化率が全国一だ。この座談会の参加者は、三人とも秋田県生まれだが、微妙に立場が違う。一人は秋田県あきた未来戦略課長、一人は男鹿市の企画政策課副主幹、一人は地域づくりを研究する大学助教である。三人それぞれが「秋田」という言葉を使いながら、実は視点が異なっている。

まず秋田県課長の久米寿は、「県」の人口流出を止めることを重視し、「本県最大の課題は産業振興による雇用の創出」だと述べる。具体的には「航空機、自動車、新エネルギーなど五分野を成長分野と位置づけ、

ア　ノートをもらったときには、精一杯丁寧に書いたつもりの字が、後になってみると思ったよりきれいではなく、歪んだ分だけごまかされているということ。

イ　誰にも見せないと決めているため、かわいそうな雰囲気が出ることで、誰かが見たくなるようなノートではなくなったこと。

ウ　お兄ちゃんの野球のスコアをつけていたノートのお古が、かわいそうな雰囲気が出たことで、「僕」の使用目的にちょうど合う見た目になったこと。

エ　ノートを見るたびに活発なお兄ちゃんと自分を比べてしまっていたが、ノートがかわいそうな雰囲気になったことで、お兄ちゃんを意識しなくてよくなったこと。

問七　傍線部⑥「罪滅ぼし」とありますが、「僕」はどのようなことを「罪」だと考えていますか。文中の表現を用いて三十字以内で答えなさい。

せばすぐに触れられる。けれどいざ心の中身をページに移動させようとすると、途端に果てしもない空白が現れる。それが不思議でたまらない。

　僕は鉛筆を握りしめ、空白をじっと見つめ、かわいそうな気持があふれそうになるのを感じつつ、どうにか二言三言、書きつける。的確な言葉を見つけたというのではなく、苦し紛れに吐き出したという感じだ。そういう言葉たちは四球、代打、三振、と同じくらい頼りなく、たどたどしい。

　かわいそうなことは、もっと正確な言葉で記録されるべきだ、そうでなければ本当の慰めになどならない、とよく分かっている。ノートを広げるたび、僕は申し訳なくてたまらなくなる。シロナガスクジラの心臓で遊んでいた子より、自分の方がずっと残酷なのではないか、という恐れにさいなまれる。

　鉛筆が止まったあとも、すぐにノートを閉じる気になれず、いつまでもページの白いところを見つめながら、リスト入りした彼らについてあれこれ思いを巡らせる。世界中が君を馬鹿にしたって、僕だけは味方だと、空白に向かって語り掛ける。そうやって僕なりに⑥罪滅ぼしをする。

（小川洋子「かわいそうなこと」）

問一　傍線部**イ**～**ホ**について。カタカナは漢字に直し、漢字は読みをひらがなで記しなさい。

問二　傍線部①とありますが、どのようなことがあって「僕」はシロナガスクジラを「かわいそう」だと思うようになったのですか。**適当でないもの**を次の中から一つ選び、記号で答えなさい。

ア　全身の骨が博物館の天井から吊るされ、誰からも興味を持たれていないこと。

イ　自分自身ですらどんな生きものなのかを知らないまま一生を終えること。

ウ　模型とはいえ、心臓が子どもたちの遊び道具として使われていること。

エ　象やビルと大きさを比べられるなど、大きさばかり注目されてしまうこと。

問三　傍線部②「骨はちょうどいい具合に焼けたクッキーのような色をしていた」に用いられている表現技法を次の中から選び、記号で答えなさい。

ア　隠喩（いんゆ）　イ　体言止め　ウ　擬人法（ぎじんほう）　エ　直喩　オ　対句

問四　傍線部③「そんな体を持って生まれる人生」とありますが、その内容として**適当でないもの**を次の中から一つ選び、記号で答えなさい。

ア　他の仲間たちと楽しく泳いだりすることは難しいだろう。

イ　他の魚たちが興味を持って合図を送ってもなかなか気づかないだろう。

ウ　小さい魚たちを気づかって急いで泳ぐことはしないだろう。

エ　行きたい場所があってもたどり着くことはできないだろう。

オ　物陰に隠れてリラックスすることはできないだろう。

問五　空欄 ④ に当てはまる漢字一字を答えなさい。

問六　傍線部⑤「ノートのためにはむしろ好都合だったかもしれない」とありますが、どういうことが「好都合」なのですか。その説明として適当なものを次の中から選び、記号で答えなさい。

づいて声を掛けてくる友だちは一人もいなかった。

皆が潜り込むと、柔らかいゴムがもごもごして、本当に心臓が動いているように見えた。ニューファンドランド島の海岸に打ち上げられ、人々から無遠慮に写真を撮られたり棒で突(つつ)かれたりしながら、それでも弱ってゆく体でどうにか最後の鼓動をホキザもうとしている心臓だった。

そのあと何を見学したのか、一つも覚えていない。本当はシロナガスクジラのそばにずっといたかったのだが、そんな勝手が許されるはずもなく、先生に促されるまま列の最後にくっついて歩いた。でも心の中はあの子で一杯だった。目には入りきらないけれど、心の中には顎から尾まで全部が収まった。そのうえ吊るされた骨ではなく、海にいた時と同じ、肉も鰭(ひれ)も噴気孔もついた本当の姿に戻っていた。

地図も持たずに君は、尾びれを振り上げ、背骨をしならせ、僕の中を泳いでゆく。きっと賢い君だけに見分けられる印があるのだろう。ちっとも迷ったりしない。小さな魚たちを驚かせないよう、動きはあくまでもゆったりしている。海流が君のすべすべした体を包んでいる。他の誰も真似できない雄大な移動が為されているとはとても信じられないくらいに、あたりは静けさで満たされている。

もし神様が「順番に並んで」と号令をかけたら、一番に返事をして先頭に立たなければならないのは君だ。勇気あるものにしか務まらない役目だ。絶滅した動物たちを動員しても尚、君の代わりになれるものはいない。全世界を従え、月にも優る尊さを内に秘め、最も強い風を受けながら、たった一人耐えている闘士。それが君なんだ。

かわいそうなことリストを記録するためのノートはお兄ちゃんにもらった。元々はお兄ちゃんが野球のスコアをつけていたノートだった。去年の秋、チームが地区大会で優勝した時、ご褒美(ほうび)に正式なスコアブックをパパからプレゼントされ、いらなくなったお古を僕にくれたのだ。だから最初の方のページには、打点3とか左二塁打とか捕エラーとか、わけの分からないことが書いてある。そこのところは飛ばして、そのあとのまっさらなページからがいよいよ僕のノート、ということになる。

これは誰にも見せないと決めている。病気で長い間入院しているおばあちゃんにもし頼まれたとしても、たぶん心を［④］にして断るだろう。ましてやママの目に触れたりすれば大変なことになるから、テストや宿題のプリントやドリルを仕舞っている机の引き出しの、一番奥に隠している。いつだったか奥に突っ込みすぎて引き出しのどこかに引っ掛かり、表紙が折れ曲がってしまった。ただ、油性ペンで精一杯丁寧に書いたタイトル［かわいそうなこと］が歪(ゆが)み、本当にかわいそうな雰囲気を醸(かも)し出す結果になったのは、⑤ノートのためにはむしろ好都合だったかもしれない。

正直に告白すれば、気持をありのままに記すのはとても難しい。自然史博物館から帰って来た日も、すぐにノートを開き、シロナガスクジラについて書こうとしたのに、いざ鉛筆を手にしてみると、どこからどう始めていいのか混乱するばかりだった。心の中で間違いなくシロナガスクジラは泳いでいる。海面に透ける流線型の影も見えるし、海流を震わせる心臓の鼓動も聴こえている。もちろん骨一個一個の形までも再現できる。なのに言葉は浮かんでこない。

僕と机の上のノート。見た感じではさほど離れてはいない。手を伸ば

ニューファンドランド島の海岸に打ち上げられているところを発見されました」

博物館の人が説明してくれている間中ずっと、クラスの皆は「でか」「でかすぎ」「ありえない」とざわざわお喋り（しゃべ）し、先生がいくら注意しても聞かなかった。

僕は黙って骨を見上げ、心の中でつぶやいた。

「もう分かったよ。それ以上言うな。この子だって自分が大きいことくらい、よく分かってるよ」

だから本来ならばこの言葉を使いたくはないのだが、確かにシロナガスクジラは、大きかった。他に表現の仕様が思いつかなかった。

②骨はちょうどいい具合に焼けたクッキーのような色をしていた。長持ちさせるために薬でもイヌってあるのか、時間が経てば自然とそうなるものなのか、表面は滑らかで、てかてかして見えた。体長の四分の一くらいを占める顎（あご）は、上下の骨が合わさって緩やかなカーブを描き、その付け根にある胸びれは人間の手とそっくりの形をし、あとは背骨がどこまでも長々と続くばかりだった。背骨を構成する骨たちは皆同じ形を持ちながら、先頭から最後尾まで大きさが少しずつ小さくなっていた。何もかもすべてが左右対称だった。大きすぎるせいで隅の方には規則が行き届いていない、などといういいロカゲンなことにはなっていなかった。どの骨もお利口に自分の居場所を守っていた。

真下に立ち、どんなに目を見開いても、彼（僕は勝手に男の子だと思い込んでいる。どこの骨でそこのところを見分けるのか、博物館の人は教えてくれなかった）のすべてを瞳にハウツすのは不可能だった。頭に焦点を合わせれば背骨が途切れ、尾までニ網羅しようとすれば顎の先が視界から消えた。月でさえ丸ごと目に収まるのに、この子ははみ出してしまうのだった。

体長は十一階建てのビルに相当するとか、舌だけで象一頭分の重さがあるとか、博物館の人は相変わらず彼の巨大さを強調する話ばかりしていたが、月より大きいという自分の発見の方に僕は心奪われていた。

③そんな体を持って生まれる人生がどんなものなのか、僕には想像もできなかった。大勢の友だちと一緒にわいわい楽しんだり、逆に岩陰に隠れてのんびり静かな時を過ごしたりする自由は与えられていない。これほどの存在感を持ちながら、小さな目の魚にとってはただの闇でしかないという矛盾を突きつけられている。自分の尾なのにそこは異国の地のように遠く、たとえ友だちになりたいと思った誰かがそこを舐（な）めて合図を送ってくれたとしても、返事が届くのは待ちくたびれて皆が立ち去ったあとだ。本当ならセイウチでもシャチでも一発でやっつけられるのに、遠慮して小さなオキアミしか食べない。自分で自分の体全体を見ようとしても自らの大きさに邪魔され、結局、自分がどんな生きものなのか知らないまま一生を終える。象やビルと比べられ、何かにつけ大きいの一言でくくられ、挙句（あげく）の果てには骨をさらされている。

もっと僕をいたたまれない気持にさせたのは、実物と同じ大きさで作られた心臓の模型だった。ゴム製のそれはくすんだ赤色をし、表面に凹凸があり、言うまでもなく十分に大きかった。動脈と静脈は人が悠々すり抜けられるくらいの太さがあった。クラスメイトたちはピノキオにでもなった気分で心臓によじ登り、万歳をしたり腹ばいになったりして次々血管を滑り降りていった。僕は彼の心臓を遊び道具にすることなどとてもできず、尾びれの最後の骨の下にただ黙って立っていた。僕に気

のは、おそらく歌詞の意味など気にも留めず、ただ口ずさんでいただけなのでしょう。

平和共存から反転してカラスが悪者に変わったわけですが、はっきり言えることは、カラス自身が変わったわけではありません。カラスに対する私たち人間の見る目が変わったのです。それも、私たちの生活の変化がカラスを邪魔者にしてしまったということです。

このように、私たちは、時代や地域に縛られているある種の価値観によって、ある対象に対する偏(かたよ)った知覚をつくり出し、その結果、ある種の社会現象を生み出す可能性があるのです。

（岩本茂樹『自分を知るための社会学入門』）

（注）＊アデランス……カツラの商品名。
＊ドラスティックに……劇的に。

問一 傍線部**イ**～**ホ**のカタカナを漢字に直しなさい。

問二 空欄 A に当てはまる語を次の中から選び、記号で答えなさい。

ア あたかも　イ そもそも　ウ くしくも　エ 必ずしも

問三 傍線部①「白髪のカツラ」をつけている目的は何ですか。文中から十字以内で抜き出しなさい。

問四 空欄 B に共通して当てはまる語句を文中から六字で抜き出しなさい。

問五 二重傍線部「現代の人々が老いることに抗って、髪が薄くなるのを嫌う現象」はなぜ生まれたというのですか。その理由を文中の表現を用いて説明しなさい。

問六 傍線部②「厳しい緊張」と対照的な語句を文中から二つ抜き出しなさい。

問七 次のア～オそれぞれについて、本文の内容に当てはまるものには○、当てはまらないものには×をつけなさい。

ア アンチエイジングは世の中に浸透しており、老いに対する否定的な考え方は、今後も変わることはないと考えられる。

イ アンチエイジングという言葉が浸透したことによって、「老い」を話題にした漫才コンビの芸が現代人にはウケルようになった。

ウ 豊富な知識と経験を持つ老人たちに早く近づきたいという思いは、近世日本にも中世の西欧にも共通してあったということがうかがえる。

エ カラスが人を襲うことでカラスへの見方に変化が生じたように、人の感覚や価値観は時代によって様々な社会現象を生み出していく。

オ 私たちの考え方には、住んでいる国や地域、生きている時代による偏りが必ずあるもので、そこから自由になることはできない。

二 次の文章を読んで、後の問に答えなさい。

①今のところ僕の手元にある、かわいそうなことリスト、のトップに挙げられているのはシロナガスクジラだ。その子とは社会科見学の時に行った自然史博物館で出会った。地面には置き場所がないから、まあ許してくれたまえ、とでもいう感じで天井から吊(つ)るされ、宙に浮いていた。しかも全身、骨だった。

「シロナガスクジラは地球上で最も大きな動物です。過去に絶滅したすべての動物を合わせても一番です。ここに展示している骨格標本は体長三十メートル、体重は百七十トンあります。食べ物はオキアミです。

を、上野は次のように述べます。

「日本はこの百年の間に、急速にチョンマゲの時代から「＊アデランス」の時代に変わった。老人の地位の低下は、風俗の上でも「老けて見えること」の価値を、プラスからマイナスへ＊ドラスティックに転換したのである」

（「老人問題と老後問題の落差」）

老人に対する大きな変化は、伝統的な農業社会から工業社会に転換したことによるものであると上野は説明します。言い換えますと、社会的な老人に対する価値観の変化が、人々の老人を見る〝まなざし〟に変化を及ぼし、そのことを受けて老人を象徴とする髪型は消えてしまうことになったというのです。

このように、それぞれの時代において創造された人間社会の価値観、規範、文化を媒介にして、同じ対象を見る私たちのまなざし（＝知覚）は変化します。

もう少し、時代によって現実を捉える知覚が変容していくということに着目しましょう。

みなさんは、カラスについてどのような印象をもたれているでしょう。

道路を歩いていると、大きな黒い物体のカラスが頭をかすめるように飛んで来て、ドキッとしたことはありませんか。人間が近づいても、ゴミに顔を突っ込んで、我が物顔でなかなか飛び立たないカラスは、私もどうも苦手です。ところが、そのカラスと人間には非常に友好的な関係があったのです。

「天声人語」（『朝日新聞』２００１年5月9日付）には、次のようなことが書かれています。

「人間とカラスとのつきあいは長いが、いまほど②厳しい緊張に置かれたときはないのではないか。険悪な状況である。東京都は去年に続いて9日から、ヒナや巣を除去する「緊急捕獲作戦」を開始する▼戦いを仕掛けたのはカラスだ、とは都の言い分だ。不遜にも、人間を威嚇したり、襲ったりする。一時的な強硬策もやむを得ない。つまり正当防衛である、と▼カラスの方も「カラスの勝手でしょう」と開き直ってばかりはいられない。言い分はあろう。街中にごちそう（ゴミ）があふれている。「どうぞ、いらっしゃい」と誘われているようなものだ。都合が悪くなると、一転「除去」とは何ごとだ、と。人間を襲う不届きカラスはごく少数派だ。「人間の勝手だ」と言いたくもなろう▼人間とカラスとが平和共存した牧歌的な時代を思い起こす。たとえば大正時代だ。だれもが知っている童謡「夕焼小焼」（中村雨紅作詞）では「烏と一緒に帰りましょう」と手をつないで家路をたどった▼同じころ、野口雨情作詞「七つの子」では、子を思うカラスが「可愛　可愛」と啼いた」

カラスが日本の歴史のなかで、その存在価値が変わっていく姿をよく表しています。このような指摘を受けますと、小さい時に歌ったなつかしい童謡には、カラスへの友好的な思いが込められていたのだと今さらながら驚きます。しかし、「天声人語」で指摘されるまで自覚がなかった

【国　語】（五〇分）〈満点：一〇〇点〉

一　次の文章を読んで、後の問に答えなさい。

日常の世界で、年齢を聞いて「えっ。嘘でしょう。そんな歳に見えない。若い！」といった会話が、［A］気の利いた挨拶のごとく交わされているのを見かけます。最近は、アンチエイジング（抗老化療法）というのでしょうか、多くの人が老化を防ぎ、肌をみずみずしくする効果があると言われている食べ物や商品にイビンカンに反応しているようです。そのこともあってか、医療や美容、健康の分野で、老化の予防とロカイゼンを訴えるコマーシャルを頻繁に目にします。

漫才コンビの海原はるか・かなたをご存知でしょうか。かなたさんが、一・九分け（？）で整えたはるかさんの髪の毛めがけて勢いよく息を吹きかけると、はるかさんの隠れていたハゲがハバクロされるという芸がウケルのも、否定的に見られる「老い」を隠そうとする現代人の姿を逆手にとった笑いとも言えるのではないでしょうか。また、その笑いは、世の中にアンチエイジングが浸透している証でもあります。

社会学者の上野千鶴子は、現代の人々が老いることに抗って、髪が薄くなるのを嫌う現象を、近代以前の成人男性の髪型であるチョンマゲを採り上げながら議論しています（『老いの発見２』）。上野の議論は以下のものです。

蒙古人の弁髪にならぶ世界の奇髪と言うべき風俗であるチョンマゲが、どうして生まれたのかという問題意識から論を展開していて、月代を剃り落として頭頂部の周囲に残った髪で髷を結う近世日本の成人男子習俗のチョンマゲこそ、老人の禿頭を若者が先取りして取り入れた髪型であると述べます。というのも、早く自分も老人のような思慮深い人物になりたいという憧れからきているというのです。

この老人への憧れがつくり出す髪型は、中世の西欧においても、同様に見られると指摘します。それは、成人男子が公的な場に現れる際につけていた①白髪のカツラのことです。

私が小学校の高学年になった時、音楽の授業は専科の先生によって音楽室で習うことになりました。音楽室へ行くと、音楽家の肖像画が壁に掲げてありました。ところが、さまざまなウェーブとはいえ、みんな白髪の頭をしていたのです。不思議でした。しかし、次のように解釈したのです。

「音楽家というものはみんな年老いてから有名になるんだ」

ところが、白髪の音楽家たちの中でベートーベンだけが自然な黒髪だったのです。なので、ベートーベンは音楽界ではニカッキ的な存在で、「若くして有名な音楽家になったんだ」と勝手に納得していました。私が、ベートーベン以前の音楽家たちが白髪のカツラをかぶっていたということを知ったのはずっと後のことです。

17世紀から18世紀なかばのバロック音楽の時代のバッハやヘンデルなどの音楽家は、貴族たちが権威を示すために公式の場に出るときに白髪のカツラをつける奇習に倣って、かぶっていたというわけです。

上野によれば、この西洋における白髪のカツラにしても、豊富な知識と経験にホウラ打ちされた権威ある［B］から生じたものであると言うのです。つまり、西洋における白髪のカツラ、そして日本のチョンマゲは、共に［B］の髪型だったのです。

ところが、その風俗が近代と共に変わってしまいました。そのこと

くことで示そうとしている。

イ　どう声をかけても納得しないしな子に何を言ってやればよいか分からず、黙ってしまっている。

ウ　泣きだしてしまったしな子の気持ちに共感し、しな子の言うことにじっと耳をかたむけている。

エ　皆がしな子に声をかけ終わったところで、まだ声をかけていない英が何を言うか待っている。

問五　傍線部④「これが家を出るということらしい」の説明として適当なものを次の中から選び、記号で答えなさい。

ア　これまでにない経験をしたことで、旅に出たことを実感している。

イ　自分の言うことに従わないしな子が、今後どう振る舞うかを心配している。

ウ　家族とは異なるしな子の反応を苦々しく思い、腹を立てている。

エ　全く予想外のしな子の言葉と様子を、驚きとともに受け止めようとしている。

問六　空欄 ⑤ に当てはまる表現を次の中から選び、記号で答えなさい。

ア　じゃあ自分たちで何とかしなさいよ。

イ　わたしを起こすのは迷惑ではないの？

ウ　わたしにやつ当たりしないでちょうだい。

エ　些細なことでなければ起こしてもいいの？

問七　空欄 ⑥ に当てはまる語を次の中から選び、記号で答えなさい。

ア　身　　イ　顔　　ウ　眉　　エ　息　　オ　声

問八　傍線部⑦「誰より疲れていた」のはなぜですか、その理由を説明しなさい。

問九　傍線部⑧「とてつもなく魅力的な子供なのだ」とありますが、どのような点からそう言えるのですか。適当なものを次の中から選び、記号で答えなさい。

ア　身分の高い家柄（いえがら）でありながら偉そうにせず、言葉づかいも丁寧である点。

イ　大人の言うことに巧（たく）みに対応する機転と、茶目っ気を持ち合わせている点。

ウ　年少であるにもかかわらず負けん気が強く、大人顔負けの度胸がある点。

エ　相手を困らせるような言い方をして、その反応を楽しむ幼さが残っている点。

ら、体格も体力も違えば、考え方も違う。なのに、みんな何かあれば自分に解決を求めて来るのだろうか。

自分が最初に富岡に行くと言い出したから？

だが、英だって富岡は初めてだ。祖母の糸繰りは見てきたが、フランス式のやり方は知らない。これから初めて尽くしのことが起きるのに、問題があればすべて解決することなどできるだろうか……

考えていると英の方が泣きたかった。

そんなわけで、旅の最後の日、英は⑦誰より疲れていた。自分の足元を見るのが精いっぱいで、景色を見る余裕もない。

と、鶴様が足音も立てずに英の隣に来た。鶴様の動きはただただ静かで威厳（いげん）がある。おそらく、薙刀（なぎなた）か何かをたしなまれるに違いない。

「ごらんなさいな」

鶴様に言われ、目を上げる。

「あれが富岡製糸場の煙突（えんとつ）だそうですよ」

英は足を止めて、鶴が優雅（ゆうが）に指した方角に目を凝らした。かすんで何も見えない。だが、そうも言えず、話を合わせることにした。

「ああ、本当ですね！　見えます。立派です」

鶴様は英を見て、「本当に？」と聞いた。

困った。鶴様に見えているのは、しょぼくれた煙突なのだろうか。

「いえ……あの」

「わたくしには、まだ見えません」

鶴様はいたずらっぽく笑った。

「……」

「見えないのだけど、付き添いの金井様が、ほらごらんなさいとしつこくおっしゃるから、ああ見えました。英様にお教えしてきますと言って置いてまいりました」

鶴様は喉の奥で「ふふふ」と笑っている。

ああ、この人はお姫様だけど、まだ子供なのだと英は初めて思った。そして、⑧とてつもなく魅力的な子供なのだ。

「でも、あのあたりに富岡があるそうですよ」鶴様はもう一度指した。

そうだ。わたしはこの人たちとあそこでしばらく生きていく。

最新式で、フランス式の製糸場で。

松代のため、国のために技術を学ぶ。

好奇心で元気が湧（わ）いて来た。

鶴様は、英をねぎらうような目で見て言う。

「参りましょう」

英は「はい」と答えて歩き出した。

（藤井清美『明治ガールズ　富岡製糸場で青春を』）

問一　傍線部**イ**～**ホ**について。カタカナは漢字に直し、漢字は読みをひらがなで記しなさい。

問二　傍線部①「困った」のはなぜですか。その理由を解答欄の形式に合うように文中から二十五字で抜き出しなさい。

問三　空欄［②］に当てはまる語を文中から抜き出しなさい。

問四　傍線部③「もう何も言わずただ頷いていた」は、「少女たち」のどのような様子を表していますか。適当なものを次の中から選び、記号で答えなさい。

ア　故郷を離れたさびしさで泣きだしたしな子を気づかう気持ちを頷

しな子は、次の宿・追分（現在の長野県北佐久郡）の大黒屋でも泣いた。この時は、みんな一言ずつ「大丈夫よ」「早くお休みなさいな」と言っただけで誰も近寄らなかった。

そして次の晩にしな子が泣いた時には、みんな気づかないフリをして「明日はいよいよ最後の日ね」と励まし合って眠る準備にいそしむ。鶴様でさえ、慈愛の目を少し向けた後は、役目は果たしたと言わんばかりに目を逸らしてしまう。

初は見事なくらい、最初の夜と同じように自分の寝床を整えると寝てしまった。英も、初を見習って布団をかぶって眠ることにした。すぐに、瞼の裏に今日見た碓氷峠の光景が現れる。浅間山が、春の薄い青色の空の向こうにぽっかりと浮かんでいた。頭にはまだ雪を頂いている。ああ、本当に空が青い。すうっとその中に溶けていきそうな気がする——気持ちよく空と一体になる寸前、乱暴に肩をゆすられた。薄く目を開くと、闇の中に2つの丸い顔が浮かんでいる。姉妹で来ている小林家の高と秋が英を覗き込んでいた。英は、夢の中に片足を置いたまま聞いた。

「何？　どうしたの？」

姉の高が言う。「しな子を黙らせてよ」

「どうしてわたしが？」

秋が言う。

「お母さんが、何か困ったことがあったら英ちゃんを頼りなさい、区長さんの娘さんだからって言ったもの」

英の目が完全に醒めた。妹の秋は英より1つ下だが、姉の高は5歳も上だ。しかも、二人の父は付き添いとして同行している。なのに、区長の娘だと面倒ごとを何とかせねばならないのだろうか。

「お父様にお願いしたら？」

秋が、「こんな些細なことで起こすなんてご迷惑よ」と非難がましく言う。［ ⑤ ］ともう少し頭が回れば言ったのだが、秋があまりに当然のように言うのでその機会を逃した。

高は、

「お父様は富岡でお帰りになるから、その後を考えたら、ここは英ちゃんがいいと思うの」

と、畳みかける。

高と秋はよく似ている。揃ってふっくらしていて、頬も丸い。目も丸い。細面で目もほっそりした石左衛門とは全く似ていなかった。そして、この姉妹は父親の余裕も受け継がなかったようだ。

「早く。何とかして」

「……何でもわたしにどうにかできると思えないけど」

英の言葉に高が［ ⑥ ］をひそめる。そして、高い声で非難した。

「英ちゃんが富岡に行くと言ったから、わたしたちも来たのよ」

それを言われると何も言い返せない。

英は仕方なく、布団をかぶったまま泣いているしな子の背中をさすってやった。何度かうとうとして、気づくと空が明るくなりかけていた。見るとしな子は気持ちよさそうに眠っている。英ももう眠った方がいいのはわかっていたが、急に不安が押し寄せて眠気が遠ざかって行った。

高と秋が自分をどう思っているかはわかった。他の人たちはどうなのだろう。一行16人は、11歳から24歳までだ。年齢がここまで違うのだか

か、妙につやっぽいところがある。顔は半分子供だし、大して美形というわけでもないのに、動きが二滑らかなので目を引く。仕草が大人っぽい。悪く言えば、ちょっともったいぶっている。男性はつやっぽい女性が好きなのだろうが、女同士だと色っぽさは壁になることがある。英は弟と妹に囲まれて育ったので年下の扱いには慣れているはずだったが、しな子相手にどう声をかければいいのかわからなかった。

ふと見ると、和田家の初は、知らん顔で横になって布団をかぶり、もそもそと寝心地がいいように調整している。そしてもう一人、この騒動に加わらず、じっとしていたのが鶴様だった。さすが松代藩最後の家老の娘、動じてもいないが、かと言って、無視するわけでもなくただしな子を見つめている。その目は、慈愛を込めて配下の者を見る目だ。鶴には近くに寄っていく必要も、慌てて慰める必要もない。「気にかけておられる」だけで十分なのだ。

英は①困った。もちろん、家老の娘と自分は違う。また、年長の初なら何もしなくてもみんな責めないかもしれないが、自分は何か言っておくべきだろう。だが何と言えばいい？　今日一日一緒に道を歩いただけの人に「　②　だ」なんて簡単に言っていいものかわからない。「みんな一緒だ」というのは事実だが、それで本当にこの道中「大丈夫」とは言い切れない。小林様か誰か付き添いの人を呼んだ方がいいのかもしれないが、ご迷惑をかけるのは気が引ける。ここは、自分一人で責任を取れることを言うのがいいだろう。英が話すことを決めた頃には、しな子の周りの少女たちは、③もう何も言わずただ頷いていた。そのことに英は気づいていない。だから、英の言葉はやけに部屋にホヒビくことになった。

「しなちゃん、して欲しいことがあれば言って」

みんなが英を見た。しな子も顔を上げた。

「じゃあ、しばらく一緒に起きていて」

その言葉を合図に、みんな自分の寝床に戻っていく。英だけ取り残された。しな子が英を手招きする。英は仕方なくしな子の布団に向かう。隣に座るなり、しな子が英の手を強く握って来る。しな子は痩せているのに、手だけは何故かふっくらしている。そして、意外と力が強い。

明かりが消え、静かな寝息が立ち始める。

しな子は英の手を握ったまま、声を殺して喉の奥で「う、う」と泣き続けていた。いっそ思い切って声をあげて泣いてくれればそのうち涙も涸れるのだろうが、「う、う」にはなかなか終わりが来ない。

英は、しな子をどう慰めればいいのかわからず困った。仕方なく、宿の人を起こしに行ってお白湯を貰って勧めてみたり、背中をさすってやったりした。そうするとやっと泣き止んで眠ってくれた。

次の日、英が起きると、しな子はすっかり身支度を整えて朝ごはんを待っていた。

「英ちゃん、おはよう。お寝坊ね」

言われた時、頭の中でパシャッと水をかけられたような音がした。これが予感というものだろうか。英が赤いと思うものを、この人は青と言うかもしれないなという気がしたのだ。少なくとも、英の家族はこんなことは言わない。あのこまっしゃくれた秀雄でも言わない。泣いて慰めてもらった次の日には、言わない。

こんなことを言う人がいるとは思わなかった。④これが家を出るということらしい。

イ　使わない時には小さく畳んでおけるということで、どんな時でも邪魔にならず自由に持ち運べるということ。

ウ　もともと一枚の布であることから、持手を付けたり袋状に縫ったりして様々な形で再利用が可能だということ。

エ　一枚の布の状態に留めてあることで、対象に合った包み方をその都度工夫し対応できるということ。

問七　本文の内容に当てはまるものを次の中から選び、記号で答えなさい。

ア　メーカーやデザイナーは、常に徹底的にデザインし、一つの作品としての完成度を高めるためにデザインを極める必要がある。

イ　デザインされたものが付き合う人との関係の中で効力を発揮する良い例として、ナイフとフォークの進化（共進化）が挙げられる。

ウ　内向きでガラパゴス化していると言われる日本の箸だが、独自の進化を遂げたからこそ世界に誇れるようなデザインのものがある。

エ　人間の心と身体を使わないで済むような便利さを見直すことが、デザインを考えることだけでなく、本当の豊かさを考えることになる。

二　次の文章を読んで、後の問に答えなさい。

英たち一行が松代から富岡を目指す道中は、最終日になっていた。4日間歩き、途中碓氷峠を越えてきて、さすがに足も**イ**イタいし疲れもたまっている。富岡ではまず宿に入って泊まり、製糸場に行くのは明日ということになっていたので、今日眠る宿に一刻も早くたどり着きたい、としか考えられず、みんな無口になっていた。遅れる人がいれば振り返るが、手を引いてやる余裕はない。

出発した当初は誇らしさと一体感で励まし合っていた16人の少女たちだったが、段々様子が変わってきていた。

まず1日目、上田（現在の長野県上田市）の宿・米屋でそれは起こった。

宿では付き添いの人たちだけが別の部屋で、少女たちは二つ続きの部屋を開け放って、びっしり布団を敷いて眠ることになった。窮屈だったが、そもそも家族以外とこうして眠るのは初めてでみんな**ロ**コウフンしていた。両隣の布団の人に「一晩お隣でよろしく」と大人ぶって挨拶をしているとおかしくて笑いが溢れて来る。さあみんなで寝ましょうと明かりを消そうという瞬間に、それが起こった。

最初、「あぁん」という高い声が聞こえたとき、英には何が起きたかわからなかった。声がした方を見ると、しな子が手ぬぐいを目の下に押し当てている。「ふうう」しな子がもう一度、か細い高い声を出すと、少女たちが一斉にしな子のそばにはせ参じた。

「大丈夫よ」「みんな一緒じゃない」「寂しくないわ。わたしたちみんな、これから姉妹だから」みんなが口々に言い出して、英は圧倒されてしまった。

――みんな、すごい。

まだしな子は何が**ハ**辛いとも言っていない。なのに、みんなしな子の心を察している。何より、今朝の出発の時は他人行儀に挨拶していたのに、そして白状すると、英はまだ全員の顔と名前が一致しないのに、みんなで順にしな子の手を取り、慰めている。

しな子は12歳だが、すでに嫁に行く先が決まっているからなのかどう

便な一枚の布が、ほどほどなところで留められたことによって、無限と言いたいほど表現可能なキャンバスになっている。また、少しばかり昔の日本の生活を思い出してみるなら、普段は折り畳んで仕舞い、使う時だけパタパタと広げて、必要なところに置けば室内の間仕切りとなる「屏風(びょうぶ)」などにも、「箸」や「ふろしき」と同じ「ほどほど」が見えてくるはずです。今後甦(よみがえ)るべき道具を、多く日常生活文化史に発見できるのではないでしょうか。

デザインを考えることは、人の豊かさとは何かを考えることに他なりません。今、二十世紀後半を振り返ると、生活道具をあたかも＊オブジェのように完成させて、その美しさを競った時代のように思えます。二十一世紀も同様にオブジェとしてのデザインを我々はなし続けるべきなのでしょうか。日常を少し見回してみただけでも、箸やふろしきや屏風のように日本人の振る舞いに準じて育まれてきた素晴らしいものが残っているのだと気づかされます。そしてそれらが体現しているのが「ほどほどを極める」なのです。人間の身体どころか心までを使わないで済むようにしてきてしまった必要以上の間違った便利さを見直して、ほどほどを極めるレベルを今一度模索(もさく)しなければならない時が来ているようです。それこそは資源の問題、エネルギー問題、そしてこの国の文化的価値の問題などと密接に繋(つな)がってくると思われてなりません。

心と身体を使わないで済むような便利さが、果して人を本当に豊かにするのか。昔から普段よく言われてきた「ほどほど」や「いい塩梅(あんばい)」などの言葉が、実は日本人が忘れてはならない大切な感性をしかと伝えているのです。

（佐藤　卓(たく)『塑(そ)する思考』）

（注）＊ニュアンス……ことば・色・音などの微妙な感じ。
＊カスタマイズ……利用者の使い勝手や好みに合わせて、作り変えること。
＊ガラパゴス化……周囲とはかけ離れた、独自の進化をすること。
＊グラフィックデザイン……写真や絵を用いて視覚に訴(うった)えるデザイン。
＊オブジェ……芸術作品のこと。

問一　傍線部**イ**～**ホ**のカタカナを漢字に直しなさい。

問二　傍線部①「深い意味合い」とはどういうことですか。それが説明されている箇所を、文中から四十五字以内で抜き出しなさい。

問三　傍線部②『空き』を筆者はどういうものだと考えていますか。文中から三十字以内で抜き出しなさい。

問四　空欄［③］に当てはまる語を次の中から選び、記号で答えなさい。

ア　単純　　イ　複雑　　ウ　多様　　エ　便利　　オ　不便

問五　傍線部④について。「ほどほどのところで留めてお」くとは、箸について言えばどういうことですか。次の説明の空欄に当てはまる内容を、文中の語句を用いて二十字以内で答えなさい。

二本の棒であること［　　　　　　　］ということ。

問六　傍線部⑤について。「ふろしき」が『考える』力や『適応する』力を引き出す余地をたっぷり残し」ているとはどういうことですか。適当なものを次の中から選び、記号で答えなさい。

ア　一枚の正方形の布であることで、そこに描かれるグラフィックデザインは無限の可能性に満ちているということ。

（平凡社ライブラリー）にハクワしく書いていて、それはそれで微笑ましく、フォークとナイフが共に進化（共進化）したニケイイは大変興味深い。現代のフォーク、ナイフには取手の部分があり、握りやすいように膨らんでいて、膨らみ具合がデザインのホトクチョウになっている場合も多いでしょう。対するに、箸には取手に充たる部分がなく、取手どころか、どの指はどこに当てて、といったデザインは一切施されていません。ものの側から「このように使ってください」と教え示すデザインではなく、素材のままそこに在って、見掛けは「どうぞご自由に」とやや素っ気ないくらいですから、箸を初めて目にした他国の人は、いったいこれをどう使うつもりなのか？　と面食らうに違いありません。しかし使用法をマスターしてしまえば、食べるための道具としてのこの使い勝手の良さは他に代えがたいものになることでしょう。つまりは、二本の棒である ③ さが、人の本来持っている能力をむしろ引き出しており、そこには人の所作さえもが生まれます。箸において日本人は、それ以上の進化による利便は求めてきませんでした。ですから西洋フォークとナイフのような目に見える進化はしなかったものの、日本の箸は、ほぼ棒状のままの中国、韓国のそれとは異なり、かつ金属ではなく主に木や竹を使い、先をかなり細くすることで、より繊細な動きに対応できるよう微妙に進化したのみならず、漆塗りのような丁寧な表面仕上げや材質選びにも伝統が活かされてきました。このように当りまえの日常の中に、④ほどほどのところで留めておきながら徹底的に突き詰めようとする日本らしさを見出すことができます。

食べるための道具は、食物と人間との関係によって進化してきたのですから、それぞれの国や地域の食文化全体の中で見極めていく必要がありますが、これだけ食の流通が行き届き、世界中の食べ物が手に入るようになった今もなお、日本の箸は、あくまで日本の箸であり続け、しかも日本食が世界的なブームとなり、箸を使いこなす海外の人々も増えている事実に注目すべきです。日本のデザインは内向きで＊ガラパゴス化しており、もっと世界に打って出るべきである、といった発言を時折耳にしますが、これはとんでもない誤解です。誰々が派手にデザインした何々に、ではなく、アノニマス（匿名）な箸のようなものにこそ、世界に誇るべき日本のデザインが豊かに潜んでいるのですから。

もう一つ、忘れてならないのが「ふろしき」です。何十通りもの包み方があり、あらゆる包む対象に合わせた対応が可能なばかりか、使わない時には小さく畳んでおける。つまり自由自在に変化できる一枚の布の状態に留めてあるわけで、それ以上はデザインしていません。バッグのように持手を付けたり袋状に縫ったりは敢えてせずに、どこまでも原型を保ったまま使われ続けている。我々が何もかもを便利至上に走っていたのであれば、すでに息絶えてしまってもおかしくなかった道具の一つなのかもしれません。しかし⑤人間の側に備わっている「考える」力や「適応する」力を引き出す余地をたっぷり残した「ふろしき」という一枚の布が、宅配便で何でも便利に届くこの時代にまでちゃんと残っていること自体が注目に値します。これも、やり過ぎないほどほどのデザインの典型なのです。改めて申しあげるまでもなく、一枚の正方形の布であるがゆえに、「ふろしき」に施される＊グラフィックデザインは無限の可能性に満ちている。今の時代、もっともっと便利さを求めてその場その場に合わせた様々な形態をつくり出しているのですが、ある意味で不

【国　語】〈五〇分〉〈満点：一〇〇点〉

一　次の文章を読んで、後の問に答えなさい。

　日本には昔から「ほどほど」という実にいい言葉があります。もっとも子どもに対しては、ほどほどのところでやめておきなさいと諭してしまうよりも、飽きるまでやらせる育て方のほうに一票を投じたいと思いますが、仕事の経験を積んでくると、この言葉の①深い意味合いが少しずつ分かってきます。「ほどほど」には、やりきらずに手前で留めておくといった＊ニュアンスがあります。これをデザインにそのまま置き換えてみると、「ほどほどのデザイン」となる。それだけを耳にすれば、あまりいいデザインではないような印象でしょうが、「ほどほどのレベルを徹底的にデザインする」、あるいは「ほどほどのデザインを極める」こととして捉えるなら、印象は一変するはずです。つまりここでお話ししたい「ほどほど」とは、やりきることも承知しながら、敢えて手前のほどよいところを見極め、そこで仕上げておくことなのです。

　この、少し手前でほどほどに留めておくデザインによって生まれる「空き」こそが、人がものと自分なりの仕方で付き合うことを可能にする余地になります。その人その人なりにものを＊カスタマイズできるのだと言ってもいい。そもそも人は、それぞれ価値観も違えば生活におけるあらゆる行動のとり方も一人ひとり違います。しかるに、完成しきって「空き」を持たないものを前にして、なんだか壁に阻まれているみたいだと感じたことのある方は少なくないと思います。もののほうから一方的に「こう使え！」と偉そうに言わんばかりであったり、ものとしては美しいけれどまったく実用する気にならなかったりするのも、「空き」がないためなのかもしれないのです。メーカーやデザイナーは、ついそのものだけを一つの作品のように見なしての完成度を目指してしまう傾向があります。当然「空き」など生まれようがない。しかし本来デザインは、それ自体に価値があるわけではなく、デザインされたものと付き合う人との関係の中で効力を発揮するのです。人の価値観はみな違うのだから、デザインは人それぞれの価値観で関わることができる、ほどほどの領域で留めておくべきなのではないでしょうか。そこに②「空き」が生まれます。

　「ほどほど」という曖昧な日本語の中に、実はデザインがなすべき大切なヒントが含まれているように思います。そしてこの「ほどほど」を、古来の日本の日常生活用具のそこここに垣間見ることができるのです。

　私たちの日常生活の中で何気なく使われている道具を人との関係で観察し直してみると、日本ならではのデザインが見えてきます。例えば、使う人の能力を前提に成立しているもの。ご飯を食べる時に使う「日本の箸」はその代表格です。先を細くした二本の棒を使いこなすだけで、小さな米粒や豆や、けっこう大きなジャガイモまで挟むことができるばかりか、この［③］きわまる道具で肉を切り離したり**イ**ヤワらかいものを**ロ**サして割ったり、みそ汁をかき混ぜたり具のツルツル滑るワカメをつまみ上げて口へと運んだり、海苔で白米を包んだりと、用途は多様で、小さな頃から経験を積んだ我々は、毎日のように二本の棒を無意識に使いこなしているのです。ここには西洋のフォーク、ナイフとは全く異なる「関係のデザイン」が見られます。フォーク、ナイフの進化について、ヘンリー・ペトロスキーが『フォークの歯はなぜ四本になったか』

大切なことはメモしておこうネ！

T.G

解答用紙集

○月×日 △曜日 天気（合格日和）

◆ご利用のみなさまへ
＊解答用紙の公表を行っていない学校につきましては、弊社の責任において、解答用紙を制作いたしました。
＊編集上の理由により一部縮小掲載した解答用紙がございます。
＊編集上の理由により一部実物と異なる形式の解答用紙がございます。

人間の最も偉大な力とは、その一番の弱点を克服したところから生まれてくるものである。 ──カール・ヒルティ──

東京学参株式会社

立教新座中学校（第1回）　2024年度

◇算数◇

※ 122%に拡大していただくと，解答欄は実物大になります。

〔1〕

(1)	(2)	(3)
	円	
(4)	(5)	
cm³	cm	
(6)		
① 倍	② 人	

〔2〕

(1)	(2)	(3)	(4)
cm^2	：	：	cm^2

〔3〕

(1)	(2)	(3)	(4)
円	：	：	g

〔4〕

(1)	(2)	(3)	(4)

〔5〕

(1)	
体積 cm^3	表面積 cm^2
(2)	
体積 cm^3	表面積 cm^2

立教新座中学校（第1回）　2024年度

◇理科◇

※ 132%に拡大していただくと，解答欄は実物大になります。

【 1 】

(1)	(2)	
	変化の名称	呼吸の変化 呼吸 →　　　呼吸

(3)				
①		②	③	④
Ⅰ	Ⅱ	気体	グラフ	

(4)	(5)

【 2 】

(1)	(2)	(3)
	g	%

(4)		(5)	
①	②	① mm	②

【 3 】

(1)	(2)	(3)	(4)
		図	km

(5)	(6)	(7)
km	秒速　　km	km

【 4 】

(1)	(2)			(3)	(4)
cm	①	②	③		

立教新座中学校(第1回)　2024年度　◇社会◇

※ 164％に拡大していただくと，解答欄は実物大になります。

Ⅰ.

問1 海峡　問2　問3

問4　問5

問6

問7 1) 県　2)　3) 県　4)

5) (ア) 県　(ウ) 県

問8

Ⅱ.

問1　問2 1)　2)

問3 1)　2)　問4

問5 1)　2)　問6 1)　2)

問7　問8 1)　2)

問9 1)　2)

Ⅲ.

問1　問2　問3 1)　2)

問4 1)

2) X　Y　Z

問5

立教新座中学校（第1回）　2024年度

◇国語◇

※ 135%に拡大していただくと，解答欄は実物大になります。

一

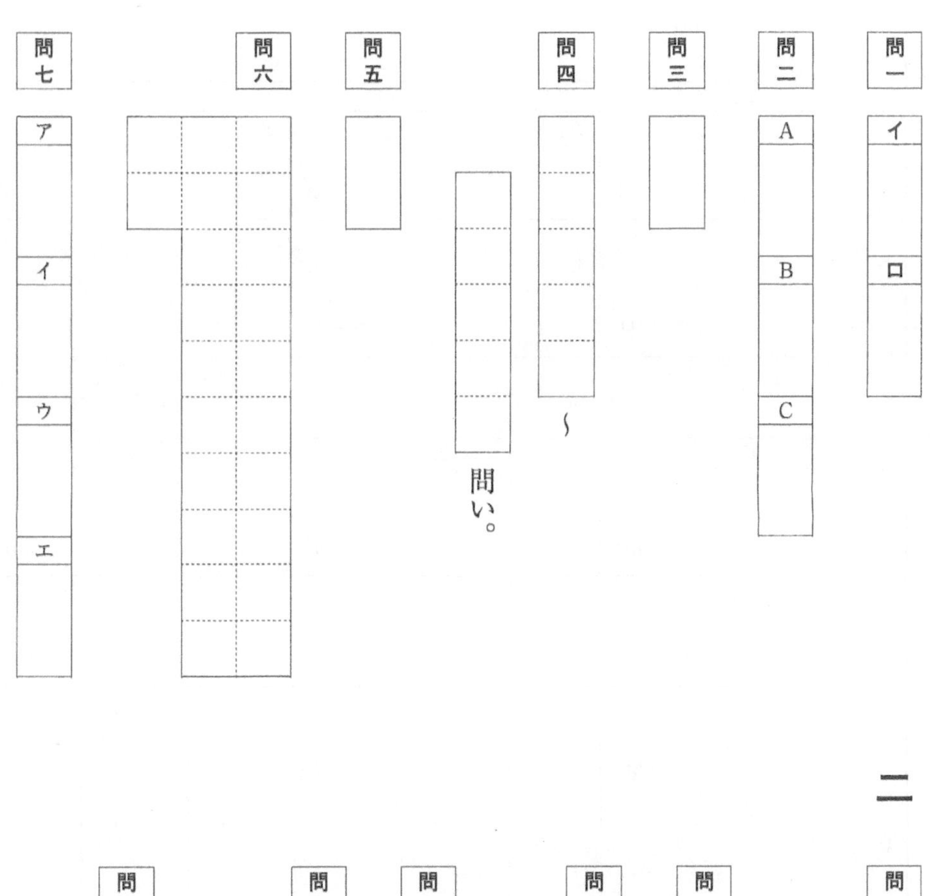

二

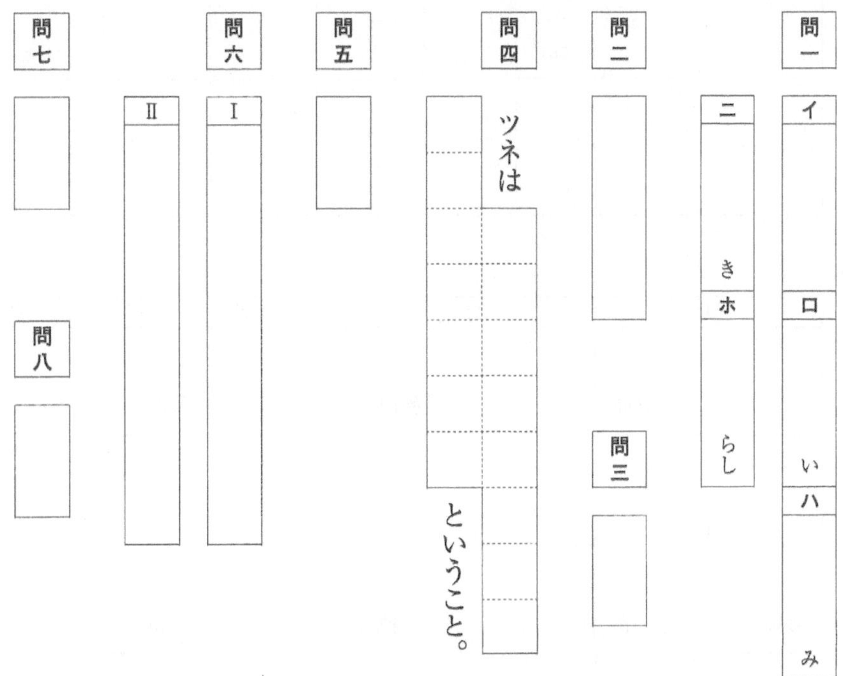

立教新座中学校（第2回）　2024年度　◇算数◇

※ 122%に拡大していただくと，解答欄は実物大になります。

〔1〕

(1)	(2)	(3) ①	(3) ②
	個	○	m^2

(4)	(5) ①	(5) ②
回	cm	cm^3

(6) ①	(6) ②
日目	ページ

〔2〕

(1)	(2)	(3)
cm^2	cm^2	cm^2

〔3〕

(1)	(2) ①	(2) ②
cm^2	cm^3	cm^2

(2) ③

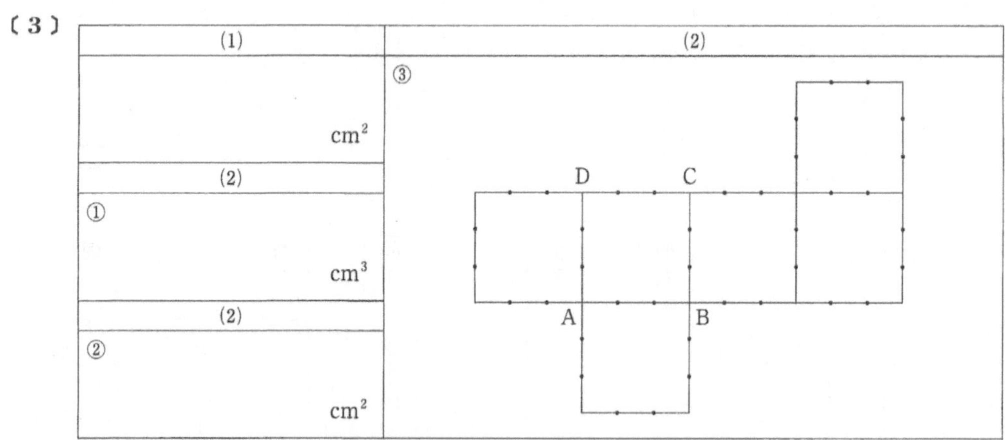

〔4〕

(1)	(2)	(3)	(4)
秒間	秒間	秒間	秒間

〔5〕

(1)	(2)	(3) ①	(3) ②
秒速　　m	秒	m	秒後

立教新座中学校(第2回)　2024年度

◇理科◇

※ 132%に拡大していただくと，解答欄は実物大になります。

【 1 】

(1)	(2)	(3)	(4)		(5)	
			①	②	①	②

【 2 】

(1)	(2)	(3)	(4)		(5)
			①	②	

(6)	
① 秒速　mm	② 秒後

【 3 】

(1)	(2)		(3)	(4)	(5)	
	①	②			④	⑤

(6)

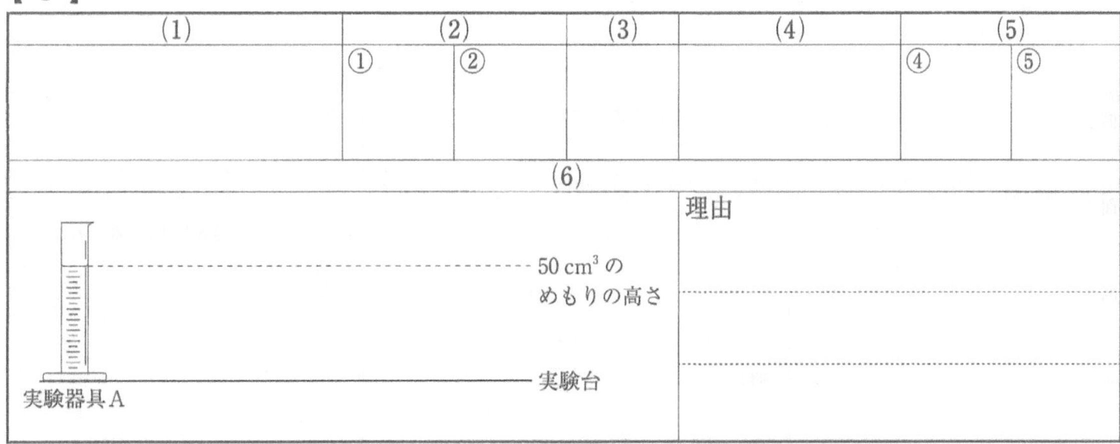

【 4 】

(1)		(2)	(3)			
記号	断層の種類		①	②	③	④

(4)	(5)	(6)
極		

立教新座中学校（第2回）　2024年度

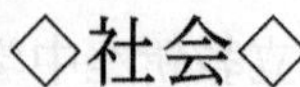

※ 154％に拡大していただくと，解答欄は実物大になります。

Ⅰ．

問1　1）　2）（ア）　（エ）　3）

問2　1）（ウ）　千人　（オ）　千人　2）　3）

問3　1）　2）

問4　1）　2）　問5　1）　2）

Ⅱ．

問1　1）　2）　問2　1）　2）

問3　問4　1）　2）　問5

問6　1）　2）　問7　1）　2）

問8　1）　2）　％　問9　1）　2）

Ⅲ．

問1　問2

問3　という役割を果たす政党のこと。

問4　問5　問6

問7　問8

立教新座中学校(第2回)　2024年度　◇国語◇

※ 133%に拡大していただくと，解答欄は実物大になります。

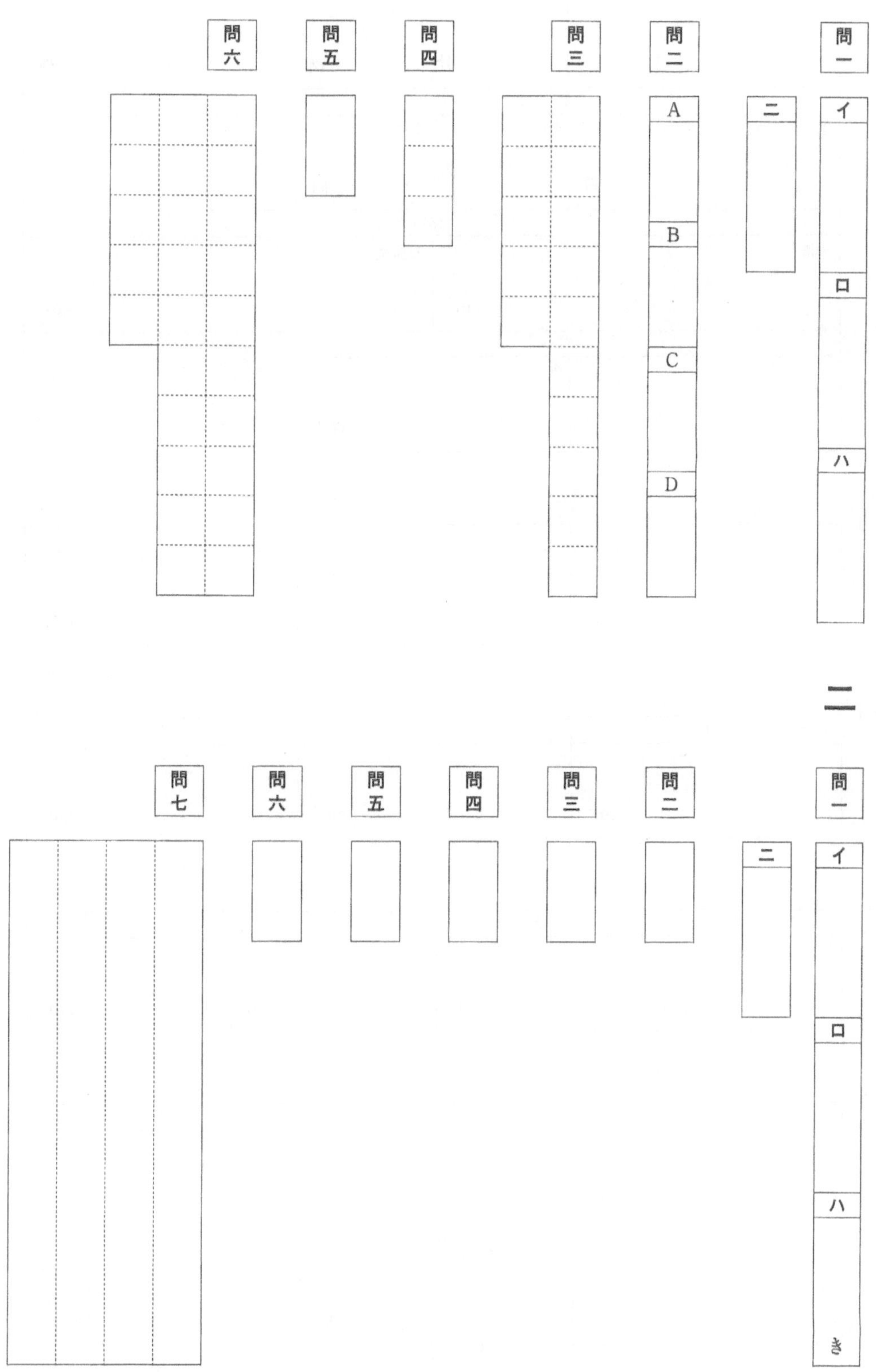

立教新座中学校(第1回)　2023年度　◇算数◇

※ 127%に拡大していただくと，解答欄は実物大になります。

〔1〕

(1)	(2) ①	(2) ②
	分　秒	分　秒

(3) ①	(3) ②	(4)
個	個	°

(5) 体積	(5) 表面積
cm^3	cm^2

(6) ①	(6) ②
個	通り

〔2〕

(1)	(2)	(3)
個	個	個分

〔3〕

(1)	(2)	(3)
cm^2	cm^2	cm^2

〔4〕

(1)	(2)	(3)	(4)
cm^3	cm^2	cm	cm^2

〔5〕

(1)	(2)	(3)
個		

(4)	(5)
	個

立教新座中学校（第1回）　2023年度

◇理科◇

※ 133％に拡大していただくと，解答欄は実物大になります。

【 1 】

(1)	(2)	(3)	(4)	(5)	(6)	
					①	②

【 2 】

(1)		(2)	(3)
a	b		

(4)				(5)
Ⅰ	Ⅱ	Ⅲ	Ⅳ	

【 3 】

(1)	(2)		(3)	(4)
kg	記号	回転		kg

(5)			
①	②	③	④

【 4 】

(1)	(2)	(3)	(4)
	mL		%

(5)	(6)	
g	記号	g

立教新座中学校(第1回)　2023年度　◇社会◇

※ 159%に拡大していただくと，解答欄は実物大になります。

Ⅰ.

問1　問2　問3　問4

問5　問6　問7　問8

問9

問10　問11　問12　問13

問14　→　1980年　→　→

Ⅱ.

問1　問2　問3　問4

問5　問6 1)　2)

問7 1)　2)　3)

問8 1)　→　→　→　2)　3)

問9 1)　2)　問10

Ⅲ.

問1　問2　問3 1)　2)

問4　問5 1)　2)

問6 1)　2)

問7 1)　2)

2023年度　立教新座中学校(第1回)

※解答欄は実物大になります。

◇国語◇

一

問一　イ　ロ　ハ　げて　ニ　ホ

問二　Ⅰ　Ⅱ　Ⅲ

問三

問四　②　③

問五

問六

問七

二

問一 イ　ロ　れて　ハ

ニ　げる　ホ

問二　だから。

問三

問四

問五

問六 最初

最後

問七

立教新座中学校(第2回)　2023年度

◇算数◇

※ 135%に拡大していただくと，解答欄は実物大になります。

〔1〕

(1)	(2)	
	太郎君　個	花子さん　個

(3)	
①　問	②　問

(4)		(5)	
線の長さ　cm	面積の和　cm^2	①　面	②　面

〔2〕

(1)	(2)	(3)	(4)
：	cm^2	：	cm^2

〔3〕

(1)	(2)	(3)	(4)
cm^3	cm^3	cm^3	cm^3

〔4〕

(1)	(2)	(3)
	個	個

(4)		
ア	イ	ウ

〔5〕

(1)	(2)
○	3分　秒と　3分　秒

(3)
10分　秒と　10分　秒

(4)
分　秒と　分　秒

立教新座中学校(第2回)　2023年度

◇理科◇

※ 130%に拡大していただくと，解答欄は実物大になります。

【１】

(1)	(2)	(3)	(4)
	秒速 cm		

(5)	(6)	(7)

【２】

(1)	(2)			(3)	(4)				
	①	②	③		①	②	③	④	⑤

【３】

(1)	
方法	結果

(2)	(3)	(4)	
		① %	② g

(5)

【４】

(1)	(2)	(3)	(4)	(5)
			%	%

(6)		(7)
① と	② 丸い種子 : しわの種子 = :	

立教新座中学校(第2回)　2023年度

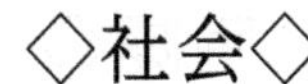

※ 175％に拡大していただくと，解答欄は実物大になります。

Ⅰ．

問1 ア　イ　ウ　エ

問2　問3　問4

問5 1)　2)　3)　問6　問7

問8

問9

Ⅱ．

問1　問2　問3　問4

問5　問6 1)　2)　問7

問8 1)　2)

問9　問10　問11

問12 1)　2)　3)

Ⅲ．

問1

問2 1) A　B　C　D　2)

問3

問4 1)　2)

◇国語◇

立教新座中学校(第2回) 2023年度

一

問一
イ
ロ
ハ
ニ　り
ホ

問二
A
B
C

問三

問四

問五

問六

問七

問八
ア
イ
ウ
エ
オ

二

問一 イ　　ロ　　ハ　　て

ニ　　る　ホ

問二

問三

問四

問五

問六

問七

問八

立教新座中学校(第1回)　2022年度

◇算数◇

※ 127%に拡大していただくと，解答欄は実物大になります。

〔1〕

(1)	(2)		(3)	
	金メダル　個	銅メダル　個	整数A	あまり

(4)	
①　cm²	②　cm²

(5)	
①　cm²	②　cm³

〔2〕

(1)	(2)
cm²	cm²

(3)	(4)
cm²	cm

〔3〕

(1)	(2)
cm³	cm³

(3)	(4)
毎分　cm³	cm³

〔4〕

(1)	(2)	(3)	(4)
分	人	：	人

〔5〕

(1)	(2)	(3)	(4)
	通り	通り	通り

立教新座中学校（第1回）　2022年度

◇理科◇

※ 133％に拡大していただくと，解答欄は実物大になります。

【 1 】

(1)	(2)					(3)
	①				②	
	Ⅰ	Ⅱ	Ⅲ	Ⅳ	℃	

【 2 】

(1)	(2)	(3)	(4)	(5)	(6)	(7)	(8)

【 3 】

(1)	(2)		(3)	
	①	②	①	② g

(4)	(5)
g	

【 4 】

(1)	(2)	(3)	(4)	(5)	
cm³	g	g		①	② cm

(6)	
①	②

立教新座中学校(第1回)　2022年度　◇社会◇

※ 159%に拡大していただくと，解答欄は実物大になります。

Ⅰ.

問1		問2		問3	
問4		問5		問6	(く) / (け)
問7	1) 2) 3)	問8	② / ③		

Ⅱ.

問1		問2		問3		問4	
問5		問6		問7		問8	
問9		問10		問11		問12	
問13							

Ⅲ.

問1							
問2		問3		問4		問5	
問6		問7					
問8							
問9							

◇国語◇

立教新座中学校(第1回)　2022年度

※解答欄は実物大になります。

一

問一　イ　ロ　ハ　ニ　ホ

問二

問三

問四

問五　Ⅰ　Ⅱ

問六

問七

問八

問九　ア　イ　ウ　エ

二

問一

イ

ロ い

ハ

ニ いて

ホ

問二

問三

問四

問五

問六

問七

と考えるようになった。

立教新座中学校(第2回)　2022年度

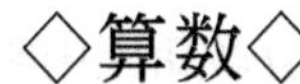

※ 135%に拡大していただくと，解答欄は実物大になります。

〔1〕

(1)	(2)	
	①	②

(3)		
① 最も高い点数　点	最も低い点数　点	②　点

(4)		(5)	
①　cm^2	②　cm^2	①　cm^3	②　cm^3

〔2〕

(1)	(2)	
個	番目	和

(3)	(4)
番目	

〔3〕

(1)	(2)	(3)
毎秒　cm		

〔4〕

(1)	(2)	(3)	(4)
cm^2	cm^3	：	cm

〔5〕

(1)		(2)	
容器A　%	容器B　%	g	%

(3)	
太郎君　g	次郎君　g

立教新座中学校（第2回）　2022年度　◇理科◇

※ 128％に拡大していただくと，解答欄は実物大になります。

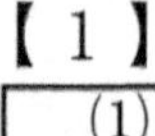

【1】

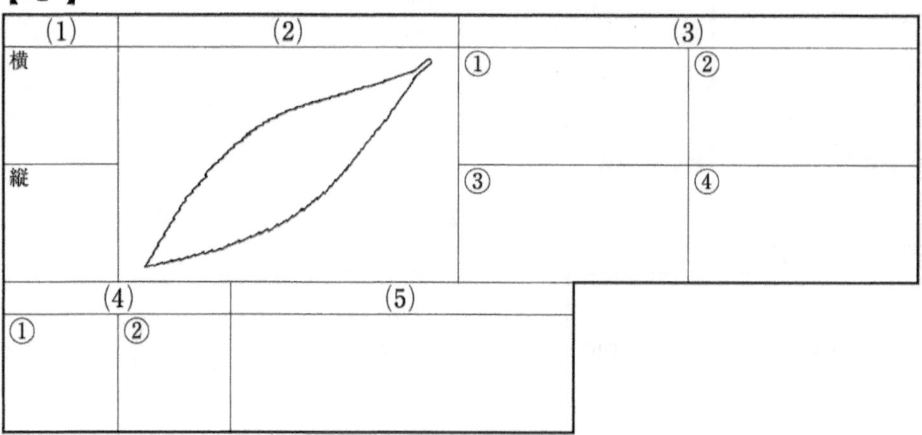

(1)	(2)	(3)	
横		①	②
縦		③	④

(4)		(5)
①	②	

【2】

(1)	(2)		(3)
	①	②	

(4)		(5)
装置	説明	

【3】

(1)	(2)	(3)	(4)	(5)	(6)	(7)

【4】

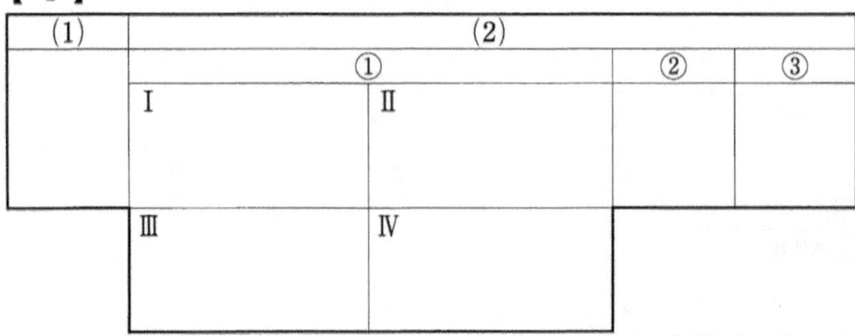

(1)	(2)			
	①		②	③
	Ⅰ	Ⅱ		
	Ⅲ	Ⅳ		

立教新座中学校(第2回)　2022年度　◇社会◇

※ 175%に拡大していただくと，解答欄は実物大になります。

I.

問1

問2 1）　2）　3）

問3

問4 1）　2）

問5

問6 10 15 20 25

問7 1）　2）　3）

問8 1）　2）　3）

問9

問10

問11

問12

問13 1）　2）

問14

問15 1）　2）　3）

問16 1）　2）

問17

問18

II.

問1 1）　2）　3）

問2 1）　2）　→　→

問3 1）　2）　3）

問4 1）　2）

2022年度

立教新座中学校(第2回)

※解答欄は実物大になります。

◇国語◇

一

問一 イ　　れ　ロ　　ハ　　ニ

問二 A　　B　　C　　D

問三 最初　　最後

問四

問五

問六

問七 最初　　最後　　こと。

問八 ア　　イ　　ウ　　エ　　オ

二

問一

イ　り

ロ　しい

ハ　え

ニ　いて

ホ

問二

問三

問四

問五

問六

Ⅰ

Ⅱ

Ⅲ

問七

東京学参の

高校別入試過去問題シリーズ

＊出版校は一部変更することがあります。一覧にない学校はお問い合わせください。

東京ラインナップ

あ 愛国高校(A59)
青山学院高等部(A16)★
桜美林高校(A37)
お茶の水女子大附属高校(A04)
か 開成高校(A05)★
共立女子第二高校(A40)★
慶應義塾女子高校(A13)
啓明学園高校(A68)★
国学院高校(A30)
国学院大久我山高校(A31)
国際基督教大高校(A06)
小平錦城高校(A61)★
駒澤大高校(A32)
さ 芝浦工業大附属高校(A35)
修徳高校(A52)
城北高校(A21)
専修大附属高校(A28)
創価高校(A66)★
た 拓殖大第一高校(A53)
立川女子高校(A41)
玉川学園高等部(A56)
中央大高校(A19)
中央大杉並高校(A18)★
中央大附属高校(A17)
筑波大附属高校(A01)
筑波大附属駒場高校(A02)
帝京大高校(A60)
東海大菅生高校(A42)
東京学芸大附属高校(A03)
東京農業大第一高校(A39)
桐朋高校(A15)
都立青山高校(A73)★
都立国立高校(A76)★
都立国際高校(A80)★
都立国分寺高校(A78)★
都立新宿高校(A77)★
都立墨田川高校(A81)★
都立立川高校(A75)★
都立戸山高校(A72)★
都立西高校(A71)★
都立八王子東高校(A74)★
都立日比谷高校(A70)★
な 日本大櫻丘高校(A25)
日本大第一高校(A50)
日本大第三高校(A48)
日本大第二高校(A27)
日本大鶴ヶ丘高校(A26)
日本大豊山高校(A23)
は 八王子学園八王子高校(A64)
法政大高校(A29)
ま 明治学院高校(A38)
明治学院東村山高校(A49)
明治大付属中野高校(A33)
明治大付属八王子高校(A67)
明治大付属明治高校(A34)★
明法高校(A63)
わ 早稲田実業学校高等部(A09)
早稲田大高等学院(A07)

神奈川ラインナップ

あ 麻布大附属高校(B04)
アレセイア湘南高校(B24)
か 慶應義塾高校(A11)
神奈川県公立高校特色検査(B00)
さ 相洋高校(B18)
た 立花学園高校(B23)
桐蔭学園高校(B01)
東海大付属相模高校(B03)★
桐光学園高校(B11)
な 日本大高校(B06)
日本大藤沢高校(B07)
は 平塚学園高校(B22)
藤沢翔陵高校(B08)
法政大国際高校(B17)
法政大第二高校(B02)★
や 山手学院高校(B09)
横須賀学院高校(B20)
横浜商科大高校(B05)
横浜市立横浜サイエンスフロンティア高校(B70)
横浜翠陵高校(B14)
横浜清風高校(B10)
横浜創英高校(B21)
横浜隼人高校(B16)
横浜富士見丘学園高校(B25)

千葉ラインナップ

あ 愛国学園大附属四街道高校(C26)
我孫子二階堂高校(C17)
市川高校(C01)★
か 敬愛学園高校(C15)
さ 芝浦工業大柏高校(C09)
渋谷教育学園幕張高校(C16)★
翔凜高校(C34)
昭和学院秀英高校(C23)
専修大松戸高校(C02)
た 千葉英和高校(C18)
千葉敬愛高校(C05)
千葉経済大附属高校(C27)
千葉日本大第一高校(C06)★
千葉明徳高校(C20)
千葉黎明高校(C24)
東海大付属浦安高校(C03)
東京学館高校(C14)
東京学館浦安高校(C31)
な 日本体育大柏高校(C30)
日本大習志野高校(C07)
は 日出学園高校(C08)
や 八千代松陰高校(C12)
ら 流通経済大付属柏高校(C19)★

埼玉ラインナップ

あ 浦和学院高校(D21)
大妻嵐山高校(D04)★
か 開智高校(D08)
開智未来高校(D13)★
春日部共栄高校(D07)
川越東高校(D12)
慶應義塾志木高校(A12)
さ 埼玉栄高校(D09)
栄東高校(D14)
狭山ヶ丘高校(D24)
昌平高校(D23)
西武学園文理高校(D10)
西武台高校(D06)
た 東京農業大第三高校(D18)
は 武南高校(D05)
本庄東高校(D20)
や 山村国際高校(D19)
ら 立教新座高校(A14)
わ 早稲田大本庄高等学院(A10)

北関東・甲信越ラインナップ

あ 愛国学園大附属龍ヶ崎高校(E07)
宇都宮短大附属高校(E24)
か 鹿島学園高校(E08)
霞ヶ浦高校(E03)
共愛学園高校(E31)
甲陵高校(E43)
国立高等専門学校(A00)
さ 作新学院高校
（トップ英進・英進部）(E21)
（情報科学・総合進学部）(E22)
常総学院高校(E04)
た 中越高校(R03)＊
土浦日本大高校(E01)
東洋大附属牛久高校(E02)
な 新潟青陵高校(R02)
新潟明訓高校(R04)
日本文理高校(R01)
は 白鷗大足利高校(E25)
ま 前橋育英高校(E32)
や 山梨学院高校(E41)

中京圏ラインナップ

あ 愛知高校(F02)
愛知啓成高校(F09)
愛知工業大名電高校(F06)
愛知みずほ大瑞穂高校(F25)
暁高校（3年制）(F50)
鶯谷高校(F60)
栄徳高校(F29)
桜花学園高校(F14)
岡崎城西高校(F34)
か 岐阜聖徳学園高校(F62)
岐阜東高校(F61)
享栄高校(F18)
さ 桜丘高校(F36)
至学館高校(F19)
椙山女学園高校(F10)
鈴鹿高校(F53)
星城高校(F27)★
誠信高校(F33)
清林館高校(F16)★
た 大成高校(F28)
大同大大同高校(F30)
高田高校(F51)
滝高校(F03)★
中京高校(F63)
中京大附属中京高校(F11)★
中部大春日丘高校(F26)★
中部大第一高校(F32)
津田学園高校(F54)
東海高校(F04)★
東海学園高校(F20)
東邦高校(F12)
同朋高校(F22)
豊田大谷高校(F35)
な 名古屋高校(F13)
名古屋大谷高校(F23)
名古屋経済大市邨高校(F08)
名古屋経済大高蔵高校(F05)
名古屋女子大高校(F24)
名古屋たちばな高校(F21)
日本福祉大付属高校(F17)
人間環境大附属岡崎高校(F37)
は 光ヶ丘女子高校(F38)
誉高校(F31)
ま 三重高校(F52)
名城大附属高校(F15)

宮城ラインナップ

さ 尚絅学院高校(G02)
聖ウルスラ学院英智高校(G01)★
聖和学園高校(G05)
仙台育英学園高校(G04)
仙台城南高校(G06)
仙台白百合学園高校(G12)
た 東北学院高校(G03)★
東北学院榴ヶ岡高校(G08)
東北高校(G11)
東北生活文化大高校(G10)
常盤木学園高校(G07)
は 古川学園高校(G13)
ま 宮城学院高校(G09)★

北海道ラインナップ

さ 札幌光星高校(H06)
札幌静修高校(H09)
札幌第一高校(H01)
札幌北斗高校(H04)
札幌龍谷学園高校(H08)
は 北海高校(H03)
北海学園札幌高校(H07)
北海道科学大高校(H05)
ら 立命館慶祥高校(H02)

★はリスニング音声データのダウンロード付き。

都道府県別
公立高校入試過去問
シリーズ

- 全国47都道府県別に出版
- 最近数年間の検査問題収録
- リスニングテスト音声対応

公立高校入試対策
問題集シリーズ

- 目標得点別・公立入試の数学（基礎編）
- 実戦問題演習・公立入試の数学（実力錬成編）
- 実戦問題演習・公立入試の英語（基礎編・実力錬成編）
- 形式別演習・公立入試の国語
- 実戦問題演習・公立入試の理科
- 実戦問題演習・公立入試の社会

高校入試特訓問題集
シリーズ

- 英語長文難関攻略33選（改訂版）
- 英語長文テーマ別難関攻略30選
- 英文法難関攻略20選
- 英語難関徹底攻略33選
- 古文完全攻略63選（改訂版）
- 国語融合問題完全攻略30選
- 国語長文難関徹底攻略30選
- 国語知識問題完全攻略13選
- 数学の図形と関数・グラフの融合問題完全攻略272選
- 数学難関徹底攻略700選
- 数学の難問80選
- 数学　思考力―規則性とデータの分析と活用―

2404A

〈ダウンロードコンテンツについて〉

本問題集のダウンロードコンテンツ、弊社ホームページで配信しております。現在ご利用いただけるのは「2025年度受験用」に対応したもので、**2025年3月末日**までダウンロード可能です。弊社ホームページにアクセスの上、ご利用ください。

※配信期間が終了いたしますと、ご利用いただけませんのでご了承ください。

中学別入試過去問題シリーズ

立教新座中学校　2025年度

ISBN978-4-8141-3227-0

[発行所] 東京学参株式会社

〒153-0043　東京都目黒区東山2-6-4

書籍の内容についてのお問い合わせは右のQRコードから　⇒ 

※書籍の内容についてのお電話でのお問い合わせ、本書の内容を超えたご質問には対応できませんのでご了承ください。

2024年6月6日　初版